Wirtschaftspolitische Forschungsarbeiten der Universität zu Köln

Band 40

Das regelgebundene Währungssystem der Franc-Zone im Wandel der Zeit

von

Torsten König

Herausgegeben von Prof. Dr. Manfred Feldsieper

Tectum Verlag
Marburg 2001

In der Schriftenreihe *Wirtschaftspolitische Forschungsarbeiten* des Tectum Verlags
erscheinen in unregelmäßiger Folge herausragende Forschungsarbeiten
aus dem Umfeld der Universität zu Köln.
Herausgegeben wird die Reihe von Prof. Dr. Manfred Feldsieper.

Die Deutsche Bibliothek - CIP-Einheitsaufnahme

König, Torsten:
Das regelgebundene Währungssystem der Franc-Zone im Wandel der Zeit
/ von Torsten König
- Marburg : Tectum Verlag, 2001
Zugl: Univ. Diss Köln 2000
Wirtschaftspolitische Forschungsarbeiten der Universität zu Köln ; Bd 40
ISBN 3-8288-8270-6

Tectum Verlag
Marburg 2001

Vorwort

Die vorliegende Untersuchung von Herrn Torsten KÖNIG beschäftigt sich mit einem Währungssystem, das zumindest in deutschsprachigen wissenschaftlichen Veröffentlichungen ein nur sehr geringes Interesse auf sich zieht. Es geht um das Währungssystem der Franc-Zone, das auf der Basis bestimmter Grundsätze und institutioneller Gegebenheiten schon auf eine Geschichte von fast 60 Jahren zurückblicken kann.

Das geringe wissenschaftliche Interesse deutscher Ökonomen an diesem Währungssystem, das zumindest als ein über Jahrzehnte funktionierendes Festkurssystem - mit nur einer, wenn auch drastischen Abwertung (1994) - die Neugier währungstheoretisch interessierter Ökonomen wecken sollte, hat zum einen wohl damit zu tun, daß die Franc-Zone als eher (inner)französische Angelegenheit angesehen wurde, was sie bis zur Schaffung der Europäischen Währungsunion weitgehend und überwiegend wohl auch war. Und zum zweiten hängt das begrenzte Interesse an der Franc-Zone, die in ihrer weitesten Abgrenzung insgesamt weltweit 17 Staaten und 9 französische Überseegebiete umfaßt, auch damit zusammen, daß ihr weltweites Gewicht trotz der großen Zahl der Länder, die sie umfaßt, im ökonomischen Sinne ausgesprochen gering ist. Bei weniger als einem halben Prozent liegt der Anteil der Länder der Franc-Zone (ohne das französische Kernland) an den Weltexporten insgesamt. Trotzdem ist es unter ökonomischen Aspekten interessant zu erfahren, wie es dieser Ländergruppe - angesichts ihrer großen Heterogenität im Ökonomischen und Politischen - gelungen ist, eine auf Dauer stabile Wechselkursrelation zur Ankerwährung - mit nur einer Paritätsänderung in mehreren Jahrzehnten - verbunden mit einem sehr hohen Maß an Währungskonvertibilität in die Ankerwährung aufrechtzuerhalten. Angesichts des hohen Maßes an Wechselkursfluktuation und Wechselkursvolatilität, das seit dem Zusammenbruch des Bretton-Woods-Systems das Bild der großen Weltwährungen untereinander, aber auch zwischen den Währungen kleiner Länder und ihren Referenz- und Ankerwährungen bestimmt, stellt das Währungssystem der Franc-Zone eine Ausnahmesituation - um nicht zu sagen Anomalie - dar.

Herr König liefert mit der vorliegenden Untersuchung nun eine umfassende Untersuchung zur Franc-Zone, die von den Anfängen ihrer Entstehung Ende der dreißiger Jahre und im zweiten Weltkrieg bis in die jüngste Vergangenheit reicht, in der die Franc-Zone nach dem Aufgehen des französischen Franken im Euro zu einem an den Euro gekoppelten Währungsgebiet wird.

6

Durch die Fülle des gebotenen Materials und der behandelten Aspekte zur Franc-Zone - von den institutionellen Gegebenheiten über die wirtschaftsempirischen Bedingungen bis hin zu den politökonomischen Einschätzungen und Bewertungen des Währungssystems - gewinnt die vorliegende Arbeit den Charakter eines Standardwerkes zur Franc-Zone, das sich neben den von teilweise anderen Zielsetzungen geprägten Untersuchungen von Michelsen (1995) und Gehlke (1998) sicher behaupten kann. Allen Ökonomen, denen an einer umfassenden und profunden Information zur Franc-Zone und ihren Funktionsbedingungen gelegen ist, kann die Arbeit von Herrn König sehr empfohlen werden.

Köln, im Januar 2001   Univ.-Prof. Dr. Manfred Feldsieper

Inhaltsverzeichnis

Abbildungs- und Tabellenverzeichnis

Verzeichnis amtlicher, nationaler, internationaler und sonstiger Abkürzungen

AEF	*Afrique Equatoriale Française* (Französisch-Äquatorialafrika)
AFRISTAT	*Observatoire Economique et Statistique d'Afrique Subsaharienne*
AKP	Afrika-Karibik-Pazifik (mit der EG im Rahmen der Lomé-Abkommen assoziierte Entwicklungsländer Afrikas, der Karibik und des Pazifiks)
AOF	*Afrique Occidentale Française* (Französisch-Westafrika)
BAO	*Banque de l'Afrique Occidentale*
BCC	*Banque Centrale des Comores*
BCEAEC	*Banque Centrale des Etats de l'Afrique Equatoriale et du Cameroun*
BCEAO	*Banque Centrale des Etats de l'Afrique de l'Ouest*
BDEAC	*Banque de Développement des Etats de l'Afrique Centrale*
BEAC	*Banque des Etats de l'Afrique Centrale*
BIP	Bruttoinlandsprodukt
BOAD	*Banque Ouest-Africaine de Développement*
BSP	Bruttosozialprodukt
CEAO	*Communauté Economique de l'Afrique de l'Ouest* (Westafrikanische Wirtschaftsgemeinschaft)
CEDEAO	*Communauté Economique des Etats de l'Afrique de l'Ouest* (Wirtschaftsgemeinschaft westafrikanischer Staaten) [s.a. ECOWAS]
CEMAC	*Communauté Economique et Monétaire de l'Afrique Centrale* (Zentralafrikanische Wirtschafts- und Währungsgemeinschaft)
CFA	- *Communauté Financière Africaine* (Afrikanische Finanzgemeinschaft in Westafrika) - *Coopération Financière en Afrique Centrale* (Finanzielle Zusammenarbeit in Zentralafrika) - *Communauté Financière d'Afrique* - *Colonies Françaises d'Afrique*
CFP	- *Change Franc Pacifique* - *Colonies Françaises du Pacifique*
CIMA	*Conférence Interafricaine des Marchés d'Assurances*

CIPRES	*Conférence Interafricaine de la Prévoyance Sociale*
COBAC	*Commission Bancaire de l'Afrique Centrale*
CPI	*Corruption Perceptions Index*
DOM	*Départements d'Outre-Mer* (Überseedepartements)
ECOWAS	*Economic Community of West African States* (Wirtschaftsgemeinschaft westafrikanischer Staaten) [s.a. CEDEAO]
ECU	European Currency Unit (Europäische Währungseinheit)
EG	Europäische Gemeinschaft(en)
EU	Europäische Union
EWS	Europäisches Währungssystem
EWWU	Europäische Wirtschafts- und Währungsunion
EZB	Europäische Zentralbank
F	Franc
FCFA	- *Franc des Colonies Françaises d'Afrique* - *Franc de la Communauté Financière Africaine* - *Franc de la Coopération Financière en Afrique Centrale*
fob	free on board
FRF	*Franc Français* (Französischer Franc)
GATT	*General Agreement on Tariffs and Trade* (Allgemeines Zoll- und Handelsabkommen)
IEDOM	*Institut d'Emission des Départements d'Outre-Mer*
IEOM	*Institut d'Emission d'Outre-Mer*
IMF	*International Monetary Fund* (Internationaler Währungsfonds)
KMF	*Franc Comorien* (Komoren-Franc)
LIDC	*Low Income Developing Countries* (Entwicklungsländer der Kategorie niedriger Einkommen)
NEER	*Nominal Effective Exchange Rate Index*
OHADA	*Organisation pour l'Harmonisation du Droit des Affaires en Afrique*
REER	*Real Effective Exchange Rate Index*
SSA	*Sub-Saharan Africa* (Afrika südlich der Sahara)
TOM	*Territoires d'Outre-Mer* (Überseeterritorien)
UDEAC	*Union Douanière et Economique des Etats d'Afrique Centrale* (Wirtschafts- und Zollunion zentralafrikanischer Staaten)

UDEAO	*Union Douanière des Etats d'Afrique Occidentale* (Zollunion westafrikanischer Staaten)
UEAC	*Union Economique de l'Afrique Centrale* (Zentralafrikanische Wirtschaftsunion)
UEMOA	*Union Economique et Monétaire Ouest-Africaine* (Westafrikanische Wirtschafts- und Währungsunion)
UMAC	*Union Monétaire de l'Afrique Centrale* (Zentralafrikanische Währungsunion)
UMOA	*Union Monétaire Ouest-Africaine* (Westafrikanische Währungsunion)
UN	*United Nations* (Vereinte Nationen)
XAF	*Franc de la Coopération Financière en Afrique Centrale*
XOF	*Franc de la Communauté Financière Africaine*
XPF	*Change Franc Pacifique*
ZAR	Zentralafrikanische Republik

Verzeichnis allgemeiner Abkürzungen

Abb.	Abbildung
Art.	Artikel
bzw.	beziehungsweise
div.	diverse
f	folgende
herg.	herausgegeben
Mio.	Millionen
Mrd.	Milliarden
No.	Nummer
S.	Seite(n)
s.a.	siehe auch
Tab.	Tabelle
u.a.	unter anderem
v.a.	vor allem
vs.	versus
vgl.	vergleiche
Vol.	Volumen, Band

A   Die Franc-Zone im weitesten Sinne

1.   Gegenwärtige Mitglieder

In einer gegenwartsbezogenen Definition werden unter dem Begriff Franc-Zone im weitesten Sinne jene Staaten und Überseegebiete mit französischer Kolonialvergangenheit[1] zusammengefaßt, die auch heute noch währungspolitisch an Frankreich gebunden sind[2]. Tabelle 1 sowie Abbildung 1 vermitteln einen allgemeinen Überblick über den in seiner Gesamtheit recht heterogenen Währungsraum, dessen Subzonen sich hinsichtlich geographischer Kriterien, völkerrechtlichem Status sowie der Einwohnerzahl teilweise stark voneinander unterscheiden. Im Hinblick auf den jeweiligen politischen Status lassen sich die einzelnen Mitglieder der Franc-Zone wie folgt zusammenfassen:

Neben dem europäischen Mutterland (Metropole) sind die zum französischen Staatsverband gehörenden Überseedepartements, die sogenannten *Départements d'Outre-Mer* (kurz DOM genannt) Französisch-Guayana, Guadeloupe, Martinique und Réunion, Bestandteil der Franc-Zone. Ebenfalls Relikte aus der Kolonialzeit und zur Franc-Zone gehörend, sind die im Pazifik gelegenen und von Frankreich verwalteten Überseeterritorien, die sogenannten *Territoires d'Outre-Mer* (kurz TOM genannt) Französisch-Polynesien, Neukaledonien sowie Wallis et Futuna. Während sowohl DOM als auch TOM staatsrechtlich gesehen zur *République Française* gehören, sind lediglich die DOM Bestandteil der Europäischen Union. Abgesehen von den durch Frankreich mit einem besonderen politischen Status versehenen territorialen Gemeinschaften (*Collectivités Territoriales*) Mayotte und Saint-Pierre-et-Miquelon handelt es sich bei den weiteren Mitgliedern der Franc-Zone um 16 völkerrechtlich unabhängige Staaten mit eigenem Stimmrecht im Rahmen der Vereinten Nationen (UNO). Dazu zählen neben dem Fürstentum Monaco acht west- und sechs zentralafrikanische Staaten sowie die Inselrepublik der Komoren.

Im Rahmen der Westafrikanischen Wirtschafts- und Währungsunion, der sogenannten *Union Economique et Monétaire Ouest-Africaine* (kurz UEMOA genannt), haben sich seit dem 11. Januar 1994 die Staaten Benin (ehemals Daho-

---

[1]   Eine Ausnahme bilden die beiden afrikanischen Kleinstaaten Äquatorialguinea und Guinea-Bissau, die von Spanien bzw. Portugal in die politische Unabhängigkeit entlassen wurden und 1985 respektive 1997 der Franc-Zone beitraten.

[2]   Banque de France (1997), S.3f;
Ministère de la Coopération et du Développement (1995), S.9f.

20

Tab. 1 Allgemeiner Überblick über die Franc-Zone im weitesten Sinne

Subzonen	Geographische Lage	Hauptstadt	Fläche (in km²)	Einwohner*
Frankreich	Westeuropa	Paris	**547.030**	**59.329.691**
Monaco	Südeuropa	Monaco	**2**	**31.693**
Übersee-Departements (DOM)			**96.392**	**1.734.548**
Französisch-Guayana	Südamerika	Cayenne	91.000	172.605
Guadeloupe	Karibik	Basse-Terre	1.780	426.493
Martinique	Karibik	Fort-de-France	1.100	414.516
Réunion	Indischer Ozean	Saint-Denis	2.512	720.934
Übersee-Territorien (TOM)	Südlicher Pazifik		**23.501**	**466.209**
Französisch-Polynesien		Papeete	4.167	249.110
Neukaledonien		Nouméa	19.060	201.816
Wallis et Futuna		Mata-Utu	274	15.283
Überseegebiete mit besonderem Status			**616**	**162.807**
Mayotte	Indischer Ozean	Mamoudzou	374	155.911
Saint-Pierre-et-Miquelon	Nordamerika	Saint-Pierre	242	6.896
Westafrikanische Wirtschafts- und Währungsunion (UEMOA)	Westafrika		**3.505.375**	**71.376.104**
Benin		Porto-Novo	112.620	6.395.919 **
Burkina-Faso		Ouagadougou	274.200	11.946.065 **
Elfenbeinküste		Yamoussoukro	322.460	15.980.950 **
Guinea-Bissau		Bissau	36.120	1.285.715
Mali		Bamako	1.240.000	10.685.948
Niger		Niamey	1.267.000	10.075.511
Senegal		Dakar	196.190	9.987.494
Togo		Lomé	56.785	5.018.502 **
Zentralafrikanische Wirtschafts- und Währungsgemeinschaft (CEMAC)	Zentralafrika		**3.020.142**	**31.872.803**
Äquatorialguinea		Malabo	28.051	474.214
Gabun		Libreville	267.667	1.208.436 **
Kamerun		Yaoundé	475.440	15.421.937 **
Kongo, Republik		Brazzaville	342.000	2.830.961 **
Tschad		N'Djamena	1.284.000	8.424.504
Zentralafrikanische Republik		Bangui	622.984	3.512.751 **
Komoren	Indischer Ozean	Moroni	**2.170**	**578.400**

Anmerkungen: * Schätzungen, Stand Juli 2000; ** Schätzungen unter expliziter Berücksichtigung der Sterblichkeit durch die - den afrikanischen Kontinent besonders treffende - Krankheit AIDS.

Daten: CIA World Fact Book (2000).

Abb. 1 Geographische Lage der Staaten und Gebiete der Franc-Zone im weitesten Sinne

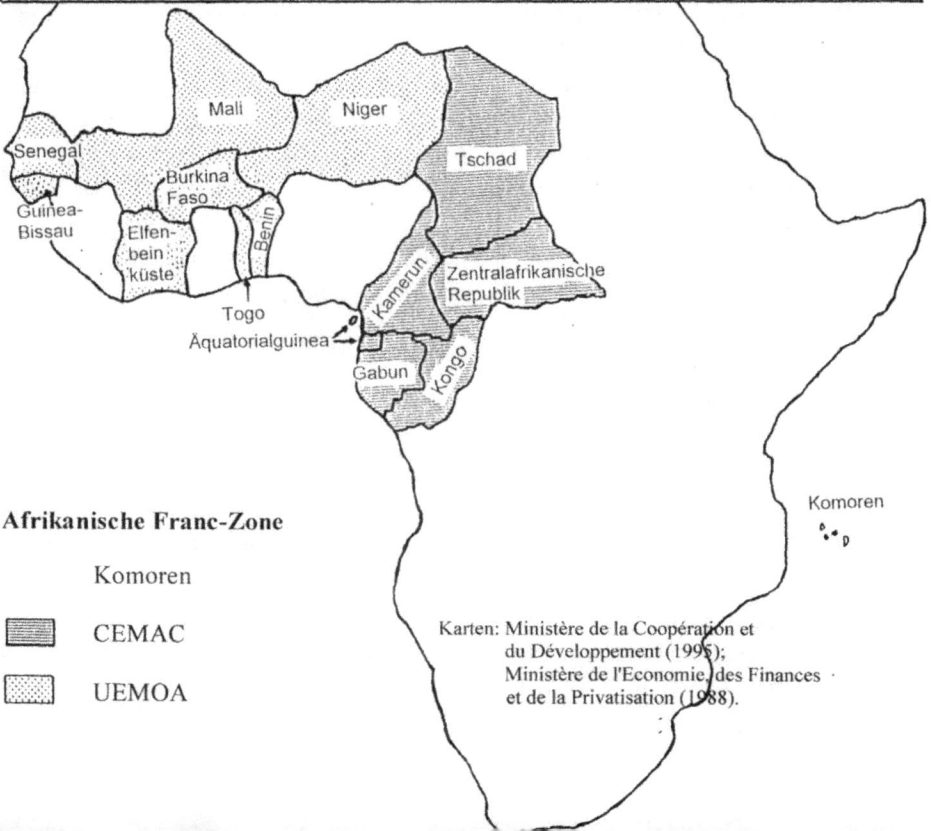

Afrikanische Franc-Zone

Komoren

CEMAC

UEMOA

Karten: Ministère de la Coopération et
du Développement (1995);
Ministère de l'Economie, des Finances
et de la Privatisation (1988).

22

mey), Burkina Faso (ehemals Obervolta), Elfenbeinküste (amtlich Republik Côte d'Ivoire), Guinea-Bissau (Beitritt 1997), Mali, Niger, Senegal und Togo zusammengeschlossen.

Unter der Bezeichnung Zentralafrikanische Wirtschafts- und Währungsgemeinschaft, der sogenannten *Communauté Economique et Monétaire de l'Afrique Centrale* (kurz CEMAC genannt), firmieren seit dem 16. März 1994 die Staaten Äquatorialguinea, Gabun, Kamerun, Republik Kongo[3], Tschad sowie die Zentralafrikanische Republik.

2. Formen der traditionellen Währungskooperation

Aufgrund der unterschiedlichen historischen, politischen und ökonomischen Rahmenbedingungen der zur Franc-Zone zusammengefaßten Staaten und Überseegebiete entwickelten sich im Zeitablauf spezifische Formen währungspolitischer Kooperation zwischen den einzelnen Subzonen und der französischen Metropole. Angesichts jahrzehntelang bestehender Erscheinungsformen und der im Hinblick auf Banknoten und Münzen erst noch bevorstehenden Substitution des Französischen Franc durch den Euro werden einleitend in Tabelle 2 die in den Subzonen der Franc-Zone traditionell verwendeten Währungen und die jeweils zuständigen Notenbanken systematisiert. Wichtigste Gemeinsamkeit ist die feste Bindung der verschiedenen Währungen der Franc-Zone an den Französischen Franc (FRF), sofern dieser nicht ohnehin schon als gesetzliches Zahlungsmittel verwendet wird. Die Auswirkungen der dritten Stufe der Europäischen Wirtschafts- und Währungsunion (Beginn 1.Januar 1999) auf die traditionellen Formen der Währungskooperation innerhalb der Franc-Zone werden in Kapitel E detaillierter betrachtet.

2.1 Französische Überseegebiete

In den Überseedepartements Französisch-Guayana, Guadeloupe, Martinique, Réunion sowie im Überseegebiet Saint-Pierre-et-Miquelon sind die gleichen Banknoten und Münzen wie in allen Departements des französischen Mutterlandes gesetzliches Zahlungsmittel. Zuständig für den Geldumlauf in diesen Über-

---

[3]   Die Republik Kongo (ehemals Bestandteil von Französisch-Äquatorialafrika) ist zu unterscheiden von der Demokratischen Republik Kongo (ehemals Belgisch-Kongo bzw. Zaire).

Tab. 2 Formen der Währungskooperation vor Einführung des Euro

Subzonen	Notenbank	Währung und Parität
Frankreich	**Banque de France**	*Franc Français* (FRF)
Monaco	Banque de France	*Franc Monégasque*
Überseedepartements (DOM) Französisch-Guayana Guadeloupe Martinique Réunion	**IEDOM** *Institut d'Emission des Départements d'Outre-Mer* (Stellvertreter der *Banque de France*)	*Franc Français* (FRF)
Überseeterritorien (TOM) Französisch-Polynesien Neukaledonien Wallis et Futuna	**IEOM** *Institut d'Emission d'Outre-Mer*	1 **Franc CFP (XPF)** = 0,055 FRF ***Change Franc Pacifique*** (zuvor: *Franc des Colonies Françaises du Pacifique*)
Überseegebiete mit besonderem Status Mayotte Saint-Pierre-et-Miquelon	Stellvertreter der *Banque de France*: IEOM IEDOM	*Franc Français* (FRF) *Franc Français* (FRF)
Westafrikanische Wirtschafts- und Währungsunion (UEMOA) Benin Burkina-Faso Elfenbeinküste Guinea-Bissau Mali Niger Senegal Togo	**BCEAO** *Banque Centrale des Etats de l'Afrique de l'Ouest*	1 **Franc CFA (XOF)** = 0,01 FRF ***Franc de la Communauté Financière Africaine*** (zuvor: *Franc des Colonies Françaises d'Afrique*)
Zentralafrikanische Wirtschafts- und Währungsgemeinschaft (CEMAC) Äquatorialguinea Gabun Kamerun Kongo, Republik Tschad Zentralafrikanische Republik	**BEAC** *Banque des Etats de l'Afrique Centrale*	1 **Franc CFA (XAF)** = 0,01 FRF ***Franc de la Coopération Financière en Afrique Centrale*** (zuvor: *Franc des Colonies Françaises d'Afrique*)
Komoren	**BCC** *Banque Centrale des Comores*	1 **Komoren-Franc (KMF)** = 0,0133 FRF *Franc Comorien*

Quelle: Banque de France: La Zone Franc - Rapport Annuel 1998.

seegebieten ist das *Institut d'Emission des Départements d'Outre-Mer* (IEDOM), das bezüglich der Banknoten stellvertretend für die *Banque de France* agiert und hinsichtlich der Münzen auf Rechnung des französischen Schatzamtes (*Trésor*) tätig ist. Der Generaldirektor der *Caisse Française de Développement* bekleidet auch das Amt des Generaldirektors des IEDOM, dessen Präsident wiederum vom Gouverneur der *Banque de France* ernannt wird[4].

Formal größere Autonomie im monetären Bereich besitzen die pazifischen Überseeterritorien Französisch-Polynesien, Neukaledonien sowie Wallis et Futuna, für die das *Institut d'Emission d'Outre-Mer* (IEOM) eigene Banknoten und Münzen emittiert. Diese Währung mit der Bezeichnung CFP-Franc (*Change Franc Pacifique* bzw. ehemals *Colonie Française du Pacifique* / XPF) weist zum Französischen Franc eine feste, seit September 1949 de facto unveränderte Parität auf.

Eine besondere währungspolitische Konstellation ergab sich im Falle des Überseegebietes Mayotte, für welches - bis Ende 1998 - das IEOM als Stellvertreter der *Banque de France* Französische Franc des Mutterlandes in Umlauf setzte. Seit dem 1. Juli 1985 wurden die emittierten Geldscheine in den Büchern der *Banque de France* zu Lasten der IEOM verbucht. Hingegen wurden die Münzen – sie waren mit denen im Mutterland identisch - seit dem 1. Oktober 1992 durch das IEOM auf Rechnung des französischen Schatzamtes in Umlauf gebracht.

2.2 Afrikanische Subzonen

In derzeit acht west- und sechs zentralafrikanischen Staaten werden CFA-Franc (XOF bzw. XAF) als gesetzliches Zahlungsmittel verwendet. Dabei weist die Abkürzung *CFA* in Abhängigkeit vom jeweiligen Kontext unterschiedliche Bedeutungen auf. Die ursprüngliche Bezeichnung *Colonies Françaises d'Afrique* entstand zu Zeiten des französischen Kolonialreiches. Infolge der „Afrikanisierung" des Währungssystems der Franc-Zone bezeichnet heute die Abkürzung *CFA* die sogenannte Afrikanische Finanzgemeinschaft in Westafrika (*Communauté Financière Africaine* / XOF) oder/und die sogenannte Finanzielle Zusammenarbeit in Zentralafrika (*Coopération Financière en Afrique Centrale* / XAF). Mit dieser Umdeutung wurde der politischen Souveränität der afrikanischen Staaten der Franc-Zone Rechnung getragen. Darüber hinaus unterstreicht

---

[4]   Banque de France (1997), S.9.

die Beibehaltung der Abkürzung *CFA* die Kontinuität der franko-afrikanischen Währungskooperation.

Das alleinige Recht zur Ausgabe von Banknoten und Münzen auf dem Gebiet der jeweiligen Mitgliedstaaten besitzen die beiden supranationalen Zentralbanken *Banque Centrale des Etats de l'Afrique de l'Ouest* (BCEAO) – für die westafrikanischen Staaten Benin, Burkina Faso, Elfenbeinküste, Guinea-Bissau, Mali, Niger, Senegal und Togo – sowie die *Banque des Etats de l'Afrique Centrale* (BEAC) – für die zentralafrikanischen Staaten Äquatorialguinea, Gabun, Kamerun, Republik Kongo, Tschad und die Zentralafrikanische Republik. Einen Sonderfall stellt die währungspolitische Kooperation Frankreichs mit der völkerrechtlich souveränen Islamischen Bundesrepublik Komoren dar. Wie zuvor erwähnt, zirkuliert auf der geographisch zum Archipel der Komoren, politisch aber zu Frankreich gehörenden Insel Mayotte der Französische Franc als gesetzliches Zahlungsmittel. Hingegen emittiert die *Banque Centrale des Comores* (BCC) für die übrigen Inseln des Archipels[5] - das Gebiet der politisch unabhängigen Bundesrepublik - den Komoren-Franc (*Franc Comorien* / KMF).

3. Vergleich einzelner Subzonen

3.1 Ausgewählte Basisindikatoren

Die in Tabelle 3 enthaltenen Basisindikatoren Bruttoinlandsprodukt (BIP), BIP je Einwohner sowie Bargeldmenge sollen die relative ökonomische Bedeutung der einzelnen Subzonen der Franc-Zone verdeutlichen. Die relativ aktuellen, auf Kaufkraftparitäten beruhenden BIP-Werte des CIA World Fact Book - welche allerdings von den BIP-Angaben anderer internationaler Datenbanken abwei-

---

[5]   Bevor die drei Komoren-Inseln Grande Comore, Anjouan und Moheli am 6. Juli 1975 einseitig ihre Unabhängigkeit von Frankreich deklarierten, sprach sich im Dezember 1974 in einem auf allen vier Inseln durchgeführten Referendum lediglich die Mehrheit der Bevölkerung von Mayotte für einen Verbleib bei Frankreich aus. Nach gut 20 Jahren Unabhängigkeit gibt es in neuester Zeit auf den Inseln Anjouan und Moheli separatistische Bestrebungen, die einen Wiederanschluß an die ehemalige Kolonialmacht zum Ziel haben. Frankreich ist aber nicht an einer Änderung des politischen Status quo im Archipel der Komoren interessiert, was sich einerseits in der Ablehnung dieses Anschlußbegehrens, andererseits in der Weigerung nach Erfüllung der langjährigen Forderungen seitens der Vereinten Nationen zur Ausgliederung der Insel Mayotte manifestiert [Spiegel (1997b), S.131].

26

chen - lassen deutliche Unterschiede zwischen den einzelnen Subzonen erkennen.

Vergleicht man das französisch/europäische Kernland (Metropole) mit dem Rest der Franc-Zone, so läßt sich zunächst konstatieren, daß trotz einer Bevölkerungsrelation von nur 59 gegenüber 106 Millionen Einwohnern das absolute Bruttoinlandsprodukt in der Metropole mehr als achtmal höher ist. Dies zeigt die Diskrepanz im Entwicklungsniveau und verdeutlicht zugleich die dominierende Stellung Frankreichs innerhalb der Franc-Zone.

Im Hinblick auf Monaco und die völkerrechtlich zu Frankreich gehörenden Überseegebiete ist anzumerken, daß diese zusammengenommen jeweils weniger als 2 Prozent zur Einwohnerzahl bzw. Wirtschaftsleistung der gesamten Franc-Zone beitragen. Abgesehen von den relativ unterentwickelten Kleinstinseln Mayotte und Wallis et Futuna ist zudem auffällig, daß das Bruttoinlandsprodukt je Einwohner in den französischen Überseegebieten nur zwischen einem Fünftel und etwa der Hälfte des BIP je Einwohner im europäischen Mutterland liegt, andererseits aber im Durchschnitt ein Vielfaches des BIP je Einwohner der afrikanischen Mitgliedstaaten der Franc-Zone beträgt.

In Analogie zum Bruttoinlandsprodukt unterstreicht ein Vergleich der Bargeldbestände in den einzelnen Subzonen die herausragende Stellung der französischen Metropole und deren Rolle als Leitwährungsland innerhalb der Franc-Zone. Selbst die Zugrundelegung dieser engen Geldmengenabgrenzung ergibt, daß die kumulierten und in Französische Franc umgerechneten Bargeldbestände in der west- und zentralafrikanischen Subzone im Referenzjahr 1995 lediglich 6,1 Prozent der äquivalenten Geldmenge in Frankreich betrugen, wobei sich diese Relation bei Verwendung erweiterter Geldmengenabgrenzungen noch deutlich verschlechtert, da die Bedeutung der darin enthaltenen Komponenten Sicht-, Termin- und Spareinlagen aufgrund des rudimentären Finanzsektors in Afrika relativ gering ist.

3.2 Ökonomische Strukturen der beiden CFA-Franc-Subzonen

Entsprechend der Heterogenität innerhalb der Franc-Zone im weitesten Sinne bestehen auch strukturelle Unterschiede sowohl zwischen, als auch innerhalb der - im weiteren Verlauf der vorliegenden Arbeit im Vordergrund stehenden - west- und zentralafrikanischen Subzone. Zur Charakterisierung der Wirtschaftsstruktur der einzelnen Staaten bietet sich eine Einteilung in erdölexportierende und nicht-erdölexportierende Länder an, wobei man letztere noch sinnvollweise

Tab. 3   Größenordnung einzelner Subzonen

Subzonen	Bruttoinlands-produkt (BIP) (in Mio. Dollar)	BIP je Einwohner (in Dollar)	Bargeld (1995) (in Mio. FRF)
Frankreich	1.373.000 (1999)	23.300 (1999)	255.800
Monaco	870 (1999)	27.000 (1999)	
Überseedepartements	12.340		11.018
(DOM)			
Französisch-Guayana	1.000 (1998)	6.000 (1998)	
Guadeloupe	3.700 (1996)	9.000 (1996)	
Martinique	4.240 (1996)	10.700 (1996)	
Réunion	3.400 (1998)	4.800 (1998)	
Überseeterritorien	5.629		868
(TOM)			
Französisch-Polynesien	2.600 (1997)	10.800 (1997)	
Neukaledonien	3.000 (1998)	15.000 (1998)	
Wallis et Futuna	29 (1995)	2.000 (1995)	
Überseegebiete mit	159		982
besonderem Status			
Mayotte	85 (1998)	600 (1998)	
Saint-Pierre-et-Miquelon	74 (1996)	11.000 (1996)	
Westafrikanische Wirt-			
schafts- und Währungs-	90.600		10.707
union (UEMOA)			
Benin	8.100 (1999)	1.300 (1999)	
Burkina-Faso	12.400 (1999)	1.100 (1999)	
Elfenbeinküste	25.700 (1999)	1.600 (1999)	
Guinea-Bissau	1.100 (1999)	900 (1999)	
Mali	8.500 (1999)	820 (1999)	
Niger	9.600 (1999)	1.000 (1999)	
Senegal	16.600 (1999)	1.650 (1999)	
Togo	8.600 (1999)	1.700 (1999)	
Zentralafrikanische Wirt-			
schafts- und Währungs-	57.910		4.837
gemeinschaft (CEMAC)			
Äquatorialguinea	960 (1999)	2.000 (1999)	
Gabun	7.900 (1999)	6.500 (1999)	
Kamerun	31.500 (1999)	2.000 (1999)	
Kongo, Republik	4.150 (1999)	1.530 (1999)	
Tschad	7.600 (1999)	1.000 (1999)	
Zentralafrikanische Republik	5.800 (1999)	1.700 (1999)	
Komoren	410 (1998)	725 (1998)	79

Daten: BIP (Kaufkraftparität; Schätzung): CIA World Fact Book (2000);
Bargeld: Banque de France: La Zone Franc - Rapport Annuel 1995, S.28,239f.

28

hinsichtlich ihrer geographischen Lage in Küsten- oder Binnenstaaten unterscheiden kann[6].

Für die Zuordnung in die Ländergruppe der erdölexportierenden Staaten verwendet das Statistische Bundesamt die Kriterien „Exportanteil von mindestens 40 Prozent" und/oder einen „Wertschöpfungsbeitrag von mindestens 25 Prozent". In diese Kategorie fallen Gabun, Kamerun und die Republik Kongo, das heißt drei von sechs Staaten der zentralafrikanischen Franc-Zone.

Innerhalb der gesamten afrikanischen Franc-Zone ist das OPEC-Mitglied Gabun größter Ölproduzent und - bezogen auf das BIP je Einwohner - das wohlhabendste Mitglied[7]. Im Gegensatz zur ebenfalls stark vom Erdölsektor dominierten Wirtschaft der Republik Kongo ist die Öldependenz von Kamerun dank einer relativ diversifizierten Exportpalette (Erdöl, Kakao, Kaffee, Holzprodukte, Aluminium) weniger ausgeprägt. Bezogen auf die Bevölkerungszahl und das absolute Bruttoinlandsprodukt ist Kamerun das mit Abstand ökonomisch bedeutendste Land der zentralafrikanischen Subzone und innerhalb der gesamten CFA-Franc-Zone ebenso gewichtig wie die westafrikanische Elfenbeinküste.

Für die Zukunft ist zu erwarten, daß zwei weitere zentralafrikanische Staaten in die Gruppe der vom Erdölsektor dominierten Länder fallen werden. In dem Kleinstaat Äquatorialguinea wurde in den neunziger Jahren mit der Erdölförderung begonnen, während im Tschad bedeutende Erdölvorkommen erst noch vor der kommerziellen Ausbeutung stehen.

Bei den nicht-erdölexportierenden[8] westafrikanischen Ländern der CFA-Franc-Zone können hinsichtlich des Kriteriums der Meereszugänglichkeit zwei Gruppen unterschieden werden.

Zu den Küstenstaaten zählen die Elfenbeinküste, Senegal, Benin, Togo und Guinea-Bissau. Diese Länder sind im Vergleich zu den Binnenstaaten der Region stärker in die Weltwirtschaft integriert, wobei als Abgrenzungskriterium eine Außenhandelsquote (Exporte/BIP) von mehr als 25 Prozent zugrundegelegt wird.

---

[6]   Statistisches Bundesamt (1997), S.38f.

[7]   Nach diesem Kriterium gehört Gabun zu den reichsten Staaten auf dem afrikanischen Kontinent [CIA World Fact Book (2000)].

[8]   Im Sinne der Kriterien des Statistischen Bundesamtes; zwar fördern auch Benin, Senegal und die Elfenbeinküste Erdöl, doch sind die Fördermengen relativ gering und/oder der Inlandsverbrauch relativ hoch.

Im Rahmen der westafrikanischen Franc-Zone ist die Elfenbeinküste das bevöl-
kerungsreichste Land und verfügt über die größte Wertschöpfung aller Mitglieder. Des weiteren zählt diese regionale Wirtschaftsmacht zu den weltweit größ-
ten Erzeugern und Exporteuren von Kakao und Kaffee. Besonders kennzeichnend für Senegal – das zweitbedeutendste Land innerhalb der westafrikanischen
Franc-Zone - ist der aufgrund des französischen Erbes relativ breit entwickelte
Industriesektor. Hingegen sind die beiden Küstenstaaten Togo und Benin noch
stark agrarisch geprägt, wenngleich im tertiären Bereich der Handel mit den
wirtschaftsstarken anglophonen Nachbarstaaten Ghana bzw. Nigeria eine besondere Rolle spielt. Mit Guinea-Bissau ist 1997 ein im Vergleich zu den übrigen
Mitgliedern ökonomisch wenig bedeutender Staat mit portugiesischer Kolonialvergangenheit der westafrikanischen Franc-Zone beigetreten.

Die Gruppe der nicht-erdölexportierenden Binnenländer ist aufgrund der ver-
kehrsräumlich ungünstigen Rahmenbedingungen deutlich geringer in den Weltmarkt eingebunden, wobei die jeweiligen Außenhandelsquoten Werte von unter
25 Prozent aufweisen. In den Binnenstaaten Burkina Faso, Mali, Niger, Tschad
und der Zentralafrikanischen Republik dominiert der Sektor „Land- und Forst-
wirtschaft, Fischerei" (40 bis 50 Prozent des BIP), wobei zum größeren Teil
Subsistenzlandwirtschaft vorherrscht. Die gesamtwirtschaftliche Entwicklung
folgt in hohem Maße den witterungsbedingten Ernteschwankungen, die insbesondere in den Sahelstaaten Burkina Faso, Mali, Niger und Tschad relativ stark
ausgeprägt sind.

3.3   Politische Strukturen

Deutliche Unterschiede innerhalb der Franc-Zone im weitesten Sinne ergeben
sich auch im Hinblick auf die politische Struktur der einzelnen Staaten und abhängigen Gebiete. Wenngleich alle völkerrechtlich zu Frankreich gehörenden
Überseegebiete entsprechend ihrer Größe jeweils eigene Abgeordnete in die
französische Nationalversammlung sowie Vertreter in den Senat des Mutterlandes entsenden, unterscheiden sich die historisch gewachsenen, lokalen Regie-
rungs- und Verwaltungsformen der Überseegebiete[9].

---

[9]   Zu den konkreten Formen der Exekutive, Legislative und Judikative der französischen Überseegebiete oder Staaten der Franc-Zone siehe CIA World Fact Book
(2000), Abschnitt "Government".

30

Noch bedeutsamer und gravierender sind die Unterschiede in den politischen Strukturen, die sich nach der Unabhängigkeit der zur Franc-Zone gehörenden afrikanischen Staaten herausgebildet haben. Obwohl fast alle jener Länder Artikel 4 der französischen Verfassung übernahmen und somit die Gründung und freie Tätigkeit von politischen Organisationen de jure gewährleisteten, bildeten sich de facto in all diesen west- und zentralafrikanischen Staaten im Zeitablauf Einparteiensysteme heraus[10]. Eine Reihe von Regimen experimentierten - unbeschadet der währungspolitischen Kooperation mit Frankreich - mit länderspezifischen Spielarten des Sozialismus, was, im Falle Benins und der Republik Kongo, dem Bekenntnis zum Marxismus-Leninismus folgend, zur zeitweisen Umbenennung der beiden Staaten in „Volksrepubliken" gipfelte. Des weiteren ist auffällig, daß seit ihrer Unabhängigkeit in zwei Dritteln der insgesamt 15 afrikanischen Staaten der aktuellen Franc-Zone mindestens ein Militärputsch stattgefunden hat.

Dem westlichen Demokratieverständnis ansatzweise entsprechende politische Systeme entwickelten sich verstärkt zu Beginn der neunziger Jahre, nachdem der bis nach Afrika wirkende globale Ost-West-Konflikt sich auflöste und die ehemalige Kolonialmacht Frankreich ihre Entwicklungshilfe verstärkt an Fortschritte im Demokratisierungsprozeß koppelte[11].

Unter Zugrundelegung des zur Beurteilung des tatsächlich herrschenden Ausmaßes politischer und bürgerlicher Rechte gängigen Freedom-House-Indexes[12] wurden in den siebziger und achtziger Jahren die politischen Systeme von neun aktuellen afrikanischen Staaten der Franc-Zone durchgehend als "unfrei", die Systeme der sechs weiteren afrikanischen Mitgliedsländer phasenweise als entweder "unfrei" oder "teilweise frei" klassifiziert.

In den neunziger Jahren wurden die politischen Systeme der afrikanischen Staaten der Franc-Zone in vier Fällen als durchweg "unfrei" und neunmal als "teilweise frei" charakterisiert, wobei die Elfenbeinküste, der Kongo und Niger im Verlauf des Jahrzehnts wieder zurückgestuft wurden. Wenngleich zumindest

---

[10] Nuscheler/Ziemer (1980), S.102f und S.174f.

[11] Barrin, Jacques de (1990).

[12] Die Charakterisierung weltweit real existierender politischer Systeme durch die Organisation *Freedom House* ist für den Zeitraum 1972 bis 1999 verfügbar. Im Hinblick auf die zu Frankreich gehörenden Übersee gebiete ist anzumerken, daß deren politische Systeme zwar in den neunziger Jahren als "frei", hingegen in den siebziger und achtziger Jahren sowohl in einigen DOM wie TOM zeitweise nur als "teilweise frei" eingestuft wurden.

die politischen Systeme Benins und Malis seit Beginn der neunziger Jahre prinzipiell als "frei" klassifiziert werden, genießt die Mehrzahl der Einwohner der afrikanischen Franc-Zone immer noch nicht annähernd die im Leitwährungsland Frankreich herrschenden politischen und bürgerlichen Freiheiten.

Rückblickend auf den Zeitraum von 1972 bis 1999 kann für die politischen Systeme der drei bedeutendsten Mitgliedstaaten auf dem afrikanischen Kontinent insgesamt festgehalten werden, daß die Elfenbeinküste als "unfrei" bis "teilweise frei", Kamerun seit 1976 als durchweg "unfrei" und der Senegal seit 1975 als "teilweise frei" galten.

Angesichts der vielfältigen Interdependenzen zwischen dem politisch-rechtlichen, kulturellen und wirtschaftlichen Untersystem im Rahmen des gesellschaftlichen Gesamtsystems[13] sind die oben skizzierten politischen Strukturen in der afrikanischen Franc-Zone naturgemäß auch im Zusammenhang mit den im weiteren Verlauf der vorliegenden Arbeit behandelten ökonomischen und monetären Aspekten zu sehen. So ist das traditionell und fortwährend niedrige Demokratisierungsniveau auf dem afrikanischen Kontinent sowie in der hier betrachteten Franc-Zone nicht unabhängig vom herrschenden Wohlstandsniveau[14]. Des weiteren ist bezüglich der Geldpolitik anzumerken, daß bei deren konkreter Ausgestaltung zwar auch in Demokratien gesellschaftlich suboptimale Ergebnisse realisiert werden. Die diesbezügliche Gefahr scheint allerdings in totalitären oder autoritären Regierungssystemen angesichts potentieller staatlicher Willkür prinzipiell ungleich höher zu sein.

---

[13]   Gutmann (1990), S. 224f.

[14]   Laut einer weltumspannenden empirischen Studie von Barro (1999) [Kurzzusammenfassung von Fischer (2000), S.26] behindert neben soziologischen und religiösen Faktoren vor allem mangelnder Wohlstand die Demokratisierung eines Landes, während eine florierende Wirtschaft generell die Etablierung demokratischer Strukturen nachhaltig fördert. Allerdings implizieren auf Humankapitalbildung zurückgehende Wohlstandszuwächse einen größeren Demokratisierungsdruck als im Falle von "Rentengesellschaften", in denen Wirtschaftswachstum primär auf der Ausbeutung von Bodenschätzen basiert.

32

4.   Historische Entwicklung

Zum besseren Verständnis der Strukturen und Funktionsprinzipien des außerhalb der frankophonen Welt weniger bekannten Währungssystems der Franc-
Zone werden nachfolgend - einer Einteilung in fünf Phasen folgend und den
afrikanischen Kontinent in den Vordergrund stellend - die grundlegenden Ereignisse der angesichts der Heterogenität des ehemaligen französischen Kolonialreiches nicht gleichförmig verlaufenen Entwicklung der Währungsbeziehungen
zwischen Frankreich und seinen unterschiedlichen Überseebesitzungen bzw. den
daraus erwachsenen unabhängigen Staaten skizziert[15].

Wie andere europäische Kolonialmächte mußte auch Frankreich monetäre Arrangements für seine Überseebesitzungen festlegen und von Fall zu Fall modifi-
zieren. Während allerdings vergleichbare Währungssysteme nach der politischen
Unabhängigkeit der überseeischen Territorien allmählich zusammenbrachen,
wie etwa 1960 die belgisch-kongolesische Währungsunion sowie im Laufe der
siebziger Jahre die lusophone Escudo-Zone und die kaum institutionalisierte,
vielmehr auf *Gentlemen's Agreements* basierende Sterling-Zone Großbritanni-
ens, gelang es Frankreich, eine formalisierte Währungskooperation mit einer
Vielzahl ehemaliger afrikanischer Kolonien bis in die Gegenwart aufrechtzuerhalten[16].

4.1   Vorgeschichte der Franc-Zone

Für den afrikanischen Kontinent war die europäische Kolonisierung auch im
monetären Bereich mit tiefgreifenden Veränderungen verbunden. Bevor in Afrika geprägte Münzen und schließlich Papiergeld Einzug fanden, konnte man drei
Gruppen von endogenen Zahlungsmitteln unterscheiden: erstens die jeweiligen
Gegenwerte aus Tauschgeschäften; zweitens sogenannte *Paléomonnaies* ohne
direkten Nutzen wie Muscheln, Glasperlen, Eisenbarren, Kupferfäden oder
Goldpulver; sowie drittens Güter mit paléomonetärer und zusätzlich direkten

---

[15]   Unter historischen Gesichtspunkten bieten Pick/Sédillot [(1971), S.164f] eine
tabellarische Übersicht über Verwendungszeiträume, emittierende Institute, Paritäten
und Konvertibilität der einzelnen Währungen im französischen Kolonialreich sowie in
den daraus hervorgegangenen Staaten, während Julienne (1988) anhand seiner persönlichen Erfahrungen als französischer Generalfinanzinspektor in der westafrikanischen
Franc-Zone, deren Entwicklung von 1955 bis 1975 nachzeichnet.

[16]   Sandretto (1994), S.18f.

Nutzen stiftender Funktion wie Salz, Getreide, Tabak, Rinder oder Ziegen. Einige dieser Zahlungsmittel fanden nur sehr begrenzte lokale Akzeptanz, andere wiederum waren über weite Entfernungen und zwischen verschiedenen afrikanischen Gesellschaften verbreitet[17].

Als Ausdruck merkantilistischen Denkens im absolutistischen Frankreich führte der auf das Jahr 1626 zurückgehende *Pacte Colonial* zur exklusiven Gestaltung der Wirtschaftsbeziehungen zwischen dem Mutterland und seinen Kolonien, wohingegen sich im monetären Bereich eine Trennung zwischen Frankreich und seinen Überseegebieten entwickelte[18]. Dies kam formal in der Verordnung vom 3. März 1699 hinsichtlich des Exportverbotes jeglichen Geldes von der Metropole in die Kolonien zum Ausdruck. Bis zu Beginn des 19. Jahrhunderts bedeutete dies, daß offiziell keine Münzen des Mutterlandes in den Kolonien zirkulieren durften, und umgekehrt Kolonialmünzen kein gesetzliches Zahlungsmittel in Frankreich waren. Darüber hinaus wurde, dem primären Ziel der Bereicherung des Mutterlandes zu Lasten der überseeischen Gebiete folgend, ein jeweils für die Metropole günstiger Wechselkurs fixiert.

Mit dem Schlagwort "dezentrale Vereinheitlichung" kann jene Phase umschrieben werden, die mit in der Metropole getroffenen Entscheidungen zur monetären Neuordnung anläßlich der Französischen Revolution bzw. der mit Napoleons Niederlage verbundenen Verkleinerung des Kolonialreiches eingeleitet wurde. Zu den grundlegenden Reformen, die sich allerdings erst mit zeitlicher Verzögerung auf die Kolonien auswirkten, zählt zum einen die im Jahre 1793 beschlossene Einführung der Dezimalrechenweise, zum anderen ein zwei Jahre später erlassenes Dekret, wonach Frankreichs Währungseinheit von nun an die Bezeichnung *Franc*[19] tragen sollte.

Auf institutioneller Ebene bildeten sich Mitte des 19. Jahrhunderts - dem Vorbild der im Jahre 1803 privatrechtlich gestalteten *Banque de France* folgend - in den amerikanischen und pazifischen Überseebesitzungen Frankreichs sowie in

---

[17]   Servet (1996), S.87f.

[18]   Die folgende historische Abhandlung der Abschnitte 4.1 und 4.2 orientiert sich an dem Standardwerk von Neurrisse (1987), S.9f; vgl. auch Statistisches Bundesamt (1997), S.26f.

[19]   Während in den meisten Kolonialgebieten diese Bezeichnung allmählich verwendet wurde, gab es in anderen unter französischer Herrschaft stehenden Gebieten über längere Zeiträume anders lautende, aber qualitativ den Franc anderer Kolonialgebiete nahestehende Währungen [Neurrisse (1987), S.58f].

den Gebieten des französisch dominierten Afrikas Kolonialbanken, die jeweils mit dem alleinigen Recht zur Ausgabe von Banknoten ausgestattet wurden[20]. In Ermangelung eigener lokaler Münzprägeanstalten erfolgte die Versorgung mit Bargeld bis dato grundsätzlich durch die Metropole. Dies war offensichtlich chronisch unzureichend, da insbesondere in der vorangegangenen Epoche des Absolutismus der tatsächliche Geldumlauf, neben den königlich autorisierten und im Mutterland geprägten Münzen, vor allem auch Geldstücke gleichfalls in Afrika engagierter Kolonialmächte umfaßte. In begrenztem Umfang zirkulierten sogar, trotz des damaligen Verbotes, Münzen der Metropole.

Durch die Schaffung der mit einem Emissionsrecht ausgestatteten Kolonialbanken traten in den jeweiligen Territorien neben die bis dahin vorherrschenden Münzen nun Banknoten, deren maximale Ausgabe auf ein festgelegtes Vielfaches bestimmter Bilanzpositionen begrenzt wurde[21].

Maßgeblich für die weitere Entwicklung der afrikanischen Franc-Zone ist die im Jahre 1853 gegründete *Banque du Sénégal*, die primär als Darlehens- und Diskontbank konzipiert war und daneben die Verantwortung für den Geldumlauf sowie den Zahlungsverkehr mit der Metropole übernehmen sollte. Der personelle Einfluß des Staates beschränkte sich auf einen lediglich Berichte verfassenden Kommissar der Regierung. Dagegen umfaßte der Verwaltungsrat der *Banque du Sénégal* ausschließlich Privatpersonen, die aus ihrem Kreise den Präsidenten bestimmten. Nicht zuletzt aufgrund der unzureichenden originären Ka-

---

[20] Die Gründung der afrikanischen und amerikanischen Kolonialbanken (*Banque du Sénégal* (1853), *Banque de la Réunion* sowie *Banques de la Martinique, de la Guadeloupe* et *de la Guyane* (alle 1851)) ist in doppelter Hinsicht mit der Abschaffung der Sklaverei verbunden. Einerseits wurde die in den Kolonien von Beginn an herrschende unzureichende Ausstattung mit Bargeld durch steigende Geldnachfrage infolge der nunmehr notwendigen Lohnzahlungen an ehemalige Sklaven bzw. eingeführte Arbeitskräfte weiter verschärft, andererseits stammte das Startkapital jener Institute zum Teil auch aus den den ehemaligen Sklavenhaltern gewährten Entschädigungszahlungen [Neurrisse (1987), S.64f].

[21] Unter Berücksichtigung der wirtschaftlichen Entwicklung der primär rohstoffexportierenden Kolonien konnte eine solche Regelung insofern prozyklisch wirken, als beispielsweise im Falle guter Ernten inflationäre Tendenzen durch die vermehrte Ausgabe von Banknoten infolge zunehmender Einlagen verstärkt, im Falle von Mißernten oder Preisverfall deflationäre Tendenzen durch die kontrahierend wirkende bilanzpositionenbezogene Geldmengenregelung verschärft wurden [Neurrisse (1987), S.67f].

pitalausstattung konnte die *Banque du Sénégal* mit dem wachsenden Finanzbedarf der Region nicht Schritt halten.

Bei Ablauf des Emissionsmonopols im Jahre 1901 wurde mit der Überführung in die *Banque de l'Afrique Occidentale* (BAO) ein institutioneller Neuanfang eingeleitet, der auch den Weg für eine allmähliche Ausdehnung des Emissionsrechts auf weitere französische Territorien in West- und Zentralafrika eröffnete[22]. Auch die neu geschaffene BAO, die ihren Amtssitz nach Paris verlegte, war - wie ihre Vorgängerin - ursprünglich privatrechtlich konzipiert. Die staatliche Reglementierung nahm allerdings anläßlich der Krisen in der ersten Hälfte des 20. Jahrhunderts stetig zu. Während sich der staatliche Einfluß bei der Gründung der BAO noch auf eine Aufsichtskommission und die Zustimmungspflicht für den Direktor des von den Aktionären der Bank gewählten Verwaltungsrates beschränkte, gingen mit dem Gesetz vom 29. Januar 1929 zur Verlängerung des Emissionsrechts für die BAO wesentliche Statutenänderungen einher. Der Staat beanspruchte mit der Umwandlung der BAO in eine sogenannte gemischte wirtschaftliche Gesellschaft nicht nur maßgeblicheren personellen Einfluß, er zwang die BAO auch erstmalig zur Abführung von Gewinnen, mit denen Kreditinstitute zur Förderung der landwirtschaftlichen Entwicklung in den Kolonien gegründet und gefördert werden sollten. Im gleichen Jahr wurde auch mit der Dekretierung von Plafonds für die Geldemission begonnen. Diese Maßnahme trat neben die schon für die *Banque du Sénégal* geltende Begrenzung der in Umlauf befindlichen Banknoten auf höchstens das Dreifache bestimmter Bilanzpositionen, die im Falle der BAO Goldbestände, Geld der Metropole, konvertible Devisen sowie Kredite des französischen Schatzamtes umfaßten.

Am Vorabend des Zweiten Weltkrieges war eine weitgehende monetäre Integration Frankreichs mit seinem Kolonialreich verwirklicht. So wurden bereits mit dem Gesetz vom 8. August 1920 französische Münzen gesetzliches Zahlungsmittel in sämtlichen Überseeterritorien. Des weiteren handelte es sich bei den in den verschiedenen Gebieten emittierten Währungen de facto um Französische Franc - anders formuliert konnte beispielsweise der *Franc de la BAO* trotz formal abweichender Bezeichnung als ein Vielfaches des sogenannten *Franc Métro(politain)* des Mutterlandes interpretiert werden. So folgte der Franc

---

[22]   Ausgehend vom Senegal erweiterte die *Banque de l'Afrique Occidentale* ihre Aktivitäten auf die damaligen Verwaltungseinheiten Guinea (1902), Dahomey (1903), Elfenbeinküste (1906), Kamerun (1921), Togo (1922) sowie Soudan (1925) [Neurrisse (1987), S.75].

der *Banque de l'Afrique Occidentale* dem von der *Banque de France* emittierten Franc bei dessen Paritätenänderungen gegenüber anderen Weltwährungen in der durch Weltwirtschaftskrise und Abwertungswettläufe gekennzeichneten Zwischenkriegszeit, in der sich angesichts des rückläufigen internationalen Warenaustausches Frankreichs realwirtschaftliche Zuwendung zu seinen Kolonien intensivierte. In der alltäglichen Praxis konnten die Wirtschaftssubjekte ihre Transfers zwischen Kolonie und Mutterland - oder umgekehrt - ohne staatliche Reglementierungen durchführen, wobei lediglich eine geringfügige, den postalischen Kommunikationskosten entsprechende Provision zu entrichten war. Des weiteren war die freie Konvertierbarkeit zwischen dem Franc der Metropole und jenen der Kolonien über Verrechnungskonten in den Büchern des französischen Schatzamtes und nicht etwa bei der *Banque de France* gewährleistet. Diese grundsätzlich auch für die nachfolgende Franc-Zone beibehaltene institutionelle Regelung erleichterte gegen Ende des 20. Jahrhunderts den Fortbestand der franko-afrikanischen Währungskooperation im Rahmen der Europäischen Wirtschafts- und Währungsunion.

4.2 Offizielle Entstehung der Franc-Zone und die Schaffung von CFA- und CFP-Franc

Als offizielles Datum der formalen Entstehung der Franc-Zone gilt der 9. September 1939, als im *Journal Officiel* in Anbetracht der zu erwartenden direkten Kriegshandlungen für sämtliche Kolonialgebiete Frankreichs eine rigide Devisenbewirtschaftung gegenüber dem Ausland proklamiert wurde. Die Kontrolle und Verwaltung sollte zwar einem bei der *Banque de France* angesiedelten, aber weiterhin auf Rechnung des französischen Schatzamtes operierenden Amt obliegen[23].

Mit der deutschen Besetzung Frankreichs im Jahre 1940 kam es im Rahmen der erst kurz zuvor amtlich geschaffenen Franc-Zone de facto zum vorübergehenden Zusammenbruch, der sich auch innerhalb des Emissionsgebietes der *Banque de l'Afrique Occidentale* vollzog. Während einige Kolonien - darunter der Senegal mit dem afrikanischen Hauptsitz der BAO - der Regierung Marschall Pétains des unbesetzten Teils Frankreichs unterstanden, schlossen sich andere Kolonien - u.a. Kamerun, Elfenbeinküste, Gabun - der in London ansässigen Exilregierung General de Gaulles des Freien Frankreichs an, wodurch temporäre Schwie-

---

[23] Neurrisse (1987), S.80f.

rigkeiten bei der Versorgung und gegenseitigen Anerkennung von Banknoten auftraten.

Das Ende des Zweiten Weltkrieges ermöglichte nicht nur die Schaffung eines neuen Weltwährungssystems, sondern bot Frankreich zugleich die Gelegenheit zur monetären Neuordnung innerhalb der Franc-Zone. Ein grundlegendes Problem war die Festlegung der Parität des Französischen Franc nicht nur gegenüber den bedeutendsten Weltwährungen jener Zeit, dem US-Dollar und dem britischen Pfund, sondern auch gegenüber den Währungen der Kolonien, da während des Krieges sowohl divergierende Preisentwicklungen zwischen Frankreich und den Verbündeten Großbritannien und Vereinigte Staaten, als auch innerhalb der Franc-Zone zu verzeichnen waren. Zurückgehend auf die deutsche Okkupation baute sich in Frankreich infolge des daraus resultierenden starken Geldmengenwachstums bei gleichzeitiger kriegsbedingter Reduzierung des zivilen Güterangebotes ein starkes Inflationspotential auf, wobei die Kolonien aufgrund ihres abweichenden Grades realwirtschaftlicher Integration mit dem Mutterland in unterschiedlichem Ausmaß von dem Phänomen der importierten Inflation aus der Metropole betroffen waren.

Am 26. Dezember 1945 wurde mit Billigung des Internationalen Währungsfonds der Französische Franc gegenüber US-Dollar und Pfund drastisch abgewertet. Ein Dekret desselben Tages legt die Paritäten des Französischen Franc gegenüber den Währungen innerhalb der Franc-Zone fest. Dabei bestimmte Artikel 1 mit Wirkung ab dem 26. Dezember für die auf Franc lautenden Währungen der Überseeterritorien Französisch-Westafrika (AOF), Französisch-Äquatorialafrika (AEF), Kamerun, Togo, Französisch-Somaliland, Madagaskar (inklusive Komoren) und Réunion eine Parität von 100 Franc (F) dieser Territorien für 170 F der Metropole. Die Franc dieser Überseeterritorien stellten nun offiziell die Gruppe des *Franc des Colonies Françaises d'Afrique* dar. In analogem Wortlaut wurde mit Artikel 3 desselben Dekrets für die französischen Überseebesitzungen im Pazifik die Gruppe der *Franc des Colonies Françaises du Pacifique* konstituiert, wobei für diese zu jener Zeit stark in die Dollar-Zone integrierte und folglich weniger von den inflationären Tendenzen des Mutterlandes betroffene Region eine Parität von 100 F jener Territorien für 240 F der Metropole festgesetzt wurde.

Mit einer ebenfalls vom 26. Dezember 1945 datierten allgemeinen Bekanntmachung der damaligen französischen Devisenbewirtschaftungsstelle wurden für den indochinesischen Piaster, die Französische Rupie in Indien und das syrisch-libanesische Pfund individuelle Paritäten zum Französischen Franc festgesetzt.

Hingegen wurden für die Franc der Überseeterritorien Algerien, Tunesien, Marokko, Martinique, Guadeloupe und Guyana, die im Vergleich zur pazifischen Region schätzungsweise doppelt so starke Preisschübe auf der Basis der Vorkriegszeit zu verzeichnen hatten, ein Umtauschkurs von eins zu eins zum Franc der Metropole bestimmt.

Am 6. Juni 1946 wurde schließlich die 1940 kriegsbedingt eingeführte Devisenbewirtschaftung zwischen Frankreich und seinen Überseegebieten aufgehoben. Der somit wiederhergestellte freie Kapitalverkehr innerhalb der Franc-Zone beschränkte sich zunächst allerdings auf das offizielle Finanzsystem und beließ den Transfer von Banknoten unter staatlicher Kontrolle. Schließlich kehrte Frankreich im Jahre 1958 zur globalen (Ausländer-)Konvertibilität des Französischen Franc zurück, wodurch auch die Währungen der Kolonien indirekt frei austauschbar gegen Währungen außerhalb der Franc-Zone wurden.

In den ersten Nachkriegsjahren geriet der Französische Franc gegenüber anderen Weltwährungen aufgrund nicht ausreichend restriktiver Geldpolitik unter permanenten Abwertungsdruck, der auch die Paritäten der Kolonialwährungen zur Diskussion stellte. Während am 26. Januar 1948 der CFA-Franc dem Französischen Franc bei dessen Abwertung gegenüber US-Dollar und britischem Pfund folgte, blieb der CFP-Franc hiervon unberührt, woraus sich folglich ein offizielles Austauschverhältnis von 432 Franc der Metropole für 100 CFP-Franc ergab. Hingegen schloß die nächste, am 17. Oktober 1948 erwirkte Abwertung des Französischen Franc gegenüber den beiden Weltwährungen weder CFA- noch CFP-Franc ein, so daß nunmehr eine Parität von 100 Franc jener Territorien für 200 bzw. 500 Franc der Metropole galt. Von diesem Zeitpunkt an blieb die Parität des CFA-Franc zur Leitwährung über mehr als vier Jahrzehnte - bis zur Abwertung des 12. Januar 1994 - de facto unverändert, wenngleich aus der Einführung des "neuen" Franc in Frankreich ab dem 1. Januar 1960 ein geändertes Austauschverhältnis von 100 CFA-Franc für zwei Französische Franc resultierte.

Über einen noch längeren Zeitraum folgte der pazifische CFP-Franc dem Französischen Franc bei dessen Wechselkursänderungen gegenüber den restlichen Währungen der Welt. Bis in die Gegenwart gilt faktisch die am 20. September 1949 zuletzt geänderte Parität von 100 CFP-Franc für 550 "alte" bzw. 5,5 "neue" Französische Franc.

**4.3   Entwicklungen im Zuge der politischen Unabhängigkeitswelle
in Afrika**

Die fünfziger und sechziger Jahre des 20. Jahrhunderts brachten für die afrikanische Franc-Zone fundamentale Veränderungen im politischen Bereich, wohingegen die ökonomischen und monetären Beziehungen zu Frankreich keine
grundlegenden Modifikationen erfuhren[24]. Am 28.09.1958 ersetzte die *Communauté Franco-Africaine* die bis dahin bestehende *Union Française*, ohne allerdings der Forderung der afrikanischen Völker nach verstärkter Autonomie
nachdrücklich entsprechen zu können[25].

Schließlich entließ Frankreich die drei nordafrikanischen Staaten Marokko, Tunesien (jeweils 1956), Algerien (kriegsbedingt erst 1962), das einen ideologi-
schen Sonderweg einschlagende Guinea (1958) und im Laufe des Jahres 1960
Mauretanien, Madagaskar sowie die der heutigen Franc-Zone angehörenden
westafrikanischen Staaten Dahomey (Benin), Obervolta (Burkina Faso), Elfenbeinküste, Mali, Niger, Senegal, Togo bzw. die zentralafrikanischen Staaten Gabun, Kamerun, Kongo, Tschad und die Zentralafrikanische Republik in die politische Unabhängigkeit.

Dem Zerfall des ehemaligen französischen Kolonialreiches in völkerrechtlich
souveräne Staaten stand das Bemühen zur Wahrung der ökonomischen Integration in Afrika gegenüber. So wurden mit der westafrikanischen *Union Douanière des Etats d'Afrique Occidentale* (UDEAO) und der zentralafrikanischen
Union Douanière et Economique des Etats d'Afrique Centrale (UDEAC) zwei
Zollunionen gegründet. Darüber hinaus wurde die monetäre Integration in der
westafrikanischen Franc-Zone mit der 1962 geschaffenen *Union Monétaire
Ouest-Africaine* (UMOA) stärker betont als in der zentralafrikanischen Subzone,
die bis 1994 formal nicht unter der Bezeichnung Währungsunion firmierte, sondern lediglich als Emissionsgebiet der Zentralbank BEAC oder kurz "BEAC-
Zone" bezeichnet wurde.

---

[24]   Ohne die grundlegenden Funktionsprinzipien der franko-afrikanischen Währungskooperation in Frage zu stellen, wurde im Jahre 1958 die Währungseinheit lediglich - unter Beibehaltung der Abkürzung CFA - von *Franc des Colonies Françaises
d'Afrique* in Franc de la *Communauté Financière d'Afrique* umbenannt.
[25]   Die folgende historische Abhandlung der Abschnitte 4.3 bis 4.5 orientiert sich
an der Zeittafel von Godeau (1995), S.17f.

Auf institutioneller Ebene stellten die fünfziger Jahre eine Transformationsphase für die afrikanischen Notenbanken dar, ohne allerdings den afrikanischen Einfluß entscheidend zu erhöhen. Zunächst wurden am 20. Januar 1955 anstelle der *Banque de l'Afrique Occidentale* zwei separate Notenbanken für Französisch-Äquatorialafrika und Kamerun sowie für Französisch-Westafrika und Togo geschaffen. Damit waren erstmalig afrikanische Mitglieder im Verwaltungsrat vertreten, wenngleich Frankreich die absolute Mehrheit behielt und gleichzeitig das für die Kontrolle der Banktätigkeiten zuständige Kollegium der Aufseher bestimmte.

Den politischen Veränderungen jener Zeit Rechnung tragend wurde das westafrikanische Institut am 4. April 1959 in die *Banque Centrale des Etats de l'Afrique de l'Ouest* (BCEAO) überführt, während das zentralafrikanische Institut im Jahre 1960 durch die *Banque Centrale des Etats de l'Afrique Equatoriale et du Cameroun* (BCEAEC) ersetzt wurde. Für beide Zentralbanken war ein paritätisch aus afrikanischen und französischen Mitgliedern besetzter Verwaltungsrat kennzeichnend, in dem Frankreichs Mehrheit durch den statutengemäß aus der Metropole stammenden Verwaltungsratvorsitzenden gewährleistet wurde, der bei Stimmengleichheit im Rat über die entscheidende Stimme verfügte.

Betrachtet man den Teilnehmerkreis der afrikanischen Franc-Zone, so ist die Nachkriegszeit bis in die siebziger Jahre hinein durch die Austritte einiger politisch unabhängig gewordener Territorien gekennzeichnet[26], wenngleich in den sechziger Jahren mit den aus dem Nachlaß des deutschen Kolonialreiches stammenden ehemaligen französischen UN-Mandatsgebieten Kamerun und Togo[27] auch zwei schon de facto integrierte Staaten formal den Institutionen der Franc-Zone beitraten. In Afrika verließen Französisch-Somaliland (Dschibuti) (1949), die drei Maghreb-Staaten Marokko (1957), Tunesien (1958) und Algerien

---

[26]   Als Handelszentrum und wichtiges Transitland für Äthiopien verließ Dschibuti schon im Jahre 1949 und somit Jahrzehnte vor der Unabhängigkeit 1977 die Franc-Zone. Der Dschibuti-Franc ist traditionell an den US-Dollar gebunden [Neurrisse (1987), S.113f].

[27]   Die ehemalige deutsche Kolonie beschloß unter der Regierung Olympio am 12. Dezember 1962 ein Gesetz zur Schaffung einer nationalen Zentralbank und des Togo-Franc (*Franc Togolais*), der an die Deutsche Mark gekoppelt sein sollte. Einen Monat später verhinderte ein Putsch die Umsetzung dieses Vorhaben, so daß Togo folglich am 27. November 1963 der UMOA und BCEAO beitrat [Neurrisse (1987), S.162].

(1963), Guinea[28] (1960) sowie im Jahre 1973 Madagaskar und Mauretanien die Franc-Zone.

Dem vermeintlichen Gewinn an geldpolitischer Autonomie infolge der Gründung einer mit der Emission einer eigenen Währung betrauten Zentralbank stand auf der anderen Seite letztendlich der Verlust der französischen Konvertibilitätsgarantie für diese nationale Währung gegenüber.

Im Vergleich zu den anderen aus der Franc-Zone ausgetretenen Staaten ist der Fall Malis besonders bemerkenswert. Anstatt weiterhin an einem supranationalen Institut mitzuwirken, gründete das westafrikanische Land mit der *Banque de la République du Mali* eine eigene Zentralbank und verließ am 1. Juli 1962 mit der Ablösung des CFA-Franc durch den Mali-Franc (*Franc Malien*) als neuem gesetzlichen Zahlungsmittel faktisch die Franc-Zone. Nach gut zwei Jahrzehnten durch Inflation und Abwertung geprägter Erfahrungen mit eigenständiger Geld- und Währungspolitik wurden diese Schritte schließlich am 1. Juni 1984 wieder rückgängig gemacht[29], und die vollständige Reintegration im Rahmen der franko-afrikanischen Währungskooperation verwirklicht.

---

[28]   Bei der Beurteilung der guineischen Entscheidung zum Ausstieg aus der franko-afrikanischen Währungskooperation dürfte ex post breiter Konsens darüber bestehen, daß im Falle dieses westafrikanischen Staates der monetäre Alleingang ein nachhaltiger Mißerfolg war. Die zum ökonomischen Niedergang führenden planwirtschaftlichen Experimente der auf Dirigismus setzenden Regierung unter Sékou Touré wurden von unsolider Geldpolitik und Devisenbewirtschaftung begleitet. Trotz mehrfacher Reformversuche war der monetäre Bereich Guineas permanent durch Hyperinflation, inoffizielle Devisenmärkte und das Zirkulieren von Fremdwährungen (v.a. US-Dollar und CFA-Franc) gekennzeichnet. Erst der Militärputsch des Jahres 1984 ermöglichte das Eingreifen des IMF und somit glaubwürdige Reformen zur allmählichen Stabilisierung des *Franc Guinéen* [Lootvoet (1996), S.129f; vgl. auch Wago (1995), S.83f.].

[29]   Bevor Mali Ende 1980 den offiziellen Antrag auf Beitritt zur UMOA stellte, schloß der westafrikanische Staat bereits im Jahre 1967 mit Frankreich ein separates monetäres Abkommen über ein Verrechnungskonto der malischen Zentralbank beim französischen *Trésor* [Banque de France: *La Zone Franc - Rapport Annuel 1984*, S.17].

42

4.4   „Afrikanisierung" der CFA-Franc-Zone

Mit dem Zusammenbruch des Bretton-Woods-Systems Anfang der siebziger
Jahre ergab sich eine mit der Krise des Weltwährungssystems in den dreißiger
Jahren vergleichbare Konstellation, die durch den Übergang von einer uni- zu
einer multipolaren Weltwirtschaft, Frankreichs Attacken gegen die jeweilige
Leitwährung sowie schließlich durch den Bruch der globalen Kohäsion im monetären Bereich gekennzeichnet war[30]. Frankreichs Streben nach zumindest regionaler Stabilität mündete in den dreißiger Jahren in der Schaffung der Franc-
Zone und analog in den siebziger Jahren in der Beteiligung am Europäischen
Währungssystem (EWS). Für die afrikanischen Staaten der Franc-Zone implizierte der Zusammenbruch des Bretton-Woods-Systems schließlich einen flexiblen Wechselkurs zwischen CFA-Franc und US-Dollar, welcher besonders für
die Fakturierung der bedeutsamen Rohstoffexporte relevant war. Andererseits
folgte aus der europäischen Währungskooperation, daß der CFA-Franc in Abhängigkeit vom Französischen Franc faktisch mit den Währungen der am EWS
beteiligten Staaten über feste, aber innerhalb definierter Bandbreiten schwan-
kende und möglichen Realignments unterworfene Wechselkurse verbunden war.
Die Weltwährungskrise der frühen siebziger Jahre war auch ein Anstoß für institutionelle Neuregelungen innerhalb der Franc-Zone[31]. Neben den eher sym-
bolischen Modifikationen wie der Umdeutung der Abkürzung CFA in *Communauté Financière Africaine* (Afrikanische Finanzgemeinschaft in Westafrika)
bzw. *Coopération Financière en Afrique* Centrale (Finanzielle Zusammenarbeit
in Zentralafrika) oder der Verlagerung der Amtssitze der zuständigen Zentralbanken von Paris nach Dakar bzw. Jaunde wurden auch zwei bedeutsame

---

[30]   Sandretto (1988), S.9f.

[31]   Abgesehen von dem anhaltenden und durch den späteren Rohstoffboom bestärkten Emanzipationsstreben der afrikanischen Regierungen führte vor allem die Abwertung des Französischen Franc vom 10. August 1969 zu Verstimmungen im Rahmen
der franko-afrikanischen Währungskooperation. Ohne die afrikanischen Partner zu
konsultieren, führte die im Zuge der Mai-Krise 1968 innenpolitisch motivierte Abwertung gegenüber Drittwährungen - bei unveränderter Parität zwischen Französischen Franc und CFA-Franc - zum Sinken des Wertes der in Französischen Franc no-
minierten Devisenreserven der afrikanischen Zentralbanken beim französischen
Schatzamt [Godeau (1995), S.46f].

strukturelle Veränderungen vorgenommen, die den Grad der afrikanischen Autonomie im monetären Bereich erhöhten[32].

Während die neuen Verträge zur Währungskooperation zwischen Frankreich und der BEAC-Zone bzw. den Mitgliedstaaten der UMOA in den Jahren 1972 bzw. 1973 die fundamentalen Funktionsprinzipien der Franc-Zone grundsätzlich bestätigten, wurde als Neuerung zum einen die für die afrikanischen Staaten geltende Deviseneinlageverpflichtung zugunsten Frankreichs von der bis dato geltenden Quote von 100 auf mindestens 65 Prozent reduziert. Zum anderen verlor Frankreich weitere Sitze im Verwaltungsrat der beiden afrikanischen Zentralbanken. Während die westafrikanische BCEAO ihren Namen beibehielt, wurde die zentralafrikanische Zentralbank BCEAEC am 22. November 1972 in die *Banque des Etats de l'Afrique Centrale* (BEAC) transformiert.

Die Aufbruchszeit der siebziger Jahre ist auch durch neue Initiativen zur Förderung der innerafrikanischen Integration gekennzeichnet. Neben dem am 03. Juni 1972 unterzeichneten Vertrag zur Schaffung der westafrikanischen *Communauté Economique de l'Afrique de l'Ouest* (CEAO) ist besonders die am 28. Mai 1975 beschlossene *Communauté Economique des Etats de l'Afrique de l'Ouest* (CEDEAO) bzw. *Economic Community of West African States* (ECOWAS) im Hinblick auf ihren - neben frankophonen auch anglo- und lusophone Staaten umfassenden - Teilnehmerkreis hervorzuheben.

Was die Anzahl der zur Franc-Zone gehörenden Mitgliedstaaten anbelangt, läßt sich chronologisch feststellen, daß nach dem Austritt Mauretaniens und Madagaskars im Jahre 1973 am 19. Februar 1976 zunächst der Komoren-Franc für die zuvor unabhängig gewordene Islamische Bundesrepublik Komoren im Rahmen der Franc-Zone geschaffen wurde. Eine Eintrittswelle setzte im Jahre 1984 mit der Reintegration Malis in die Franc-Zone ein. Es folgten mit Äquatorialguinea (1985) und Guinea-Bissau (1997) erstmalig zwei afrikanische Staaten ohne französische Kolonialvergangenheit.

---

[32]   Die Grenzen des afrikanischen Einflusses zeigte im November 1972 der damalige Präsident Pompidou während des traditionellen franko-afrikanischen Treffens deutlich auf. In Erwiderung auf die öffentliche Forderung des togolesischen Staatschefs Eyadéma nach verstärkter afrikanischer Mitsprache bezüglich der Parität des CFA-Franc verwies Pompidou auf den Trade-off zwischen afrikanischer Autonomie und der französischen Konvertibilitätsgarantie und stellte schließlich folgendes unmißverständlich fest: "Es ist wohl offensichtlich, daß der CFA-Franc morgen zusammenbrechen würde, hätte er nicht die Garantie des französischen Staates" [Godeau (1995), S.47f].

4.5   **Abwertung und Aufbruchsstimmung in den neunziger Jahren**

In den neunziger Jahren des 20. Jahrhunderts waren für die afrikanische Franc-Zone die nominale Abwertung des CFA- und Komoren-Franc gegenüber dem Französischen Franc, die verstärkten innerafrikanischen Integrationsbemühungen sowie die unwiderrufliche Ablösung des Französischen Franc durch den Euro als neuer Leitwährung die drei herausragenden Ereignisse, die in den Kapiteln D und E eingehender betrachtet werden.

Ausgehend von exogenen Schocks - auf die seitens der Träger der Geld- und Fiskalpolitk inadäquat reagiert wurde - verschlechterte sich im Verlauf der achtziger Jahre die internationale Wettbewerbsfähigkeit der afrikanischen Mitgliedstaaten zusehends, so daß die französische Konvertibilitätsgarantie für das Schatzamt zu einer spürbaren finanziellen Belastung führte. Im Widerstreit der unterschiedlichen Interessen sowohl in Frankreich, als auch in und zwischen den einzelnen afrikanischen Staaten wurde eine Abwertung lange hinausgezögert[33].

Als Indiz für die anhaltende Verschlechterung der ökonomischen Lage und somit als Vorboten der Abwertung können jene Maßnahmen der Zentralbanken BEAC und BCEAO gedeutet werden, die ab dem 02. August 1993 den Rückkauf von aus der afrikanischen Franc-Zone exportierten Banknoten verweigerten und verschärfend ab dem 17. September auch keine von ihnen emittierte Banknoten außerhalb ihres jeweiligen eigenen Emissionsgebietes zurückkauften.

Die offiziell die Sanierung der multinationalen Fluggesellschaft *Air Afrique* debattierende franko-afrikanische Versammlung der Staats- und Regierungschefs in Dakar bot schließlich die Gelegenheit zur Bekanntgabe einer Abwertung des CFA-Franc um 50 Prozent bzw. des Komoren-Franc um 33 Prozent gegenüber dem Französischen Franc.

Neben der verkündeten Abwertung war der Gipfel von Dakar auch durch ein anderes Ereignis mit weitreichender Tragweite für die Vertiefung der realwirt-

---

[33]   Auf einem Minigipfel im Juli 1992 in Paris bestärkten die afrikanischen Staatschefs Houphouet-Boigney, Diouf, Bongo und Compaoré ihre Abneigung gegenüber einer Abwertung und erhielten dabei die Unterstützung des damaligen französischen Präsidenten Mitterrand. Hingegen befürworteten die Premierminister Bérégovoy und später Balladur in Anbetracht der alarmierenden Berichte des Schatzamtes eine Abwertung des CFA-Franc [Godeau (1995), S.6f]. In Afrika waren die Staaten naturgemäß in unterschiedlichem Umfang von der Erosion der internationalen Wettbewerbsfähigkeit betroffen und dementsprechend auch mehr oder minder an einer Einstimmigkeit erfordernden Abwertung interessiert.

schaftlichen Integration innerhalb der CFA-Franc-Zone gekennzeichnet, und zwar durch die Unterzeichnung der Verträge zur Schaffung der Westafrikanischen Wirtschafts- und Währungsunion (*Union Economique et Monétaire Ouest-Africaine* (UEMOA)). In der anderen Subzone wurde ein analoger Integrationsschritt nach europäischem Vorbild am 16. März 1994 mit der Errichtung der Zentralafrikanischen Wirtschafts- und Währungsgemeinschaft (*Communauté Economique et Monétaire de l'Afrique Centrale* (CEMAC)) eingeleitet.

Gegen Ende des Jahrtausends erforderte schließlich die mit dem Inkrafttreten der dritten Stufe der Europäischen Wirtschafts- und Währungsunion eingeleitete Abschaffung des Französischen Franc einen Leitwährungswechsel. Abgesehen von möglichen Realignments sind der CFA-, CFP- und Komoren-Franc mit Wirkung zum 01. Januar 1999 durch die Einführung des Euro fest - im Gegensatz zum EWS mit seinen tolerierten Wechselkursschwankungen innerhalb definierter Bandbreiten - an die Währungen der teilnehmenden europäischen Staaten gebunden.

B Institutionen und Funktionsprinzipien des Währungssystems der afrikanischen Franc-Zone

In Kapitel B werden die institutionellen Rahmenbedingungen sowie die vier fundamentalen Funktionsprinzipien des Währungssystems der drei Subzonen umfassenden afrikanischen Franc-Zone detaillierter behandelt. Dabei ist zunächst anzumerken, daß die monetären Arrangements ein wesentliches Bindeglied der frankophonen Staaten auf dem afrikanischen Kontinent darstellen. Ungeachtet des unverkennbaren und nachhaltigen französischen Einflusses präsentiert sich die afrikanische Franc-Zone in vielerlei Hinsicht nicht als monolithische Einheit.

Aus den in den neunziger Jahren des 20. Jahrhunderts intensivierten Integrationsbemühungen in verschiedenen nicht-monetären Bereichen kann vice versa gefolgert werden, daß sich die gegenwärtig 15 Mitgliedstaaten nicht nur hinsichtlich ihrer Ressourcenausstattung voneinander unterscheiden, sondern daß auch der allgemeine institutionelle Rahmen von Land zu Land divergiert. So ist es beispielsweise bemerkenswert, daß sich trotz des von der - ohnehin zentralistisch orientierten - Kolonialmacht ausgehenden Einflusses auf die Organisation des Staatswesens in der Franc-Zone offenkundig länderspezifische Unterschiede im Bereich des Wirtschaftsrechts und bezüglich der Verwendung statistischer Verfahren herausbildeten. Dem Umstand Rechnung tragend, daß Rechtsunsicherheit, insbesondere für ausländische Investitionen, ein wesentliches Hemmnis darstellt sowie zur besseren Vergleichbarkeit nationaler statistischer Daten wurden folgerichtig mit der Organisation zur Harmonisierung des Wirtschaftsrechts in Afrika (OHADA) bzw. der Gründung des "Wirtschaftlichen und Statistischen Observatoriums des Subsaharischen Afrikas" (AFRISTAT) Institutionen geschaffen, die alle afrikanischen Franc-Zonen-Staaten umfassen und darüber hinaus anderen beitrittswilligen Ländern des Kontinents offenstehen. In gleichem Sinne zielen auch die interafrikanischen Konferenzen zu den Themenkreisen Wohlfahrtsorganisationen und Versicherungsgeschäft (CIPRES und CIMA) auf eine Harmonisierung der Märkte innerhalb der Franc-Zone ab[34].

Angesichts der, unbeschadet der gemeinsamen Geld- und Währungspolitik, bestehenden Heterogenität und von segregierten Märkten innerhalb der Franc-Zone stellt sich für die einzelnen afrikanischen Mitgliedstaaten die fundamentale

---

[34] Kommission der UEMOA/Exekutivsekretariat der CEMAC (2000a).

48

Frage nach Nutzen und Kosten der Zugehörigkeit zu einer Währungsunion[35].
Gemessen an der Mehrzahl der Kriterien der traditionellen Theorie optimaler
Währungsräume stellen weder die west-, noch die zentralafrikanische CFA-
Franc-Zone für sich oder aggregiert betrachtet, noch deren jeweiliges Fest-
kursarrangement mit Frankreich optimale Währungsunionen dar[36]. Ganz abgesehen von grundsätzlichen Problemen der Meßbarkeit, Gewichtung, Interdepen-
denz und Zeitkonsistenz der einzelnen Optimalitätskriterien neigt die traditionelle Theorie optimaler Währungsräume im Gegensatz zu neueren Ansätzen allerdings dazu, die mit dem Verzicht auf den nominalen Wechselkurs als wirt-
schaftspolitisches Anpassungsinstrument verbundenen Kosten der Mitgliedschaft in einer Währungsunion zu überschätzen und den potentiellen Nutzen in
Form einer glaubwürdigen supranationalen Geldpolitik zu vernachlässigen. Dies
kann darauf zurückgeführt werden, daß die traditionelle Theorie optimaler Währungsräume auf dem Phillips-Kurven-Zusammenhang basiert. Dabei wird sugge-
riert, daß mit Hilfe flexibler Wechselkurse eine autonome Geldpolitik betrieben
werden könne, die Regierungen länderspezifische Wahlmöglichkeiten zwischen
bestimmten Kombinationen aus Inflationsrate und Arbeitslosenquote einräume.
Die unterstellte inverse Beziehung zwischen beiden Größen steht allerdings im
Widerspruch zu dem, ab den siebziger Jahren aufgetretenen, durch die Koinzi-
denz hoher Inflationsraten und hoher Arbeitslosenquoten gekennzeichneten,
weltweiten Phänomen der Stagflation[37].
Forciert durch die negativen Erfahrungen mit unakzeptabel hohen Inflationsko-
sten verbreitete sich im Verlauf der achtziger Jahre ein neues, global zunehmen-

---

[35]   Zu den potentiellen Kosten und Nutzen der Mitgliedschaft in einer Währungsunion für Entwicklungsländer siehe Michelsen (1995), S.23f. Eine eingehende Überprüfung der CFA-Franc-Zone (innerafrikanische sowie afrikanisch-französische Ebene)
anhand der traditionellen Kriterien und neuerer Ansätze der Theorie optimaler Währungsräume wurde durchgeführt von Gehle (1998), S.83f.

[36]   Gehle (1998), S.161, S.156f.

[37]   Das Auftreten von Stagflation löste unter Ökonomen jener Zeit eine verstärkte
Diskussion über die Wirksamkeit keynesianisch inspirierter wirtschaftspolitischer
Konzepte aus. Wenngleich ab dem Jahre 1973 der Zusammenbruch des globalen Währungsgefüges und der erste Ölpreisschock ungünstige exogene Rahmenbedingungen
darstellten, führten erst inadäquate nationale Reaktionen in Form exzessiven Geldangebotes und über die Produktivitätsfortschritte hinausgehender Lohnabschlüsse zu persistenter Arbeitslosigkeit und dem - von Keynes selbst unterschätzten - Phänomen der
Cost-Push-Inflation [Hinshaw (1977), S.1f].

de Akzeptanz findendes geldpolitisches Dogma[38]. Demnach stellt Preisniveaustabilität zum einen ein bedeutsames öffentliches Gut, zum anderen zwar
keinen Garanten, aber zumindest eine solide Basis für wirtschaftliches Wachstum dar. Entsprechend steht auch bei der "neuen" Theorie optimaler Währungsräume die Frage im Mittelpunkt, inwieweit einzelne Staaten durch die Zugehörigkeit zu einer Währungsunion ein höheres Maß an Preisniveaustabilität als im
nationalen Alleingang realisieren können.

Wenngleich zwischenzeitlich die Erkenntnis einer weitestgehenden Neutralität
der Geldpolitik in dem Sinne gereift ist, daß langfristig nicht unter Inkaufnahme
einer höheren Inflation die - in der Praxis überwiegend durch strukturelle Faktoren determinierte - Arbeitslosigkeit in einer Volkswirtschaft nachhaltig reduziert
werden kann, verbleibt doch für Regierungen ein latenter Anreiz zu dem inflationsförderlichen Versuch, mit einer überraschenden monetären Expansion zumindest kurzfristige Beschäftigungseffekte zu erzielen[39]. Des weiteren ist die
Möglichkeit zur Monetisierung von staatlichen Haushaltsdefiziten ein weiterer
gewichtiger Aspekt, der das Vertrauen der Wirtschaftssubjekte in den gegenwärtigen und zukünftigen geldpolitischen Kurs beeinträchtigen kann, selbst
wenn sich eine Regierung ursprünglich zu dem Ziel der Preisniveaustabilität bekannt hat. Durch den sukzessiven Aufbau einer entsprechenden Reputation, die
Unterwerfung unter transparente und mit Sanktionen verbundene Regeln, oder
durch die Gewährleistung einer unabhängigen Zentralbank kann eine Regierung
den Grad an monetärer Glaubwürdigkeit erhöhen, was sich wiederum positiv auf
die Effektivität der Inflationsbekämpfung auswirkt.

Inwieweit die institutionellen Arrangements und Funktionsprinzipien der afrikanischen Franc-Zone ihrerseits einen adäquaten Rahmen zur Realisierung von
Preisniveaustabilität in einem gegenüber sogenannten Industrieländern durch

---

[38]   Einen Überblick über die, dem in vielen Staaten praktizierten Dogmenwechsel
zugrundeliegenden, neueren theoretischen Entwicklungen der Geldpolitik bieten
Blackburn/Christensen (1989), S.1. Zu den wesentlichen neueren Aspekten zählen die
Identifizierung des Problems der Zeitinkonsistenz, wonach eine zu Beginn eines Planungszeitraumes als optimal veranschlagte Politik zu späteren Zeitpunkten nicht mehr
optimal ist, die Betonung der Bedeutung der Antizipationen und Reaktionen des privaten Sektors auf staatliche Maßnahmen (Modelle der rationalen Erwartungen und das
Problem der Glaubwürdigkeit) sowie deren spieltheoretische Modellierung und Modelle zur Erklärung persistenter und wiederkehrender Inflationsphasen.
[39]   Loef (1988), S.361f.

Entwicklungsrückstände und Demokratiedefizite gekennzeichneten Umfeld darstellen, wird in den folgenden Kapiteln detaillierter analysiert.

1. Institutionelle Rahmenbedingungen der drei Subzonen der afrikanischen Franc-Zone

Während erst im Jahre 1994 mit der beschlossenen Schaffung eines Binnenmarktes zumindest der Wille zur Erweiterung der bislang lediglich rudimentären realwirtschaftlichen Integration bekundet wurde, zeichnet sich die afrikanische Franc-Zone im monetären Bereich traditionell durch ein hohes Maß an Integration aus, ohne allerdings einen uniformen Währungsraum darzustellen. Bei den institutionellen Rahmenbedingungen der franko-afrikanischen Währungskooperation lassen sich ungeachtet wesentlicher Gemeinsamkeiten durchaus auch spezifische Eigenarten der drei Subzonen erkennen.

Somit werden im folgenden unter Betonung monetärer Aspekte - neben dem ökonomisch unbedeutenden Sonderfall der bilateralen Währungskooperation zwischen Frankreich und der Islamischen Bundesrepublik Komoren - die multilateralen Arrangements der Westafrikanischen Wirtschafts- und Währungsunion (UEMOA) sowie der Zentralafrikanischen Wirtschafts- und Währungsgemeinschaft (CEMAC) in separaten Abschnitten behandelt. Ein pauschaler Vergleich beider CFA-Franc-Subzonen offenbart, daß bislang die Entwicklung in Westafrika durch mehr Kontinuität, größere Solidarität unter den Mitgliedstaaten und ein höheres Maß an ökonomischer Integration gekennzeichnet war.

1.1 Westafrikanische Wirtschafts- und Währungsunion (UEMOA)

Der institutionelle Rahmen für die Währungskooperation in der westafrikanischen Franc-Zone wird durch den Vertrag zur Westafrikanischen Wirtschafts- und Währungsunion (UEMOA), den vorausgegangenen Vertrag zur Schaffung der Westafrikanischen Währungsunion (UMOA), die Kooperationsvereinbarung zwischen der Republik Frankreich und den Mitgliedstaaten der UMOA, die Statuten der gemeinsamen Zentralbank *Banque Centrale des Etats de l'Afrique de l'Ouest* (BCEAO), das Abkommen über das sogenannte *Compte d'Opérations* (Verrechnungskonto der BCEAO beim französischen *Trésor*), die Vereinbarung zur Schaffung der Westafrikanischen Entwicklungsbank BOAD, die Statuten der BOAD sowie das Abkommen über die Errichtung der Bankenkommission der UMOA abgesteckt[40].

1.1.1 Ziele der Union

Die im Vertrag zur Westafrikanischen Wirtschafts- und Währungsunion (UEMOA) festgelegten Ziele umfassen, unbeschadet des vorausgegangenen Vertrages zur Schaffung der Westafrikanischen Währungsunion (UMOA):

---

[40] Die deskriptive Darstellung der UEMOA (Abschnitt B 1.1) basiert entsprechend auf folgenden offiziellen Quellen:

Traité de l'Union Economique et Monétaire Ouest-Africaine (UEMOA), 11. Januar 1994;

Traité constituant l'Union Monétaire Ouest-Africaine (UMOA), 14. November 1973;

Accord de Coopération entre la République Française et les Républiques Membres de l'Union Monétaire Ouest-Africaine, 4. Dezember 1973;

Statuts de la Banque Centrale des Etats de l'Afrique de l'Ouest (BCEAO);

Convention de Compte d'Opérations, 4. Dezember 1973;

Accord instituant une Banque Ouest-Africaine de Développement (BOAD), 14. November 1973;

Statuts de la Banque Ouest-Africaine de Développement (BOAD);

Convention portant création de la Commission Bancaire de l'UMOA;

Vertragssammlung in Vinay, Bernard / Ministère de la Coopération et du Développement (1988), S.319f;

Vertragssammlungen auch im Internet unter www.bceao.int, www.banque-france.fr und www.izf.net .

- die Stärkung der Wettbewerbsfähigkeit der wirtschaftlichen und finanziellen
  Aktivitäten der Mitgliedstaaten im Rahmen eines offenen, auf freiem Wettbewerb beruhenden Marktes (Art. 4a);
- die Konvergenz der ökonomischen Leistungen sowie der Wirtschaftspolitik
  der Mitgliedstaaten der Union (Art. 4b);
- die Schaffung eines gemeinsamen Marktes, der erstens auf dem freien Ver-
  kehr von Personen, Gütern, Dienstleistungen und Kapital, zweitens auf dem
  Niederlassungsrecht für Arbeitnehmer und Selbständige sowie drittens auf
  einem einheitlichen gemeinsamen Außenzoll und einer gemeinsamen
  Handelspolitik beruht (Art. 4c);
- die Koordinierung der nationalen, sektoralen politischen Maßnahmen sowie
  eventuell die Formulierung einer gemeinsamen Politik, insbesondere in den
  Bereichen Humankapital, Raumordnung, Transport, Telekommunikation,
  Umwelt, Landwirtschaft, Energie, Industrie und Bergbau (Art. 4d);
- die Harmonisierung der Gesetzgebung der Mitgliedstaaten,
  insbesondere des Steuerwesens (Art. 4e);
- den Erlaß von Mindestvorschriften und die Schaffung eines Rahmens
  gesetzlicher Regelungen durch die Organe der Union (Art. 5).

Im Hinblick auf die obigen Ziele und die im folgenden näher zu erläuternden
Institutionen der Union kann man konstatieren, daß eine gewisse Analogie zur
Europäischen Wirtschafts- und Währungsunion unverkennbar ist[41]. Des weiteren
ist zu berücksichtigen, daß der für die aktuelle Struktur der Union (Abbildung 2)
maßgebliche Vertrag zur UEMOA erst am 10. Januar 1994 unterzeichnet wurde.
Folglich ist für die Beurteilung der Funktionsfähigkeit des Währungssystems der
westafrikanischen Franc-Zone in der Vergangenheit prinzipiell eine reduzierte
Struktur relevant, die primär auf dem die Währungskooperation regelnden Vertrag zur UMOA aus dem Jahre 1973 beruht. Zu den originären Institutionen
zählen die Konferenz der Staatschefs, der Ministerrat, die gemeinsame Zentralbank BCEAO sowie die Entwicklungsbank *Banque Ouest-Africaine de Développement* (BOAD). Der aktuelle Vertrag zur UEMOA bestätigt in Artikel 62,
daß die Geld- und Währungspolitik der Union weiterhin auf dem Vertrag zur
UMOA sowie einigen Ergänzungen - wie der Unterstützung der wirtschaftlichen
Integration der Union - beruht. Die Existenz der originären Organisationen sowie deren Kompetenzen sind damit grundsätzlich bestätigt worden.

---

[41]   Vgl. Presse- und Informationsamt der Bundesregierung (1997 bzw. 1999):
Vertragstexte von Maastricht bzw. Amsterdam.

Abb. 2 **Aktuelle Struktur der Westafrikanischen Wirtschafts- und Währungsunion (UEMOA) mit den Mitgliedstaaten Benin, Burkina-Faso, Elfenbeinküste, Guinea-Bissau, Mali, Niger, Senegal und Togo**

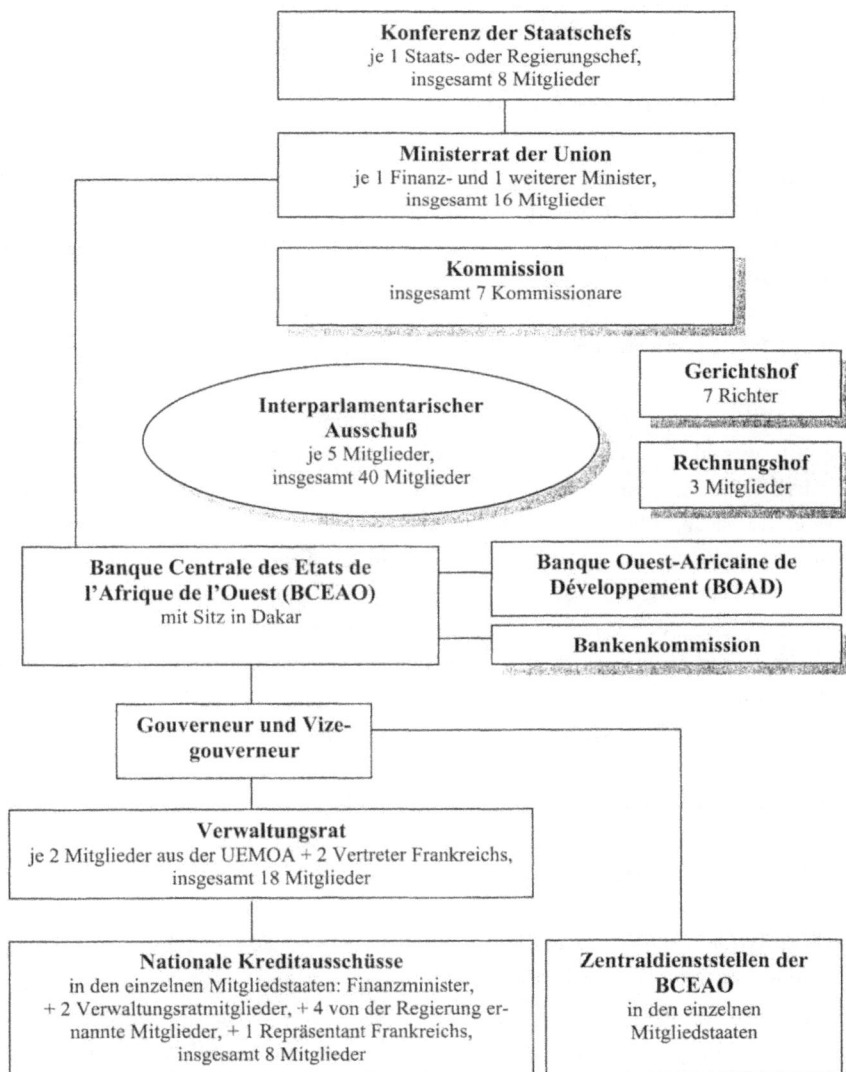

Konferenz der Staatschefs
je 1 Staats- oder Regierungschef,
insgesamt 8 Mitglieder

Ministerrat der Union
je 1 Finanz- und 1 weiterer Minister,
insgesamt 16 Mitglieder

Kommission
insgesamt 7 Kommissionare

Gerichtshof
7 Richter

Interparlamentarischer Ausschuß
je 5 Mitglieder,
insgesamt 40 Mitglieder

Rechnungshof
3 Mitglieder

Banque Centrale des Etats de l'Afrique de l'Ouest (BCEAO)
mit Sitz in Dakar

Banque Ouest-Africaine de Développement (BOAD)

Bankenkommission

Gouverneur und Vizegouverneur

Verwaltungsrat
je 2 Mitglieder aus der UEMOA + 2 Vertreter Frankreichs,
insgesamt 18 Mitglieder

Nationale Kreditausschüsse
in den einzelnen Mitgliedstaaten: Finanzminister,
+ 2 Verwaltungsratmitglieder, + 4 von der Regierung ernannte Mitglieder, + 1 Repräsentant Frankreichs,
insgesamt 8 Mitglieder

Zentraldienststellen der BCEAO
in den einzelnen Mitgliedstaaten

Anmerkungen: Flächen ohne Schatten: originäre Organe der UMOA;
Flächen mit Schatten: durch den Vertrag zur UEMOA geschaffene Organe
(bzw. Bankenkommission 1991).

Was die ökonomische Integration anbelangt, so sind die mit der UEMOA formulierten Ziele wesentliche neue Gesichtspunkte, die im Rahmen der 1972 ge-
gründeten Westafrikanischen Wirtschaftsgemeinschaft, der sogenannten *Communauté Economique de l'Afrique de l'Ouest* (CEAO), in der Vergangenheit
nicht annähernd verwirklicht werden konnten.

1.1.2 Führungsorgane der Union

Zu den drei Führungsorganen der UEMOA zählen die Konferenz der Staats- und
Regierungschefs (Art. 17-19), der Ministerrat (Art. 20-25) sowie die Kommissi-
on (Art. 26-34), deren jeweilige personelle Zusammensetzung und wesentlichen
Kompetenzen im folgenden kurz skizziert werden.

1.1.2.1 Konferenz der Staats- und Regierungschefs

Als oberstes politisches Organ der Union fungiert die Konferenz der Staats- und
Regierungschefs. Sie tritt mindestens einmal im Jahr in jeweils einem der Mitgliedsländer zusammen. Den Vorsitz der Konferenz führt der jeweilige Staats-
oder Regierungschef des gastgebenden Mitgliedstaates, wobei dieser Vorsitzende Ort und Zeit der Versammlungen sowie die Tagesordnung festlegt. Rechtskräftige Entscheidungen setzen die Einstimmigkeit aller Mitglieder voraus.
Die Konferenz der Staats- und Regierungschefs bestimmt den allgemeinen politischen Kurs der Union. Des weiteren entscheidet die Konferenz zum einen über
den Beitritt neuer Mitgliedsländer und nimmt zum anderen den Ausschluß oder
Rückzug von Mitgliedstaaten der Union zu Protokoll. Außerdem beschließt diese Konferenz über all jene Fragen, bezüglich derer zuvor im Ministerrat kein
Konsens gefunden wurde.

1.1.2.2 Ministerrat (*Conseil des Ministres*)

Jeder Mitgliedstaat ist in dem politischen Organ des Ministerrates mit zwei Ministern vertreten, wobei jedes Land allerdings nur über eine, durch den jeweiligen Finanzminister artikulierte Stimme verfügt. Den Vorsitz im Ministerrat führt
für eine Amtsperiode von zwei Jahren einer der Finanzminister, der durch den
Rat gewählt wird. Der Ministerrat trifft mindestens zweimal im Jahr zusammen,
wobei rechtskräftige Entscheidungen des Rates Einstimmigkeit erfordern. Abweichend hiervon besteht der Ministerrat aus den jeweiligen Fachministern,

wenn nicht in erster Linie wirtschafts- oder finanzpolitische Entscheidungen an-
stehen.

Der Gouverneur der gemeinsamen Zentralbank BCEAO nimmt ebenfalls an den
Verhandlungen des Ministerrates teil, wobei er von seinem Recht Gebrauch machen kann, von den Ministern angehört zu werden. Schließlich können auch ak-
kreditierte Repräsentanten internationaler Organisationen oder Vertreter von
Staaten, mit denen eine Währungskooperation besteht – sprich traditionell
Frankreich – mit beratender Stimme zu den Versammlungen des Ministerrates
eingeladen werden. Als Ergänzung sieht der Vertrag zur UEMOA neuerdings
einen Ausschuß von Experten vor, der die Beratungen des Ministerrates vorbereitet. Darüber hinaus kann der Ministerrat nunmehr die Kommission, die
BCEAO und BOAD zur Verfassung von zieldienlichen Berichten und Vorschlägen auffordern.

Der Ministerrat stellt die Ausführung des in der Konferenz der Staats- und Regierungschefs festgelegten allgemeinen politischen Kurses sicher. Der Rat legt,
unter Beachtung des Schutzes der gemeinsamen Währung und des für die wirtschaftliche Entwicklung der Mitgliedstaaten notwendigen Finanzbedarfs, den
Rahmen für die Geld- und Kreditpolitik der Union fest. In den Kompetenzbereich des Ministerrates fallen außerdem Entscheidungen über die Modifizierung
der Währungseinheit, betreffend ihrer Benennung oder ihrer Parität gegenüber
anderen Währungseinheiten, sofern letzteres nicht abgeschlossene internationale
Verpflichtungen beeinträchtigt. Des weiteren obliegt dem Ministerrat die Billigung von Verträgen mit ausländischen Regierungen, Institutionen oder monetären Institutionen, sofern hieraus Verpflichtungen oder Verbindlichkeiten für die
gemeinsame Zentralbank BCEAO resultieren. Schließlich entscheidet der Rat
über Statutenänderungen der gemeinsamen Zentralbank BCEAO. Eine vorher-
gehende, einstimmige Stellungnahme des Verwaltungsrates muß allerdings
schon vorliegen.

In bezug auf die neu geschaffene Kommission der Union sieht der Vertrag zur
UEMOA vor, daß jedesmal, wenn die Annahme einer Rechtshandlung durch
den Ministerrat auf Vorschlag der Kommission ansteht, der Rat diesen Vorschlag nur bei einstimmiger Entscheidung seiner Mitglieder abändern kann. Bezüglich ministerieller Treffen ist ergänzend auf die im Frühling und Herbst eines
jeden Jahres stattfindenden Konsultationen der Finanzminister aus Frankreich
und allen fünfzehn afrikanischen Franc-Zonen-Staaten hinzuweisen.

1.1.2.3 Kommission

Die mit dem Vertrag zur UEMOA ins Leben gerufene Kommission der Union setzt sich aus sieben Mitgliedern zusammen. Diese sogenannten Kommissare werden möglichst auf der Basis von Kompetenz und moralischer Integrität durch die Konferenz der Staats- und Regierungschefs bestimmt. Die Amtszeit der Kommissare beträgt vier Jahre - eine Wiederernennung ist zulässig. In Analogie zu Art. 157 des EG-Vertrages üben die Kommissare ihre Tätigkeiten in voller Unabhängigkeit zum allgemeinen Wohl der Union aus. Sie dürfen von keiner Regierung und keiner Organisation Anweisungen anfordern oder entgegennehmen. Auf der anderen Seite sind auch die Mitgliedstaaten verpflichtet, diese Unabhängigkeit zu respektieren. Während ihrer Amtszeit dürfen die Kommissare keine andere entgeltliche oder unentgeltliche Berufstätigkeit ausüben.

Der Präsident der Kommission wird von der Konferenz der Staats- und Regierungschefs für eine verlängerbare Amtsperiode von vier Jahren ernannt. Die Beschlüsse der Kommission werden mit einfacher Mehrheit ihrer Mitglieder gefaßt. Im Falle einer Stimmengleichheit ist die Stimme des Präsidenten ausschlaggebend. Mit beratender Stimme nimmt auch der Gouverneur der gemeinsamen Zentralbank BCEAO an den Versammlungen der Kommission teil.

Im Hinblick auf das ordnungsgemäße Funktionieren der Union spricht die Kommission vor allem Empfehlungen und Stellungnahmen aus, die sie zum Wohle der Union für notwendig erachtet. Des weiteren obliegt der Kommission die Durchführung des Haushalts der Union. Auch übt sie Befugnisse aus, die ihr der Ministerrat unter seiner Kontrolle überträgt. Außerdem erstellt die Kommission ein, an die legislativen Organe der Mitgliedstaaten und den Interparlamentarischen Ausschuß gerichtetes Jahresgutachten über die Tätigkeiten der Union und gewährleistet die Veröffentlichung der offiziellen Berichte der Union.

1.1.3 Kontrollorgane der Union

Im Sinne klassischer Gewaltenteilung sind neben den drei exekutiven Organen ein legislatives (Art. 35-37) sowie zwei Organe der Judikative (Art 38-39) im Vertragswerk zur UEMOA verankert.

1.1.3.1 Interparlamentarischer Ausschuß (*Comité Interparlementaire*)

Bis zur Schaffung eines Parlamentes der Union wird ein Interparlamentarischer Ausschuß eingesetzt, der pro Staat fünf von den jeweiligen gesetzgebenden Organen bestimmte Mitglieder umfaßt. Die Versammlungen finden mindestens einmal im Jahr statt. Der Interparlamentarische Ausschuß trägt mit Gesprächen und Debatten, die sich in Resolutionen und Berichten niederschlagen, zu den Integrationsbemühungen der Union bei.

Das zukünftige Parlament wird mit der demokratischen Kontrolle der Organe der Union beauftragt und am Entscheidungsprozeß der Union teilnehmen.

1.1.3.2 Gerichtshof

Als Organ der rechtlichen Kontrolle wurde auf der Ebene der Union neben dem Rechnungshof ein Gerichtshof geschaffen, der die Wahrung des Rechts bei der Auslegung und Anwendung des Vertrages zur UEMOA sichert.

Der Gerichtshof setzt sich aus sieben - für eine verlängerbare Amtsperiode von sechs Jahren - von der Konferenz der Staats- und Regierungschefs ernannten Mitgliedern zusammen. Die Kandidaten entstammen aus einem Personenkreis, der höchstrichterliche Kompetenz und die für das Amt notwendige Unabhängigkeit aufweisen soll.

1.1.3.3 Rechnungshof

Der Rechnungshof besteht aus drei Mitgliedern, die für eine jeweilige Amtsperiode von sechs Jahren – eine Wiederernennung ist einmal möglich – durch die Konferenz der Staats- und Regierungschefs bestimmt werden. Die Kandidaten werden vom Ministerrat vorgeschlagen und müssen entsprechende Kompetenz sowie die nötige Unabhängigkeit aufweisen.

Dem Rechnungshof obliegt die Prüfung sämtlicher Konten der Organisationen der Union. Diese Kontrolle erstreckt sich vor allem auf die korrekte und effiziente Verwendung der Ressourcen der Union.

1.1.4 Sonstige Organe der Union

1.1.4.1 *Banque Ouest-Africaine de Développement* (BOAD)

Neben der gemeinsamen Zentralbank BCEAO zählt die Entwicklungsbank BOAD zu den eigens im Vertrag zur UEMOA aufgeführten autonomen Institutionen (Art. 41), welche in aller Unabhängigkeit an den Vertragszielen mitwirken sollen. Die Förderung einer ausgewogenen Entwicklung der Mitgliedstaaten

der Union sowie die Verwirklichung der wirtschaftlichen Integration in Westafrika sind primäre Ziele der in Lomé angesiedelten *Banque Ouest-Africaine de
Développement* (BOAD). Die Entwicklungsbank soll direkt oder indirekt über
Filialen und spezielle Fonds einen Beitrag zur Sammlung von Geldmitteln inner-
und außerhalb der Union leisten. Des weiteren steuert die Bank Mittel zur Finanzierung von Projekten bei, die auf den Aufbau und die Verbesserung der Infrastruktur, die Schaffung neuer wirtschaftlicher Tätigkeitsbereiche sowie die
Verbesserung der Produktionsmittel und Produktionsverhältnisse abzielen[42].

1.1.4.2 Bankenkommission

Die im Jahre 1991 geschaffene Bankenkommission mit Sitz in Abidjan ist mit
der Ausarbeitung gesetzlicher Regeln für die Kreditinstitute der Union, mit der
Kontrolle der Akten und Dokumente des Bankensystems und der Inspektion an
Ort und Stelle beauftragt[43].

1.1.5 Gemeinsame Zentralbank *Banque Centrale des Etats de l'Afrique de l'Ouest* (BCEAO)

1.1.5.1 Allgemeine Bestimmungen und Befugnisse

Die *Banque Centrale des Etats de l'Afrique de l'Ouest* (BCEAO) ist eine von
den Mitgliedstaaten der Union geschaffene, internationale öffentliche Einrichtung mit Amtssitz in der senegalesischen Hauptstadt Dakar. Die Zentralbank
unterhält jeweils eine Zentraldienststelle mit einem durch den Gouverneur der
BCEAO ernannten und von der jeweiligen Regierung gebilligten Direktor an der
Spitze sowie gegebenenfalls weitere Dienststellen in den Mitgliedstaaten der
Union.
Die Mitgliedstaaten der Union sind zu jeweils gleichen Teilen alleinige Zeichner
des Kapitals der Zentralbank. Um die ihr zugedachten Funktionen ausüben zu
können, werden der Zentralbank die für internationale Finanzinstitutionen geltenden Sonderrechte und Immunitäten zuerkannt. Andererseits hat die Zentralbank die Statuten der BCEAO zu beachten und sich in die Organisation und

---

[42] Zu Aufgaben, Zielen und Organisation der BOAD siehe unter www.boad.org .
[43] Banque de France (1997), S.7.

Funktionsweise des Währungs-, Banken- und Finanzsystems der Union einzugliedern.

Auf dem Territorium der Unterzeichnerstaaten besitzt die gemeinsame Zentralbank BCEAO das alleinige Recht zur Geldemission. Die in jedem Territorium der Union durch die Zentralbank emittierten Geldzeichen können mit schuldbefreiender Wirkung in allen Territorien der Union verwendet werden. Ein spezieller Buchstabe auf den Banknoten ermöglicht die Zuordnung zu jedem Mitgliedstaat.

1.1.5.2 Interaktionen zwischen Zentralbank und Staat

Wie in den folgenden Kapiteln noch zu zeigen sein wird, stellt die gewählte Regelung zur Kreditvergabe der Zentralbank an die Mitgliedstaaten einen wichtigen Faktor bei der Erfolgsbeurteilung des Währungssystems der afrikanischen Franc-Zone dar.

Im Gegensatz zu Artikel 101 (ex-Artikel 104) des EG-Vertrages, der Überziehungs- oder andere Kreditfazilitäten bei der Europäischen Zentralbank für Organe oder Einrichtungen der Gemeinschaft, Zentralregierungen, regionale oder lokale Gebietskörperschaften oder andere öffentlich-rechtliche Körperschaften, sonstige Einrichtungen des öffentlichen Rechts oder öffentliche Unternehmen der Mitgliedstaaten ebenso unter Verbot stellt wie den unmittelbaren Erwerb von Schuldtiteln von diesen durch die Europäische Zentralbank, ist ein solches absolutes Verbot in den Statuten der *Banque Centrale des Etats de l'Afrique de l'Ouest* nicht zu finden, obwohl die Schaffung der Westafrikanischen Wirtschafts- und Währungsunion (UEMOA) eine Gelegenheit zur Revision der Zentralbankstatuten nach europäischem Vorbild geboten hätte. Statt eines absoluten Verbotes sieht Artikel 16 der Statuten der BCEAO nur eine quantitative Beschränkung vor, wonach die Gesamtsumme der durch die Zentralbank an einen Mitgliedstaat gewährten Finanzhilfen zwanzig Prozent der nationalen Steuereinnahmen des vergangenen Fiskaljahres nicht erreichen oder überschreiten darf. Relevant für die Berechnung dieser Gesamtsumme sind neben einigen explizit in Artikel 16 festgelegten Korrekturposten die folgenden, in den Artikeln 13 bis 15 der Statuten der BCEAO aufgeführten Geschäfte. Basierend auf den von den Mitgliedstaaten der Union emittierten oder garantierten öffentlichen Anleihen kann die Zentralbank den Banken Lombardkredite gewähren. Des weiteren kann sie, unter Zugrundelegung ihres Diskontsatzes, ungedeckte Beträge der öffentlichen Haushalte der Mitgliedsländer ausgleichen. Überdies kann die Zentralbank öffentliche Anleihen mit bis zu zehnjähriger Laufzeit diskontieren oder rediskontieren, die von einem der Teilnehmerstaaten oder öffentlich-rechtlichen Körperschaften der Union geschaffen wurden. Darüber hinaus wirkt die Zentralbank BCEAO bei internationalen Finanztransaktionen der Regierungen der Mitgliedstaaten mit. Auf Gesuch einer Regierung stellt die Zentralbank die Verwaltung der in- und ausländischen öffentlichen Schulden sicher, sie unterstützt Regierungen bei ihren Beziehungen zu internationalen Finanzinstitutionen sowie bei Umschuldungsverhandlungen mit dem Ausland.

Im Hinblick auf das Innenverhältnis der Union schlägt die Zentralbank den Regierungen Maßnahmen zur Sicherstellung der Harmonisierung der die Währungsunion tangierenden gesetzlichen Regelungen vor. Außerdem ist die Zentralbank berechtigt, von den Finanzverwaltungen sowie weiteren öffentlichen Organen der Mitgliedstaaten zweckdienliche Auskünfte und Daten zu verlangen.

1.1.5.3 Organe der Zentralbank

1.1.5.3.1 Verwaltungsrat (*Conseil d'administration*)

Der Verwaltungsrat umfaßt insgesamt 18 Mitglieder, wobei die Regierungen von Frankreich und den westafrikanischen Staaten der Union jeweils zwei Mitglieder ernennen. Die Finanzminister, welche im Rahmen des Ministerrates zusammentreffen, wirken hingegen nicht persönlich im Verwaltungsrat mit. Den Vorsitz im Verwaltungsrat führt der Gouverneur, im Falle seiner Verhinderung ein Vize-Gouverneur. Der Verwaltungsrat beschließt rechtsverbindlich, wenn mindestens zwei Drittel der Mitglieder anwesend oder adäquat vertreten sind, wobei sich der Vorsitzende nicht an den Abstimmungen beteiligt. Grundsätzlich bedürfen Entscheidungen des Verwaltungsrates einer einfachen Mehrheit, ansonsten ist eine Sechs-Siebtel-Mehrheit für explizit genannte Tatbestände[44] sowie Einstimmigkeit bei Statutenänderungen erforderlich.

---

[44] Dazu zählen die Festlegung der allgemeinen Modalitäten für die Refinanzierungspolitik und für Wertpapierpensionsgeschäfte, die Bestimmung der Konditionen für Diskont- und Rediskontgeschäfte mit öffentlichen Anleihen mit Fälligkeiten von 10 oder mehr Jahren sowie die Zustimmung zur Kapitalbeteiligung der Zentralbank an gemeinsamen Finanzinstitutionen.

Der Verwaltungsrat tritt routinemäßig viermal im Jahr und darüber hinaus durch Einberufung des Vorsitzenden, auf Antrag eines Drittels der Verwaltungsratmitglieder, auf Verlangen des Vorsitzenden des Ministerrates oder eines Kommissars zusammen. Falls die Relation zwischen durchschnittlichen Auslandsguthaben und sofort fälligen Verbindlichkeiten[45] der Zentralbank in drei aufeinanderfolgenden Monaten auf 20 Prozent oder darunter fällt, ruft der Gouverneur unverzüglich den Verwaltungsrat zusammen, um die Situation zu analysieren und angemessene Gegenmaßnahmen einzuleiten.

Im Rahmen der vom Ministerrat vorgegebenen Richtlinien präzisiert der Verwaltungsrat die Geld- und Kreditpolitik der Union. Im besonderen legt dieser Rat die qualitativen und quantitativen Faktoren für Diskont-, Lombard- sowie Pensionsgeschäfte der Zentralbank mit dem Staatssektor, Banken und sonstigen Finanzinstitutionen fest.

1.1.5.3.2 Gouverneur und Vize-Gouverneure

Der Gouverneur der BCEAO wird für eine - seit 1982 - verlängerbare Amtsperiode von sechs Jahren vom Ministerrat bestimmt. Hingegen werden die - seit 1988 - zwei Vize-Gouverneure durch den Verwaltungsrat mit einfacher Mehrheit für eine fünfjährige, verlängerbare Amtszeit ernannt. Eine explizite Regelung für eine vorzeitige Amtsenthebung des Gouverneurs oder eines Vize-Gouverneurs ist in den Zentralbankstatuten nicht vorgesehen. Der Gouverneur kann im Rahmen des täglichen Managements Teile seines Aufgabenfeldes an die Vize-Gouverneure oder andere Mitarbeiter der Zentralbank delegieren.

Der Gouverneur überwacht die Befolgung der relevanten internationalen Verträge und die Einhaltung der Zentralbankstatuten. Als Vorsitzender beruft er den Verwaltungsrat ein, setzt die Tagesordnung fest und leitet die Beratungen. Er führt die Entscheidungen sowohl des Ministerrates als auch des Verwaltungsrates aus und repräsentiert die Zentralbank gegenüber Dritten. Des weiteren ist der Gouverneur für die Organisation der Verwaltung der Zentralbank und ihre Handlungsfähigkeit verantwortlich.

---

[45]   Laut Definition der BCEAO umfassen die sofort fälligen Verbindlichkeiten der Zentralbank einerseits die im Umlauf befindlichen Banknoten und Münzen, andererseits sämtliche Einlagen sowohl der Kreditinstitute, des staatlichen Sektors, als auch der Privaten und Unternehmen bei der Zentralbank sowie kurz vor der Durchführung stehende Überweisungen. Unter Auslandsguthaben wird die Gesamtheit der Bruttoforderungen der Zentralbank gegenüber dem Ausland verstanden [Banque Centrale des Etats de l'Afrique de l'Ouest (1996), S.3].

1.1.5.3.3 Nationale Kreditausschüsse (*Comités Nationaux du Crédit*)

Neben einer Zentraldienststelle der gemeinsamen Zentralbank BCEAO befindet sich in jedem Staat der Union ein sogenannter Nationaler Kreditausschuß. Diesem Ausschuß gehören jeweils der nationale Finanzminister, die beiden Repräsentanten des betreffenden Staates im Verwaltungsrat, vier weitere, von der Regierung ernannte Mitglieder sowie - seit 1982 - ein Repräsentant Frankreichs an. Diese Konstellation im Kreditausschuß soll eine Koordinierung nationaler Bedürfnisse und supranationaler Belange der Union erleichtern. Den vier von der Regierung bestimmten und somit präsumtiv stärker an nationalen Interessen orientierten Mitgliedern stehen drei Vertreter, die auf der darüberliegenden Ebene der Union tätig sind und folglich auch mit den supranationalen Zielen und Rahmenbedingungen vertraut sind, sowie ein französische Belange beachtendes Mitglied gegenüber. Den Vorsitz im Nationalen Kreditausschuß führt der jeweilige Finanzminister. Beschlußkräftige Entscheidungen erfordern eine einfache Mehrheit der anwesenden oder adäquat repräsentierten Mitglieder, wobei im Falle einer Stimmenparität die Stimme des Finanzministers ausschlaggebend ist. Der Nationale Kreditausschuß kann die Ausübung seiner Kompetenzen an den Direktor der nationalen Zentraldienststelle der BCEAO übertragen.

Der Gouverneur oder ein Vize-Gouverneur der BCEAO nimmt an den Sitzungen mit beratender Stimme teil. Der Gouverneur der Zentralbank wird vom Direktor der nationalen Zentraldienststelle über die Entscheidungen des jeweiligen Kreditausschusses in Kenntnis gesetzt. Gegebenenfalls schlägt der Gouverneur dann dem Verwaltungsrat die Revision jener Entscheidungen des Kreditausschusses vor, die nicht in Übereinstimmung mit den Bestimmungen der Zentralbankstatuten, den Regeln des Verwaltungsrates oder Weisungen des Ministerrates stehen.

Der nationale Kreditausschuß im jeweiligen Mitgliedstaat der Union stellt die Verwendung der von der Zentralbank zur Finanzierung der ökonomischen Aktivität und Entwicklung bewilligten finanziellen Mittel sicher. Für die vom Verwaltungsrat festgelegte Gesamtsumme bestimmt der Kreditausschuß gemäß den jeweiligen nationalen Präferenzen die Aufteilung der von der Zentralbank gewährten finanziellen Mittel auf den Bankensektor, den Staatssektor sowie die öffentlichen Körperschaften. Auf der anderen Seite beurteilt der Nationale Kreditausschuß zunächst den gesamten Finanzbedarf des betreffenden Landes für eine entsprechende Periode und teilt dann dem Verwaltungsrat den gewünschten Gesamtbetrag der von der Zentralbank für das betreffende Land freizugebenden finanziellen Mittel mit.

1.2   Zentralafrikanische Wirtschafts- und Währungs-
gemeinschaft (CEMAC)

Der institutionelle Rahmen für die Währungskooperation in der zentralafrikanischen Franc-Zone beruht auf dem aktuellen Vertragswerk zur Schaffung der
Zentralafrikanischen Wirtschafts- und Währungsgemeinschaft (CEMAC), dem
Abkommen zur internen Währungskooperation zwischen den zentralafrikanischen Staaten, dem Abkommen zur Währungskooperation zwischen diesen zentralafrikanischen Staaten und der Republik Frankreich, den Statuten der gemeinsamen Zentralbank *Banque des Etats de l'Afrique Centrale* (BEAC) sowie den
Abkommen über das sogenannte *Compte d'Opérations* (Verrechnungskonto der
BEAC beim französischen *Trésor*)[46].

---

[46]   Die deskriptive Darstellung der CEMAC (Abschnitt B 1.2) basiert entsprechend
auf folgenden offiziellen Quellen:
Traité instituant la Communauté Economique et Monétaire de l'Afrique Centrale
(CEMAC), N'Djamena, 16. März 1994;
Additif au Traité de la CEMAC relatif au système institutionnel et juridique de la
Communauté;
Convention régissant l'Union Economique de l'Afrique Centrale (UEAC);
Convention régissant l'Union Monétaire de l'Afrique Centrale (UMAC);
Convention de Coopération Monétaire entre la République du Tchad, la République
unie du Cameroun, La République Centrafricaine, La République Populaire du Congo
et la République Gabonaise, Brazzaville, 22. November 1972;
Convention de Coopération Monétaire entre les Etats membres de la Banque des Etats
de l'Afrique Centrale (BEAC) et la République Française, Brazzaville, 23 November
1972;
Statuts de la Banque des Etats de l'Afrique Centrale (BEAC), 1972 und 1998;
Convention de Compte d'Opérations (BEAC), Libreville, 13. März 1973;
Avenants à la Convention de Compte d'Opérations, 12. April 1975 und 24. August
1984;
Banque des Etats de l'Afrique Centrale (1996), S.343f;
Vertragssammlung in Vinay, Bernard / Ministère de la Coopération et du Développe-
ment (1988), S.319f;
Vertragssammlungen auch im Internet unter www.banque-france.fr und www.izf.net .

1.2.1 Ziele der Gemeinschaft

Gemäß Artikel 1 des Vertages zur Schaffung der Zentralafrikanischen Wirt-schafts- und Währungsgemeinschaft (CEMAC) besteht das wesentliche Ziel die-ses Zusammenschlusses in der Förderung der harmonischen Entwicklung der Mitgliedstaaten im Rahmen zweier Institutionen, der Zentralafrikanischen Wäh-rungsunion (UMAC) sowie der Zentralafrikanischen Wirtschaftsunion (UEAC). Das Abkommen über die UEAC legt fest, daß in einem dreistufigen Prozeß (für Phase I und II sind jeweils 5 Jahre vorgesehen) folgende Ziele in der Wirt-schaftsunion zu erreichen sind:

- die Stärkung der Wettbewerbsfähigkeit der wirtschaftlichen und finanziellen Aktivitäten in einem adäquaten supranationalen Rahmen (Art. 2a);
- die Konvergenz der ökonomischen Leistungen durch abgestimmte Wirt-schaftspolitik sowie die Sicherstellung der Konsistenz zwischen jeweiliger nationaler Haushaltspolitik und gemeinsamer Geldpolitik (Art. 2b);
- die Errichtung eines auf freiem Waren-, Dienstleistungs-, Kapital- und Personenverkehr beruhenden Gemeinsamen Marktes (Art. 2c);
- die Koordinierung der nationalen, sektoralen politischen Maßnahmen sowie die Formulierung einer gemeinsamen Politik, insbesondere in den Bereichen Landwirtschaft und Fischerei, Industrie, Handel, Tourismus, Transport, Telekommunikation, Energie, Umwelt und Ausbildung (Art. 2d).

Artikel 1 des Abkommens über die UMAC betont seinerseits nochmals, daß die Währungsunion als Bestandteil der gemeinsamen Bemühungen der Mitglied-staaten der CEMAC zur Schaffung der Bedingungen für eine ausgeglichene wirtschaftliche und soziale Entwicklung im Rahmen eines offenen Marktes und eines angemessenen juristischen Umfeldes anzusehen ist.

In Analogie zur westafrikanischen Franc-Zone ist auch beim zentralafrikani-schen Pendant zu beachten, daß zur vergangenheitsorientierten Erfolgsbeurtei-lung dieses Währungssystems nur bedingt auf die oben postulierten Zielsetzun-gen und die im folgenden dargestellte aktuelle Struktur (Abbildung 3) zurückge-griffen werden kann. Einerseits reichen grundlegende institutionelle Neuerungen der juristischen, etatmäßigen bzw. parlamentarischen Kontrolle wie der eine Rechts- und eine Rechnungskammer umfassende Gerichtshof sowie das Ge-meinschaftsparlament erst auf das Jahr 1994 zurück. Andererseits greifen inner-halb des Verbandes der CEMAC die UEAC und UMAC zwar auf zuvor beste-hende Kooperationsformen zurück, doch sind teilweise bedeutsame Modifikati-

Abb. 3 Aktuelle Struktur der Zentralafrikanischen Wirtschafts- und
Währungsgemeinschaft (CEMAC) mit den Mitgliedstaaten
Äquatorialguinea, Gabun, Kamerun, Republik Kongo, Tschad
und Zentralafrikanische Republik (ZAR)

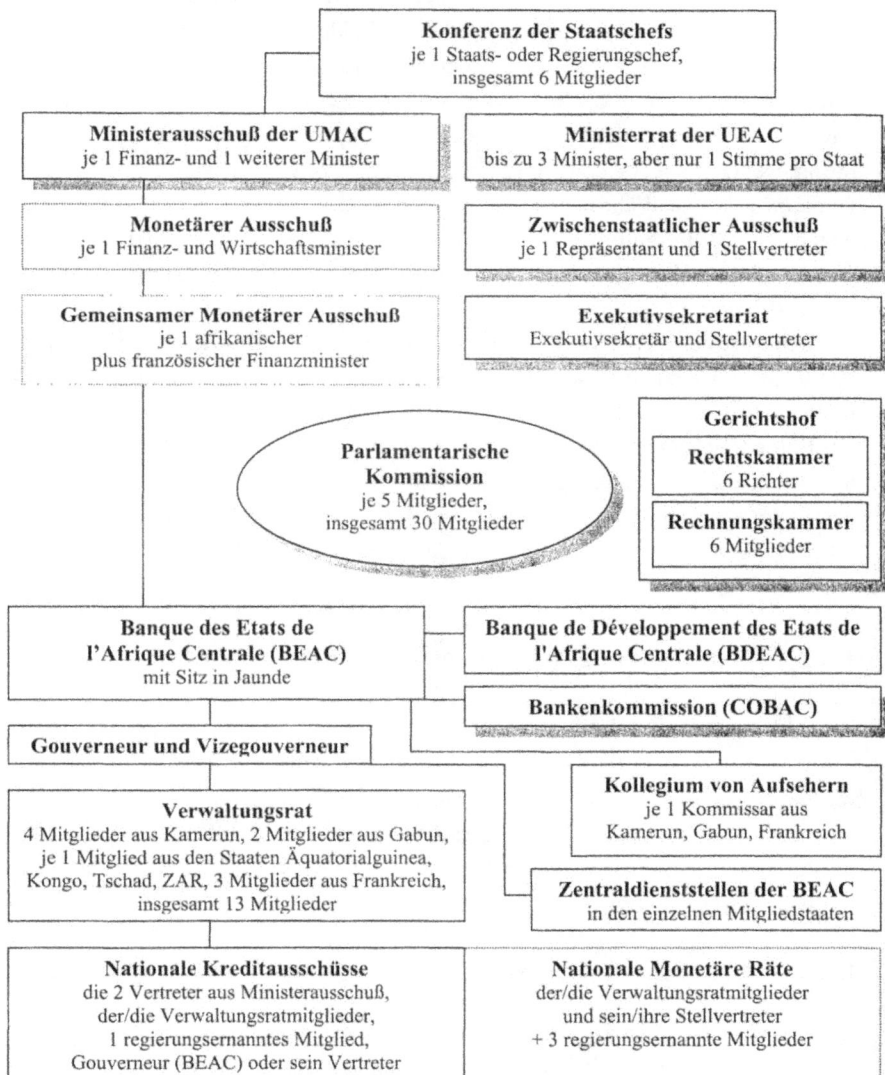

Konferenz der Staatschefs
je 1 Staats- oder Regierungschef,
insgesamt 6 Mitglieder

Ministerausschuß der UMAC
je 1 Finanz- und 1 weiterer Minister

Ministerrat der UEAC
bis zu 3 Minister, aber nur 1 Stimme pro Staat

Monetärer Ausschuß
je 1 Finanz- und Wirtschaftsminister

Zwischenstaatlicher Ausschuß
je 1 Repräsentant und 1 Stellvertreter

Gemeinsamer Monetärer Ausschuß
je 1 afrikanischer
plus französischer Finanzminister

Exekutivsekretariat
Exekutivsekretär und Stellvertreter

**Parlamentarische
Kommission**
je 5 Mitglieder,
insgesamt 30 Mitglieder

Gerichtshof

Rechtskammer
6 Richter

Rechnungskammer
6 Mitglieder

**Banque des Etats de
l'Afrique Centrale (BEAC)**
mit Sitz in Jaunde

**Banque de Développement des Etats de
l'Afrique Centrale (BDEAC)**

Bankenkommission (COBAC)

Gouverneur und Vizegouverneur

Verwaltungsrat
4 Mitglieder aus Kamerun, 2 Mitglieder aus Gabun,
je 1 Mitglied aus den Staaten Äquatorialguinea,
Kongo, Tschad, ZAR, 3 Mitglieder aus Frankreich,
insgesamt 13 Mitglieder

Kollegium von Aufsehern
je 1 Kommissar aus
Kamerun, Gabun, Frankreich

Zentraldienststellen der BEAC
in den einzelnen Mitgliedstaaten

Nationale Kreditausschüsse
die 2 Vertreter aus Ministerausschuß,
der/die Verwaltungsratmitglieder,
1 regierungsernanntes Mitglied,
Gouverneur (BEAC) oder sein Vertreter

Nationale Monetäre Räte
der/die Verwaltungsratmitglieder
und sein/ihre Stellvertreter
+ 3 regierungsernannte Mitglieder

Anmerkungen: Flächen ohne Schatten: originäre Organe der Währungskooperation;
Flächen mit Schatten: mit der CEMAC geschaffene Organe (bzw. COBAC 1993);
gestrichteltes Kästchen: mit der CEMAC obsolet gewordene Organe.

66

onen zu verzeichnen. Namentlich die als Binnenmarkt konzipierte Wirtschaftsunion UEAC strebt ein weitaus höheres Integrationsniveau an als der 1964 initiierte, unter der irreführenden Bezeichnung "Zentralafrikanische Wirtschafts-
und Zollunion" (UDEAC) laufende Integrationsprozeß, welcher faktisch nicht
einmal das Stadium einer "Zone präferierten Handels" überschritt[47].
Verglichen mit dem beabsichtigten Quantensprung bei der realwirtschaftlichen
Integration Zentralafrikas sind die mit der Schaffung der Währungsunion
UMAC verbundenen Modifikationen bei der historisch engen monetären Kooperation weniger spektakulär, aber dennoch bedeutsam. So wurde die de facto
längst bestehende Währungsunion seit 1994 auch als solche bezeichnet, wohingegen bis dahin lediglich die Begriffe "Emissionsgebiet der BEAC" oder
"BEAC-Zone" als Pendant zur westafrikanischen Währungsunion UMOA ge-
bräuchlich waren.
Während in Westafrika die Überführung der UMOA in die UEMOA von Kontinuität gekennzeichnet war, stellte die Schaffung der zentralafrikanischen Währungsunion UMAC allerdings nicht nur einen formalen Neuanfang im monetären Bereich dar. Dies offenbart sich vor allem in den seit April 1998 für die supranationale Zentralbank BEAC geltenden Statuten, die unter Berücksichtigung
der in der Vergangenheit aufgetretenen Funktionsmängel der zentralafrikanischen Währungskooperation und des aktuellen geldtheoretischen Kenntnisstan-
des[48] modifiziert wurden.

1.2.2   Entscheidungsorgane der Gemeinschaft

Die Abkommen zur UEAC und UMAC sehen neben der Konferenz der Staats-
und Regierungschefs (Art. 62 bzw. Art. 10) als oberstes politisches Organ jeweils ein aus Ministern der Mitgliedstaaten bestehendes Gremium (Art. 63-69
bzw. Art. 11-19) als weiteres Entscheidungsorgan vor. Darüber hinaus existiert
im Rahmen der Wirtschaftsunion noch ein Zwischenstaatlicher Ausschuß (Art.
70) sowie ein Exekutivsekretariat (Art. 71-72).

1.2.2.1   Konferenz der Staats- und Regierungschefs

Als höchstes Entscheidungsorgan bestimmt die Konferenz der Staats- und Regierungschefs die Politik der Gemeinschaft und lenkt das Handeln des Minister-

---

[47]   Samen (1993), S.134.

[48]   Übersicht in Bofinger/Ketterer (1996).

rates der UEAC und des Ministerausschusses der UMAC. Die mindestens einmal jährlich stattfindende Konferenz, deren Vorsitz nach Ablauf eines Jahres in alphabetischer Reihenfolge der Mitgliedstaaten rotiert, entschließt bei nicht näher spezifizierter "Übereinstimmung" der beteiligten Staats- und Regierungschefs.

1.2.2.2 Gemeinschaftsorgane auf ministrieller Ebene

Was die Gemeinschaftsorgane auf Ministerebene anbelangt, sind in der zentralafrikanischen Franc-Zone seit 1994 institutionelle Modifikationen hinsichtlich Zusammensetzung und Kompetenzen zu verzeichnen. Mit der Errichtung der CEMAC wurde für die beiden integralen Bestandteile Wirtschaftsunion und Währungsunion ein Ministerrat für die UEAC sowie ein Ministerausschuß für die UMAC geschaffen. Bislang war für Fragen der Währungskooperation auf ministrieller Ebene der als Vorläufer des aktuellen Ministerausschusses anzusehende Monetäre Ausschuß zuständig. Dieser wurde durch einen den jeweiligen französischen Finanzminister einschließenden Gemeinsamen Monetären Ausschuß ergänzt, eine Institution, auf die in den aktuellen Vertragstexten zur CEMAC nicht mehr explizit verwiesen wird. Dafür finden allerdings im Frühling und Herbst eines jeden Jahres Konsultationen der Finanzminister aus Frankreich und allen fünfzehn afrikanischen Franc-Zonen-Staaten sowie der Gouverneure der beteiligten Zentralbanken statt[49].

1.2.2.2.1 Monetärer Ausschuß *(Comité Monétaire)*

Der nunmehr historische Monetäre Ausschuß bestand als konzertierendes Organ aus den Wirtschafts- und Finanzministern der zentralafrikanischen Mitgliedstaaten. Dieser Ausschuß, der seine Arbeitsweise - und damit implizit auch den Konsensfindungsprozeß - selber bestimmte, versammelte sich mindestens einmal im Jahr auf Einberufung des turnusgemäß jedes Jahr neu ernannten Präsidenten. Der Gouverneur der gemeinsamen Zentralbank BEAC war zu den Versammlungen eingeladen.

Der Monetäre Ausschuß überwachte die Durchführung der Bestimmungen des aus den siebziger Jahren stammenden Abkommens zur Währungskooperation

---

[49]   Zu aktuellen Pressemitteilungen dieser Treffen siehe Rubrik "La Zone Franc" unter www.banque-france.fr .

zwischen den zentralafrikanischen Mitgliedstaaten. Des weiteren sprach der Monetäre Ausschuß den Regierungen der Mitgliedstaaten zweckdienliche Empfehlungen in bezug auf deren ökonomische Entwicklung aus. Zur Gewährleistung einer entsprechenden Gläubigerposition bei den gemeinsamen Devisenreserven der BEAC-Zone konnte der Monetäre Ausschuß Mitgliedstaaten gegebenenfalls zur Einleitung angemessener wirtschaftspolitischer Maßnahmen auffordern.

Im Gegensatz zum westafrikanischen Ministerrat sah das zentralafrikanische Vertragswerk aus den siebziger Jahren nicht explizit vor, daß der Monetäre Ausschuß einen Rahmen für die Geld- und Kreditpolitik der Gemeinschaft festlegt. Allerdings wurde in der Praxis auch in der zentralafrikanischen Franc-Zone die Geld- und Kreditpolitik ministeriell determiniert - lediglich in einem anderen Gremium, dem faktisch einen Ministerrat darstellenden Verwaltungsrat der BEAC.

1.2.2.2.2 Gemeinsamer Monetärer Ausschuß (*Comité Monétaire Mixte*)

Der Gemeinsame Monetäre Ausschuß setzte sich aus den Finanzministern der zentralafrikanischen Mitgliedstaaten sowie dem jeweiligen französischen Kollegen zusammen. Dieser Ausschuß trat vertragsgemäß mindestens einmal im Jahr mit französischer Beteiligung unter dem Vorsitz des Finanzministers des gastgebenden Landes zusammen.

Der Gemeinsame Monetäre Ausschuß überwachte die Durchführung der Bestimmungen des Abkommens zur Währungskooperation zwischen den zentralafrikanischen Mitgliedstaaten der BEAC und der Republik Frankreich. Des weiteren sprach der Gemeinsame Monetäre Ausschuß den Regierungen der Mitgliedstaaten zweckdienliche Empfehlungen in bezug auf deren ökonomische Entwicklung aus.

1.2.2.2.3 Ministerausschuß (*Comité Ministériel*) der UMAC

Der im Zuge der 1994 geschaffenen CEMAC eingerichtete Ministerausschuß der Zentralafrikanischen Währungsunion untersucht und kontrolliert in den einzelnen Mitgliedstaaten die jeweilige Ausrichtung der Wirtschaftspolitik und sichert deren Konsistenz mit der gemeinschaftlichen Geldpolitik zu.

Jeder Mitgliedstaat entsendet zwei Minister in den supranationalen Ministerausschuß, darunter den Finanzminister, der die eine Stimme seines Landes repräsentiert. Der Ministerausschuß versammelt sich zweimal im Jahr, darüber hinaus auf Antrag der Hälfte seiner Mitglieder oder auf Verlangen des Verwaltungsrates der BEAC. Der Vorsitz im Ministerausschuß rotiert im Kreise der Finanzminister nach Ablauf eines Jahres in alphabetischer Reihenfolge der Mitgliedstaaten. Während der Exekutivsekretär lediglich als Beobachter zugegen ist, bereitet der Gouverneur der BEAC die Treffen des Ministerausschusses vor und erstattet Bericht. Der Ministerausschuß berät rechtsverbindlich, wenn jeder Mitgliedstaat repräsentiert ist. Wenngleich auch eine Fünf-Sechstel-Mehrheitsregel zur Anwendung kommen kann, bedürfen alle wesentlichen, explizit aufgeführten Entscheidungstatbestände einer weitgefaßten Einstimmigkeit, die selbst Enthaltungen von Mitgliedstaaten einschließen kann.

1.2.2.2.4 Ministerrat (*Conseil des Ministres*) der UEAC

Der Ministerrat der UEAC legt die Richtlinien für die Zentralafrikanische Wirtschaftsunion fest. Wenngleich jeder Mitgliedstaat nur über eine Stimme verfügt, können maximal drei Minister - darunter der Finanz- und der Wirtschaftsminister - in diesen Rat entsendet werden. Der einjährige Vorsitz wird von jenem Mitgliedstaat gewährleistet, der auch die Präsidentschaft bei der Konferenz der Staats- und Regierungschefs innehat. Die besonderen Anstrengungen des Vorsitzenden sollen darauf gerichtet sein, daß für die auf der Versammlung des Ministerrates anstehenden Entscheidungen eine Übereinkunft gefunden wird. Sollte sich keine Übereinstimmung unter den Mitgliedstaaten abzeichnen, setzt der Vorsitzende eine Abstimmung an, für welche die Regeln - je nach Entscheidungstatbestand - entweder eine einfache Mehrheit, eine Fünf-Sechstel-Mehrheit oder Einstimmigkeit (Enthaltungen bleiben unberücksichtigt) vorsehen. Zuvor kann jeder Mitgliedstaat aber eine Vertagung der Abstimmung auf das nächste Treffen beantragen.

Zu den gemeinsamen Merkmalen zwischen west- und zentralafrikanischem Ministerrat zählen das mindestens zweimalige Zusammentreffen im Jahr, die Sitzungsteilnahme des Gouverneurs der jeweiligen Zentralbank sowie die modifizierte Fachministerzusammensetzung des Rates bei primär nicht-ökonomischen Themen.

1.2.2.3   Exekutivsekretariat (*Secrétariat Exécutif*)

Das neu geschaffene Exekutivsekretariat untersteht der Machtbefugnis des von
einem Stellvertreter assistierten Exekutivsekretärs, der für ein fünfjähriges und
einmal verlängerbares Mandat von der Konferenz der Staats- und Regierungschefs ernannt wird. Der Exekutivsekretär übt seine Funktionen im allgemeinen
Interesse der Gemeinschaft aus und soll primär die Fortentwicklung der Zentralafrikanischen Wirtschaftsunion beleben.

1.2.2.4   Zwischenstaatlicher Ausschuß (*Comité Inter-Etats*)

Die Beratungen des Ministerrates der UEAC werden durch den sogenannten
Zwischenstaatlichen Ausschuß vorbereitet. Dieser prüft und nimmt Stellung zu
den auf der Tagesordnung des Ministerrates stehenden Anträgen. Jeder Mitgliedstaat bestimmt einen Repräsentanten sowie einen Stellvertreter für ein
dreijähriges Mandat. Den Vorsitz im Zwischenstaatlichen Ausschuß führt der
Repräsentant jenes Mitgliedstaates, der auch die Präsidentschaft im Ministerrat
innehat.

1.2.3   Kontrollorgane der Gemeinschaft

Hinsichtlich der Aufgabenstellung den Institutionen in der westafrikanischen
UEMOA vergleichbar existieren im Rahmen der zentralafrikanischen CEMAC
drei parlamentarische bzw. juristische Kontrollorgane, wenngleich bei Namens-
gebung und organisatorischem Aufbau Unterschiede zwischen den beiden Subzonen der CFA-Franc-Zone festzustellen sind. Neben dem eine Rechts- und eine
Rechnungskammer einschließenden Gerichtshof wurde für eine Übergangszeit
die Parlamentarische Kommission geschaffen[50].

1.2.3.1   Parlamentarische Kommission

Bevor das mit der demokratischen Kontrolle der Organe der CEMAC beauf-
tragte Gemeinschaftsparlament erstmalig zusammentrifft, trägt eine parlamentarische Kommission mit Gesprächen und Debatten, die sich in Resolutionen und
Berichten niederschlagen, zu den Integrationsbemühungen der Gemeinschaft

---

[50]   Kommission der UEMOA/Exekutivsekretariat der CEMAC (2000b).

bei. Die parlamentarische Kommission setzt sich aus jeweils fünf, von den gesetzgebenden Organen der einzelnen afrikanischen Staaten ernannten Mitgliedern zusammen.

Inwieweit die in beiden CFA-Franc-Subzonen vorgesehenen Gemeinschaftsparlamente in Zukunft tatsächlich entstehen und die ihnen zugedachten Funktionen ausüben werden, ist angesichts der rudimentären Bedeutung nationaler Parlamente in den 14 Mitgliedstaaten fraglich, in denen lediglich zwei politische Systeme (Benin, Mali / gemäß Freedom-House-Index, Jahr 1999-00) als frei zu charakterisieren sind.

1.2.3.2   Gerichtshof mit Rechts- und Rechnungskammer

Zu den Aufgaben des eine Rechts- und eine Rechnungskammer einschließenden Gerichtshofes zählen die rechtliche Kontrolle der Handlungen und Haushaltsdurchführung der Gemeinschaft sowie Urteile in letzter Instanz bezüglich der Auslegung und Anwendung der vertraglichen Vereinbarungen zur CEMAC.

Rechts- und Rechnungskammer setzen sich aus jeweils sechs Mitgliedern zusammen, die, unter Berücksichtigung der entsprechenden Kompetenz und der nötigen Unabhängigkeit, von der Konferenz der Staats- und Regierungschefs ernannt werden.

Die Rechnungskammer ist insbesondere mit der Prüfung der Konten der Gemeinschaft beauftragt und wirkt außerdem in Zusammenarbeit mit den jeweiligen nationalen Rechnungshöfen an der Kontrolle der Konten der Mitgliedstaaten mit.

1.2.4   Sonstige Organe der Gemeinschaft

In Analogie zur westafrikanischen Franc-Zone wurde auch in Zentralafrika in den siebziger Jahren eine gemeinsame Entwicklungsbank gegründet sowie Anfang der neunziger Jahre mit einer Bankenkommission dem bis dato bestehenden Manko an Bankenaufsicht in der Gemeinschaft Rechnung getragen.

1.2.4.1   Bankenkommission (*Commission Bancaire de l'Afrique Centrale*)

Als Reaktion auf die schwere Bankenkrise der achtziger Jahre in der gesamten CFA-Franc-Zone wurde auch in der zentralafrikanischen Subzone mit dem Abkommen zur Harmonisierung der gesetzlichen Regelungen für das Bankwesen und der Schaffung der seit Januar 1993 tätigen Bankenkommission COBAC der ordnungspolitische Rahmen für dieses Gewerbe neu abgesteckt, dessen reibungsloses Funktionieren die Wirksamkeit der Geld- und Währungspolitik der Zentralbank beeinflußt. Wichtige Schritte in Richtung einer effektiven Sanierung des Bankwesens innerhalb der zentralafrikanischen Franc-Zone sind dabei die der COBAC zustehenden Kontroll- und Sanktionsbefugnisse gegenüber den Kreditinstituten sowie die für diese geltenden und geschäftsbegrenzend wirkenden Solvabilitäts- und Liquiditätsregeln[51].

1.2.4.2 Banque de Développement des Etats de l'Afrique Centrale (BDEAC)

Vergleichbar der westafrikanischen BOAD soll auch die 1975 gegründete und in Brazzaville ansässige BDEAC als Entwicklungsbank Zentralafrikas die ökonomische und soziale Entfaltung der Mitgliedstaaten der zugrundeliegenden Region über die Finanzierung multinationaler und integrationsfördernder Projekte unterstützen[52].

1.2.5 Gemeinsame Zentralbank Banque des Etats de l'Afrique Centrale (BEAC)

1.2.5.1 Allgemeine Bestimmungen und Befugnisse

Die multinationale Zentralbank *Banque des Etats de l'Afrique Centrale* (BEAC) ist eine öffentliche Einrichtung, deren institutionelle Ausgestaltung den beiden Verträgen zur Währungskooperation zwischen den zentralafrikanischen Mitgliedstaaten (1972 und 1994), dem Vertrag zur Währungskooperation zwischen diesen Staaten und Frankreich (1972) sowie den Statuten der *Banque des Etats de l'Afrique Centrale* zu entnehmen sind. Wenngleich seit April 1998 modifizierte Zentralbankstatuten gelten, werden im folgenden die für die Handlungen der Vergangenheit maßgebliche Version des Jahres 1972 vorgestellt und die wesentlichen Neuerungen gegenübergestellt. Der Vollständigkeit halber sei vermerkt, daß die zentralafrikanische BEAC gegenüber Dritten alle Rechte und

---

[51]   Kommission der UEMOA/Exekutivsekretariat der CEMAC (2000b).

[52]   Kommission der UEMOA/Exekutivsekretariat der CEMAC (2000b).

Pflichten ihrer Vorgängerin, der *Banque Centrale des Etats de l'Afrique Equatoriale et du Cameroun* (BCEAEC), übernommen hat.

Die Zentralbank hat ihren Amtssitz in Jaunde, der Hauptstadt Kameruns, und verfügt in den Mitgliedstaaten über Zentraldienststellen, deren nationale Direktoren auf Vorschlag des Gouverneurs der BEAC und, nach Zustimmung der jeweiligen Regierung, vom Verwaltungsrat der BEAC ernannt und abgesetzt werden. Die Verwaltung und Kontrolle der Zentralbank werden durch Repräsentanten der zentralafrikanischen Staaten und Frankreichs sichergestellt. Zur Rechtfertigung der Beteiligung Frankreichs wird in den Vertragstexten explizit auf dessen Garantie für die von der Zentralbank emittierte Währung verwiesen. Um die ihr zugedachten Funktionen ausüben zu können, werden der Zentralbank die für internationale Finanzinstitutionen geltenden Sonderrechte und Immunitäten zuerkannt.

Die Zentralbank BEAC erhält von den Mitgliedstaaten das alleinige Recht zur Emission von Banknoten und Münzen, welche gesetzliches Zahlungsmittel in den Mitgliedstaaten sind und dort schuldbefreiende Wirkung besitzen. Während die Statuten des Jahres 1972 eine explizite Zielsetzung für die Geldemission aussparten, präzisiert Artikel 1 der modifizierten Statuten des Jahres 1998 in Anlehnung an die Formulierung der Ziele und Aufgaben der Europäischen Zentralbank, daß die BEAC für die UMAC die gemeinsame Währung emittiert und deren Stabilität garantiert. Unbeschadet dieses Zieles unterstützt die Zentralbank die allgemeine Wirtschaftspolitik der Union. Zu den Aufgaben der BEAC zählen die Festlegung und Ausführung der in den Mitgliedstaaten der UMAC anwendbaren Geldpolitik, die Durchführung von Devisengeschäften, das Halten und Verwalten der Währungsreserven der Mitgliedstaaten sowie die Förderung des reibungslosen Funktionierens der Zahlungssysteme in der Union.

1.2.5.2 Geldpolitischer Reformprozeß in beiden CFA-Franc-Subzonen

Das in den modifizierten Statuten der BEAC postulierte Primat der Stabilität der Währung stellt für die afrikanische Franc-Zone ein Novum dar, wenngleich aus der Zielformulierung nicht dezidiert hervorgeht, ob sich die anzustrebende Beständigkeit der Währung auf deren inneren Wert (im Sinne von Preisniveaustabilität) und/oder deren äußeren Wert (im Sinne der Vermeidung möglicher *Re-*

alignments zum nominalen Anker oder von Schwankungen gegenüber sonstigen Drittwährungen) bezieht[53].

Das Stabilitätsziel verdrängt die traditionell in der afrikanischen Franc-Zone implizit als oberstes Ziel ausgelegte Entwicklungsfinanzierung für sogenannte privilegierte Sektoren - wie kleine und mittlere Unternehmen, Organisationen zur Vermarktung landwirtschaftlicher Produkte oder auch die nationalen Schatzämter[54]. Die geänderte Prioritätensetzung der BEAC spiegelt sich entsprechend in einem mit Beginn der neunziger Jahre eingeleiteten Wandel ihrer geldpolitischen Strategie und Instrumentarien wider[55].

---

[53]   Vergleicht man ausgewählte Zentralbanken hinsichtlich ihrer statutenmäßigen Zielvorgaben, so beziehen sich diese im Falle der Europäischen Zentralbank sowie der Banque de France auf die "Preisstabilität", wohingegen die in der neuesten Satzung der BEAC weniger präzise formulierte Zielsetzung eher dem früher in § 3 des Gesetzes über die Deutsche Bundesbank zu findenden Passus ähnelt, wonach die deutsche Zentralbank ihre definierten Aufgaben mit dem primären Ziel verfolgt, "die Währung zu sichern". Wenngleich die Mitgliedstaaten der Franc-Zone ja gerade - unter dem Schlagwort des "nominalen Ankers" - bestrebt sind, über die Aufrechterhaltung einer festen Parität zwischen CFA-Franc und FRF bzw. Euro den in Frankreich bzw. im Euro-Raum herrschenden Grad an Preisniveaustabilität zu importieren, so kann durchaus ein Zielkonflikt zwischen der Wahrung der Stabilität des inneren und äußeren Wertes des CFA-Franc zu Drittwährungen auftreten. Insbesondere ist die Wertentwicklung des CFA-Franc bzw. Französischen Franc/Euro gegenüber dem als Fakturierungswährung für Rohstoffe bedeutsamen US-Dollar ein zu beachtender Faktor für die internationale Wettbewerbsfähigkeit der Staaten der CFA-Franc-Zone.

[54]   Was die westafrikanische Franc-Zone anbelangt, enthält der fundamentale Artikel 1 des UMOA-Vertrages, welcher durch Artikel 113 des UEMOA-Vertrages lediglich durch einen Hinweis auf die neu geschaffene UEMOA komplettiert wurde, weiterhin den Passus eines *"Institut d'émission commun prêtant son concours aux économies nationales, sous le contrôle des Gouvernements, dans les conditions définies ci-après"*.
Allerdings bezeichnet die Zentralbank BCEAO in ihren Jahresberichten und auf ihrer Internetseite als Hauptziel der westafrikanischen Geldpolitik "... *la stabilité des prix et la sauvegarde de la valeur interne et externe du franc CFA à travers une couverture appropriée de l'émission monétaire par les réserves de change.*" [Banque Centrale des Etats de l'Afrique de l'Ouest (2000)].

[55]   Um eine solide Entwicklung ohne monetäre Ungleichgewichte - wie Inflation und sinkende Auslandsguthaben - zu förden, propagiert die BEAC nunmehr offiziell eine klare Rollenverteilung. Demnach darf der Staat nicht mehr alle ökonomischen

Inspiriert von keynesianischem Gedankengut und die aktive monetäre Unterstützung des Entwicklungsprozesses der Franc-Zonen-Staaten im Visier, waren eine Politik der niedrigen und stabilen Zinsen sowie quantitative und qualitative Kreditbegrenzungen kennzeichnend für das Handeln der Zentralbank in der Periode von 1972 - 1990[56]. Dieses rigide und stark bürokratische System offenbarte ab 1986 seine immanenten Schwächen, als die BEAC mit diesem Instrumentarium nicht flexibel auf die nachhaltige Verschlechterung des internationalen Umfeldes reagieren konnte, und die Fehlallokation von Zentralbankkrediten zu Ineffizienzen führte.

Um zukünftig "Navigation à vue" in der Geldpolitik zu vermeiden, werden seit 1991 von der BEAC für die Geldmenge M2 sowie die Kreditvergabe an die Wirtschaft Zwischenziele formuliert, an denen sich die Wirtschaftssubjekte bei ihren Planungen orientieren können, und anhand derer die Zentralbank in Abhängigkeit vom Zielerreichungsgrad ihre Reputation und Glaubwürdigkeit erhöhen kann[57].

Zu den wesentlichen Merkmalen der neuen geldpolitischen Strategie der BEAC zählt der im Juli 1994 geschaffene Geldmarkt (Artikel 15 und 16), auf dem die Zentralbank regelmäßig eine Liquiditätssteuerung vornimmt[58]. Im Gegensatz zur früheren administrativen Festsetzung von Pauschalplafonds für einzelne Kreditinstitute ist die Zuteilung von Zentralbankgeld nunmehr an ein prinzipiell auf freiem Wettbewerb unter den Kreditinstituten beruhendes Ausschreibungsverfahren gebunden.

Obwohl in der Praxis bislang unbedeutend[59], wurde die Möglichkeit der Einführung von Mindestreserven für die Kreditinstitute in den neuen Statuten bestätigt

---

Aktivitäten für sich reklamieren und die Zentralbank nicht mehr alles finanzieren wollen. Vielmehr sollten die Bereitstellung von Gütern mit öffentlichem Charakter dem Staat, die produktiven Tätigkeiten dem Privatsektor und die Schaffung monetärer Stabilität schließlich der Zentralbank obliegen [Kommission der UEMOA/Exekutivsekretariat der CEMAC (2000c)].

[56] Zu Zielen und Modalitäten der analogen Kreditvergabepolitik in Westafrika siehe Banque Centrale des Etats de l'Afrique de l'Ouest (1976a und 1976b).

[57] Ossie (1994), S.171f.

[58] Zu Mechanismen und Teilnehmerkreis des zentralafrikanischen Geldmarktes sowie der Rolle der BEAC siehe Banque des Etats de l'Afrique Centrale (1994), S.209f.

[59] Eine temporäre Anwendung erfolgte lediglich in Gabun zwischen 1977 und 1979 [Kommission der UEMOA/Exekutivsekretariat der CEMAC (2000c)].

(Artikel 20, ex-Artikel 25). Die BEAC möchte sich für den Fall einer extremen Überliquidität des Bankensystems diese Option offenhalten und ansonsten ihres Erachtens nach überschüssiges Zentralbankgeld über das modernere Verfahren der Emission eigener BEAC-Titel aus dem Kreislauf nehmen[60].

In der zentralafrikanischen Franc-Zone sind somit in jüngerer Zeit hinsichtlich Zielsetzung und Instrumentarium Grundlagen für eine zeitgemäße, stabilitätsorientierte Geldpolitik der BEAC gelegt worden.

Im Gegensatz dazu steht in der westafrikanischen Franc-Zone der laut Artikel 112 (UEMOA) zu "passender Zeit" vorgesehene, die formale Fusion von UMOA und UEMOA regelnde Vertrag noch aus, welcher durch eine klare Zielsetzung und Neuordnung des Instrumentariums den im Jahre 1989 eingeleiteten Wandel in der Geldpolitik transparenter erscheinen lassen würde. Angesichts der zonenübergreifenden Erfahrungen der siebziger und achtziger Jahre mit einem sich als vollkommen ineffektiv erwiesenen System der selektiven und direkten Kreditkontrolle setzte die westafrikanische BCEAO allerdings recht zögerlich auf Marktmechanismen bei ihrer Kreditvergabe[61]. Was die Verfügbarkeit und Ausgereiftheit geldpolitischer Instrumente beider CFA-Franc-Subzonen anbe-

---

[60] Die geldpolitische Kurskorrektur der zentralafrikanischen BEAC wird grundsätzlich vom Internationalen Währungsfonds unterstützt, wenngleich dieser in einigen Punkten noch weniger Interventionismus der Zentralbank anmahnt. So sollte beim Ausschreibungsverfahren auf dem Geldmarkt nicht der Gouverneur der BEAC den Zinssatz festlegen, sondern dieser sollte nach dem holländischen Verfahren durch das freie Spiel von Angebot und Nachfrage bestimmt werden. Des weiteren schlägt der IMF vor, auch die letzten verbleibenden Richtzinsen für das Bankensystem - Höchstzins für Schuldner und Mindestzins für Sparer - aufzugeben. Ferner empfiehlt der IMF der BEAC die Schließung des zur Finanzierung produktiver Investitionen vorgesehenen "Guichet B" des Geldmarktes, um glaubhaft den Rückzug der zentralafrikanischen Zentralbank aus der direkten Entwicklungsfinanzierung zu manifestieren [Kommission der UEMOA/Exekutivsekretariat der CEMAC (2000c)].

[61] Eine IMF-Studie hält den Bedenken der BCEAO entgegen, daß die westafrikanische Zentralbank durch die Verwendung indirekter geldpolitischer Instrumente in einem liberalisierten Finanzsystem nicht ihre Fähigkeit einbüßt, eine mit den Erfordernissen des Festkurssystems der Franc-Zone übereinstimmende Geldpolitik betreiben zu können. Empirische Schätzungen des IMF gelangen für die UEMOA zu dem Ergebnis, daß eine im Zeitablauf stabile und genaue Vorhersagen erlaubende Beziehung zwischen der Geldmenge M 1 und einer Reihe erklärender Variablen besteht, wenngleich eine entsprechende Aussage bei Verwendung erweiterter Geldmengenkonzepte nicht getroffen werden kann [International Monetary Fund (1998c), S.3f].

langt, wurden diese Instrumente gemäß einem IMF-Index im Jahre 1987 als "minimal entwickelt" eingestuft. Zehn Jahre später galt dies bei lediglich verbesserten Indexwerten weiterhin für die UEMOA, während das geldpolitische Instrumentarium in der CEMAC bereits als "in hohem Maße entwickelt" klassifiziert wurde[62].

Wenngleich der anhaltende Reformprozeß der beiden supranationalen Zentralbanken noch kein endgültiges Fazit zuläßt, schien zumindest gegen Ende des Jahrhunderts - im Unterschied zur Vergangenheit - die stärkere Innovationskraft bei der zentralafrikanischen BEAC zu liegen. Dies erscheint um so überraschender, als die westafrikanische BCEAO bereits im Jahre 1975 einen Geldmarkt[63] und, auf Anraten des IMF, ein System der *Programmation Monétaire* einführte, welches auf der Grundlage eines festgelegten Zieles für die Auslandsguthaben den einzelnen Mitgliedstaaten finanzielle Mittel zuwies[64].

1.2.5.3 Interaktionen zwischen Zentralbank und Staat

In Analogie zur westafrikanischen Franc-Zone sehen weder die aktuellen noch die vorherigen Statuten ein absolutes Verbot der Kreditgewährung der gemeinsamen Zentralbank BEAC an den Staatssektor der einzelnen Mitgliedsländer vor, sondern lediglich eine quantitative Begrenzung. Artikel 18 (ex-Artikel 22) der Statuten der BEAC führt dazu aus, daß die Gesamtsumme an von der Zentralbank den Mitgliedstaaten zugesagten Überziehungskrediten, hinzugefügt zur Gesamtsumme der Geschäfte mit rediskontfähigen öffentlichen Anleihen, zwanzig Prozent der ordentlichen Haushaltseinnahmen des abgelaufenen Fiskaljahres nicht überschreiten darf.

Als zentrale Institution im Rahmen der monetären Kooperation verlangt die gemeinsame Zentralbank BEAC zur Ausrichtung ihrer Geld- und Kreditpolitik von den Banken, Finanzinstitutionen sowie relevanten staatlichen Stellen der Mitgliedstaaten die Bereitstellung der hierfür notwendigen Daten und Informationen. Im Außenverhältnis unterstützt die Zentralbank die Mitgliedstaaten auf deren Gesuch bei ihren Beziehungen zu internationalen Finanzinstitutionen.

---

[62] International Monetary Fund (1999a), S.21f.
[63] Zu ursprünglichen Zielen und Modalitäten siehe Banque Centrale des Etats de l'Afrique de l'Ouest (1977), S.1f.
[64] Parmentier/Tenconi (1996), S.111f.

1.2.5.4   Organe der Zentralbank

1.2.5.4.1 Verwaltungsrat (*Conseil d'administration*)

Der Verwaltungsrat der BEAC setzt sich statutengemäß aus 13 Mitgliedern zusammen, die jeweils für eine verlängerbare Amtsperiode von drei Jahren ernannt werden. Das Gewicht der beteiligten Staaten innerhalb des Verwaltungsrates ist unterschiedlich. So entsendet Kamerun vier Mitglieder, Frankreich drei, Gabun zwei und die übrigen Staaten Äquatorialguinea, Kongo, Tschad und die Zentralafrikanische Republik jeweils nur ein Mitglied in den Rat. Im Gegensatz zur westafrikanischen BCEAO umfaßt der zentralafrikanische Verwaltungsrat der BEAC in der Praxis die Finanzminister der afrikanischen Mitgliedstaaten und stellt folglich faktisch einen Ministerrat dar. Des weiteren nehmen auch die Rechnungsprüfer und der Vize-Gouverneur an den Versammlungen mit beratender Stimme teil.

Jedes Verwaltungsratmitglied hat für die Dauer seines Mandats einen Stellvertreter, der ihn im Falle seiner Abwesenheit vertritt. Was den Vorsitz im Verwaltungsrat anbelangt, so rotierte diese leitende Funktion gemäß den alten Statuten (ex-Artikel 35) nach Ablauf eines Jahres im Kreise der Verwaltungsratmitglieder in alphabetischer Reihenfolge der beteiligten Staaten. Die neuen Statuten der BEAC (Artikel 30) übernehmen den entsprechenden Passus der BCEAO, wonach der Gouverneur den Vorsitz im Verwaltungsrat führt, im Falle seiner Verhinderung der Vize-Gouverneur. Im Sinne einer Nivellierung nationaler Attribute der gemeinsamen Zentralbank wird somit auf das prestigeträchtige, temporäre Hervorheben einzelner Repräsentanten aller Mitgliedstaaten verzichtet und die Stellung des Gouverneurs der BEAC aufgewertet.

Der Verwaltungsrat berät rechtsverbindlich, sofern mindestens ein Mitglied pro Staat sowie ein französisches Verwaltungsratmitglied anwesend oder adäquat repräsentiert sind. Grundsätzlich bedürfen beschlußkräftige Entscheidungen einer einfachen Mehrheit. Hingegen ist für explizit angeführte Tatbestände eine Mehrheit von drei Vierteln der Mitglieder erforderlich, vor allem im Bereich der Diskontgeschäfte sowie bei der Festlegung sonstiger Interventionsmodalitäten der Zentralbank.

Der Rat tritt mindestens viermal im Jahr zusammen, darüber hinaus durch Einberufung des Vorsitzenden oder auf Antrag des oder der Verwaltungsratmitglieder eines Mitgliedstaates. Vergleichbar den Statuten der westafrikanischen BCEAO sehen auch jene der zentralafrikanischen BEAC vor, daß der Vorsitzende unverzüglich den Verwaltungsrat zusammenruft, wenn die Relation zwischen durchschnittlichen Auslandsguthaben und sofort fälligen Verbindlichkeiten der Zentralbank in drei aufeinanderfolgenden Monaten auf 20 Prozent bzw. darunter fällt oder wenn das Verrechnungskonto (*Compte d'Opérations*) der BEAC beim französischen Schatzamt (*Trésor*) in drei aufeinanderfolgenden Monaten einen negativen Saldo aufweist. Dem Verwaltungsrat obliegt es dann, die Situation zu analysieren und angemessene monetäre Gegenmaßnahmen einzuleiten. In der Vergangenheit galt es in erster Linie zu überprüfen, ob eine Erhöhung des Diskontsatzes, vor allem aber eine Senkung der Diskontkontingente zu einer Verbesserung dieser Relation beitragen.

Wenngleich schon unter den alten Statuten jene Mitgliedstaaten mit per saldo negativen Beiträgen zum gemeinsamen *Compte d'Opérations* stärker von einer Reduzierung der maximalen Refinanzierungsmöglichkeiten bei der BEAC betroffen waren (statt minus 10 Prozent für die übrigen Staaten, minus 20 Prozent), sehen die neuen Statuten zusätzlich vor, daß der Verwaltungsrat auch über die Einleitung geeigneter Sanierungsmaßnahmen in diesen Mitgliedstaaten selbst berät. Der Gouverneur legt schließlich dem Ministerausschuß der UMAC und dem Mitgliedstaat mit Schuldnerposition beim gemeinsamen *Compte d'Opérations* ein entsprechendes sofortiges Sanierungsprogramm vor. Dieses Verfahren entbindet den betroffenen Staat nicht von der zwischenzeitlichen Zahlung von Schuldnerzinsen an die gemeinsame Zentralbank.

Neben der Gewährleistung des einwandfreien Funktionierens der Zentralbank bestimmt und setzt der Verwaltungsrat die Geldpolitik der Zentralafrikanischen Währungsunion (UMAC) um. Er legt die allgemeinen Konditionen der Geschäfte fest, zu denen die Zentralbank laut Statuten autorisiert ist. Der Verwaltungsrat bestimmt vor allem die für die Geschäfte der Zentralbank anzuwendenden Diskont- und sonstigen Zinssätze, wohingegen in der Vergangenheit die Festlegung entsprechender Kontingente zu seinen vorrangigen Aufgaben zählte. Auf entsprechenden Beschluß des Verwaltungsrates erläßt die Zentralbank für die Banken Vorschriften zur Bildung von Mindestreserven sowie Regeln zur Einhaltung eines bestimmten Verhältnisses zwischen einzelnen Komponenten im Passiv- und Aktivgeschäft.

Des weiteren legt der Verwaltungsrat Regeln zur Funktionsweise der Nationalen Kreditausschüsse fest und billigt die Geld- und Kreditziele der Mitgliedstaaten sowie deren maximalen Refinanzierungsspielraum bei der Zentralbank. Schließlich obliegt dem Verwaltungsrat die Billigung der jährlichen Konten, bei erzielbarer Einstimmigkeit auch die Änderung der Statuten der Zentralbank.

1.2.5.4.2 Gouverneur und Vizegouverneur

Gemäß den neuen Statuten wird der Gouverneur der BEAC für eine verlängerbare Amtsperiode von fünf Jahren von der Konferenz der Staats- und Regierungschefs der CEMAC und nicht mehr, wie zuvor, vom Verwaltungsrat ernannt. Letzterem verbleibt das Antragsrecht für einen einstimmig zu billigenden Kandidaten, der - wie bislang - satzungsgemäß von der Regierung Gabuns vorzuschlagen ist. In analoger Weise wird der Vize-Gouverneur für eine verlängerbare Amtsperiode von fünf Jahren nach Antrag des Verwaltungsrates von der Konferenz der Staats- und Regierungschefs nominiert, wobei diesmal der Regierung Kongos das Vorschlagsrecht für einen Kandidaten zusteht.

Während die alten Statuten ausführten, daß sowohl der Gouverneur, als auch der Vize-Gouverneur bei einer Mehrheit von drei Vierteln der Stimmen im Verwaltungsrat vorzeitig abgesetzt werden konnten, sehen die neuen Statuten keine explizite Mehrheitsregel mehr vor, dafür aber begründende Tatbestände wie die Begehung schwerwiegender Fehler oder persönliche Unzulänglichkeiten.

Unter der Amtsgewalt des Verwaltungsrates leitet der Gouverneur die Zentralbank. Er gewährleistet die Durchführung der Verordnungen sowie der die Zentralbank betreffenden Gesetze. Der Gouverneur führt die Entscheidungen des Verwaltungsrates und der Ausschüsse aus, repräsentiert die Zentralbank gegenüber Dritten, organisiert und leitet alle Amtsstellen der Zentralbank. Der Gouverneur ist in jedem Mitgliedstaat durch einen nationalen Direktor repräsentiert, der vom Verwaltungsrat auf Vorschlag des Gouverneurs und nach Zustimmung des betreffenden Staates ernannt und abgesetzt wird. Der nationale Direktor koordiniert die Tätigkeiten der Zentraldienststellen und Zweigniederlassungen auf nationaler Ebene.

Zur weiteren Unterstützung des Gouverneurs begründet Artikel 42 der neuen Statuten das fünfjährige, verlängerbare Amt des Generalsekretärs, der in analoger Prozedur wie Gouverneur und Vize-Gouverneur auserwählt wird. Dabei wurde diesmal der Regierung Tschads das Vorschlagsrecht für einen Kandidaten eingeräumt.

1.2.5.4.3 Nationaler Monetärer Rat (*Conseil Monétaire National*) **versus Nationaler Kreditausschuß** (*Comité National de Crédit*)

In jedem Staat der Gemeinschaft existierte bislang ein sogenannter Nationaler Monetärer Rat (*Conseil Monétaire National*), der in den neuen Statuten durch einen Nationalen Kreditausschuß (*Comité National de Crédit*) substituiert wurde. Während sich das ehemalige Gremium aus dem oder den Repräsentanten des betreffenden Staates im Verwaltungsrat, dem oder den jeweiligen Stellvertretern sowie drei weiteren, von der Regierung ernannten Mitgliedern zusammensetzte, umfaßt der neue Nationale Kreditausschuß neben den Repräsentanten des betreffenden Staates im Verwaltungsrat nunmehr lediglich ein von der Regierung ernanntes Mitglied sowie neuerdings die Vertreter oder Stellvertreter des betreffenden Staates aus dem Ministerausschuß der UMAC und den Gouverneur der BEAC oder seinen Stellvertreter. Den Vorsitz im Nationalen Kreditausschuß führt der Finanzminister, wohingegen die Präsidentschaft im Nationalen Monetären Rat im Rahmen seiner Mitglieder frei bestimmbar war. Wie bislang nehmen außerdem zwei Rechnungsprüfer, von denen einer ein Franzose ist, mit beratender Stimme an den Ausschußsitzungen teil. Dieses ehemals auch der Regierung zustehende Recht erlischt mit den neuen Statuten.

Während jeder Nationale Monetäre Rat mindestens einmal im Quartal zusammentraf, beruft der jeweilige Finanzminister den Nationalen Kreditausschuß mindestens dreimal im Jahr und ansonsten so oft wie nötig zusammen. Beschlußkräftige Entscheidungen erfordern weiterhin die einfache Mehrheit der anwesenden oder adäquat repräsentierten Mitglieder. Ebenso kann, wie zuvor, jede vom Nationalen Kreditausschuß getroffene Entscheidung, die als im Widerspruch zu den Richtlinien des Verwaltungsrates stehend oder die gemeinsame Währung in Frage stellend erachtet wird, auf Initiative eines Rechnungsprüfers vorläufig außer Kraft gesetzt und im Verwaltungsrat zur Diskussion gestellt werden.

Was die Aufgabenstellung anbelangt, oblag dem Nationalen Monetären Rat im Rahmen der Vorgaben des Verwaltungsrates die Prüfung des allgemeinen Finanzbedarfs der Volkswirtschaft unter kurz-, mittel- und langfristigen Perspektiven. Der Nationale Monetäre Rat bestimmte statutengemäß insbesondere die Höchstgrenzen für Diskont- und Lombardgeschäfte sowie andere Kreditfazilitäten für einzelne Kreditinstitute und Unternehmen des entsprechenden Landes. Gemäß den neuen Statuten verbleibt dem neuen Nationalen Kreditausschuß gegenüber dem Verwaltungsrat das Vorschlagsrecht für den maximalen Refinanzierungsspielraum des Landes bei der Zentralbank sowie zur Bewilligung mittelfristiger Unternehmenskredite für produktive Investitionen. Die erstgenannte Aufgabe des Nationalen Kreditausschusses besteht allerdings in der Ausarbeitung von Vorschlägen für die Koordinierung der nationalen Wirtschaftspolitik mit der gemeinsamen Geldpolitik.

Die neu gewählten Formulierungen sowie der sinkende Einfluß ausschließlich mit nationalen Interessen behafteter und nicht gleichzeitig auch auf Gemeinschaftsebene verwurzelter Vertreter in den Nationalen Kreditausschüssen kann als ein Indiz für den Willen zur Bekämpfung des *Moral-Hazard*-Verhaltens einzelner Mitgliedstaaten auf Kosten der Gemeinschaft interpretiert werden.

1.2.5.4.4 Kollegium von Rechnungsprüfern (*Collège des Censeurs*)

Ein in der westafrikanischen Franc-Zone in dieser Form ursprünglich nicht vorhandenes, aber in Zentralafrika etabliertes Organ stellt das international besetzte Kollegium von drei Rechnungsprüfern dar, die jeweils für eine verlängerbare Amtsperiode von drei Jahren aus den Mitgliedsländern entsendet werden. Traditionell bestimmen Kamerun und Frankreich jeweils einen Rechnungsprüfer, wohingegen der dritte aus Gabun stammt und alle weiteren Mitgliedstaaten repräsentieren soll.

Die Prüfer sind in den Versammlungen des Verwaltungsrates und jenen der Nationalen Kreditausschüsse bzw. ehemals Monetären Räten mit beratender Stimme zugegen. Das Kollegium gewährleistet die Prüfung der Konten der Zentralbank und die Korrektheit ihrer Handlungen.

1.3 Komoren mit eigener Zentralbank
Banque Centrale des Comores (BCC)

Abschließend soll auch noch die dritte Subzone der afrikanischen Franc-Zone vorgestellt werden, wenngleich die Komoren angesichts ihres Beitrags von weniger als einem halben Prozent zur aggregierten Wirtschaftsleistung und der geographischen Distanz zur CFA-Franc-Zone von untergeordneter Bedeutung sind[65]. Der institutionelle Rahmen der bilateralen Währungskooperation zwischen Frankreich und der Islamischen Bundesrepublik Komoren (Abbildung 4) ergibt sich aus einer entsprechenden Kooperationsvereinbarung beider Länder, dem Abkommen über das sogenannte *Compte d'Opérations* (Verrechnungskonto der BCC beim französischen *Trésor*) sowie den Statuten der Zentralbank *Banque Centrale des Comores*[66]. Neben unverkennbaren Gemeinsamkeiten mit den beiden multilateralen CFA-Franc-Subzonen besteht der wesentliche strukturelle Unterschied im Fehlen einer mittleren, innerafrikanischen Ebene.

1.3.1 Allgemeine Bestimmungen und Befugnisse

Die in der Hauptstadt Moroni angesiedelte Zentralbank *Banque Centrale des Comores* (BCC) ist eine komorische öffentliche Einrichtung, die mit eigener Rechtspersönlichkeit und finanzieller Unabhängigkeit ausgestattet ist. Im Gegenzug zur gewährten Garantie für die von der Zentralbank BCC emittierte Währung partizipieren Repräsentanten Frankreichs an der Verwaltung und Kontrolle der Zentralbank. Die *Banque Centrale des Comores* (BCC) übernimmt gegenüber Dritten alle Rechte und Pflichten ihrer Vorgängerin, des *In-*

---

[65] Des weiteren könnte man unter geographischen Gesichtspunkten auch noch Mayotte und Réunion zur afrikanischen Franc-Zone zählen. Darauf soll allerdings verzichtet werden, da es sich um französische Überseegebiete mit dem Französischen Franc bzw. Euro als Währung handelt.

[66] Accord de Coopération Monétaire entre la République Française et la République Fédérale Islamique des Comores, Paris und Moroni, 23. November 1979; Convention de Compte d'Opérations, Paris und Moroni, 23. November 1979, (Unterzeichnung eines Nachtrages am 29. April 1987); Statuts de la Banque Centrale des Comores (modifiziert am 29. April 1987); Vertragssammlung in Vinay, Bernard / Ministère de la Coopération et du Développement (1988), S.431f.

stitut d'Emission des Comores. Die Zentralbank BCC verfügt über das alleinige Recht, Geldzeichen, Banknoten und Münzen zu emittieren, die gesetzliches Zahlungsmittel in dem Territorium der Komoren sind und dort schuldbefreiende Wirkung besitzen.

Im Rahmen der von der Regierung der Komoren definierten Wirtschaftspolitik ist die Zentralbank grundsätzlich damit beauftragt, die Geld- und Kreditpolitik zu formulieren, das Bankwesen zu beaufsichtigen und die Devisenbestimmungen zu überwachen.

1.3.2   Interaktionen zwischen Zentralbank und Staat

Wie im Falle der west- und zentralafrikanischen Franc-Zone sieht auch das Vertragswerk der Komoren kein absolutes Verbot der Kreditgewährung an den staatlichen Sektor vor, sondern lediglich eine quantitative Begrenzung. In Artikel 17 der Statuten der BCC ist festgelegt, daß die Gesamtsumme der in den Artikeln 14 bis 16 aufgeführten Geschäfte der Zentralbank – den Banken gewährte Lombardkredite auf der Basis öffentlicher Anleihen, Diskontgeschäfte mit von der Staatskasse unterzeichneten Wechseln und Obligationen sowie Überziehungskredite für die Islamische Bundesrepublik Komoren – 20 Prozent (verglichen mit lediglich 15 Prozent gemäß den vorhergehenden Statuten) der durchschnittlichen jährlichen ordentlichen Einnahmen der Bundesrepublik (unter Zugrundelegung der drei letzten Haushaltsjahre) nicht überschreiten darf.

Auf Gesuch der komorischen Regierung wirkt die Zentralbank bei der Verwaltung der öffentlichen Schulden, bei der Sondierung einer möglichen Anleiheplazierung im Inland und bei Verhandlungen zur Schuldenaufnahme im Ausland mit. Außerdem unterstützt die Zentralbank die Regierung in ihren Geschäftsbeziehungen zu internationalen Finanzinstitutionen. Des weiteren erstellt die Zentralbank die Zahlungsbilanz der Komoren und kann deshalb von der Regierung, den öffentlichen, halbstaatlichen und privaten Organisationen zweckdienliche Informationen einholen.

1.3.3   Organe der Zentralbank

1.3.3.1   Verwaltungsrat

Das wichtigste Gremium innerhalb der *Banque Centrale des Comores* ist der paritätisch besetzte Verwaltungsrat, dessen acht Mitglieder sowie deren Stellver-

Abb. 4 Währungskooperation zwischen Frankreich und der
Islamischen Bundesrepublik Komoren

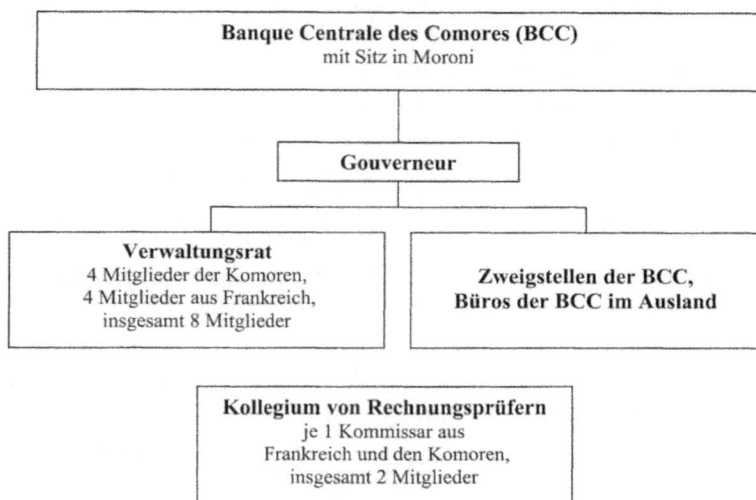

```
┌─────────────────────────────────────────────────────────┐
│           Banque Centrale des Comores (BCC)               │
│                    mit Sitz in Moroni                     │
└─────────────────────────────────────────────────────────┘
                            │
                  ┌──────────────────┐
                  │    Gouverneur    │
                  └──────────────────┘
         ┌──────────────────┴─────────────────────┐
┌──────────────────────────┐      ┌──────────────────────────┐
│      Verwaltungsrat       │      │                           │
│   4 Mitglieder der Komoren,│     │   Zweigstellen der BCC,   │
│  4 Mitglieder aus Frankreich,│   │  Büros der BCC im Ausland │
│    insgesamt 8 Mitglieder  │     │                           │
└──────────────────────────┘      └──────────────────────────┘

         ┌──────────────────────────────────┐
         │   Kollegium von Rechnungsprüfern  │
         │         je 1 Kommissar aus        │
         │      Frankreich und den Komoren,  │
         │        insgesamt 2 Mitglieder     │
         └──────────────────────────────────┘
```

Anmerkungen: Die 4 Mitglieder Frankreichs repräsentieren traditionell folgende Institutionen:
*   Ministère de la Coopération et du Développement,
*   Caisse Française pour le Développement,
*   Banque de France sowie
*   Direction du Trésor.

treter jeweils zur Hälfte von der komorischen und der französischen Regierung
bestimmt werden. Im Hinblick auf die personelle Unabhängigkeit ist das vier-
jährige Mandat im Verwaltungsrat - die Möglichkeit der Wiederernennung ist
gegeben - mit allen legislativen und allen Regierungsämtern unvereinbar.
Der Vorsitzende wird im Kreise des Verwaltungsrates auf Vorschlag der komorischen Regierung gewählt. Der Vorsitzende des Verwaltungsrates beruft die
Versammlungen ein, legt die Tagesordnung fest, leitet die Beratungen und verfolgt die Ausführung der Entscheidungen des Verwaltungsrates.
Der Verwaltungsrat beschließt rechtsverbindlich, wenn mindestens sechs seiner
Mitglieder anwesend oder zumindest durch einen Stellvertreter repräsentiert
sind. Der Verwaltungsrat tagt zweimal im Jahr und darüber hinaus auf Anfrage
der Hälfte seiner Mitglieder oder nach Einberufung durch seinen Vorsitzenden.
Der Gouverneur der Zentralbank nimmt mit beratender Stimme an den Sitzun-

gen des Verwaltungsrates teil und legt diesem die zu seinem Kompetenzbereich gehörenden Angelegenheiten vor. Der Verwaltungsrat ist mit umfassenden Vollmachten zur Geschäftsführung der Zentralbank ausgestattet. Er entscheidet über die Schaffung und Emission von Banknoten und Münzen sowie über deren Rücknahme und Annullierung. Er bewilligt Diskont- und Lombardgeschäfte und bestimmt die hierfür anwendbaren Sätze, wobei Teile dieser Funktionen an den Generaldirektor delegiert werden können. Der Verwaltungsrat hat insbesondere darüber zu wachen, daß die Relation zwischen dem durchschnittlichen Betrag der Auslandsguthaben und dem durchschnittlichen Betrag der sofort fälligen Verbindlichkeiten der BCC nicht weniger als 40 Prozent aufweist. Im Falle eines Unterschreitens dieser Schwelle für eine Periode von 90 aufeinanderfolgenden Tagen beruft der Vorsitzende unverzüglich den Verwaltungsrat zwecks Untersuchung der Situation und Einleitung angemessener Gegenmaßnahmen ein. Letztere umfassen vor allem Entscheidungen über eine mögliche Erhöhung des Diskontsatzes, eine Reduzierung der Refinanzierungskontingente oder sonstiger, durch die Statuten der Zentralbank vorgesehener Kreditfazilitäten.

1.3.3.2 Gouverneur

Der Gouverneur wird auf Vorschlag des Finanzministers und nach übereinstimmender Stellungnahme des Verwaltungsrates vom komorischen Präsidenten für eine verlängerbare Amtsperiode von fünf Jahren ernannt. Der Gouverneur gewährleistet die Anwendung der Statuten der BCC und die Ausführung der Entscheidungen des Verwaltungsrates. Des weiteren vertritt der Gouverneur die Zentralbank gegenüber Dritten, organisiert und leitet die Verwaltung der Zentralbank. Der Gouverneur kann seine Vollmachten delegieren und wird von einem Vice-Gouverneur unterstützt, der für ein vierjähriges, verlängerbares Mandat vom Verwaltungsrat ernannt wird.

1.3.3.3 Rechnungsprüfer

Die Kontrolle der Handlungen der Zentralbank wird durch zwei Rechnungsprüfer gewährleistet, von denen einer durch die komorische, der andere durch die französische Regierung jeweils für vier Jahre bestimmt wird. Die Rechnungsprüfer nehmen ohne beschließende Stimme an den Sitzungen des Verwaltungsrates teil und präsentieren diesem den Jahresbericht ihrer Tätigkeit.

1.4 Entscheidungsfindungsprozeß in beiden CFA-Franc-Subzonen

1.4.1 Grundsätzliche Anmerkungen

Nach der deskriptiven Darstellung der vertraglich manifestierten Struktur der Westafrikanischen Wirtschafts- und Währungsunion (UEMOA) sowie der Zentralafrikanischen Wirtschafts- und Währungsgemeinschaft (CEMAC) werden im folgenden die grundlegenden Merkmale des dreistufigen, komplexen Entscheidungsfindungsprozesses skizziert. Sowohl auf nationaler, innerafrikanischer, als auch auf afrikanisch-französischer Ebene beeinflussen verschiedene Akteure mit ihren spezifischen Interessenlagen und Machtpositionen geld- und währungspolitische Entscheidungen.

Auf der untersten Ebene ist zunächst ein monetärer Konsens innerhalb eines Mitgliedstaates zu finden. Dabei sind, je nach Einschätzung der gesamtwirtschaftlichen Lage und je nach Gewichtung der Ziele individuellen Handelns - dem Streben nach Einkommen, Macht und Prestige -, Spannungsverhältnisse zwischen der Regierung und den von ihr in die supranationale Zentralbank oder den Nationalen Kreditausschuß entsendeten Vertretern nicht per se auszuschließen. In Anbetracht der jahrzehntelangen Dominanz von Einparteiensystemen und militärbeherrschten Regierungen in der CFA-Franc-Zone liegt allerdings die Vermutung nahe, daß zumindest in der Vergangenheit bei der Auswahl von Kandidaten für die monetären Funktionen neben der fachlichen Qualifikation auch Loyalitätsnachweise eine entscheidende Rolle spielten. Darüber hinaus wird die Konsensbildung auf nationaler Ebene durch die ministerielle Personalunion erleichtert, wobei die Minister aufgrund ihrer Präsenz in verschiedenen Gremien als Bindeglied zwischen Regierung, Nationalem Kreditausschuß, Ministerrat bzw. -ausschuß und Verwaltungsrat fungieren. Die im Hinblick auf die Problematik einer möglichen *Easy-Money-Policy* grundsätzlich bedenkliche Konstellation, wonach Träger der Fiskalpolitik zeitgleich auch Mitgestalter der Geld- und Währungspolitik sind, wird im Rahmen der CFA-Franc-Zone dadurch entschärft, daß die Umsetzung einer solchen Politik die Zustimmung oder gleichgerichteten Interessen der übrigen afrikanischen Mitgliedstaaten und Frankreichs voraussetzt.

Auf der Ebene der afrikanischen Mitgliedstaaten beider CFA-Franc-Subzonen werden die Zusammenarbeit und der Entscheidungsfindungsprozeß in der Praxis durch schwer quantifizierbare Faktoren wie persönliche Animositäten zwischen den Staats- und Regierungschefs, ideologische Differenzen oder Grenzstreitigkeiten beeinflußt[67]. Die Konsensfindungskosten variieren in Abhängigkeit von Entscheidungsregel und Stimmenverteilung und sind vornehmlich bei unter Einstimmigkeit abzuschließenden Beratungen hoch, wenn latente Differenzen zwischen einzelnen Mitgliedstaaten sichtbar werden.

Was die Stellung Frankreichs anbelangt, so wirkt die ehemalige Kolonialmacht aufgrund ihrer personellen Restpräsenz in Organen beider Währungsunionen immer noch auf den Entscheidungsfindungsprozeß ein. Im Rahmen der franko-afrikanischen Währungskooperation betrachtet Frankreich offiziell nicht die einzelnen Mitgliedstaaten für sich genommen, sondern in aggregierter Form die einzelnen Subzonen[68], so daß eine weitere, für geld- und währungspolitische Entscheidungen relevante Ebene besteht. Hier werden in erster Linie übergeordnete Fragen wie etwa Paritäten- oder Statutenänderungen behandelt, die einen Konsens zwischen der jeweiligen Subzone einerseits und Frankreichs andererseits erfordern. Hinsichtlich der Machtposition des Leitwährungslandes dürften sich alle Beteiligten des Umstandes bewußt sein, daß für eine glaubhafte Aufrechterhaltung des bestehenden Währungssystems die französische Konvertibilitätsgarantie bislang unerläßlich war und auch auf absehbare Zeit sein wird.

Fragt man angesichts der zunehmend geringeren Bedeutung der Franc-Zone als traditionelle Absatz- und Beschaffungsmärkte Frankreichs nach den Motiven für die weiterhin besonderen Bindungen zu Afrika, so lassen sich primär nicht-ökonomische Gründe anführen. Abgesehen von der Sicherung neuralgischer Rohstoffe wie Erdöl oder Uran sowie militärstrategischen Gesichtspunkten, deren Relevanz mit dem Ende des weltumspannenden Ost-West-Konflikts ebenfalls abnahm, kann wahrscheinlich nur die Erhaltung eines frankophilen Staatenblocks in einem zusehends von anglo-amerikanischen Einflüssen dominierten globalen Umfeld als wichtige Leitidee des französischen Engagements in Afrika interpretiert werden[69]. Aus ökonomischer Sicht ist dabei der dominante französische Einfluß auf die Franc-Zone im Zeitablauf sicherlich nicht uneingeschränkt positiv zu beurteilen. So färbten das im Vergleich zu anderen europäischen In-

---

[67] So dürften beispielsweise die Grenzstreitigkeiten zwischen Mali und Burkina Faso (Obervolta), die sich in den siebziger und achtziger Jahren in kriegerischen Auseinandersetzungen entluden, nicht förderlich für die notwendige Zustimmung von Burkina Faso zur vollständigen Reintegration Malis in die Franc-Zone gewesen sein.

[68] Laut Auskunft des Schatzamtes in Paris (Dezember 1997).

[69] Spiegel (1997a), S.228.

dustrienationen weniger stark ausgeprägte marktwirtschaftliche Denken - Stichwort *Planification* - und die bis Mitte der achtziger Jahre relativ laxe Geldpolitik negativ auf die frankoafrikanischen Länder ab.

1.4.2 Machtverteilung zwischen den Mitgliedstaaten

Angesichts der unterschiedlichen Größe der Staaten der CFA-Franc-Zone ist es aufschlußreich, welches Gewicht die Abkommen zur Währungskooperation den einzelnen Mitgliedstaaten im Entscheidungsfindungsprozeß a priori beimessen. Unter Vernachlässigung sonstiger, in der Praxis für das Entscheidungsverhalten relevanter Faktoren soll für die supranationale Ebene analysiert werden, welche Machtpositionen für die einzelnen Mitgliedstaaten aus der vertraglich vereinbarten Stimmenverteilung in den einzelnen Gremien abzuleiten sind.

In diesem Zusammenhang ist zunächst festzuhalten, daß die politischen Organe beider Währungsunionen paritätisch mit Vertretern der afrikanischen Mitgliedstaaten besetzt sind, woraus entsprechend gleiche Machtpositionen für die einzelnen Länder resultieren. Dies gilt sowohl für die Konferenz der Staats- und Regierungschefs, als auch für den Ministerrat der UEMOA und den Ministerausschuß der CEMAC bzw. seinen Vorläufer, den Monetären Ausschuß.

Betrachtet man den Verwaltungsrat (*Conseil d'administration*) als Organ des täglichen Managements einer Zentralbank, so sehen die Statuten für die westafrikanische BCEAO kopfzahlmäßig ebenfalls gleiche Sitzverteilung für alle Mitgliedstaaten - einschließlich Frankreichs - vor. Hingegen differiert im Verwaltungsrat der zentralafrikanischen BEAC die Anzahl der Sitze pro Mitgliedstaat.

Nachfolgend sollen nun die aus den Statuten resultierenden Machtstrukturen im Verwaltungsrat mit Hilfe des Ansatzes von Shapley[70] charakterisiert werden. Unter der Prämisse, daß bei anstehenden Entscheidungen im Verwaltungsrat die

---

[70] Shapley/Shubik (1965), S.148f; Mann/Shapley (1965), S.158f; Bomsdorf (1991), S.34f; in diesem Zusammenhang danke ich Herrn Prof. Dr. E. Bomsdorf für die Bereitstellung seiner Software zur Berechnung der Shapley-Werte.
Der Machtindex des i-ten Staates (φ_i) ergibt sich formal aus der Summe aller möglichen Gewinnkoalitionen (in diesem Fall: Gruppe von Staaten, die einen Beschluß im Verwaltungsrat tragen) für die der i-te Staat entscheidend ist, wobei n die Gesamtzahl an Staaten und S* die Anzahl der Staaten in einer Gewinnkoalition bezeichnet:

$$\varphi_i = \sum \frac{(S^*-1)!(n-S^*)!}{n!}$$

Vertreter eines Mitgliedstaates geschlossen abstimmen und jede theoretisch mögliche Koalition zwischen den vertretenen Staaten auch realisierbar ist, kann für jeden Mitgliedstaat ein zwischen Null und Eins normierter Machtindex berechnet werden. Dieser sogenannte Shapley-Wert läßt sich als Wahrscheinlichkeit dafür interpretieren, daß das geschlossene Votum der Vertreter eines Mitgliedstaates die zur Beschlußfähigkeit entscheidenden Stimmen im Verwaltungsrat beisteuert.

In den Tabellen 4, 5a und 5b werden unter Berücksichtigung der im Zeitablauf zunehmenden Anzahl von Mitgliedstaaten und den je nach Entscheidungstatbestand variierenden Mehrheitsregeln in der zweiten und dritten Spalte die jeweiligen absoluten und relativen Stimmen pro Mitgliedstaat im Verwaltungsrat der BEAC bzw. BCEAO angegeben. Die letzten beiden Spalten umfassen die errechneten Shapley-Werte sowie die daraus abgeleiteten Shapley-Stimmen, die eine direkte Vergleichbarkeit des Macht-Indizes mit der vertragsgemäß vereinbarten absoluten Stimmenanzahl eines Mitgliedstaates ermöglichen.

Betrachtet man die a-priori-Machtverteilung innerhalb des Verwaltungsrates der westafrikanischen BCEAO (Tabelle 4), so fällt auf, daß aufgrund der statutengemäß homogenen Stimmenverteilung der Shapley-Wert eines Mitgliedstaates mit seinem entsprechenden relativen Stimmenanteil übereinstimmt. Damit verfügt beispielsweise Togo als bevölkerungsärmstes Land der ursprünglichen westafrikanischen Franc-Zone über ebensoviel Macht im oben definierten Sinne wie die bevölkerungsmäßig im gesamten Betrachtungszeitraum näherungsweise dreimal größere Elfenbeinküste. Des weiteren bedingt der Beitritt eines neuen Mitgliedstaates das proportionale Sinken des relativen Gewichtes der bisherigen Mitglieder im Verwaltungsrat. Schließlich haben die, je nach Entscheidungstatbestand, geltenden Majoritätsregeln keinen Einfluß auf die Machtstellung einzelner Staaten im Verwaltungsrat der BCEAO.

Ein differenzierteres Bild ergibt sich bei der a-priori-Machtverteilung innerhalb des Verwaltungsrates der zentralafrikanischen BEAC (Tabellen 5a und 5b). In diesem Gremium verfügen die einzelnen Mitgliedstaaten statutengemäß über unterschiedlich viele Stimmen, wobei diese Abstufung grob die relative Bedeutung der einzelnen Staaten betreffend Bevölkerungszahl und Bruttoinlandsprodukt widerspiegelt (vgl. Tabelle 3), wenngleich die Sonderstellung Frankreichs mit drei Stimmen eher unterbewertet, und die Bedeutung des zuletzt der Gemeinschaft beigetretenen Kleinststaates Äquatorialguineas schon mit einer Stimme eher überbewertet erscheint. Bemerkenswert ist auch, daß Gabun im Rahmen der Währungskooperation - neben dem Vorschlagsrecht für den Gou-

Tab. 4   Machtverteilung im Verwaltungsrat der BCEAO
          bei allen geltenden Majoritätsregeln

Mitgliedstaaten	Absolute Stimmenanzahl	Relativer Stimmenanteil	Machtindizes Shapley-Werte	Shapley- Stimmen
Aktuelle Konstellation (Stand: 2000)				
Frankreich	2	0,111111	0,111111	2
Benin	2	0,111111	0,111111	2
Burkina-Faso	2	0,111111	0,111111	2
Elfenbeinküste	2	0,111111	0,111111	2
Niger	2	0,111111	0,111111	2
Senegal	2	0,111111	0,111111	2
Togo	2	0,111111	0,111111	2
Mali	2	0,111111	0,111111	2
Guinea-Bissau	2	0,111111	0,111111	2
Konstellation vor der Integration Guinea-Bissaus (1984 - 1997)				
Frankreich	2	0,125000	0,125000	2
Benin	2	0,125000	0,125000	2
Burkina-Faso	2	0,125000	0,125000	2
Elfenbeinküste	2	0,125000	0,125000	2
Niger	2	0,125000	0,125000	2
Senegal	2	0,125000	0,125000	2
Togo	2	0,125000	0,125000	2
Mali	2	0,125000	0,125000	2
Konstellation vor der Integration Guinea-Bissaus und Malis (1973-1984)				
Frankreich	2	0,142857	0,142857	2
Benin	2	0,142857	0,142857	2
Burkina-Faso	2	0,142857	0,142857	2
Elfenbeinküste	2	0,142857	0,142857	2
Niger	2	0,142857	0,142857	2
Senegal	2	0,142857	0,142857	2
Togo	2	0,142857	0,142857	2

Majoritätsregeln gemäß den Statuten der BCEAO (Artikel 51 und 52):
a) Einfache Mehrheit (10/18 bzw. 9/16 bzw. 8/14 Stimmen)*
   → grundsätzlich alle Entscheidungen (u.a. Sätze für Diskont-, Lombard- und Wertpapierpensionsgeschäfte; Richtlinien für die nationalen Kreditausschüsse; Revision von Entscheidungen der nationalen Kreditausschüsse; Gesamtkreditvolumen pro Mitgliedstaat)
b) Zwei-Drittel-Mehrheit (12/18 bzw. 11/16 bzw. 10/14 Stimmen)*
   → Quorum
c) Sechs-Siebtel-Mehrheit (16/18 bzw. 14/16 bzw. 12/14 Stimmen)*
   → allgemeine Modalitäten für die Refinanzierungspolitik und für Wertpapierpensionsgeschäfte; Konditionen für Diskont- und Rediskontgeschäfte mit öffentlichen Anleihen
   mit Fälligkeiten von 10 oder mehr Jahren; Kapitalbeteiligung der BCEAO an
   Finanzinstitutionen
d) Einstimmigkeit (18/18 bzw. 16/16 bzw. 14/14 Stimmen)* → Statutenänderungen
Anmerkung: * im Falle vollständiger Anwesenheit

Tab. 5a Machtverteilung im Verwaltungsrat der BEAC
bei Entscheidungen mit Drei-Viertel-Mehrheit

Mitgliedstaaten	Absolute Stimmenanzahl	Relativer Stimmenanteil	Machtindizes	
			Shapley-Werte	Shapley-Stimmen
Aktuelle Konstellation (Stand: 2000)				
Kamerun	4	0,307692	0,409524	5,3238
Frankreich	3	0,230769	0,242857	3,1571
Gabun	2	0,153846	0,109524	1,4238
Kongo	1	0,076923	0,059524	0,7738
Tschad	1	0,076923	0,059524	0,7738
ZAR	1	0,076923	0,059524	0,7738
Äqu.Guinea	1	0,076923	0,059524	0,7738
Konstellation vor der Integration Äquatorialguineas (1974-1984)				
Kamerun	4	0,333333	0,450000	5,4
Frankreich	3	0,250000	0,250000	3,0
Gabun	2	0,166667	0,100000	1,2
Kongo	1	0,083333	0,066667	0,8
Tschad	1	0,083333	0,066667	0,8
ZAR	1	0,083333	0,066667	0,8

Drei-Viertel-Mehrheit (10/13 bzw. 9/12 Stimmen, im Falle vollständiger Anwesenheit)

gemäß Art. 31 der Statuten der BEAC

→ Festsetzung der Modalitäten für Geldmarktgeschäfte und die
Überziehungskredite an die öffentlichen Haushalte der Mitgliedstaaten;
Festsetzung der Interventionssätze/konditionen der Zentralbank;
Erlaß und Überprüfung von Regeln für die Nationalen Kreditausschüsse;
Revision von Entscheidungen der Nationalen Kreditausschüsse;
Billigung der Geldmengen- und Kreditziele der Mitgliedstaaten sowie
vor allem des maximalen Refinanzierungsbetrages.

gemäß ex-Art. 38 der Statuten der BEAC

→ Festsetzung der allgemeinen Modalitäten sowie der
Zinssätze für die Diskont-, Lombard-, Wertpapierpensionsgeschäfte;
Festlegung des Gesamtkreditvolumens pro Mitgliedstaat;
Erlaß und Überprüfung von Regeln für die Nationalen Monetären Räte.

**Tab. 5b Machtverteilung im Verwaltungsrat der BEAC
bei Entscheidungen mit einfacher Mehrheit**

Mitgliedstaaten	Absolute Stimmenanzahl	Relativer Stimmenanteil	Machtindizes Shapley-Werte	Shapley- Stimmen
Aktuelle Konstellation (Stand: 2000)				
Kamerun	4	0,307692	0,361905	4,7048
Frankreich	3	0,230769	0,228571	2,9714
Gabun	2	0,153846	0,161905	2,1048
Kongo	1	0,076923	0,061905	0,8048
Tschad	1	0,076923	0,061905	0,8048
ZAR	1	0,076923	0,061905	0,8048
Äqu.Guinea	1	0,076923	0,061905	0,8048
Konstellation vor der Integration Äquatorialguineas (1974-1984)				
Kamerun	4	0,333333	0,383333	4,6
Frankreich	3	0,250000	0,233333	2,8
Gabun	2	0,166667	0,183333	2,2
Kongo	1	0,083333	0,066667	0,8
Tschad	1	0,083333	0,066667	0,8
ZAR	1	0,083333	0,066667	0,8

Einfache Mehrheit (7/13 bzw. 7/12 Stimmen, im Falle vollständiger Anwesenheit)
gemäß Art. 31 (ex-Art. 38) der Statuten der BEAC
→ gilt grundsätzlich, sofern die Statuten nicht anderslautende Bestimmungen vorsehen

verneur - zwei Stimmen im Verwaltungsrat zustehen, während die bevölke-
rungsreicheren Staaten Tschad, Kongo sowie die Zentralafrikanische Republik
(ZAR) jeweils nur einen Vertreter entsenden[71].

---

[71]   Mit der 1972 beschlossenen Umwandlung der BCEAEC in die BEAC wurde der
Verwaltungsrat der neuformierten Zentralbank von 16 auf 12 Mitglieder reduziert.
Frankreich sollte ursprünglich 4 Sitze erhalten, gab davon aber am 30. November 1974
einen Sitz an Gabun ab, das seitdem über zwei Sitze verfügt [Neurrisse (1987),
S.159f]. Abweichend von der daraus resultierenden Machtverteilung im Verwaltungsrat der BEAC im Zeitraum von 1974 bis 1984 (siehe Tabellen 5a und 5b) hätten im
Falle einer Beibehaltung der ursprünglichen Regelung (1972 bis 1974) die je vier Sitze
für Frankreich und Kamerun bei Entscheidungen mit Drei-Viertel-Mehrheit 5,6 und
bei Entscheidungen mit einfacher Mehrheit 3,6 Shapley-Stimmen pro Land und der je
eine Sitz für Gabun, Kongo, Tschad und die Zentralafrikanische Republik analog 0,2
bzw. 1,2 Shapley-Stimmen pro Land entsprochen.

Im Gegensatz zur Konstellation im Verwaltungsrat der westafrikanischen BCEAO fallen Stimmenzahl und die durch Shapley-Wert bzw. Shapley-Stimme ausgedrückte Macht eines einzelnen Mitgliedstaates im Rahmen des Verwaltungsrates der zentralafrikanischen BEAC auseinander. Als ökonomisch bedeutendstes Land der zentralafrikanischen Franc-Zone verfügt beispielsweise Kamerun mit vier Stimmen über einen relativen Stimmenanteil von 30,8 Prozent im aktuellen bzw. von 33,3 Prozent im ehemaligen Verwaltungsrat der BEAC, wobei die korrespondierenden Macht-Indizes unter Berücksichtigung der zwei verschiedenen Majoritätsregeln jeweils noch höhere Gewichte für dieses Land implizieren. So liegt die Wahrscheinlichkeit, daß Kamerun die zur Beschlußfähigkeit entscheidenden Stimmen im aktuellen Verwaltungsrat beisteuert, im Falle einfacher Mehrheitsentscheidungen bei 36,2 Prozent und im Falle erforderlicher Drei-Viertel-Mehrheiten sogar bei 41 Prozent. Die entsprechenden Werte von 38,3 bzw. 45 Prozent für die bis Ende 1984 geltende Zusammensetzung des Verwaltungsrates signalisieren sogar eine noch ausgeprägtere a-priori-Abstimmungsstärke Kameruns.

Im Gegensatz dazu ist die Verhandlungsposition eines vertragsgemäß mit einer Stimme ausgestatteten Staates relativ schwach. In allen vier betrachteten Fällen sind die Shapley-Werte der kleineren Staaten Kongo, Tschad, Zentralafrikanische Republik und schließlich Äquatorialguinea sogar kleiner als die jeweiligen relativen Stimmenanteile. Anders ausgedrückt bedeutet dies, daß jedes dieser Länder noch nicht einmal über eine ganze Shapley-Stimme verfügt. Daraus läßt sich beispielsweise für den aktuellen Verwaltungsrat ableiten, daß Kamerun im Vergleich zu einem kleinen Mitgliedstaat de jure ein Stimmenverhältnis von 4 zu 1 aufweist, de facto aber das Machtverhältnis bei einfachen Mehrheitsentscheidungen 5,8 zu 1 und bei einer Majoritätsquote von Drei-Vierteln 6,9 zu 1 beträgt. Die Hegemonialstellung Kameruns innerhalb des Verwaltungsrates der BEAC wird dadurch akzentuiert, daß gewöhnliche Entscheidungen - wie etwa über die von der Zentralbank für ihre Geschäfte zugrundezulegenden Zinssätze sowie über die Festsetzung der Gesamtkreditsumme, die einem einzelnen Mitgliedstaat höchstens gewährt wird - gerade einer Drei-Viertel-Mehrheit bedürfen. Damit besteht wiederum ein konzeptioneller Unterschied zum westafrikanischen Verwaltungsrat der BCEAO, in dem für vergleichbare Entscheidungstatbestände lediglich eine einfache Mehrheit vorgesehen ist.

Neben konstruktiven Entscheidungen, die im Verwaltungsrat der westafrikanischen BCEAO bei homogener und im Falle der zentralafrikanischen BEAC bei heterogener a-priori-Machtverteilung getroffen werden, ist auch von Interesse, inwieweit die Vereinbarungen zur Währungskooperation einem einzelnen Mitgliedstaat Möglichkeiten zu destruktivem Verhalten eröffnen. Im zentralafrikanischen Verwaltungsrat verfügen alle Länder über die gleiche Blockierungsmacht, da rechtsverbindliche Beratungen die Anwesenheit von mindestens einem Vertreter pro Staat vorsehen. Hingegen ist die daraus ableitbare "Politik des leeren Stuhles" im westafrikanischen Verwaltungsrat aufgrund eines Quorums von lediglich zwei Dritteln der Mitglieder weniger wirksam. Bei der gegenwärtigen Zusammensetzung des Verwaltungsrates der BCEAO bedarf es des konzertierten Fernbleibens von mindestens vier Mitgliedstaaten, um die Beschlußfähigkeit des Rates zu torpedieren, während hierzu im zentralafrikanischen Verwaltungsrat die Abwesenheit eines einzigen Landes ausreicht.

Zusammenfassend läßt sich bezüglich der a-priori-Machtverteilung in beiden Verwaltungsräten konstatieren, daß die Statuten der westafrikanischen BCEAO im Geiste "afrikanischer Solidarität" die realwirtschaftlichen Unterschiede - vor allem zwischen den ökonomisch bedeutsamsten Staaten Elfenbeinküste und Senegal einerseits und den ärmeren Sahelstaaten andererseits - nivellieren, während die Statuten der zentralafrikanischen BEAC den Mitgliedstaaten und - allen voran Kamerun - die Durchsetzung von Partikularinteressen erleichtern. Bezüglich der Rolle Frankreichs im Verwaltungsrat ist anzumerken, daß der quantitative Einfluß des für die Funktionsweise der CFA-Franc-Zone maßgeblichen Mitglieds im Zeitablauf reduziert wurde[72], so daß Frankreich formal die Rolle eines "*Primus inter pares*" zugewiesen ist.

Rückblickend auf die letzten Jahrzehnte stellt sich die Frage, inwieweit einzelne afrikanische Franc-Zonen-Staaten das mit der nachhaltigen Verringerung der personellen Präsenz Frankreichs in der BCEAO und BEAC verbundene Machtvakuum zur Durchsetzung ihrer länderspezifischen Interessen zu nutzen ver-

---

[72]   In Zentralafrika umfaßte der Verwaltungsrat der BCEAEC (1960-1972), dem Vorläufer der BEAC, insgesamt 16 Mitglieder - jeweils 8 Repräsentanten Frankreichs und Afrikas, darunter 4 Vertreter Kameruns. In Westafrika war der erste Verwaltungsrat der 1959 entstandenen BCEAO noch paritätisch besetzt (jeweils 8 Repräsentanten Frankreichs und des politisch noch nicht selbständigen frankophonen Afrikas), während die mit Schaffung der UMOA im Jahre 1961/2 neu formulierten Statuten der BCEAO zunächst 21 Mitglieder (7 Franzosen und je 2 Vertreter der afrikanischen Unterzeichnerstaaten) vorsahen. Nach dem Rückzug Malis aus der Währungsunion im Juli 1962 wurde der Verwaltungsrat auf 18 Mitglieder verkleinert, mit nunmehr 6 Vertretern Frankreichs und jeweils 2 Vertretern der verbleibenden 6 afrikanischen Staaten [International Monetary Fund (1963), S.380f].

mochten. Dabei ist zunächst anzumerken, daß im Gegensatz zum westafrikanischen Pendant der monetäre Entscheidungsfindungsprozeß innerhalb der zentralafrikanischen Franc-Zone und der BEAC in der Praxis durch die Feindschaft zwischen praktisch allen nationalen Repräsentanten beeinträchtigt wurde[73]. Die dadurch ohnehin hohen Konsensfindungskosten stiegen durch die geltende Quorumsregel im Verwaltungsrat weiterhin an, da jeder Mitgliedstaat bei subjektiv unzureichender Berücksichtigung seiner Partikularinteressen mit dem Fernbleiben in diesem Gremium drohen konnte.

In Einklang mit den theoretischen Überlegungen zur Machtverteilung im Verwaltungsrat der BEAC und unter Nutzung des "Heimvorteils" konnte Kamerun in der Vergangenheit den wirksamsten Einfluß auf die supranationale Zentralbank ausüben, zumal die nicht demokratisch legitimierten Regierungen Kameruns im Bedarfsfall Forderungen der supranationalen Zentralbank schlichtweg ignorierten oder verweigerten[74]. Angesichts der generell besonders schwierigen kamerunisch-gabunischen Beziehungen litt außerdem die Autorität der statutengemäß von Gabun bestimmten Gouverneure der BEAC.

Wenngleich hinsichtlich Machtverteilung oder Amtssitz nicht aus den offiziellen Vereinbarungen zur Währungskooperation ableitbar, gelang es auch der Elfenbeinküste, besondere länderspezifische Vergünstigungen im Rahmen ihrer Subzone durchzusetzen. Hilfreich wirkte sicherlich, daß die supranationale Zentralbank BCEAO - deren Gouverneure gewohnheitsgemäß von der Elfenbeinküste bestimmt werden - an guten Beziehungen zu dem bedeutendsten Land der westafrikanischen Franc-Zone interessiert war[75]. Betrachtet man das einem Mitgliedsland von der gemeinsamen Zentralbank zugestandene Kreditvolumen als einen Indikator für den tatsächlichen Einfluß eines Staates auf innerafrikanischer Ebene[76], so wiesen neben der Elfenbeinküste auch Benin und Senegal (Amtssitz

---

[73]   Stasavage (1997), S.157.

[74]   Nach Angaben ehemaliger BEAC-Mitarbeiter soll ein Minister Kameruns sogar bei einer Gelegenheit gedroht haben, daß der Sitz der supranationalen Zentralbank in Jaunde in Brand gesteckt würde, falls die BEAC nicht einen Vorschuß zur Bezahlung säumiger Löhne im öffentlichen Sektor Kameruns bereitstellen würde [Stasavage (1997), S.157].

[75]   Stasavage (1997), S.157.

[76]   Dies ist generell ein sehr grober Indikator, da die überproportionale Kreditvergabe an einen Mitgliedstaat auch Ausdruck einer höheren Grenzproduktivität des Kapitals in diesem Land sein könnte. Allerdings ist im Falle der afrikanischen Franc-Zone vorab anzumerken, daß angesichts der staatlichen Anmaßung zur aktiven Len-

der BCEAO) traditionell einen überproportionalen Anteil am gesamten Kredit-volumen in Relation zu ihrem Anteil am gemeinsamen Bruttoinlandsprodukt der westafrikanischen Franc-Zone auf[77].

Somit wurden offenkundig bestimmte Mitgliedstaaten beider CFA-Franc-Subzonen in der Vergangenheit bei der Kreditvergabe durch die supranationale Zentralbank BCEAO bzw. BEAC hinsichtlich Volumen und Konditionen be-günstigt. Sofern man unterstellt, daß die Begrenzung der Kreditexpansion sei-tens der Zentralbank eine wesentliche Determinante zur Wahrung der Stabilität des CFA-Franc darstellt, wirkte sich die exzessive Kreditvergabe an einzelne Länder insofern zu Lasten der übrigen Mitgliedstaaten aus, als entweder die Sta-bilität der gemeinsamen Währung in Frage gestellt wurde, oder zu deren Siche-rung das Kreditvolumen anderer Mitgliedstaaten reduziert werden mußte.

Die Möglichkeit der Durchsetzung von Partikularinteressen einzelner Mitglied-staaten und die im folgenden näher aufgezeigte mangelnde institutionelle Unab-hängigkeit beider supranationaler Zentralbanken gegenüber Regierungen im all-gemeinen unterstreichen, daß eine nach aktuellem geldtheoretischen Kenntnis-stand[78] wünschenswerte Entpolitisierung des Geldangebotes im Rahmen der franko-afrikanischen Währungskooperation bislang noch nicht verwirklicht wurde.

1.4.3 Unabhängigkeitsgrad der supranationalen Zentralbanken BCEAO und BEAC

Zum Grad an Unabhängigkeit beider Zentralbanken in der west- und zentralafri-kanischen Franc-Zone läßt sich zwar generell anmerken, daß die BCEAO und BEAC aufgrund ihres multinationalen Charakters im Rahmen einer Währungs-union systemimmanent nicht wie nationale Zentralbanken dem konzentrierten Einfluß *einer* Regierung unterliegen. Allerdings kann bei unzureichender insti-tutioneller Absicherung der Unabhängigkeit in funktioneller, personeller, in-strumenteller und finanzieller Hinsicht auch auf eine supranationale Zentralbank wirksam politischer Druck ausgeübt werden[79], insbesondere, wenn diesbezüg-

kung des Entwicklungsprozesses Effizienzüberlegungen in den Hintergrund traten und die Grenze zwischen investiven und konsumtiven Staatsausgaben fließend verlief.
[77] Vgl. Jahresberichte *La Zone Franc - Rapport Annuel* der Banque de France.
[78] Verschiedene Aspekte in Bofinger/Ketterer (1996).
[79] Willms (1995), S.249f.

98

lich unter den Mitgliedstaaten der Währungsunion ein Konsens herrscht. Im Hinblick auf maßgebliche Vertragstexte sprechen einige Indizien dafür, daß im Vergleich zur Europäischen Zentralbank die BCEAO und BEAC in ihrem Handeln gegenwärtig weit weniger unabhängig von externen Beeinflussungsversuchen sind - und vor allem in der Vergangenheit waren.

Bezüglich der funktionellen Unabhängigkeit ist für beide frankoafrikanischen Zentralbanken zunächst kritisch anzumerken, daß infolge der fehlenden vertraglichen Fixierung der Geldwertstabilität sowohl die BCEAO als auch die BEAC in den letzten Jahrzehnten - im Rahmen der auf die Geldemission limitierend wirkenden Bilanzregeln - die Unterstützung der Wirtschaftspolitik, d.h. die aktive Finanzierung des staatlich gelenkten Entwicklungsprozesses der Mitgliedstaaten in den Vordergrund stellten[80]. Zur Rechtfertigung können die Beteiligten in der westafrikanischen Franc-Zone auf den weiterhin gültigen Artikel 1 des UMOA-Vertrages verweisen, in dem die BCEAO definiert wird als "*Institut d'émission commun prêtant son concours aux économies nationales, sous le contrôle des Gouvernements, dans les conditions définies ci-après*".

Darüber hinaus besteht gemäß Artikel 12 eine faktische Weisungsbefugnis der Regierungen, da der Ministerrat, unter Beachtung des "Schutzes der gemeinsamen Währung" und des für die wirtschaftliche Entwicklung der Mitgliedstaaten notwendigen Finanzbedarfs, den Rahmen für die Geld- und Kreditpolitik festlegt. In Zentralafrika obliegt diese Aufgabe statutengemäß dem Verwaltungsrat der BEAC, wenngleich damit die Formulierung der Geld- und Kreditpolitik keineswegs entpolitisiert ist. Auch die zentralafrikanische Zentralbank ließ sich in der Vergangenheit zu einer permissiven Geldpolitik zwecks Unterstützung der Wirtschaftspolitik der Mitgliedstaaten verleiten, zumal sowohl die Akteure der BEAC als auch der BCEAO aufgrund des nicht verankerten Geldwertstabilitätszieles keinen Prestigeverlust wegen eventueller Zielverfehlungen erfuhren.

Dagegen legen die seit April 1998 modifizierten Statuten der BEAC in Artikel 1 zumindest fest, daß die BEAC die gemeinsame Währung emittiert und deren Stabilität garantiert. Außerdem wird, in Analogie zur Europäischen Währungsunion, seitens der Zentralbank dem Stabilitätsziel eindeutig Vorrang vor der Unterstützung der allgemeinen Wirtschaftspolitik eingeräumt. Inwieweit diese fundamentale Statutenänderung alleine ausreichend ist, um den grundsätzlich bestehenden Zielkonflikt zwischen Preisniveaustabilität und der Finanzierung

---

[80] Kommission der UEMOA/Exekutivsekretariat der CEMAC (2000c); Banque Centrale des Etats de l'Afrique de l'Ouest (1976b), S.1f.

des Entwicklungsprozesses zugunsten des Primats zu lösen, hängt von den sonstigen institutionellen Vorkehrungen zur Sicherung der Unabhängigkeit der Zentralbank gegenüber den Trägern der Fiskalpolitik ab.

Was die personelle Unabhängigkeit anbelangt, so sprechen die Regelungen bezüglich Auswahlmodus, Amtszeit und Wiederwahlmöglichkeit bei den Akteuren der BCEAO und BEAC für eine im Vergleich zu ihren Kollegen bei der EZB geringere Autonomie gegenüber den Regierungen der Währungsunion. Während die Mitglieder des Direktoriums der EZB, einschließlich Präsident und Vizepräsident, für eine nicht verlängerbare Amtsperiode von acht Jahren ernannt werden, verbleiben in der BCEAO und BEAC die Gouverneure nur sechs bzw. fünf, die Vize-Gouverneure lediglich fünf Jahre in ihrem Amt. Die in allen Fällen bestehende Möglichkeit einer Wiederwahl durch politische Gremien beeinträchtigt aber insofern die personelle Unabhängigkeit, als im Gegensatz zu den Mitgliedern des Direktoriums der EZB ein Anreiz besteht, sich mit entsprechendem Handeln bei den Regierungen der Mitgliedstaaten für eine weitere Amtsperiode zu empfehlen.

Gemäß den alten Statuten der BEAC wurde die personelle Unabhängigkeit des Gouverneurs und Vize-Gouverneurs zusätzlich durch das Damoklesschwert einer vorzeitigen Absetzung bei einer Mehrheit von drei Vierteln der Stimmen im mit Ministern besetzten Verwaltungsrat unterminiert.

Hinsichtlich der fachlichen Qualifikation der Gouverneure und Vize-Gouverneure der BCEAO bzw. BEAC ist noch anzumerken, daß durch das, bestimmten Mitgliedstaaten statutengemäß bzw. gewohnheitsrechtlich zustehende Vorschlagsrecht für entsprechende Kandidaten der zur Auswahl stehende Kreis kompetenter Personen willkürlich eingeschränkt wird.

Bezüglich der einzelnen Mitglieder des Verwaltungsrates sehen die Statuten von BCEAO und BEAC keine expliziten Regelungen vor, so daß der Auswahlmodus für Kandidaten den Mitgliedstaaten überlassen bleibt. Die Statuten der BEAC schreiben lediglich eine dreijährige, verlängerbare Amtsperiode für die Verwaltungsratsmitglieder fest, was per se einen geringen Grad an Autonomie impliziert. In Ermangelung gemeinschaftlicher Qualifikationsvorgaben werden die Mitglieder des Verwaltungsrates bedauerlicherweise nicht aus dem Kreis der in Währungs- oder Bankfragen anerkannten und erfahrenen Persönlichkeiten ausgewählt. Vielmehr zeichnen sich die Verwaltungsratsmitglieder durch ein hohes Maß an Abhängigkeit von der Regierung ihres Entsendelandes aus.

Betrachtet man den achtzehnköpfigen Verwaltungsrat der BCEAO am Jahresende 1997, entsendete Frankreich jeweils einen Direktor des Schatzamtes und des

Ministère de la Coopération et du Développement, während von den afrikanischen Verwaltungsratsmitgliedern allein sieben, zumeist als Generaldirektoren, einem nationalen Schatzamt angehörten. Neben einem Wirtschaftsberater, einem Generaldirektor einer nationalen Zollverwaltung und einem ehemaligen Landwirtschaftsminister entstammten die restlichen sechs Verwaltungsratsmitglieder als hohe Amtsträger einem nationalen Finanzministerium im weiteren Sinne[81].

In Zentralafrika ist der politische Einfluß auf den faktisch einen Ministerrat darstellenden Verwaltungsrat der BEAC noch direkter. Zum Stichtag 31. Dezember 1998 umfaßte der Verwaltungsrat die Finanzminister der afrikanischen Mitgliedstaaten, wodurch Träger der Fiskalpolitik gleichzeitig in Personalunion auch Mitgestalter der Geldpolitik waren. Darüber hinaus wurden selbst die einigen Mitgliedstaaten zusätzlich zustehenden Sitze sowie die Stellvertreterposten an weitere Minister oder Vertreter von Ministerien vergeben. Angesichts der von Frankreich aus dem *Ministère de la Coopération et du Développement*, dem Schatzamt und der *Banque de France* entsendeten Verwaltungsratsmitglieder kann a priori keine eindeutige Aussage darüber getroffen werden, inwieweit dieser heterogene Personenkreis eher eine kontrollierende oder kooperative Funktion ausübt.

Hinsichtlich der instrumentellen Unabhängigkeit ist anzumerken, daß den beiden supranationalen Zentralbanken statutengemäß das international übliche Spektrum an Instrumenten zur Beeinflussung des Geldangebotes zuerkannt wurde, wenngleich sich in der Praxis der Einsatz über Jahrzehnte auf wenige Instrumente beschränkte. Ebenso wie die Europäische Zentralbank verfügen auch BCEAO und BEAC allerdings nicht über die Wechselkurssouveränität, welche der höchsten politischen Ebene obliegt. Des weiteren wird die Geldmengensteuerung der frankoafrikanischen Zentralbanken dadurch erschwert, daß die Kreditgewährung an den öffentlichen Sektor nicht verboten ist, vielmehr sich die Mitgliedstaaten bis zu einer Höchstgrenze bei ihrer supranationalen Zentralbank verschulden können.

Hingegen schaffen die Statuten der BCEAO und BEAC die Voraussetzungen für eine relativ hohe finanzielle Unabhängigkeit beider, eigene Bilanzen aufstellender Zentralbanken. Zum Schutz vor willkürlichen Enteignungen oder Pfändungen verpflichten sich alle Mitgliedstaaten, die festgeschriebenen, internationalen Gepflogenheiten entsprechenden Privilegien und Immunitäten der Zentralbank zu akzeptieren. Insbesondere die Regelungen zur Gewinnausschüttung gewähr-

---

[81]   Laut Auskunft und Dokumenten der Banque de France (Oktober 1999).

leisten, daß erst nach Abzug aller anfallenden Kosten und Auffüllen der allgemeinen, speziellen und fakultativen Reserven der Zentralbank die verbleibenden monetären Einkünfte unter den Mitgliedstaaten aufgeteilt werden dürfen. Zusammenfassend bestehen die beiden schwerwiegendsten institutionellen Mängel der supranationalen Zentralbanken BCEAO und BEAC in der fehlenden bzw. erst kürzlich erfolgten Festschreibung des Zieles der Geldwertstabilität sowie in der nicht erfolgten dezidierten Trennung zwischen Fiskal- und Geldpolitik. Warum sich diese geldwertstabilitäts- und wachstumsgefährdende Konstellation in den Staaten der CFA-Franc-Zone zumindest nicht in dem Ausmaß wie in anderen afrikanischen Ländern in einer starken inflationären Entwicklung niederschlug, ist im Zusammenhang mit den im nächsten Kapitel vorgestellten Funktionsprinzipien der franko-afrikanischen Währungskooperation zu sehen.

2. Funktionsprinzipien

Die aktuelle französische Währungskooperation mit gegenwärtig 15 afrikanischen Staaten basiert auf vier Säulen, die primär auf den in den siebziger Jahren geschlossenen, separaten Verträgen zwischen Frankreich und den drei einzelnen Subzonen Westafrika, Zentralafrika sowie Komoren beruhen[82]. Zu den gemeinsamen Grundsätzen gehören:

- die feste, aber veränderbare Parität der von den drei Zentralbanken der Subzonen emittierten Währungen zum Französischen Franc bzw. seit dem 1. Januar 1999 zum Euro;
- die unbegrenzte französische Garantie für die Konvertierbarkeit dieser Währungen in Französische Franc bzw. neuerdings Euro;
- die harmonisierten Devisenbestimmungen gegenüber Drittstaaten und der grundsätzlich unbeschränkte Kapitalverkehr zwischen Frankreich und der jeweiligen Subzone;
- die Zentralisierung von Devisenreserven.

In einem Festkurssystem wie der Franc-Zone, in welcher der für den klassischen Goldstandard kennzeichnende Selbstregulierungsmechanismus der Zahlungsbilanz mittels Regeln simuliert wird und der CFA-Franc keiner unmittelbaren Marktbewertung unterliegt, ist die Funktionsfähigkeit des Währungssystems in erheblichem Maße sowohl von der Ausgestaltung der Regeln als auch von deren Einhaltung abhängig. Mit Blick auf alternative Festkurssysteme für Entwicklungs- und Transformationsländer zeichnet sich hingegen das eine weltweite Renaissance erlebende Currency-Board-System durch sehr einfache monetäre Regeln aus, setzt aber andererseits als ein auf Marktmechanismen basierendes Währungssystem ein hochgradig funktionsfähiges nationales Finanzsystem vor-

---

[82] Der deskriptiven Darstellung der Funktionsprinzipien (Abschnitt B 2.) liegen entsprechend folgende offizielle Quellen zugrunde:
Accord de Coopération entre la République Française et les Républiques Membres de l'Union Monétaire Ouest-Africaine, Dakar, 4. Dezember 1973;
Convention de Coopération Monétaire entre les Etats membres de la Banque des Etats de l'Afrique Centrale (BEAC) et la République Française, Brazzaville, 23 November 1972;
Accord de Coopération Monétaire entre la République Française et la République Fédérale Islamique des Comores, Paris und Moroni, 23. November 1979;
Banque de France (1997), S.5f.

aus. Diesbezügliche strukturelle Mängel auf dem afrikanischen Kontinent sind nicht nur auf den allgemein niedrigen Entwicklungsstand, sondern auch auf die Desintegration der Finanzsysteme im Zuge der politischen Unabhängigkeit afrikanischer Länder zurückzuführen.

2.1 Feste Parität zwischen Französischem Franc/Euro und CFA-Franc bzw. Komoren-Franc

Die Währungskooperation zwischen Frankreich und den drei Subzonen der afrikanischen Franc-Zone beruht traditionell auf festen Paritäten zwischen dem Französischen Franc und den afrikanischen Währungen (Tabelle 6). Die vertraglichen Vereinbarungen sehen dabei vor, daß bei Einstimmigkeit zwischen allen betroffenen Vertragsstaaten in den einzelnen Subzonen eine Modifizierung der jeweiligen Parität zum Französischen Franc möglich ist.

Seit dem 26. Dezember 1945 - der erstmaligen Festlegung der Parität zwischen dem CFA-Franc und dem Französischen Franc (1 zu 1,7) - wurde die nominale Austauschrate zwischen den beiden Währungen (bzw. ihren äquivalenten Nachfolgern) lediglich einmal rein mechanisch im Zuge der in Frankreich erfolgten Währungsumstellung von "alten" auf "neue" Französische Franc (100 zu 1) im Jahre 1960 sowie zweimal faktisch in den Jahren 1948 und 1994 modifiziert.

Die letzte Paritätenänderung fand mit Wirkung zum 12. Januar 1994 statt, nachdem tags zuvor die franko-afrikanische Konferenz der Staats- und Regierungschefs in Dakar für den westafrikanischen *Franc de la Communauté Financière Africaine* (XOF) sowie den zentralafrikanischen *Franc de la Coopération Financière en Afrique Centrale* (XAF) eine neue Austauschrate von 100 CFA-Franc (XOF sowie XAF) für einen Französischen Franc (FRF) festgelegt hatte[83]. Diese 50prozentige Abwertung beendete eine mehr als vier Jahrzehnte lange Phase einer de facto unveränderten Parität. Seit der Aufwertung des CFA-Franc gegenüber der Währung des Mutterlandes im Jahre 1948 galt ein Austauschverhältnis von einem "alten" Französischen Franc für zwei CFA-Franc bzw. seit 1960 von einem "neuen" Französischen Franc für 0,02 CFA-Franc.

Mit Wirkung zum 12. Januar 1994 erfolgte auch eine Paritätenänderung des Komoren-Franc (KMF), der anstatt 0,02 nunmehr 0,0133 Französischen Franc entspricht. Im Gegensatz zur einheitlichen 50prozentigen Abwertung in der west- und in der zentralafrikanischen Franc-Zone einigten sich die Regierungen

---

[83] Godeau (1995), S.17f.

Tab. 6   Ausgewählte Paritäten der Währungen der Franc-Zone

Französischer Franc

Franc Français (FRF)

    1 FRF = 0,15244902 Euro   (seit 01.01.1999)
    1 Euro = 6,55957 FRF

CFA-Franc

Franc de la Communauté Financière Africaine (XOF)
Franc de la Coopération Financière en Afrique Centrale (XAF)
(ehemals: *Franc des Colonies Françaises d'Afrique*)

    1 FRF = 100 XOF = 100 XAF   (12.01.1994 bis 31.12.1998)
    1 XOF = 1 XAF = 0,01 FRF

    1 Euro = 655,957 CFA-Franc   (seit 01.01.1999)
    1000 CFA-Franc = 1,52449017 Euro

Komoren-Franc

Franc Comorien (KMF)

    1 FRF = 75 KMF   (12.01.1994 bis 31.12.1998)
    1 KMF = 0,01333333 FRF

    1 Euro = 491,96775 KMF   (seit 01.01.1999)
    1000 KMF = 2,03265356 Euro

CFP-Franc

Change Franc Pacifique (XPF)
(ehemals: *Franc des Colonies Françaises du Pacifique*)

    1 XPF = 0,055 FRF   (de facto 20.09.1949 bis 31.12.1998, sofern man von
    1 FRF = 18,18181818 XPF   von der Währungsumstellung von "alten" auf "neue"
                               Französische Franc im Mutterland 1960 abstrahiert)

    1 Euro = 119,26490909 XPF   (seit 01.01.1999)
    1000 XPF = 8,38469595 Euro

Quelle: Banque de France: La Zone Franc - Rapport Annuel 1999.

Frankreichs und der Komoren auf eine Abwertungsrate von lediglich 33 Prozent. Diese Vorgehensweise unterstreicht die Sonderstellung dieser geographisch von der CFA-Franc-Zone abgelegenen Inselrepublik, für die zwar die vier fundamentalen Funktionsprinzipien des franko-afrikanischen Währungssystems gelten, für die aber verstärkt länderspezifische Überlegungen bei der Paritätenänderung ausschlaggebend waren. In Anbetracht der verstärkten Integrationsbemühungen in West- und Zentralafrika kann aber die dortige einheitliche Abwertungsrate als Signal der Geschlossenheit der übrigen vierzehn afrikanischen Franc-Zonen-Staaten interpretiert werden.

Insgesamt lassen sich somit drei Perioden (1945-1948, 1948-1994, 1994 bis zur Gegenwart) erkennen, in denen fix am Französischen Franc als „nominalem Anker" festgehalten wurde. Durch den bewußten Verzicht auf das währungspolitische Instrument der Wechselkursvariation während dieser Phasen ergeben sich Änderungen des Außenwertes der drei afrikanischen Währungen als rein exogene Größen, nämlich durch Paritätenänderungen und Schwankungen des Französischen Franc gegenüber den übrigen Währungen der Welt sowie durch "reale" Veränderungen.

Wie in den nachfolgenden Kapiteln noch zu erläutern sein wird, ist für die internationale Wettbewerbsfähigkeit der afrikanischen Franc-Zonen-Staaten die Entwicklung des Französischen Franc gegenüber dem US-Dollar von entscheidender Bedeutung, da eine Reihe von Rohstoffexporten dieser Länder in US-Dollar fakturiert werden. Des weiteren ist bei einer Zeitanalyse zu berücksichtigen, daß das Ausmaß der Paritätenänderungen und Schwankungen des Französischen Franc gegenüber anderen Weltwährungen in hohem Maße von dem jeweils geltenden Weltwährungssystem abhängt. Im globalen Rahmen wurde die Entwicklung des Französischen Franc und damit auch die des CFA-Franc zunächst durch das Bretton-Woods-System geprägt, danach durch den Übergang zu flexiblen Wechselkursen und schließlich durch die Überleitung in das Europäische Währungssystem.

Mit der Einführung des Euro ist die währungspolitische Konstellation für die afrikanischen Staaten der Franc-Zone zum einen durch ein Festkurssystem mit den an der gemeinsamen europäischen Währung beteiligten Ländern und zum anderen durch grundsätzlich flexible Wechselkurse gegenüber der restlichen Welt gekennzeichnet. Allerdings ergibt sich zusätzlich eine gewisse nominale Wechselkurskonstanz zwischen dem CFA-Franc und den Währungen einer heterogenen Gruppe von Staaten, die entweder als vorläufige Nicht-Euro-Teilnehmerländer dem Europäischen Währungssystem angehören, oder die als

Entwicklungs- bzw. Transformationsländer zum Import monetärer Stabilität den Euro als "nominalen Anker" auserkoren haben.

Mit der zum 01. Januar 1999 erfolgten, unwiderruflichen Fixierung der Parität zwischen Französischem Franc und Euro ergab sich rein mechanisch das fortan geltende, feste Austauschverhältnis von einem Euro für 655,957 CFA-Franc (XOF und XAF) bzw. 491,96775 Komoren-Franc (KMF). Seitdem gehören - im Hinblick auf derzeit elf Staaten der Europäischen Union, dem wichtigsten Handelspartner der Franc-Zonen-Staaten - die vormals durch Schwankungen des Französischen Franc gegenüber anderen Währungen von EU-Staaten verursachten Änderungen der Wettbewerbsposition im europäisch-afrikanischen Handel der Vergangenheit an.

Welche Problematik sich für den Fortbestand der franko-afrikanischen Währungsvereinbarungen mit der Ablösung des Französischen Franc durch den Euro ergab, und welche künftigen Wechselwirkungen zwischen Euro-Raum und Franc-Zone zu erwarten sind, wird in Kapitel E ausführlicher behandelt.

2.2 Unbegrenzte Konvertibilität von CFA-Franc bzw. Komoren-Franc in Französische Franc

Die Konvertierbarkeit der von den drei Zentralbanken BCEAO, BEAC und BCC der afrikanischen Franc-Zone emittierten Währungen ist durch das Schatzamt (*Trésor*) im französischen Finanzministerium (*Bureau F 2 „Afrique Zone Franc")* – und *nicht* etwa durch die französische Zentralbank *Banque de France* - grundsätzlich unbegrenzt garantiert. Im Mittelpunkt stehen dabei die im Namen der BCEAO, BEAC und BCC beim französischen Schatzamt eingerichteten, auf Französische Franc lautenden Verrechnungskonten (*Comptes d'Opérations*), auf welchen den drei Zentralbanken auch ihre obligatorischen Devisenhinterlegungen in Paris gutgeschrieben werden (vgl. Abschnitt 2.4).

Die französische Konvertibilitätsgarantie für den *Franc de la Communauté Financière Africaine* (XOF), den *Franc de la Coopération Financière en Afrique Centrale* (XAF) sowie den Komoren-Franc (KMF) bezieht sich auf die in zeitlicher und quantitativer Hinsicht unbegrenzte Umtauschbarkeit in Französische Franc.

Die Konvertibilität der afrikanischen Währungen gegenüber anderen Währungen der Welt ist wiederum von der Konvertibilität des Französischen Franc gegenüber diesen Währungen abhängig. Seit der Rückkehr des Französischen Franc zur externen Konvertibilität 1958 resultiert aus der unbegrenzten Eintauschbarkeitsgarantie des CFA- bzw. Komoren-Franc in Französische Franc indirekt auch die unbeschränkte Eintauschbarkeit in andere konvertierbare Währungen der Welt.

Im Gegensatz etwa zum klassischen Europäischen Währungssystem (EWS), in dem die beteiligten Währungen einer Kursbewertung durch Marktmechanismen unterworfen sind, und die beteiligten Zentralbanken zur Aufrechterhaltung der mit oder ohne Margen fixierten Wechselkurse auf den Devisenmärkten im Rahmen eines vertraglich festgelegten Regelmechanismus intervenieren, basiert das Währungssystem der Franc-Zone im Innenverhältnis ausschließlich auf Regeln. CFA- bzw. Komoren-Franc werden schließlich nicht direkt gegen Weltwährungen gehandelt[84], wodurch eine unmittelbare marktmäßige Bewertung entfällt[85].

Unter Berücksichtigung der insbesonders für afrikanische Entwicklungsländer typischen Fluktuationen im Währungsbestand - infolge der Abhängigkeit sowohl vom Zufluß finanzieller Auslandshilfe als auch von Preis- und Mengenentwicklungen der wenig diversifizierten und von Rohstoffen dominierten Exportpalette - versetzt die Konvertibilitätsgarantie Frankreichs die Franc-Zonen-Staaten gegenüber ihren Nachbarländern in eine privilegierte Position. Während letztere bei temporär niedrigen Devisenbeständen zu drastischen Anpassungsmaßnahmen gezwungen sind und Gefahr laufen, wegen Zahlungsschwierigkeiten den Import von für den Entwicklungsprozeß notwendigen oder sonstigen Basisgütern einschränken zu müssen, können die afrikanischen Franc-Zonen-Staaten im Falle einer angespannten Liquiditätslage prinzipiell via Zentralbank auf die finanzielle Unterstützung des französischen Schatzamtes zählen. Unterstellt man realistischerweise, daß die einzelnen Mitgliedstaaten der afrikanischen Franc-Zone im Zweifelsfall eher eigene Interessen als das Gemeinwohl im Blick haben, bedarf der Zugriff auf nicht-eigene Devisen - seien es nun die im Abschnitt 2.4 näher behandelten gemeinsamen Devisen-Pools der jeweiligen Subzone oder wie hier Französische Franc im Zuge der Konvertibilitätsgarantie -

[84] Guillaumont/Guillaumont (1989), S.141.

[85] Wenngleich CFA-Franc nicht an offiziellen Devisenmärkten gehandelt werden, unterliegen beide Währungen dennoch einer Marktbewertung im informellen Sektor. In Abhängigkeit von den jeweils geltenden Konvertibilitätsbeschränkungen in den afrikanischen Nachbarländern der Franc-Zone entstehen temporäre Schwarzmärkte, auf denen die Wirtschaftssubjekte der Nachbarländer die eigene, in ihrer Konvertibilität eingeschränkte Währung gegen in Weltwährungen konvertierbare CFA-Franc eintauschen [Labazée (1996), S.53f].

grundsätzlich ergänzender Regelungen, um opportunistischem Verhalten seitens einzelner Staaten zu begegnen.

Aus normativer Sicht sollte die französische Konvertibilitätsgarantie idealerweise einen Beitrag zur Verstetigung des Entwicklungsprozesses dieser Länder leisten, indem nicht strukturell verursachte, sondern konjunkturell bedingte Liquiditätsengpässe beseitigt werden, die von den afrikanischen Staaten, wie beispielsweise witterungsbedingte Ernteausfälle, nicht oder nur bedingt zu vertreten und lediglich vorübergehender Natur sind.

Hingegen sollte die indirekte Zugriffsmöglichkeit auf Französische Franc den afrikanischen Franc-Zonen-Staaten nicht die Finanzierung einer dauerhaften Diskrepanz zwischen inländischer Absorption und Güterproduktion bzw. des damit korrespondierenden Importüberhanges ermöglichen. Daß die inländische Absorption die nationale Güterproduktion übersteigt, ist für ein Land mit Nachholbedarf im Entwicklungsprozeß per se zu rechtfertigen, sofern dieser Differenzbetrag von Investitionen herrührt, deren zu erwartende zukünftige Erträge, neben der Bedienung des Schuldendienstes, auch das reale Entwicklungsniveau steigern. Allerdings ist hierfür die französische Konvertibilitätsgarantie aufgrund der nicht gewährleisteten Rentabilitätsprüfung kein angemessenes Finanzierungsinstrument für ohnehin dem Wesen nach langfristige Investitionen. Vielmehr sollten neben den privaten auch die staatlichen Investitionen grundsätzlich einer Rentabilitätsprüfung durch die internationalen Kapitalmärkte unterliegen. Lediglich bei Projekten, die wegen "Marktversagens"[86] nicht oder nur unzureichend über diesen Allokationsmechanismus realisierbar sind, sollte nach eingehender Prüfung der zu erwartenden positiven externen Effekte eine Finanzierung über das Medium der Entwicklungshilfe erfolgen.

Noch gravierender wäre der Mißbrauch der französischen Konvertibilitätsgarantie seitens der Staaten der afrikanischen Franc-Zone zur Finanzierung einer

---

[86]   Fälle von Marktversagen können beispielsweise bei produktionsspezifischen Mängeln wie unvollkommenen Marktstrukturen oder dem Problem der Erstellung der ersten Gutseinheit sowie bei nachfragespezifischen Mängeln wie verzerrten Präferenzen oder rudimentärer Präferenzbekundung der Konsumenten auftreten [Mackscheidt/Steinhausen (1977), S.4f]. Wenngleich Entwicklungsländer in besonderem Maße von unvollkommenen Marktstrukturen betroffen sein können, läßt sich hieraus allerdings kein Freibrief für jedwede staatliche Intervention ableiten. In der afrikanischen Franc-Zone ist der Begriff *"Eléphants blancs"* Synonym für staatlicherseits verwirklichte Entwicklungsprojekte, deren gesamtwirtschaftlicher Nutzen sich als zweifelhaft herausstellte.

zwischen inländischer Absorption und Güterproduktion bestehender Divergenz konsumtiver Art, eines gegenwärtigen Güterverbrauchs, dem definitionsgemäß, im Gegensatz zu Investitionen, keine zukünftigen Erträge gegenüberstehen. In diesem Falle würde eine dauerhaft untragbare Situation prolongiert, was der betroffenen nationalen Regierung zwar in der Gegenwart unpopuläre wirtschaftspolitische Maßnahmen zur Korrektur des Ungleichgewichtes erspart, den unausweichlichen künftigen Anpassungsbedarf allerdings potenziert und in keiner Weise zu beseitigen vermag. Ohne die Konvertibilitätsgarantie Frankreichs würde eine konsumtiv bedingte Diskrepanz zwischen inländischer Absorption und Güterproduktion umgehend über die Reduzierung von Konsum, Investitionen, Staatsausgaben oder Importen korrigiert werden müssen, sobald der korrespondierende Importüberhang nicht mehr durch eigene Devisenreserven oder andere externe Quellen finanzierbar wäre.

In der Praxis zeigt sich unter Zugrundelegung der drei franko-afrikanischen Abkommen über die *Comptes d'Opérations*, daß die Bereitschaft Frankreichs, den afrikanischen Zentralbanken gegen Hingabe ihrer eigenen Währung Französische Franc und damit indirekt andere konvertierbare Währungen zur Verfügung zu stellen, zwar nicht an eine Überprüfung der Mittelverwendung gekoppelt, aber dennoch nicht vollständig unkonditionierter Natur ist.

Bevor die BCEAO, BEAC und BCC zur Begleichung ihrer anstehenden auswärtigen Zahlungsverpflichtungen ihr jeweiliges Verrechnungskonto beim französischen *Trésor* überziehen dürfen, sind die Zentralbanken gehalten, zunächst gegebenenfalls außerhalb der Franc-Zone plazierte Devisenguthaben heranzuziehen[87] und - sollte dies unzureichend sein - danach notfalls von öffentlichen und privaten Organisationen im Emissionsgebiet die Übertragung sämtlicher Auslandsguthaben gegen eine Gutschrift in CFA-Franc bzw. Komoren-Franc zu verlangen. Wenngleich das vollständige Aufspüren und Aufdecken solcher Auslandsguthaben in der Praxis kaum realisierbar ist, so verdeutlichen Artikel 5 und 6 (Westafrika) bzw. Artikel 4 und 5 (Zentralafrika, Komoren) zumindest nachdrücklich, daß das französische Schatzamt lediglich dann als "*Lender of last resort*" für die afrikanischen Zentralbanken fungiert, wenn selbst nach Ausschöpfen drastischer Möglichkeiten der Devisenrepatriierung die danach zur

---

[87] Zwar gilt innerhalb der Franc-Zone der Grundsatz in Paris zentralisierter Devisenreserven, doch Anfang der siebziger Jahre wurde die für die frankoafrikanischen Staaten bestehende Deviseneinlageverpflichtung von der zuvor geltenden Quote von 100 auf mindestens 65 Prozent reduziert.

110

Disposition stehenden Fremdwährungsbestände immer noch nicht ausreichen sollten, um den Zahlungsverpflichtungen mit dem Ausland nachzukommen. Um einer Erschöpfung der Auslandsguthaben präventiv zu begegnen, sehen die Zentralbankstatuten der afrikanischen Franc-Zone vor, daß unverzüglich der jeweilige Verwaltungsrat einzuberufen ist, falls die Relation zwischen durchschnittlichen Auslandsguthaben und sofort fälligen Verbindlichkeiten in drei aufeinanderfolgenden Monaten im Falle der BCEAO und BEAC auf 20 Prozent bzw. im Falle der *Banque Centrale des Comores* auf 40 Prozent oder darunter fällt[88]. Im Falle des Erreichens bzw. Unterschreitens des fixierten Schwellenwertes der Dispositionsregel hat der betroffene Verwaltungsrat nach Analyse der Situation adäquate Gegenmaßnahmen einzuleiten. In erster Linie ist zu überprüfen, mit welchen diskretionären Instrumenten - wie einer Erhöhung des Diskontsatzes, einer Reduzierung der Refinanzierungskontingente oder sonstiger Kreditfazilitäten - die Relation zwischen der Gesamtheit der Bruttoforderungen der Zentralbank gegenüber dem Ausland einerseits, und der Gesamtheit der im Umlauf befindlichen Banknoten und Münzen, sämtlicher Einlagen sowohl der Kreditinstitute, des staatlichen Sektors als auch der Privaten und Unternehmen bei der Zentralbank sowie kurz vor der Durchführung stehender Überweisungen andererseits, zu verbessern ist.

Als eine weitere Regel zum Schutz gegen die Erschöpfung der Devisenreserven kann die Limitierung der Zentralbankkredite an den öffentlichen Sektor der Mitgliedstaaten auf 20 Prozent (BCEAO, BEAC und *Banque Centrale des Comores*) der ordentlichen Haushaltseinnahmen des abgelaufenen Fiskaljahres (im Falle der Komoren bezogen auf die durchschnittlichen jährlichen ordentlichen Einnahmen der drei letzten Haushaltsjahre) interpretiert werden.

Bei Zugrundelegung einer auf lediglich drei Positionen reduzierten, konsolidierten Bilanz des Bankensystems wird im Hinblick auf den Grundsatz der Identität der aggregierten Werte beider Bilanzseiten der saldenmechanische Zusammenhang zwischen der die gesamte Passivseite umfassenden "Geldmenge" und dessen nach in- und ausländischem Ursprung unterteilten Gegenwerten auf der Aktivseite ersichtlich. Demnach entspricht eine Geldmengenänderung der

---

[88] Dabei umfassen die sofort fälligen Verbindlichkeiten einerseits die im Umlauf befindlichen Banknoten und Münzen, andererseits sämtliche Einlagen sowohl der Kreditinstitute, des staatlichen Sektors, als auch der Privaten und Unternehmen bei der Zentralbank sowie kurz vor der Durchführung stehende Überweisungen. Unter Auslandsguthaben wird die Gesamtheit der Bruttoforderungen der Zentralbank gegenüber dem Ausland verstanden.

Summe der jeweiligen Veränderungen der inländischen Kreditvergabe und der Netto-Auslandsguthaben[89]. Wenn es der Zentralbank mit ihrem geldpolitischen Instrumentarium gelingt, die inländische Kreditvergabe in ihrem Emissionsgebiet effektiv zu reduzieren, dann korrespondiert eine solche Verringerung im äußersten Fall entweder bei unterstellt gleichbleibenden Netto-Auslandsguthaben mit einer gleichhohen Reduzierung der Geldmenge oder bei angenommen gleichbleibender Geldmenge mit einer entsprechenden Erhöhung der Netto-Auslandsguthaben[90].

Somit sehen die franko-afrikanischen Währungsvereinbarungen konventionelle Dispositionsregeln für die drei Zentralbanken BCEAO, BEAC und BCC zum Schutze der eigenen Auslandsguthaben vor. Unbeschadet jüngster Bestrebungen fehlte hingegen in der Vergangenheit ein vertraglich verankerter, sanktionierend oder gar präventiv wirkender Strafenkatalog für jene Mitgliedstaaten, die dauerhaft und überproportional stark die Devisenreserven der BCEAO bzw. BEAC in Anspruch zu nehmen gedenken[91]. Folglich verblieben lediglich diskretionäre Formen der Disziplinierung einzelner Mitgliedstaaten - wie die bedingt durchschlagskräftige Möglichkeit des "gütlichen Zuredens" seitens der Zentralbank sowie die wenig transparente Thematisierung auf ministerieller oder höchster politischer Ebene.

---

[89] Diese Überlegung von J.J. Polak (1957) liegt auch dem vom IMF propagierten *Monetary Approach to the Balance of Payments* (MABP) zugrunde. Im Mittelpunkt steht dabei die Darlegung, daß eine vermehrte inländische Kreditvergabe neben dem Erwerb von inländischen Gütern auch für den Kauf ausländischer Güter verwendet wird, wobei letzteres die Netto-Auslandsguthaben des betrachteten Landes sinken läßt.

[90] Wenngleich unterschiedliche Abgrenzungen der Bilanzpositionen zu beachten sind, legt die Übertragung des für die konsolidierte Bilanz des Bankensystems geltenden Zusammenhangs auf die Bilanz der Zentralbank nahe, daß die Relation zwischen deren Bruttoforderungen gegenüber dem Ausland einerseits und deren sofort fälligen Verbindlichkeiten andererseits durch eine Reduzierung der inländischen Kreditvergabe verbessert werden kann - angesichts der damit verbundenen Senkung der sofort fälligen Verbindlichkeiten oder der Erhöhung der Auslandsguthaben.

[91] Die alten wie neuen Statuten der BEAC sehen in Artikel 11 vor, daß erst im Falle des Unterschreitens der 20-Prozent-Relation zwischen Auslandsguthaben und Sichtverbindlichkeiten der Zentralbank jene Mitgliedstaaten mit per saldo negativen Beiträgen zum gemeinsamen *Compte d'Opérations* stärker von einer Reduzierung der maximalen Refinanzierungsmöglichkeiten bei der BEAC betroffen sind (statt minus 10 Prozent für die übrigen Staaten, minus 20 Prozent).

112

Mit der Verschlechterung des globalen Umfeldes seit Mitte der achtziger Jahre traten die Konstruktionsmängel des franko-afrikanischen Währungssystems deutlich zutage. Wie noch in Kapitel D zu zeigen ist, erwies sich die *Built-in-Flexibility* des bestehenden Regelwerks zur Korrektur makroökonomischer Ungleichgewichte als unzureichend. Insbesondere entstanden in den Mitgliedstaaten devisenbeanspruchende strukturelle Haushaltsdefizite[92], die dank Konvertibilitätsgarantie und sonstiger finanzieller Unterstützung Frankreichs aufrechterhalten werden konnten. Die mangelnde afrikanische Haushaltsdisziplin wurde schließlich nicht durch das Regelwerk, sondern durch einen Dogmenwechsel auf französischer Regierungsebene sanktioniert[93].

In welchem Umfang die afrikanischen Zentralbanken BCEAO, BEAC und BCC zur Begleichung ihrer auswärtigen Zahlungsverpflichtungen ihr jeweiliges, auf Französische Franc lautendes *Compte d'Opérations* beim *Trésor* überzogen oder vielmehr ihrerseits Devisen auf diesem Verrechnungskonto hinterlegten, zeigt die Entwicklung entsprechender Salden seit den siebziger Jahren (Abbildungen 5a und 5b)[94]. Dabei vernachlässigt allerdings die Verwendung der in den offiziellen Jahresbilanzen der drei Zentralbanken zum Stichtag 31. Dezember ausge-

---

[92]   Während im Amsterdamer Vertragswerk - präzisiert durch den Stabilitätspakt - für die EWWU manifestiert wurde, daß die EZB keinerlei Kreditfazilitäten für öffentlich-rechtliche Körperschaften der Mitgliedstaaten bereitstellt (Art. 101), die Gemeinschaft keine Haftung für Verbindlichkeiten öffentlich-rechtlicher Körperschaften übernimmt (Art. 103) und sich die Mitgliedstaaten zur Vermeidung übermäßiger öffentlicher Defizite verpflichten (Art. 104), konnte ein solcher formalisierter Konsens für die afrikanische Franc-Zone bislang nicht bekundet werden.

[93]   Der Premierminister Balladur bekannte im Jahre 1993, daß "*plus de la moitié de notre aide aux Etats est consacrée à payer des dépenses de fonctionnement: elle évite le pire, mais elle ne prépare pas l'avenir*" [Balladur (1993)] und verkündete anschließend, daß weitere französische Finanzhilfe eine Hinwendung der Franc-Zonen-Staaten zur internationalen Finanzgemeinschaft erfordere. Dies kann als öffentliches Eingeständnis des Versagens des franko-afrikanischen Währungssystems bei der Eliminierung makroökonomischer Ungleichgewichte gedeutet werden, deren Beseitigung nunmehr faktisch dem Internationalen Währungsfonds übertragen wurde.

[94]   Die Auswertung basiert auf den Jahresberichten *La Zone Franc - Rapport Annuel* der Banque de France zwischen *1970* und *1999*. Zu diesen verfügbaren offiziellen Daten ist anzumerken, daß aus ihnen unter anderem nicht hervorgeht, inwieweit die einzelnen afrikanischen Mitgliedstaaten ihren Verpflichtungen zum "Pooling" der Devisenreserven in der Praxis nachgekommen und wie bedeutend andererseits die vielfältigen Formen französischer Finanzhilfen tatsächlich gewesen sind.

Abb. 5a   Entwicklung des Compte d'Opérations der BCC

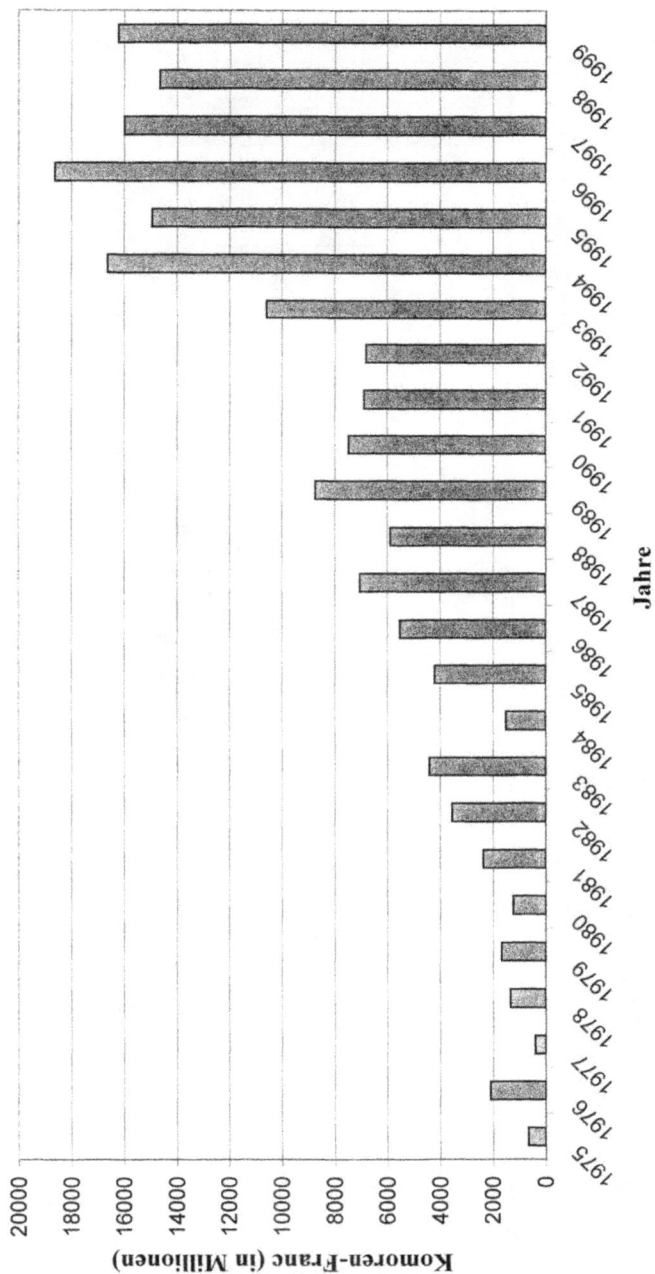

Daten: La Zone Franc - Rapport Annuel, Banque de France.

114

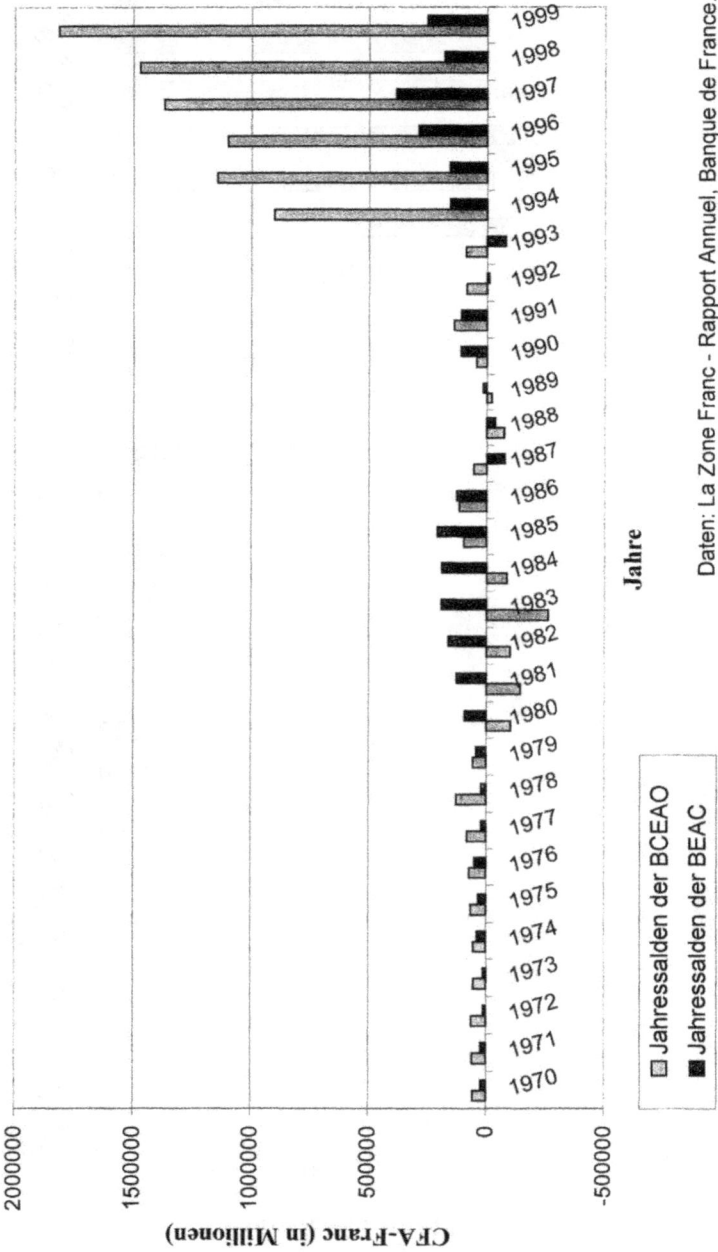

Abb. 5b Entwicklung der Comptes d'Opérations der BCEAO und BEAC

Daten: La Zone Franc - Rapport Annuel, Banque de France.

wiesenen, in CFA- bzw. Komoren-Franc umgerechneten Bilanzwerte für die *Comptes d'Opérations* die Häufigkeit der Kontobewegungen und Schwankungsbreiten innerhalb eines jeden Jahres. Des weiteren ist zu den nominalen Bilanzwerten anzumerken, daß seit der Abwertung von CFA- und Komoren-Franc im Jahre 1994 die Devisenguthaben jeweils höheren nominalen Gegenwerten in CFA- bzw. Komoren-Franc entsprechen.

Mit Blick auf die seit 1975 souveräne Islamische Bundesrepublik Komoren ist festzuhalten, daß aus den Jahresbilanzen der *Banque Centrale des Comores* bzw. des vorhergehenden *Institut d'Emission des Comores* keine aus der Konvertibilitätsgarantie für den Komoren-Franc resultierende finanzielle Belastung Frankreichs abzulesen ist. Schließlich hinterlegte die BCC zwischen 1975 und 1999 zum Stichtag stets mehr Devisen auf ihrem *Compte d'Opérations* beim französischen *Trésor* als sie ihrerseits Französische Franc bezog.

Hingegen führte im Falle der west- und zentralafrikanischen Franc-Zone die Konvertibilitätsgarantie für den CFA-Franc zumindest in vereinzelten Jahren zu einer finanziellen Belastung für das französische Schatzamt. In den siebziger Jahren wiesen die Jahresbilanzen der afrikanischen Zentralbanken BCEAO und BEAC (bzw. anfangs BCEAEC, von 1970 bis 1972) noch stets positive Salden beim *Trésor* aus. Für die erste Hälfte der achtziger Jahre galt dies auch weiterhin für die zentralafrikanische BEAC, während das *Compte d'Opérations* der westafrikanischen BCEAO zwischen 1980 und 1984 anhaltend negative Salden verzeichnete. Daß die BCEAO angesichts einer anhaltenden Erschöpfung der eigenen Devisenreserven über einen kaum mehr als temporär zu bezeichnenden Zeitraum von fünf aufeinanderfolgenden Jahren Französische Franc gegen Hingabe selbst kreierbarer CFA-Franc vom französischen Schatzamt bezog, offenbarte Mängel hinsichtlich des in den franko-afrikanischen Währungsvereinbarungen verankerten Regelwerks bzw. bei dessen konkreter Anwendung. Insbesondere ist festzustellen, daß vom Verwaltungsrat der BCEAO nicht energisch adäquate Gegenmaßnahmen zur Regenerierung der eigenen Devisenreserven eingeleitet wurden, wie es die Zentralbankstatuten im Falle des Erreichens bzw. Unterschreitens einer 20prozentigen Relation zwischen durchschnittlichen Auslandsguthaben und sofort fälligen Verbindlichkeiten vorsehen. Die Persistenz negativer Salden auf dem Verrechnungskonto der BCEAO wurde dadurch begünstigt, daß die Konvertibilitätsgarantie für beide CFA-Franc und den Komoren-Franc insgesamt zu keiner nennenswerten finanziellen Belastung des französischen Schatzamtes führte. So entsprachen aus Sicht des *Trésor* per saldo die in Französischen Franc bewerteten Devisenhinterlegungen der BEAC und BCC annähernd den für die BCEAO bereitgestellten Beträgen an Französischen Franc. Allerdings ist eine derartige Kompensation zwischen den Subzonen gemäß den drei separaten franko-afrikanischen Währungsvereinbarungen zu Recht nicht vorgesehen. Eine inoffizielle Duldung mindert die Anstrengungen einer Zentralbank zur Regenerierung ihrer eigenen Devisenreserven, denn schließlich beinhaltet diese diffizile Aufgabe die Reduzierung der inländischen Kreditvergabe, was in der Regel Konflikte zwischen der Zentralbank und den einzelnen Mitgliedstaaten provoziert.

Angesichts des für die gesamte afrikanische Franc-Zone schwierigen realwirtschaftlichen Umfeldes in der zweiten Hälfte der achtziger Jahre und zu Beginn der neunziger Jahre entwickelten sich die *Comptes d'Opérations* sowohl der BCEAO als nun auch der BEAC in turbulenter Weise. Bezogen auf ihre Jahresbilanzen wiesen die westafrikanische BCEAO 1988 und 1989 und die zentralafrikanische BEAC 1987, 1988, 1992 und 1993 negative Salden auf ihrem jeweiligen Verrechnungskonto beim *Trésor* aus. Erst seit der mit der Abwertung beider CFA-Franc im Jahre 1994 wiedererlangten internationalen Wettbewerbsfähigkeit der Franc-Zone und der westafrikanischen Subzone im besonderen hinterlegen beide supranationale Zentralbanken wieder nachhaltig Devisen beim französischen Schatzamt, wobei die Salden der Verrechnungskonten (in CFA-Franc ausgedrückt) allerdings angesichts des Nominaleffekts der 50prozentigen Abwertung entsprechend höher sind.

Bezogen auf die Stichtagswerte der offiziellen Jahresbilanzen von BCEAO, BEAC und BCC und den gesamten Betrachtungszeitraum von 1970 bis 1999 implizierte die französische Konvertibilitätsgarantie für CFA- und Komoren-Franc somit angesichts der Kompensationseffekte zwischen den Subzonen keine nennenswerte finanzielle Belastung für das Schatzamt. Betrachtet man des weiteren die Amplituden bei der Entwicklung der *Comptes d'Opérations*, so entsprachen die Verschuldung der BCEAO beim *Trésor* im Spitzenjahr 1983 etwa 0,1 Prozent und die maximalen Guthaben der BCEAO im Jahre 1999 rund 0,2 Prozent des französischen Bruttoinlandsproduktes in den betrachteten Jahren[95].

---

[95]   BIP gemäß *International Financial Statistics* des Internationalen Währungsfonds.

2.3 Freier Kapitalverkehr innerhalb der Franc-Zone und gemeinsame Währungsbestimmungen gegenüber Drittstaaten

Wenngleich sich angesichts der dem jeweiligen Finanzministerium eines Mitgliedstaates verbleibenden Kompetenzen bei Geld- und Kapitalbewegungen mit dem Ausland nationale Besonderheiten herausbildeten, gilt dennoch gemäß den multinationalen Währungsvereinbarungen der Grundsatz, daß Geldüberweisungen innerhalb der Franc-Zone unbeschränkt sind, sowohl in bezug auf laufende Transaktionen als auch im Hinblick auf Kapitalbewegungen[96]. Formal gesehen, gilt diese freie Transferierbarkeit jeweils nur separat zwischen Frankreich und einer einzelnen afrikanischen Subzone. De facto ergibt sich aber die freie Transferierbarkeit zwischen Mitgliedstaaten unterschiedlicher Subzonen sowohl aus der Möglichkeit der Umleitung der Geldüberweisungen über Frankreich als auch über die jeweilige Währungskooperationsvereinbarung, die alle afrikanischen Mitgliedstaaten dazu verpflichtet, ihre gesetzlichen Regelungen im monetären Bereich und Finanzsektor sowie ihre Devisenbestimmungen mit jenen Frankreichs zu harmonisieren.

Neben dem Konvergenzprozeß innerhalb der Franc-Zone[97] ist in jüngerer Zeit auch ein Schritt in Richtung formaler Liberalisierung von Transfers mit Drittstaaten eingeleitet worden. In einer konzertierten Aktion stimmten vierzehn Franc-Zonen-Staaten dem Artikel VIII der *Articles of Agreement* des Internationalen Währungsfonds zu, wodurch sich die Regierungen von Äquatorialguinea, Benin, Burkina Faso, der Elfenbeinküste, Gabun, Kamerun, der Komoren, der Republik Kongo, Mali, Niger, Senegal, Togo, Tschad und der Zentralafrikani-

---

[96] Banque de France (1997), S.6; Ntang (1995), S.270.

[97] Bezugnehmend auf den Harmonisierungsgrad zu Beginn der neunziger Jahre bekräftigt eine Studie zur zentralafrikanischen Franc-Zone, daß Devisentransaktionen und Zahlungen im Kapitalverkehr innerhalb dieser Zone und mit anderen Mitgliedstaaten der Franc-Zone im allgemeinen unbeschränkt sind und existierende Vorschriften sich ähneln. Hingegen bedürfen im Kapitalverkehr mit weiteren Drittstaaten aus einem Franc-Zonen-Staat hinausgehende Transfers in der Regel einer Billigung des nationalen Finanzministeriums, während umgekehrt in das entsprechende Land gerichtete Transfers lediglich deklariert werden müssen. Unter den teilweise bedeutsamen Restriktionen für den Vermögensbesitz ist hervorzuheben, daß Gebietsansässigen der Franc-Zone das Führen von Fremdwährungskonten untersagt ist [International Monetary Fund (1994), S.3f].

118

schen Republik mit Wirkung zum 1. Juni 1996 gegenüber der Weltgemeinschaft unter anderem gemäß Paragraph 2 und 3 dazu verpflichtet haben, Zahlungen und Transfers für laufende internationale Transaktionen keinen Restriktionen zu unterwerfen und des weiteren von diskriminierenden oder multiplen Wechselkurspraktiken Abstand zu nehmen[98].

In diesen Punkten wurde lediglich ein de facto schon bestehender Zustand im Zuge der mit der Abwertung des Jahres 1994 intensivierten Beziehungen zwischen der afrikanischen Franc-Zone und dem Internationalen Währungsfonds juristisch untermauert. Frankreich seinerseits akzeptierte bereits mit Wirkung ab dem 15. Februar 1961 die aus Artikel VIII resultierenden Verpflichtungen, welche wiederum indirekt - infolge des Grundsatzes gemeinsamer Währungsbestimmungen der Franc-Zonen-Staaten - auf die afrikanischen Mitgliedsländer zurückwirkten[99].

Im Hinblick auf die Finanzbeziehungen mit Drittstaaten außerhalb der Franc-Zone profitieren auch die afrikanischen Mitgliedsländer von der mit der Schaffung des Europäischen Binnenmarktes 1992 einhergehenden Liberalisierung der europäischen Kapitalmärkte sowie der Einführung des Euro 1999. Die mit der Markterweiterung und zunehmenden Markttransparenz verbundene Erhöhung der Alternativen bei Kapitalanlage und Kapitalbeschaffung kann über den grundsätzlich freien Zugang nach Frankreich auch von Wirtschaftssubjekten innerhalb der afrikanischen Franc-Zone genutzt werden.

Eine bedeutsame Einschränkung der Konvertibilität des CFA-Franc (XAF und XOF) erfolgte mit Wirkung zum 02. August 1993[100]. Seitdem verweigern die beiden Zentralbanken BCEAO und BEAC den Rückkauf der von ihnen emit-

---

[98]   International Monetary Fund (1996c), S.240; International Monetary Fund (1996a,b).
Eine entsprechende Verpflichtung ging auch Guinea-Bissau mit Wirkung zum 1. Januar 1997 ein, bevor das Land am 17. April des gleichen Jahres der Franc-Zone beitrat [International Monetary Fund (1997e)].

[99]   Der Artikel VIII der *Articles of Agreement* des Internationalen Währungsfonds wurde, abgesehen von den 15 Ländern der Franc-Zone, von 22 weiteren der insgesamt 53 afrikanischen Staaten akzeptiert (Stand: 10. Dezember 1998; *International Financial Statistics*). Allerdings implizierten die größtenteils erst Mitte der neunziger Jahre eingegangenen Verpflichtungen im Falle dieser Nicht-Franc-Zonen-Länder auch tatsächliche Neuerungen im Währungsbereich.

[100]   Communiqué du Conseil des Ministres de l'UMOA, 1. August 1993; Communiqué de la BEAC, 1. August 1993.

tierten und aus dem Territorium der afrikanischen Staaten der Franc-Zone aus-
geführten Banknoten. In beiden amtlichen Mitteilungen wird explizit darauf
verwiesen, daß mit dieser Maßnahme allerdings nicht die fundamentalen Grundsätze der unbegrenzten Konvertibilität zwischen CFA-Franc und Französischen
Franc sowie der freien Kapitalbewegungen innerhalb der Franc-Zone in Frage
gestellt werden sollen. Die beschlossene Maßnahme ziele lediglich auf die Beschränkung des physischen Transports von Banknoten in Drittstaaten ab. Die
Zentralbanken fordern die Wirtschaftssubjekte nachdrücklich dazu auf, ihre
Transfers mit Staaten außerhalb der afrikanischen Franc-Zone über das Bankensystem abzuwickeln und die hierfür geltenden Regelungen zu beachten[101].

Die Beschlüsse der afrikanischen Zentralbanken bedeuten in der Tat, daß Besit-
zern von CFA-Franc-Bargeldbeständen nicht mehr die zuvor praktizierte Trans-
fermöglichkeit offensteht, Banknoten (XAF bzw. XOF) "per Koffer" nach
Frankreich zu transportieren und dort bei einem Kreditinstitut Französische
Franc einzutauschen. Infolge der Weigerung von BEAC und BCEAO, ihre außerhalb der afrikanischen Franc-Zone befindlichen CFA-Franc-Banknoten zu-
rückzukaufen, nehmen exterritoriale Kreditinstitute keine entsprechenden CFA-
Franc-Banknoten mehr von ihrer Kundschaft an, da diese Bargeldbestände nicht
mehr (via *Banque de France*) an die afrikanischen Zentralbanken zurückgeleitet
werden können, und überdies CFA-Franc nicht an offiziellen Sortenmärkten gehandelt werden.

Die Einschränkung der Konvertibilität beider CFA-Franc (XAF und XOF) erfolgte primär als Reaktion auf die zunehmenden Kapitalabflüsse aus der afrikanischen Franc-Zone, wodurch den ansässigen Geschäftsbanken Liquidität entzogen wurde und die Devisenguthaben der afrikanischen Zentralbanken zunehmend sanken. Im Falle der westafrikanischen Franc-Zone entsprach die Summe
der von der BCEAO bei der *Banque de France* zurückgekauften Banknoten
(XOF) in den ersten sechs Monaten des Jahres 1993 tendenziell der Hälfte des
Bargeldumlaufs, wohingegen die Quote im Jahre 1992 erst bei 28 Prozent lag[102].
Maßgeblich für die zu jener Zeit eskalierenden Kapitalabflüsse aus der afrikani-

---

[101] Diese Regelungen betreffen die teils unterschiedliche Behandlung von Export-
und Importgeschäften, Waren und Dienstleistungen, Gebietsansässigen und Nicht-
Gebietsansässigen, Investitionen oder Anleihen [Kommission der UEMOA/Exeku-
tivsekretariat der CEMAC (2000d)].
[102] Banque de France: *La Zone Franc - Rapport Annuel 1993*, S.73f.

120

schen Franc-Zone waren die im Hinblick auf die sich verschlechternden ökonomischen Fundamentaldaten zunehmenden Abwertungsbefürchtungen[103].

Mit der auch nach der Abwertung Anfang 1994 fortbestehenden Rücknahmeverweigerung für außerhalb der afrikanischen Franc-Zone befindliche Banknoten zielen die beiden Zentralbanken nunmehr vor allem auf die Bekämpfung illegaler Geschäfte und die Eindämmung der Zirkulation von CFA-Franc-Bargeld in den Nachbarländern der Franc-Zone ab[104]. Einerseits liegt bei über die afrikanische Franc-Zone hinausgehenden Kapitaltransfers ins Ausland zumindest dann die Vermutung illegaler Basisgeschäfte nahe, wenn sich diese Transfers der Kontrolle des offiziellen Finanzsektors entziehen und statt staatlicherseits nachvollziehbarer Überweisungen anonyme Banknoten physisch tranferiert werden. Andererseits möchten die Zentralbanken die bezüglich des tatsächlich in ihrem Emissionsgebiet zirkulierenden Bargeldes bestehende Unsicherheitskomponente eliminieren, die in der Vergangenheit daraus resultierte, daß CFA-Franc-Bargeldbestände in einigen Nachbarländern zirkulierten, in denen Wirtschaftssubjekte CFA-Franc gegenüber der jeweiligen nationalen, in ihrer Konvertibilität stärker eingeschränkten Währung präferierten, nicht zuletzt, um sich mittels CFA-Franc andere gängige konvertierbare Weltwährungen zu beschaffen.

Was die Finanzbeziehungen zwischen den Subzonen anbelangt, so ist darauf zu verweisen, daß die zentralafrikanische Zentralbank BEAC seit dem 17. September 1993 - als Ergänzung zum Beschluß im August 1993 - keine Banknoten mehr annimmt, die aus ihrem Emissionsgebiet ausgeführt wurden[105]. Die westafrikanische Zentralbank BCEAO zog mit einer analogen Maßnahme sehr rasch nach. Somit sind jetzt auch die Wirtschaftssubjekte innerhalb der CFA-Franc-Zone bei Transfers zwischen der west- und zentralafrikanischen Subzone (oder vice versa) gehalten, diese Transfers über das offizielle Finanzsystem durchzuführen und die gegebenenfalls damit verbundenen Reglementierungen zu akzeptieren.

---

[103] Die abwertungsantizipierenden Kapitalabflüsse in Form von Banknoten waren allerdings weniger bedeutsam, verglichen mit kurzfristigen Kapitalbewegungen über das Bankensystem. Auf diesem Wege wurden in den ersten neun Monaten des Jahres 1993 388 Millionen FRF aus der afrikanischen Franc-Zone nach Frankreich transferiert - gegenüber lediglich 14 Millionen FRF im gleichen Zeitraum des Jahres 1992 [Richard (1995), S.690].
[104] Richard (1995), S.685f.
[105] Communiqué de la BEAC, 16. September 1993.

Diese, von der zentralafrikanischen Zentralbank initiierte Einschränkung der Konvertibilität beider CFA-Franc untereinander ist primär auf die an die BCEAO zu leistenden Kompensationszahlungen seitens der BEAC zurückzuführen, bei der sich seit Jahren weniger XAF-Banknoten in ihrem Emissionsgebiet ansammelten als umgekehrt im gleichen Zeitraum in der westafrikanischen Subzone von der BCEAO zentralafrikanische XOF-Banknoten vom Bankensektor angekauft wurden[106].

In der Praxis betrifft diese Einschränkung der Transfermöglichkeiten[107] insbesondere die aus der westafrikanischen Subzone stammenden und in der zentralafrikanischen Zone tätigen Gastarbeiter, die bei Heimfahrten ihre Ersparnisse nicht mehr in Form von Bargeld mitführen können, diese vielmehr über die Zwischenschaltung autorisierter Finanzintermediäre in das Herkunftsland transferieren müssen.

Ein entwickeltes und funktionsfähiges Finanzsystem fördert den Güteraustausch, die Allokation von Ressourcen, mobilisiert Ersparnisse, unterstützt die Risikodiversifizierung und trägt somit zum Wirtschaftswachstum bei[108]. Gemäß dem vom Internationalen Währungsfonds aufgestellten *Financial Development Index*, der nationale Finanzsysteme anhand der Indikatoren Marktstruktur, Finanzprodukte, Liberalisierung und Offenheit der Finanzmärkte, institutionelles Umfeld und geldpolitisches Instrumentarium bewertet, liegen die aktuellen Franc-Zonen-Staaten (ohne Tschad) lediglich beim afrikanischen Durchschnitt. Entsprechend der allgemeinen Fortentwicklung auf dem gesamten Kontinent wurden die nationalen Finanzsysteme der Franc-Zone bei divergierenden Indexwerten im Jahre 1987 als "minimal entwickelt" (Kongo fiel sogar ins Quartil "unentwickelt") und im Jahre 1997 als "ein wenig entwickelt" - im Falle von

---

[106] Vergleich der Aktivposten "Banknoten und Münzen der Franc-Zone" in den Bilanzen der BCEAO und BEAC aus den Jahresberichten *La Zone Franc - Rapport Annuel* der Banque de France.

[107] Infolge der Weigerung beninischer Banken - und damit mutmaßlich auch beninischer Wirtschaftssubjekte - zur Annahme von XOF-Banknoten ist beispielsweise jene traditionell von Nigerianern betriebene Handelspraktik stark beeinträchtigt, die aus Exporten in die zentralafrikanische Franc-Zone stammenden XOF-Banknoten zur Zahlung von Importen aus Benin zu verwenden [Caisse Française de Développement (1995), S.8]. Zu den unmittelbaren Auswirkungen der Konvertibilitätsbeschränkung und Abwertung beider CFA-Franc auf Transaktionen zwischen Kamerun, Nigeria und Benin in den Jahren 1993 und 1994 siehe auch Herrera (1994), S.47f.

[108] International Monetary Fund (1999a), S.3f.

122

Togo, den Komoren und der Zentralafrikanischen Republik weiterhin als "minimal entwickelt" - klassifiziert. Selbst beim kombinierten Indikator des Offenheitsgrades des Finanzsystems bzw. der Integration in die Weltkapitalmärkte fielen im Jahre 1987 allein neun Franc-Zonen-Staaten in das den afrikanischen Durchschnitt repräsentierende Quartil "minimal offen". Das Finanzsystem Kamerums wurde gar als "geschlossen" charakterisiert, während lediglich vier weitere Finanzsysteme als "ein wenig geöffnet" eingestuft wurden - darunter jenes von Guinea-Bissau, das zu jenem Zeitpunkt noch nicht einmal zur Franc-Zone gehörte. Erst im Jahre 1997, also nach Schaffung der Binnenmärkte in Europa und der CFA-Franc-Zone, schnitten die Franc-Zonen-Staaten bezüglich Offenheit und Integration ihrer Finanzmärkte überdurchschnittlich im afrikanischen Kontext ab. Abgesehen von geringen Fortschritten in Kamerun und der Zentralafrikanischen Republik waren von den nationalen Finanzsystemen der Franc-Zone fünf entsprechend dem afrikanischen Durchschnittsquartil "ein wenig geöffnet", aber sieben bereits "in hohem Maße geöffnet".

Insgesamt kann für die Vergangenheit festgehalten werden, daß zumindest über Jahrzehnte der Grundsatz des freien Kapitalverkehrs innerhalb der Franc-Zone im weitesten Sinne offensichtlich nicht die Entwicklung funktionsfähiger und integrierter Finanzsysteme fördern konnte und entsprechende Fortschritte erst in jüngster Zeit erzielt wurden[109].

2.4   Gemeinsame Devisenreserven

Im Gegenzug zu der von Frankreich garantierten Konvertierbarkeit ihrer Währungen in Französische Franc sind die afrikanischen Zentralbanken BCEAO, BEAC und BCC grundsätzlich verpflichtet, ihre Devisenreserven beim französischen Schatzamt (*Trésor*) zu hinterlegen. Die Verträge zur Währungskooperation definieren explizit, welche Fremdwährungsposten von den in Paris zu deponierenden Devisenreserven ausgenommen sind. Zu den nicht anzurechnenden Devisenreserven zählen die notwendigen Summen für den laufenden Finanzbedarf sowie die Transaktionen mit dem Internationalen Währungsfonds. Für die afrikanischen Zentralbanken ist darüber hinaus weiterer Handlungsspielraum eingeräumt worden, wonach die BCEAO, BEAC und BCC bis zu 35 Prozent ihrer gesamten Netto-Auslandsguthaben außerhalb des französischen Schatz-

---

[109]   Zu Ausgestaltung, Schwierigkeiten und Reformansätzen des Zahlungsverkehrs innerhalb der zentralafrikanischen Franc-Zone siehe Ossie (1995), S.145f.

amtes deponieren dürfen, unter Ausschluß der Sonderziehungsrechte beim Internationalen Währungsfonds.

Für jede der drei Zentralbanken – die westafrikanische *Banque Centrale des Etats de l'Afrique de l'Ouest* (BCEAO), die zentralafrikanische *Banque des Etats de l'Afrique Centrale* (BEAC) sowie die komorische *Banque Centrale des Comores* (BCC) – ist in den Büchern des französischen Schatzamtes ein gesondertes, auf Französische Franc (seit 1.1.1999 faktisch Euro) lautendes *Compte d'Opérations* eingerichtet[110] (vgl. Abschnitt 2.2). Dieses Verrechnungskonto einer afrikanischen Zentralbank kann, je nach Relation zwischen hinterlegten, in Französischen Franc bewerteten Devisen und im Rahmen der Konvertibilitätsgarantie gegen CFA-bzw. Komoren-Franc bezogener Französischer Franc, entweder mit positivem oder negativem Saldo schließen, wodurch für die betrachtete Zentralbank Einkünfte aus Zinsen oder entsprechende Zinszahlungen resultieren.

Weist das *Compte d'Opérations* einer afrikanischen Zentralbank einen Positivsaldo auf, wird für den sich im Verlauf eines Quartals ergebenden durchschnittlichen Habensaldo ein Zinssatz zugrundegelegt, der dem arithmetischen Mittel der Interventionssätze der französischen Zentralbank für öffentliche Wertpapiere mit kürzester Laufzeit während des betrachteten Quartals entspricht. Wenn das Verrechnungskonto hingegen einen Negativsaldo aufweist, ist die betroffene Zentralbank zu Zinszahlungen gemäß einem vertraglich fixierten Schema verpflichtet. In Abhängigkeit von der Höhe des Negativsaldos beträgt der Zinssatz bei Fehlbeträgen zwischen 0 und 5 Millionen FRF ein Prozent, innerhalb der Spanne von 5 bis 10 Millionen FRF zwei Prozent und bei einem negativen Saldo von über 10 Millionen FF entspricht der Soll- dem jeweils aktuellen Habenzinssatz.

Betrachtet man einen positiven Saldo eines entsprechenden Verrechnungskontos, so entstehen durch die Verpflichtung der afrikanischen Zentralbanken BCEAO, BEAC und BCC zur Hinterlegung von Devisenreserven beim französischen Schatzamt (*Trésor*) und der hiermit verbundenen Einschränkung alternativer Anlageformen in anderen Reservewährungen gegebenenfalls nicht nur Opportunitätskosten bei der Verzinsung, sondern auch bei der Wertentwicklung des

---

[110] Convention de Compte d'Opérations (BCEAO), Dakar, 4. Dezember 1973;
Convention de Compte d'Opérations (BEAC), Libreville, 13. März 1973;
Avenant à la Convention de Compte d'Opérations Libreville, 12. April 1975;
Convention de Compte d'Opérations (BCC), Paris und Moroni, 23.November, 1979.

auf Französische Franc lautenden Devisenguthabens in Relation zu dessen hypothetischer Anlage in anderen Reservewährungen. Ausschlaggebend ist die Entwicklung des Französischen Franc gegenüber den anderen Reservewährungen der Welt. Dieser Problematik Rechnung tragend sehen die Verträge zur franko-afrikanischen Währungskooperation zumindest formal vor, daß „im Rahmen des Möglichen" und auf Initiative der französischen Regierung jede Änderung der Parität zwischen dem Französischen Franc und ausländischen Währungen Gegenstand einer Beratung zwischen Frankreich und den Mitgliedstaaten wird.

Gewichtiger ist die von west- und zentralafrikanischer Seite durchgesetzte und seit 1975 geltende bzw. 1980 präzisierte Regelung, der zufolge die positiven Salden der *Comptes d'Opérations* von einer Wechselkursgarantie gegenüber den als Referenzgröße dienenden Sonderziehungsrechten (SZR) des Internationalen Währungsfonds profitieren[111]. Solange das internationale Währungssystem nicht zu einem allgemeinen System fester Paritäten zurückkehrt, wird auf der Basis des werktäglich vom IMF ermittelten SZR/FRF-Wechselkurses ein Ausgleichsverfahren angewendet, daß mögliche Opportunitätskosten der obligatorischen Devisenhaltung in Französischen Franc im Vergleich zu einer hypothetischen Anlage in SZR eliminieren soll. Durch Schwankungen zwischen SZR und FRF verursachte Wertverluste oder -gewinne (V_n) für die Devisenguthaben der BCEAO, BEAC und BCC beim französischen Schatzamt werden werktäglich gemäß folgender Formel ermittelt:

$$V_n = SCO_o (1 - WK_o/WK_n)$$

Dabei wird der zuletzt notierte, präsumtiv positive Saldo des Verrechnungskontos (SCO_o) einer afrikanischen Zentralbank mit einem Term multipliziert, der die Relation zwischen dem zuletzt notierten vortäglichen (WK_o) und dem aktuellen SZR/FRF-Wechselkurs (WK_n) beinhaltet. Der jeden Werktag neu ermittelte Wertverlust oder -gewinn (V_n) wird in einer Rechentabelle festgehalten und zu den kumulierten Werten der vorhergehenden Tage hinzugefügt.

---

[111] In Ergänzung zu den Abkommen über die *Comptes d'Opérations* sind die Briefwechsel zwischen dem französischen Wirtschafts- und Finanzministerium und dem Ministerrat der UMOA bzw. dem Verwaltungsrat der BEAC aus den Jahren 1975 und - zur Klärung divergierender Regelinterpretationen - 1980 maßgeblich. Eine ähnliche Regel wurde durch einen Briefwechsel zwischen dem französischen und komorischen Finanzministerium im Jahre 1987 präzisiert (Dokumentation der Banque de France).

Am 31. Dezember eines jeden Jahres wird der kumulierte Endwert, sofern er einen Wertverlust darstellt, in gleicher Höhe auf das *Compte d'Opérations* der betreffenden Zentralbank überwiesen und entsprechend in der Rechentabelle gestrichen. Repräsentiert hingegen der kumulierte Wert am Jahresende einen Gewinn für die betreffende afrikanische Zentralbank, verbleibt dieser Wert in der Rechentabelle und bildet den Ausgangspunkt für die werktäglichen Berechnungen des kommenden Jahres.

Neben möglichen Wertverlusten im Vergleich zur alternativen Anlage in anderen Reservewährungen impliziert die obligatorische Denominierung von mindestens 65 Prozent der Devisenguthaben in Französischen Franc für die afrikanischen Staaten weitere Kosten, die in Anbetracht des üblichen Spreads zwischen An- und Verkaufspreis bei Umtauschtransaktionen von Teilen dieser Devisenguthaben in andere Weltwährungen (und vice versa) entstehen[112]. Diese Kosten nahmen in der Vergangenheit aufgrund des sinkenden relativen Gewichtes des Außenhandels zwischen der afrikanischen Franc-Zone und Frankreich sowie mit dem damit steigenden Zahlungsbedarf in Fremdwährungen tendenziell zu.

Die Höhe der Kosten für den Umtausch der beim französischen Schatzamt sich befindlichen Devisenreserven in Fremdwährungen sinkt allerdings mit dem Ausklang der Epoche des Französischen Franc und der erforderlichen Umstellung der *Comptes d'Opérations* auf Euro. Nunmehr werden mindestens 65 Prozent der Devisenreserven der west- und zentralafrikanischen Zentralbank in Euro gehalten, der Währung jener Region, mit der aus Sicht der afrikanischen Franc-Zone ohnehin annähernd die Hälfte des Außenhandels abgewickelt wird. Auf längere Sicht könnte auch die zunehmende Verwendung des Euro an den internationalen Finanzmärkten sowie als Fakturierungswährung für Rohstoffe den Umfang der bislang in US-Dollar abgewickelten Transaktionen der Franc-Zonen-Staaten senken, wodurch entsprechende kostenträchtige Umtauschoperationen vermindert würden.

Den mit dem "Pooling" von Devisenreserven verbundenen Opportunitätskosten sind potentielle, für die einzelnen Mitgliedstaaten erzielbare Gewinne in Form von Deviseneinsparungen gegenüberzustellen. Unter der Annahme, daß das für jedes Land bestehende Risiko einer abnormal starken Beanspruchung der Devisenreserven bei einer Verteilung auf mehrere Staaten entsprechend niedriger wird, kann gemäß dem ökonomischen Prinzip entweder die notwendige Gesamt-

---

[112] Allechi/Niamkey (1994), S.1147f.

126

summe an Devisenreserven reduziert werden, oder das einzelne Mitgliedsland von einem höheren Grad an "Versicherungsschutz" profitieren[113].

Frankreich konnte in der Vergangenheit von der - im Gegenzug zu der gewährten Konvertibilitätsgarantie für CFA- und Komoren-Franc - den Franc-Zonen-Staaten auferlegten Verpflichtung zur Devisenhinterlegung in Paris insofern profitieren, als die afrikanischen Partnerländer dem ehemaligen Mutterland für dessen Zahlungsverkehr mit der restlichen Welt notwendige ausländische Währungen zur Verfügung stellten, wohingegen Frankreich diese Beträge in Französischen Franc, d.h. in einer im Gegensatz zu Devisen selbst kreierbaren Währung, auf den entsprechenden *Comptes d'Opérations* gutschrieb. Angesichts der Entwicklung der Devisenguthaben auf den Verrechnungskonten der BCEAO, BEAC und BCC beim französischen Trésor auch nach der "Afrikanisierung" des Währungssystems der Franc-Zone in den siebziger Jahren kann festgehalten werden (vgl. Abbildungen 5a und 5b), daß die afrikanischen Zentralbanken trotz des temporären Überziehens ihrer *Comptes d'Opérations* per saldo in größerem Umfang Devisen in Paris hinterlegten[114].

---

[113]   Eine entsprechende Kosten-Nutzen-Analyse von Allechi/Niamkey (1994) zum "Pooling" von Devisenreserven in der CFA-Franc-Zone gelangt für die untersuchte Periode von 1975 bis 1988 - in der die *Comptes d'Opérations* der BCEAO und BEAC allerdings teilweise negative Salden auswiesen - zu dem Ergebnis, daß im Vergleich zu einer länderspezifischen Verwaltung der Devisenreserven beim "Pooling" den hiervon netto profitierenden Mitgliedstaaten insgesamt mehr "Verlierer" gegenüberstanden. Vor allem Länder mit einem hohen positiven Beitrag zum gemeinschaftlichen *Compte d'Opérations* sowie mit umfangreichen Handelsbeziehungen außerhalb der Franc-Zone zählten demnach in Anbetracht der damit verbundenen Opportunitätskosten zur Gruppe der Netto-"Verlierer" bei der bestehenden "Pooling"-Regel.

[114]   Allerdings war die Rolle afrikanischer Zentralbanken als Devisenlieferant Frankreichs in jener Zeit quantitativ eher bescheiden. So entsprachen die positiven Salden aller *Comptes d'Opérations* im Spitzenjahr 1969 immerhin 8,9 Prozent, aber in der zweiten Hälfte der siebziger Jahre nur zwischen 0,1 und 1,6 Prozent der gesamten französischen Auslandsguthaben, während in den achtziger Jahren die Bedeutung afrikanischer Devisenhinterlegungen in Paris angesichts temporär negativer Salden der Verrechnungskonten der BCEAO oder BEAC weiter abnahm [Vallée (1989), S.19].

C Ökonomische Entwicklung der CFA-Franc-Zone im Vergleich zu anderen Entwicklungsländern

Bevor im folgenden Kapitel detaillierter die ökonomische Entwicklung der CFA-Franc-Zone in den letzten Jahrzehnten analysiert wird, soll zunächst in Kapital C die Entwicklung ausgewählter Indikatoren der CFA-Franc-Zone insgesamt sowie in der west- und zentralafrikanischen Subzone und in anderen Entwicklungsländern miteinander verglichen werden. Eine aus geographischen und kulturellen Gründen naheliegende Referenzgruppe stellen dabei weitere afrikanische Länder südlich der Sahara (*Sub-Saharan African Countries* / SSA-Staaten) dar, welche gleichfalls auf willkürliche europäische Grenzziehungen zurückgehen. Diese subsaharischen Länder korrespondieren auch unter ökonomischen Gesichtspunkten hinsichtlich ihrer natürlichen Ressourcenausstattung und Wirtschaftsstrukturen relativ gut mit den Mitgliedstaaten der CFA-Franc-Zone, zumal mit Ghana, Nigeria, der Demokratischen Republik Kongo (Zaire) gewichtige Nachbarländer berücksichtigt werden können.

Als weitere Referenzgruppe bieten sich gemäß dem Kriterium eines in der Basisperiode vergleichbaren Pro-Kopf-Einkommens außerdem Entwicklungsländer der Kategorie der *Low Income Developing Countries* (LIDC) an, wobei diese nordafrikanischen, lateinamerikanischen und asiatischen Staaten allerdings wegen unterschiedlicher kultureller und ökonomischer Gegebenheiten eine sehr heterogene Ländergruppe darstellen.

Angesichts der potentiellen Auswirkungen des Währungssystems auf die ökonomische Entwicklung eines Landes beginnt Kapitel C mit einem kurzen Überblick über die Wandlungen der auf dem afrikanischen Kontinent vorherrschenden Währungssysteme. Anschließend werden die Durchschnittswerte ausgewählter ökonomischer und politischer Indikatoren verschiedener Ländergruppen gegenübergestellt, bevor schließlich darzulegen ist, ob die Mitgliedschaft in der CFA-Franc-Zone bei sich möglicherweise ergebenden Unterschieden einen signifikanten Einfluß auf die Indikatoren ausgeübt hat.

In diesem Zusammenhang ist einschränkend anzumerken, daß Statistiken und empirische Ergebnisse unter Zugrundelegung von Daten sogenannter Entwicklungsländer mit besonderer Vorsicht zu interpretieren sind. Ursächlich hierfür sind zunächst Probleme bei der Datenerhebung, da nicht nur politische Instabilitäten - wie beispielsweise Bürgerkriege - die Datenqualität beeinträchtigen, sondern sich vor allem auch der bedeutsame informelle Sektor einer exakten statistischen Erfassung entzieht. So sind auch die Außenhandelsdaten nur be-

128

dingt aussagekräftig bzw. beruhen auf Schätzungen, wenn ein beachtlicher Teil des grenzüberschreitenden Güteraustausches illegal stattfindet, sei es nun um tarifäre und nicht-tarifäre Handelshemmnisse zu umgehen oder die teils durch staatliche Interventionen und Reglementierungen hervorgerufenen Differenzen zwischen nationalen Preisen zu Arbitragegeschäften auszunutzen.

Hinsichtlich der Vergleichbarkeit der in verschiedenen Staaten erhobenen Daten ist anzumerken, daß eine Gegenüberstellung selbst zwischen den Mitgliedstaaten der CFA-Franc-Zone problematisch ist, denn trotz gemeinsamer französischer Kolonialherrschaft förderte die nach der Unabhängigkeit im Jahre 1960 neu gewonnene nationale Souveränität die Entstehung länderspezifischer Systeme der Datenerfassung und -auswertung. Erst die Unterzeichnung des Vertrages zur Schaffung von AFRISTAT im Jahre 1993 markierte wieder einen Schritt in Richtung Harmonisierung statistischer Methoden innerhalb der afrikanischen Franc-Zone.

Um eine praktikable Vergleichbarkeit mit anderen Entwicklungsländern zu gewährleisten, wird im folgenden primär auf Datenbanken und Studien der Vereinten Nationen bzw. des Internationalen Währungsfonds zurückgegriffen.

1.   Divergierende Entwicklung afrikanischer Währungssysteme

Wenngleich unter den vielfältigen Determinanten für eine prosperierende Volkswirtschaft die Ausgestaltung der Währungsordnung lediglich *eine* Größe darstellt, so spiegelt sich zumindest deren besonderer Stellenwert im Rahmen der staatlichen Aufgaben beispielsweise in der Eucken'schen Wettbewerbsordnung wider, welche das Primat der Währungspolitik im Kontext der übrigen konstituierenden Prinzipien[115] postuliert. Gleichwohl darf unter den staatlichen Beiträgen für eine wachsende Volkswirtschaft neben der Schaffung eines adäquaten ordnungspolitischen Rahmens für marktwirtschaftliches Handeln auch nicht die konkrete Ausgestaltung der allgemeinen Wirtschaftspolitik unterschätzt werden.

In der Periode, beginnend mit der Schaffung des CFA-Franc bis hin zum endgültigen Zusammenbruch des Bretton-Woods-Systems, lassen sich divergierende makroökonomische Leistungsindikatoren verschiedener Entwicklungsländer kaum auf wechselkurssystemimmanente Unterschiede zurückführen. Vielmehr sind eine Vielzahl von Faktoren wie Ausmaß und Qualität der seitens der Kolo-

---

[115]   Eucken (1990), S.254f.

nialmacht in der Vergangenheit getätigten Investitionen und hinterlassenen Wirtschaftsstrukturen sowie die Realisierung unterschiedlicher wirtschaftspolitischer Dogmen der zwischenzeitlich souverän gewordenen Staaten relevant.

Betrachtet man die monetären Arrangements auf dem afrikanischen Kontinent nach dem Zweiten Weltkrieg, so bestanden neben der Franc-Zone weitere Festkurssysteme der übrigen europäischen Kolonialmächte in Form der Sterling-, Escudo- und Peseta-Zone sowie der belgischen Währungszone[116]. Darüber hinaus wirkte die herrschende relative Wechselkursstabilität zwischen den europäischen Nationen auf die abhängigen afrikanischen Territorien zurück. So wiesen der Französische und Belgische Franc, das Britische Pfund, der Portugiesische Escudo und die Spanische Peseta im Rahmen des Bretton-Woods-Systems feste nominale Wechselkurse zueinander auf, wobei allerdings die tolerierte schmale Bandbreite zulässiger Wechselkursschwankungen, sporadische Paritätsveränderungen sowie die zeitweise beschränkte Konvertibilität bestimmter Währungen als Einschränkung der grundsätzlich bestehenden europäisch-afrikanischen Kohäsion im monetären Bereich zu berücksichtigen waren.

Auf der Basis des als Leitwährung des Bretton-Woods-Systems und Fakturierungswährung für Rohstoffe bedeutsamen US-Dollar veranschaulichen die nominalen Wechselkursentwicklungen der Währungen (ehemaliger) europäischer Kolonialmächte in Afrika (Abbildung 6a und 6b) die verhältnismäßige Konstanz im internationalen Währungsgefüge zwischen 1950 und 1971. Auffällig sind allerdings die jeweiligen deutlichen nominalen Wertverluste der Spanischen Peseta und des Französischen Franc gegen Ende der fünfziger und nochmals Ende der sechziger Jahre. Die Abwertungen der französischen Währung sind zum einen auf die infolge der Kosten des Algerienkrieges im Weltmaßstab höhere Inflation sowie zum anderen auf die politischen Unruhen des Jahres 1968 zurückzuführen[117]. Wenngleich beide Ereignisse die CFA-Franc-Zone nur indirekt tangierten, blieb die Parität zwischen Französischem Franc und CFA-Franc jeweils unverändert. In beiden Phasen verbesserte sich tendenziell die Wettbewerbsposition der afrikanischen Franc-Zone gegenüber den in die britische, belgische und portugiesische Währungszone eingebundenen Territorien bzw. Staaten des Kontinents.

---

[116] Grundlegende Kennzeichen dieser kolonialen Währungszonen waren der feste Wechselkurs zwischen der Leitwährung und den Währungen der Überseeterritorien, die interne Konvertibilität dieser Währungen, gemeinsame Devisenvorschriften gegenüber Drittstaaten sowie die Verwaltung der Währungsreserven durch die jeweilige europäische Metropole [Géradin (1994), S.17f].

[117] Neurrisse (1987), S.108f.

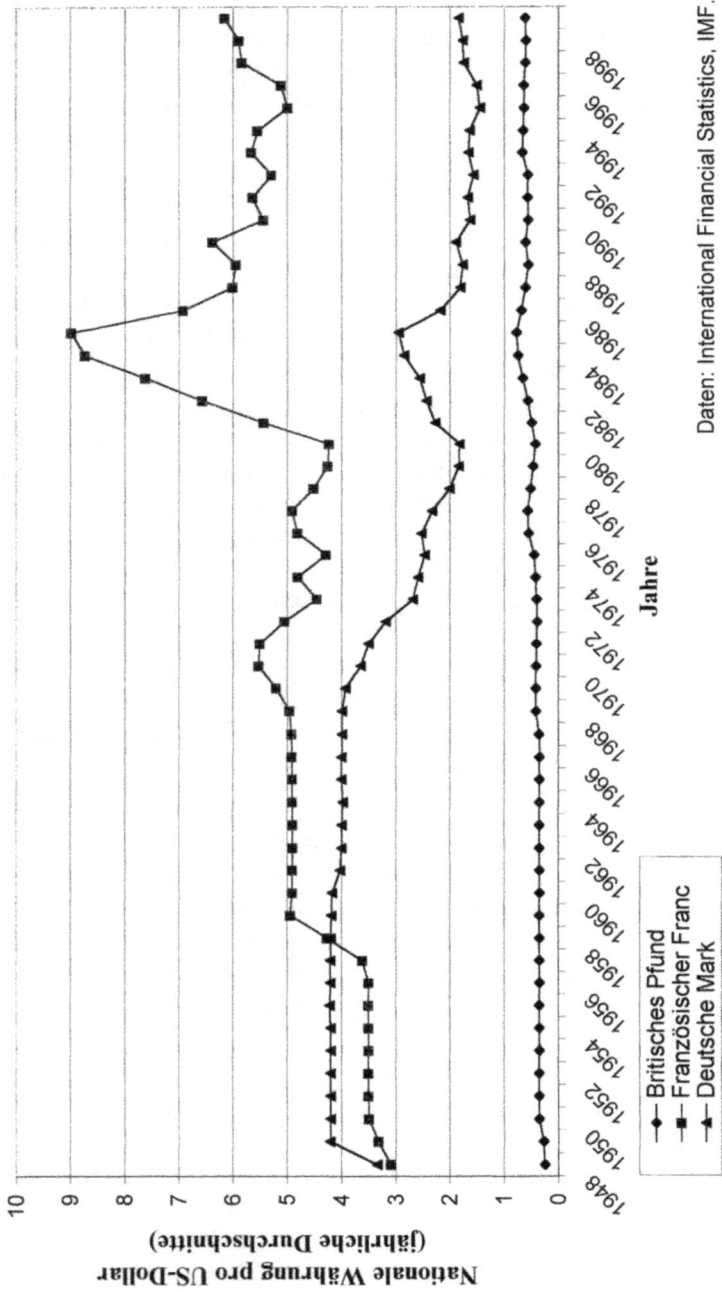

Abb. 6a   Entwicklung nominaler Wechselkurse der Währungen europäischer Staaten gegenüber dem US-Dollar   (Teil 1)

Daten: International Financial Statistics, IMF.

Abb. 6b Entwicklung nominaler Wechselkurse der Währungen europäischer Staaten
gegenüber dem US-Dollar   (Teil 2)

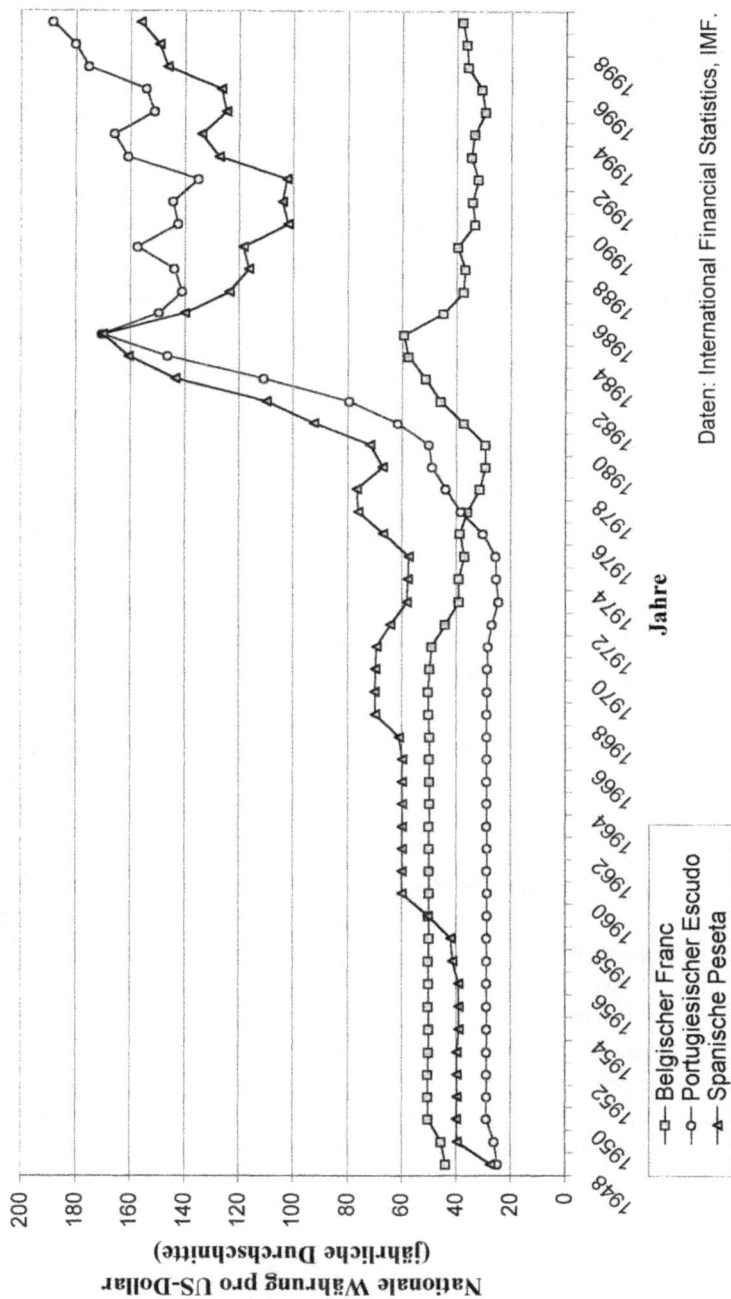

Daten: International Financial Statistics, IMF.

Für die Länder Afrikas nahm die Bedeutung der historisch determinierten Leitwährung mit dem Zusammenbruch des Bretton-Woods-Systems stark zu, als die Wechselkurse der Währungen der ehemaligen europäischen Kolonialmächte in bislang unbekanntem Ausmaß - besonders in den achtziger Jahren - untereinander und gegenüber dem US-Dollar zu schwanken begannen.

Eine weitere, den indirekten monetären Verbund Afrikas untergrabende Entwicklung war der Auflösungsprozeß europäisch-afrikanischer Festkurszonen[118]. Es bildeten sich in Afrika - dem Trend in anderen Entwicklungsländern folgend - allmählich divergierende Wechselkurssysteme, die von Systemen der Devisenbewirtschaftung, Wechselkursfixierungen in bezug auf eine Leitwährung oder einen Währungskorb, bis hin zu Systemen des kontrollierten oder unabhängigen Floatings reichten[119].

Betrachtet man stichprobenartig die seit den siebziger Jahren in Afrika vorherrschenden Wechselkurssysteme, so läßt sich eine langsam einsetzende, aber anhaltende Entwicklung zu eher flexiblen Arrangements konstatieren. Die Franc-Zone, welche im Zeitablauf durchweg gut ein Viertel aller afrikanischen Staaten umfaßte, blieb von diesen Umwälzungen unberührt.

Ende Oktober 1978 wählten nach einer Einteilung des Internationalen Währungsfonds 44 afrikanische Staaten für ihre Währung einen nominalen Anker, sei es nun in Form des US-Dollar (10), des britischen Pfund (3), des Französischen Franc (14, darunter noch Madagaskar), der spanischen Peseta (Äquatorialguinea), des südafrikanischen Rand (2), eines spezifischen Währungskorbes

---

[118] Die belgisch-kongolesische Währungszone zerfiel schon im Jahre 1960, als die ehemalige Kolonie mit der politischen Unabhängigkeit auch die Autonomie im monetären Bereich reklamierte. Auch in Guinea-Bissau sowie Angola, Kap Verde, Mosambik und Sao Tomé e Príncipe führte die in den Jahren 1974 bzw. 1975 erlangte politische Souveränität zur Schaffung nationaler Währungen und Zentralbanken, womit die lusophone Escudo-Zone zusammenbrach. Die relativ unbedeutende afrikanische Peseta-Zone löste sich endgültig mit dem Rückzug Spaniens aus der Westsahara im Jahre 1975 auf, nachdem Äquatorialguinea bereits mit der Unabhängigkeit von 1968 ausgetreten war. Ebenso bildeten sich mit der politischen Souveränität der ehemaligen britischen Überseeterritorien in Afrika nationale Währungen und Zentralbanken, so daß auch die Sterling-Zone schließlich im Jahre 1977 offiziell aufgelöst wurde [Géradin (1994), S.38f].

[119] Feldsieper (1983), 148f.

133

(4) oder der Sonderziehungsrechte des IMF (10)[120]. Hingegen umfaßte die verbliebene, zu jener Zeit bestehende Kategorie "Sonstige Wechselkurssysteme" mit Ghana und Nigeria lediglich zwei, aber aufgrund ihres ökonomischen Potentials sowie der unmittelbaren Nachbarschaft zur Franc-Zone bedeutende afrikanische Staaten.

Zum Jahresende 1984 wurden 42 afrikanische Staaten nach den Maßgaben des IMF in die Gruppe der Festkurssysteme eingeteilt, während die Wechselkurssysteme der übrigen acht Länder als "more flexible" eingestuft wurden, wobei die Arrangements Zaires und der Republik Südafrika als unabhängig floatend galten.

Fünf Jahre später standen 39 Festkurssystemen 11 flexiblere Wechselkurssysteme gegenüber, darunter Formen des kontrollierten Floatings in den ehemaligen Franc-Zonen-Staaten Guinea, Mauretanien und dem späteren Mitgliedsland Guinea-Bissau sowie Formen des unabhängigen Floatings in den an die Franc-Zone angrenzenden Staaten Gambia, Ghana, Nigeria und Zaire (Demokratische Republik Kongo).

In den neunziger Jahren nahm die Bedeutung von Festkurssystemen in Afrika weiter zugunsten von flexibleren Arrangements ab. Am Jahresende 1994 fixierten neben 14 Franc-Zonen-Staaten noch 15 weitere afrikanische Staaten den Wechselkurs ihrer Währung in bezug auf eine Leitwährung, wobei drei Länder den US-Dollar (darunter Nigeria), drei den südafrikanischen Rand, drei die IMF-Sonderziehungsrechte, Eritrea den äthiopischen Birr und weitere fünf Staaten einen Währungskorb als Referenzgröße wählten. Entsprechend der Einteilung des IMF bestanden zu diesem Zeitpunkt somit insgesamt 29 Festkurssyteme, während die restlichen 24 afrikanischen Staaten flexiblere Arrangements verwirklicht hatten. In sieben Staaten wurden Formen des kontrollierten Floatings und in 17 Ländern - darunter Gambia, Ghana, Guinea, Madagaskar, Mauretanien und Zaire (Demokratischen Republik Kongo) - Formen des unabhängigen Floatings praktiziert.

Zum Stichtag 04. April 1999 umfaßte die Wechselkurssystem-Klassifizierung des IMF neben den nunmehr 15 Franc-Zonen-Staaten 13 weitere afrikanische Staaten in den verschiedenen Kategorien der Festkurssysteme, wohingegen von

---

[120] Die Auswertung basiert auf verschiedenen Ausgaben der International Financial Statistics des Internationalen Währungsfonds, in denen ab dem 31. Oktober 1978 unter der Rubrik Exchange Rate Arrangements weltweit bestehende Wechselkurssysteme klassifiziert werden.

134

den insgesamt 25 "flexibleren" Arrangements sechs in die Kategorie des kontrollierten und 19 in die Klasse der unabhängigen Floatings fielen[121].

Schon dieser kurze Überblick über die Entwicklung der Wechselkurssysteme auf dem afrikanischen Kontinent verdeutlicht, daß die Franc-Zone als ein Hort währungspolitischer Stabilität in einem durch Fluktuationen der Währungsordnungen gekennzeichneten Umfeld bezeichnet werden kann. Bei einer detaillierteren zeitlichen Betrachtung würden besonders jene afrikanischen Staaten auffallen, die ihre nach den grundlegenden Veränderungen des internationalen währungspolitischen Gefüges in den siebziger Jahre getroffene Entscheidung für ein bestimmtes Wechselkurssystem im Zeitablauf (mehrfach) revidierten.

Zu den neben der franko-afrikanischen Währungskooperation bestehenden Festkurssystemen ist anzumerken, daß es sich hierbei grundsätzlich um unilaterale Arrangements handelt, aus denen keine Interventionsverpflichtungen für das jeweilige Leitwährungsland resultieren[122]. Die Glaubwürdigkeit der gewählten Parität setzt daher in besonderem Maße eine adäquate, konsistente Wirtschaftspolitik seitens des Entwicklungslandes voraus, andernfalls lassen sich administrativ festgesetzte Paritäten nur in einem höchst ineffizienten System der Devisenbewirtschaftung aufrechterhalten.

---

[121] Gemäß der seit 1999 detaillierteren Wechselkurssystem-Klassifizierung des IMF verteilen sich die derzeit 53 afrikanischen Staaten auf die Klassen "Exchange arrangements with no separate legal tender" (14 Staaten der CFA-Franc-Zone), "Currency board arrangements" (Dschibuti), "Other conventional fixed peg arrangements - including de facto peg arrangements under managed floating" (10, darunter Komoren, Kap Verde), "Pegged exchange rates within horizontal bands" (Libyen), "Crawling pegs" (Angola, Tunesien), "Managed floating with no preannounced path for exchange rate" (Algerien, Äthiopien, Kenia, Malawi, Mauretanien, Nigeria) sowie "Independently floating" (19, darunter Gambia, Ghana, Guinea, Eritrea, Madagaskar, Republik Südafrika und die Demokratische Republik Kongo (Zaire)).

[122] Eine bemerkenswerte Ausnahme stellt die bilaterale Währungsvereinbarung zwischen Portugal und Kap Verde vom 15. Juli 1998 dar. In Analogie zur franko-afrikanischen Währungskooperation wird die Konvertierbarkeit des Kap-Verde-Escudo durch einen Mittelansatz im portugiesischen Staatshaushalt gewährleistet [Rat der Europäischen Union (1998a), S.11f].

2. Gegenüberstellung ausgewählter Indikatoren

2.1 Wachstum des Bruttoinlandsproduktes

Ungeachtet qualitativer Aspekte stellt das wirtschaftliche Wachstum, mehr noch als in anderen Ländergruppen, in den sogenannten Entwicklungsländern den wichtigsten makroökonomischen Leistungsindikator dar. Schließlich zeichnen sich Staaten dieser Kategorie gegenüber sogenannten Industrieländern durch einen beträchtlichen Entwicklungsrückstand aus, der sich besonders deutlich in der ein Vielfaches betragenden Diskrepanz beim Bruttoinlandsprodukt pro Kopf manifestiert. Folglich setzt ein Aufschließen an das Wohlstandsniveau der "ersten Welt" ein im Vergleich zu den Industrieländern deutlich überproportionales jährliches Wirtschaftswachstum voraus, zumal die Bevölkerung in den Entwicklungsländern schneller anwächst als in den Industrieländern. Empirische Studien belegen, daß Wirtschaftswachstum zur Verbesserung der Einkommenssituation breiter, in Armut lebender Bevölkerungsschichten beiträgt[123]. Aus distributiver Sicht erhöht sich in einer prosperierenden Volkswirtschaft überdies der staatliche Handlungsspielraum zur Lösung der in Entwicklungsländern virulenten Verteilungsfragen.

In Tabelle 7 werden die durchschnittlichen jährlichen Wachstumsraten des realen Bruttoinlandsproduktes verschiedener Ländergruppen in konsekutiven Subperioden zwischen 1973 und 1998 gegenübergestellt[124]. Infolge der Nicht-Berücksichtigung der Komoren sowie der jüngsten Mitgliedstaaten Äquatorialguinea und Guinea-Bissau umfaßt das Sample der "CFA-Franc-Zone" sieben west- und fünf zentralafrikanische Mitgliedstaaten, während die Gruppe "Weitere SSA-Staaten" 18 andere afrikanische Länder südlich der Sahara einschließt und die Kategorie "*Low Income Developing Countries*" (LIDC) 24 Staaten verschiedener Weltregionen berücksichtigt. Im unteren Teil der Tabelle werden die Ergebnisse konservativer Testverfahren bezüglich der Gleichheit der Varianzen und Mittelwerte der CFA-Franc-Zone und der Gruppe der (weiteren) SSA-Staaten sowie der CFA-Franc-Zone und der Gruppe der LIDC wiedergegeben. Dabei repräsentieren die Zahlen zwischen 0 und 10 jeweils ein erfülltes Signifikanzniveau, zu dem die Hypothese gleicher Varianzen (linker Wert) oder glei-

---

[123]   International Monetary Fund (2000b), S.2f.

[124]   Eigene Berechnungen auf der Basis von Daten der Vereinten Nationen (www.un.org/depts/unsd bzw. *Statistical Yearbook*).

136

cher Mittelwerte (rechter Wert) zweier Ländergruppen verworfen werden kann, während fehlende Zahlenangaben darauf hindeuten, daß eine Ablehnung der Gleichheits-Hypothese unter Zugrundelegung üblicher Vertrauenswahrscheinlichkeiten nicht sinnvoll erscheint.

Unter Beachtung fehlender Signifikanz war im vergleichsweise langen Zeitraum von 1973 bis 1981 die durchschnittliche jährliche Wachstumsrate des Bruttoinlandsproduktes in der CFA-Franc-Zone insgesamt mit 3,9 Prozent um gut einen Prozentpunkt höher, verglichen mit dem entsprechenden Wert der Gruppe der weiteren subsaharischen Staaten, lag aber andererseits einen Prozentpunkt unter der durchschnittlichen jährlichen Zuwachsrate der Gruppe der LIDC[125]. Innerhalb der CFA-Franc-Zone ergab sich im betrachteten Zeitraum für das vom Erdölsektor dominierte Zentralafrika eine mit 5,1 Prozent annähernd doppelt so hohe Wachstumsrate wie in der westafrikanischen Subzone[126].

Im Gegensatz zur CFA-Franc-Zone insgesamt verzeichneten die Ländergruppen SSA-Staaten und LIDC in der ersten Hälfte der achtziger Jahre (1982-85) deutlich niedrigere durchschnittliche jährliche Wachstumsraten im Vergleich zu den siebziger Jahren[127]. Allerdings ist das scheinbar stetig verlaufende Wachstum in der CFA-Franc-Zone insofern zu relativieren, als die mit 6,7 Prozent hohe Zuwachsrate des Bruttoinlandsproduktes in der zentralafrikanischen Subzone den entsprechend niedrigen Wert von lediglich 1,8 Prozent der westafrikanischen Subzone zu kompensieren vermochte.

Während in den folgenden drei Subperioden zwischen 1986 und 1998 das reale Bruttoinlandsprodukt in den LIDC jeweils um durchschnittlich gut 4 Prozent pro Jahr anstieg, deuten die schwankenden und grundsätzlich niedrigeren Werte

---

[125]   Ein günstigeres Bild für die CFA-Franc-Zone ergibt sich bei einer BIP-Gewichtung der einzelnen Staaten innerhalb aller Ländergruppen. Die durchschnittliche jährliche gewichtete Wachstumsrate des realen Bruttoinlandsproduktes zwischen 1973 und 1981 liegt dann mit 5,7 Prozent sogar leicht oberhalb des Wertes für die Gruppe der LIDC (5,5 Prozent).

[126]   Unter Nicht-Berücksichtigung von Gabun, wo das Bruttoinlandsprodukt in diesem Zeitraum zumeist zweistellig zunahm (1974 gar um 44,4 Prozent) oder abnahm (1978 um -29,1 Prozent), ergäben sich für die west- und zentralafrikanische Franc-Zone hingegen vergleichbare Durchschnittswerte.

[127]   Alternativ ergibt sich bei einer BIP-Gewichtung der einzelnen Staaten kein Abwärtstrend in der Gruppe der LIDC - aufgrund überdurchschnittlicher Wachstumsraten stark gewichteter Staaten [China (Gewicht von mehr als 1/4), Indien (1/5), Türkei (1/10)].

Tab. 7 Entwicklung des realen Bruttoinlandsproduktes in verschiedenen Ländergruppen

	jährliche reale Wachstumsraten des Bruttoinlandsproduktes im Durchschnitt der Perioden					
	1973-81	1982-85	1986-89	1990-93	1994-98	1973-98
CFA-Franc-Zone	3,9	3,8	1,2	0,8	4,2	3,0
Westafrika	3,0	1,8	2,7	0,8	4,7	2,7
Zentralafrika	5,1	6,7	-0,9	0,8	3,4	3,4
Weitere SSA-Staaten	2,8	1,3	3,4	0,6	1,9	2,2
LIDC	4,9	2,8	4,0	4,2	4,1	4,2
	Test auf Gleichheit der Varianzen / Mittelwerte (Levence's Test / t-Test) Errechnete Werte im Vergleich zu Signifikanzniveaus von 0 bis 10 Prozent					
CFA-Franc-Zone versus Weitere SSA-Staaten	=0/>	=1/<4	<1/<2	<10/>	<2/<5	<2/<9
CFA-Franc-Zone versus LIDC	=0/>	<1/>	>/<1	>/=0	>/>	=0/<2

Quelle: *Statistical Yearbook* der Vereinten Nationen

Daten der Länder:

CFA-Franc-Zone (12): Benin, Burkina Faso, Elfenbeinküste, Mali, Niger, Senegal, Togo (7) sowie Gabun, Kamerun, Republik Kongo, Tschad, Zentralafrikanische Republik (5) ;

Gruppe der *weiteren afrikanischen Staaten südlich der Sahara* (18): Äthiopien (seit 1993 ohne Eritrea), Burundi, Ghana, Kenia, Demokratische Republik Kongo (ehemals Zaire), Liberia, Madagaskar, Malawi, Mauretanien, Mauritius, Nigeria, Ruanda, Sambia, Sierra Leone, Simbabwe, Somalia, Sudan, Tansania ;

Gruppe der *Low Income Developing Countries* (24): Ägypten, Bangladesch, Bolivien, Volksrepublik China, Dominikanische Republik, Ecuador, El Salvador, Guatemala, Haiti, Honduras, Indien, Indonesien, Jamaica, Kolumbien, Marokko, Myanmar, Pakistan, Papua-Neuguinea, Paraguay, Peru, Philippinen, Sri Lanka, Thailand, Türkei.

Anmerkung:
Die Ländergruppeneinteilung orientiert sich an der Weltbankstudie von Elbadawi/Majd (1992), vgl. Tab. 8 "Langfristige Entwicklung ausgewählter Indikatoren verschiedener Ländergruppen".

Die BIP-Wachstumsraten der einzelnen Länder innerhalb einer Gruppe sind ungewichtet. Die Symbole " <, >, = " entsprechen " kleiner, größer, gleich " .

der afrikanischen Ländergruppen auf ein Zurückfallen des Kontinents im globalen Entwicklungsprozeß hin[128]. In den SSA-Staaten, in denen ab Mitte der achtziger Jahre wirtschaftspolitische Reformen einschließlich nominalen Wechselkursanpassungen zu verzeichnen waren[129], konnte allerdings zwischen 1986 und 1989 mit einer durchschnittlichen jährlichen Wachstumsrate von 3,4 Prozent der bislang höchste Wert einer Subperiode erreicht werden. Im gleichen Zeitraum betrug der jährliche Zuwachs des realen Bruttoinlandsproduktes in der CFA-Franc-Zone durchschnittlich nur 1,2 Prozent, wobei gegenüber der vorherigen Subperiode die in Westafrika erzielte Wachstumsrate von 2,7 Prozent eine Verbesserung darstellte, während in Zentralafrika das jährliche Sinken des Bruttoinlandsproduktes um durchschnittlich -0,9 Prozent pro Jahr einen nachhaltigen Abwärtstrend offenbarte.

Zu Beginn der neunziger Jahre (1990-1993) verharrte das reale Wachstum des Bruttoinlandsproduktes mit Durchschnittswerten von jährlich 0,6 Prozent für die Gruppe der SSA-Staaten und jeweils 0,8 Prozent für die CFA-Franc-Zone sowie beide Subzonen[130] auf einem sehr niedrigen Niveau und lag damit sehr deutlich unter der entsprechenden Steigerungsrate der Gruppe der LIDC. Diesem Einbruch afrikanischer Wachstumsraten folgte in der zweiten Hälfte der neunziger Jahre eine Wiederbelebung ökonomischer Aktivitäten. Im Gegensatz zu dem mit 1,9 Prozent pro Jahr eher moderaten Wachstum in der Gruppe der SSA-Staaten erreichte die CFA-Franc-Zone mit einer durchschnittlichen Zuwachsrate des Bruttoinlandsproduktes von 4,2 Prozent einen im Bereich der Gruppe der LIDC liegenden Wert.

Als eine plausible Erklärung für die deutliche Trendwende in der Franc-Zone kann die Abwertung des CFA-Franc im Januar 1994 angeführt werden. Unbeschadet des generell zu erwartenden J-Kurven-Effektes bei der erhofften abwertungsbedingten Verbesserung der Leistungsbilanz betrug schon 1994 das

---

[128]   Zu spezifischen Erklärungsansätzen für das allgemein unbefriedigende Wachstum im subsaharischen Afrika insgesamt siehe International Monetary Fund (2000b).

[129]   Hinsichtlich der diesbezüglichen Mitwirkung des Internationalen Währungsfonds siehe *International Financial Statistics* des IMF, Fund Accounts: Arrangements.

[130]   Angesichts der schlechten Performance der bedeutsamen Staaten Kamerun und Elfenbeinküste zeichnet eine BIP-Gewichtung der einzelnen Staaten ein noch ungünstigeres Bild der ökonomischen Situation der gesamten CFA-Franc-Zone zwischen 1990 und 1993. Es ergibt sich ein durchschnittlicher Rückgang des Bruttoinlandsproduktes um -0,2 Prozent pro Jahr, bei entsprechenden Werten von 0,5 Prozent für West- und -1,1 Prozent für Zentralafrika.

durchschnittliche Wachstum des Bruttoinlandsproduktes in der CFA-Franc-Zone insgesamt 4,2 Prozent - bei entsprechenden Werten von 4,6 und 3,5 Prozent für die west- und zentralafrikanische Subzone[131]. Durchschnittliche jährliche Wachstumsraten von 4,7 und 3,4 Prozent in der west- bzw. zentralafrikanischen Franc-Zone zwischen 1994 und 1998 deuten darauf hin, daß die CFA-Franc-Zone insgesamt zu einem langfristigen Wachstumspfad zurückgefunden hat.

Für den drei Jahrzehnte tangierenden Zeitraum von 1973 bis 1998 läßt sich zur Entwicklung des realen Bruttoinlandsproduktes in den verschiedenen Ländergruppen zusammenfassend festhalten, daß das Wirtschaftswachstum in den LIDC stetiger und mit durchschnittlich 4,2 Prozent pro Jahr intensiver als auf dem afrikanischen Kontinent verlief. In der Gruppe der SSA-Staaten betrug die durchschnittliche jährliche Zuwachsrate des realen Bruttoinlandsproduktes in der gleichen Periode lediglich 2,2 Prozent.

Die sich darin widerspiegelnde Wachstumsdiskrepanz zwischen den betrachteten SSA- und LIDC-Staaten ist insofern empirisch solide untermauert, als zu jedem beliebigen Signifikanzniveau die Hypothese gleicher durchschnittlicher Wachstumsraten beider Ländergruppen verworfen werden kann.

Mit einer durchschnittlichen jährlichen Zuwachsrate des realen Bruttoinlandsproduktes von 3,0 Prozent in der gleichen Periode ist die CFA-Franc-Zone insgesamt zwischen den beiden anderen Ländergruppen positioniert. Die Ergebnisse des t-Tests bekräftigen aus Sicht der gesamten CFA-Franc-Zone die Annahme bestehender negativer Wachstumsdifferenzen gegenüber der Gruppe der LIDC, aber immerhin positiver Wachstumsdifferenzen gegenüber der Gruppe der SSA-Staaten im betrachteten Gesamtzeitraum von 1973 bis 1998. Bei einer Akzeptanz von Irrtumswahrscheinlichkeiten von zwei bzw. neun Prozent können nämlich die beiden Hypothesen gleicher durchschnittlicher Wachstumsraten des Samples der CFA-Franc-Zone und der Gruppe der LIDC bzw. SSA-Staaten abgelehnt werden[132]. Selbst wenn somit ein zumindest gegenüber den betrach-

---

[131] Vereinte Nationen (www.un.org/depts/unsd bzw. *Statistical Yearbook*).

[132] Die obige Verwendung des konservativen t-Tests offenbart zwar im Vergleich zu komplexeren Verfahren der Varianzanalyse Mängel beim Nachweis von Unterschieden; sofern aber selbst der t-Test ein signifikantes Ergebnis liefert, kann dieses als "gesichert" gelten. In diesem Sinne ist auch die Wachstumsdiskrepanz zwischen der Gruppe der LIDC und der westafrikanischen Franc-Zone solide gestützt, da zu einem sehr vertrauenswürdigen Signifikanzniveau von einem Promille die Hypothese gleicher durchschnittlicher Wachstumsraten beider Ländergruppen abgelehnt werden kann.

teten anderen subsaharischen Staaten höheres Wirtschaftswachstum der frankoafrikanischen Staaten seit dem Zusammenbruch des internationalen Währungsgefüges im Jahre 1973 empirisch fundiert ist, bleibt der spezifische Einfluß des Währungssystems der Franc-Zone auf die ökonomische Performance der Mitgliedstaaten unbestimmt.

Unter alleiniger Zugrundelegung der Durchschnittswerte der fünf Subperioden scheint für die Franc-Zone insgesamt mit einer Zuwachsrate des realen Bruttoinlandsproduktes um etwa 4 Prozent pro Jahr ein langfristiger Trend zu bestehen, der von einer Phase anhaltender Wachstumsschwäche in der zweiten Hälfte der achtziger und in der ersten Hälfte der neunziger Jahre unterbrochen wurde. Uneinheitlich wirkt hingegen die Entwicklung der Durchschnittswerte der einzelnen Subzonen in den verschiedenen Perioden, wobei die Werteentwicklung in der westafrikanischen Franc-Zone eher jener in den weiteren subsaharischen Staaten ähnelt. Wenngleich die zentralafrikanische Franc-Zone gegenüber dem westafrikanischen Pendant zwischen 1973 und 1998 mit 3,4 Prozent im Vergleich zu 2,7 Prozent eine höhere durchschnittliche jährliche Wachstumsrate erreichen konnte, erzielte die westafrikanische Franc-Zone immerhin jeweils in der zweiten Hälfte der achtziger und neunziger Jahre die höheren Durchschnittswerte. Bezogen auf den Gesamtzeitraum lassen sich unter Verwendung des bedingt tauglichen t-Tests allerdings keine signifikanten Wachstumsunterschiede zwischen west- und zentralafrikanischer Franc-Zone sowie jeweils einer der beiden Zonen und der Gruppe der SSA-Staaten ermitteln. Unter Kapitel C 3. werden folglich Studien vorgestellt, die mit Hilfe komplexer Varianzanalysen die Frage bestehender Wachstumsdifferenzen zwischen Franc-Zonen-Staaten und anderen Entwicklungsländern in verschiedenen Perioden zu klären versuchen.

2.2   Entwicklung potentieller Wachstumsdeterminanten

Was die Determinanten des wirtschaftlichen Wachstums im subsaharischen Afrika anbelangt, verweisen zwei diesbezügliche empirische Studien des Internationalen Währungsfonds[133] auf exogene Schocks wie das Auftreten von Dür-

---

[133]   Die Studie von Ghura/Hadjimichael (1996) basiert auf Daten von insgesamt 29 subsaharischen Staaten (10 Franc-Zonen-Mitglieder) aus den Jahren 1981-1992, während der weiteren IMF-Studie (1999b) Daten von 32 Staaten (12 Franc-Zonen-Mitglieder) aus den Jahren 1981-1997 zugrundeliegen.

ren oder die Verschlechterung der *Terms of Trade*, die einen signifikanten negativen Effekt auf das Bruttoinlandsprodukt pro Kopf ausüben können. Neben diesen exogenen Faktoren existieren allerdings eine Reihe weiterer Determinanten des wirtschaftlichen Wachstums, auf welche die afrikanischen Regierungen direkt oder indirekt einwirken können.

Von zentraler Bedeutung sind private Investitionen, die einen signifikanten und relativ großen positiven Einfluß auf das Wachstum des Bruttoinlandsproduktes pro Kopf ausüben. Dagegen ist der Effekt staatlicher Investitionen zwar ebenfalls positiv, aber nicht signifikant. Dieses empirische Ergebnis bekräftigt die Plausibilitätsüberlegung, wonach private Investitionen unter dem Allokationsaspekt grundsätzlich effizienter sind, weil das unternehmerische Investitionskalkül strenger dem Sanktionsmechanismus des Marktes unterliegt, wohingegen der Staat aufgrund seines Gewalt- und Steuermonopols über weichere Budgetrestriktionen verfügt und prinzipiell die finanziellen Folgen ineffizienter Investitionen auf den Privatsektor überwälzen kann. Abgesehen von sinnvollen staatlichen Investitionen mit positiven externen Effekten für die Volkswirtschaft - wie etwa in den Bereichen der Humankapitalbildung und der Infrastruktur - sind angesichts der unmittelbaren oder zukünftigen Steuerbelastung für den Privatsektor vor allem jene, weniger auf Effizienzüberlegungen denn auf dem Prestigestreben herrschender Machteliten beruhende staatliche Investitionsobjekte bedenklich, die im frankophonen Afrika unter dem Stichwort "*Eléphant blanc*"[134] firmieren.

In Anbetracht der politischen Beeinflußbarkeit von Volumen und Effizienz der Investitionen und damit auch des Wachstums des Bruttoinlandsproduktes pro Kopf sollte, bezugnehmend auf beide IMF-Studien, die Politik der afrikanischen Staaten darauf ausgerichtet sein, die internationale Wettbewerbsfähigkeit aufrechtzuerhalten und das Exportvolumen zu stimulieren, das öffentliche Defizit in Relation zum Bruttoinlandsprodukt zu verringern (ohne dabei die öffentlichen Investitionen zu senken), Strukturreformen voranzutreiben, die Inflationsrate zu reduzieren, die Humankapitalbildung zu fördern sowie zudem das Bevölkerungswachstum zu verlangsamen. Abgesehen von den letzten beiden Punkten liegt die Vermutung nahe, daß die konkrete Ausgestaltung eines Währungssystems die Entwicklung der Wachstumsdeterminanten direkt oder indirekt beeinflußt.

---

[134] Delage/Massiera (1994), S.61.

In Anlehnung an die empirisch untermauerten Wachstumsdeterminanten für das subsaharische Afrika werden im folgenden entsprechende Indikatoren gegenübergestellt, um den groben Vergleich der ökonomischen Entwicklung in den siebziger und achtziger Jahren (1973 - 1981 versus 1982 - 1989) in den zuvor betrachteten Ländergruppen abzurunden (Tabelle 8).

2.2.1 Investitionstätigkeit

In Anbetracht ihrer mittel- und langfristigen Auswirkungen auf die ökonomische Entwicklung können Investitionen als zukunftsorientierter Indikator interpretiert werden. Das in der Franc-Zone bestehende Festkurssystem und der grundsätzlich unbeschränkte Kapitalverkehr mit Drittstaaten erhöhen aus der Sicht potentieller Investoren die Planungssicherheit hinsichtlich allgemeiner Wechselkursentwicklungen sowie die Möglichkeiten der Gewinn- oder Kapitalrepatriierung. Dies spricht isoliert betrachtet für eine im Ländergruppenvergleich erhöhte Investitionstätigkeit in der CFA-Franc-Zone, wenngleich die wechselkurssystemimmanenten Investitionsanreize in der Praxis durch vielfältige weitere Incentives und Disincentives für Investoren überlagert werden können[135].

Ein quantitativer Vergleich für die siebziger Jahre läßt erkennen, daß die Investitionen sowohl in der westafrikanischen Franc-Zone als auch in den weiteren SSA-Staaten und der Gruppe der LIDC gut einem Viertel, in der zentralafrikanischen Franc-Zone gar einem Drittel des Bruttoinlandsproduktes entsprachen. Während in den LIDC die Relation auch in den achtziger Jahren mehr als behauptet wurde, glichen die getätigten Investitionen in der westafrikanischen Franc-Zone und in den weiteren SSA-Staaten im Durchschnitt der Jahre 1982 und 1989 nur noch einem Sechstel des Bruttoinlandsproduktes. In der zentralafrikanischen Franc-Zone wurde mit 29,1 Prozent eine höhere Relation erzielt, wenngleich dabei wiederum die spezifische Investitionstätigkeit im Erdölsektor ins Gewicht fiel.

---

[135] Eine empirische IMF-Studie zur westafrikanischen Franc-Zone (1970 bis 1995) gelangt in Einklang mit globaleren Studien zu dem Ergebnis, daß das Ausmaß an ökonomischen Freiheiten einen beträchtlichen Teil divergierender Investitionen/BIP-Relationen in einzelnen Ländern erklärt. So sind Offenheit für den internationalen Handel, Wettbewerb auf den inländischen Märkten, freie Kapitaltransaktionen mit dem Ausland positiv mit der Investitionstätigkeit korreliert, während eine negative, aber nicht durchweg signifikante, Korrelation zwischen realem Wechselkurs und Investitionen besteht [International Monetary Fund (1998a), S.1f].

Tab. 8   Langfristige Entwicklung ausgewählter Indikatoren verschiedener Ländergruppen

	Durchschnitte zwischen 1973 und 1981	Durchschnitte zwischen 1982 und 1989	Veränderung (in Prozentpunkten)
Verhältnis Investitionen zu Bruttoinlandsprodukt (in konstanten Preisen)			
CFA-Franc-Zone,	28,5	21,4	- 7,1
Westafrika	25,5	16,3	- 9,0
Zentralafrika	33,0	29,1	- 3,9
Weitere SSA-Staaten	28,0	15,7	-12,3
LIDC	25,7	27,1	1,4
durchschnittliche jährliche Wachstumsrate der realen Exporte (in Prozent)			
CFA-Franc-Zone,	7,0	- 0,4	- 7,4
Westafrika	5,1	0	- 5,1
Zentralafrika	9,9	- 1,0	-10,9
Weitere SSA-Staaten	1,2	2,5	1,3
LIDC	7,6	8,9	1,3
Verhältnis öffentliches Defizit zu Bruttoinlandsprodukt (in Prozent)			
CFA-Franc-Zone,	5,2	6,2	1,0
Westafrika	8,0	7,1	- 0,9
Zentralafrika	2,4	5,4	3,0
Weitere SSA-Staaten	5,5	6,9	1,4
LIDC	3,2	4,5	1,3
Verhältnis von Auslandsschulden zu Bruttoinlandsprodukt sowie Schuldendienstquote (in konstanten Preisen)			
CFA-Franc-Zone,	35,9 / 9,9	71,9 / 24,2	36,0 / 14,3
Westafrika	35,6 / 10,3	92,0 / 27,6	56,4 / 17,3
Zentralafrika	36,2 / 9,5	51,8 / 20,9	15,6 / 11,4
Weitere SSA-Staaten	15,0 / 11,4	58,3 / 29,7	43,3 / 18,3
LIDC	16,3 / 21,1	28,9 / 33,9	12,6 / 12,8
Median der jährlichen Inflation (Prozent)			
CFA-Franc-Zone,	11,6	4,1	- 7,5
Westafrika	11,1	3,8	- 7,3
Zentralafrika	11,7	5,7	- 6,0
Weitere SSA-Staaten	14,0	17,3	3,3
LIDC	13,5	12,3	- 1,2

Quelle: Elbadawi/Majd, Weltbank (1992);
Anmerkung: BIP-Gewichtung der einzelnen Länder in den jeweiligen Gruppen.

In Verbindung mit dem quantitativen Rückgang der allgemeinen Investitionen in Relation zum Bruttoinlandsprodukt ist die bei gleichzeitig schwachen BIP-Wachstumsraten niedrigere Effizienz auf dem afrikanischen Kontinent getätigter Investitionen zu sehen. Setzt man für den Durchschnitt der Jahre 1982 bis 1989 das realisierte Wachstum in Beziehung zu dem für Investitionen aufgewendeten Anteil am Bruttoinlandsprodukt, ergibt sich für die Gruppe der LIDC mit einem Wert von 0,23 eine effizientere Relation (6,2 zu 27,1 Prozent) als in der CFA-Franc-Zone insgesamt sowie in den weiteren SSA-Staaten, in denen die entsprechenden Output/Input-Relationen jeweils bei lediglich 0,08 (1,6 zu 21,4 bzw. 1,3 zu 15,7 Prozent) liegen.

2.2.2 Internationale Wettbewerbsfähigkeit

Als einen Indikator für die Veränderung der internationalen Wettbewerbsfähigkeit kann die Entwicklung der realen Exporte betrachtet werden. In der CFA-Franc-Zone war in Analogie zum sinkenden Wirtschaftswachstum in den achtziger Jahren ein ebenfalls ausgeprägter Abwärtstrend bei den Ausfuhren zu verzeichnen.

Während im Zeitraum von 1973 bis 1981 die realen Exporte jährlich um durchschnittlich 7 Prozent zunahmen und damit nur leicht unterhalb des Wertes für die Gruppe der LIDC sowie um ein Vielfaches höher im Vergleich zu dem lediglich 1,2 Prozent betragenden Durchschnittswert der Gruppe der anderen SSA-Staaten lagen, sanken zwischen 1982 und 1989 die Ausfuhren im zonenweiten Durchschnitt jährlich um –0,4 Prozent. Mit entsprechenden Werten von 9,9 Prozent in den siebziger und –1,0 Prozent in den achtziger Jahren war der Rückgang der Exporte in der vom Erdölsektor dominierten zentralafrikanischen Franc-Zone nachhaltiger als im westafrikanischen Pendant. Hingegen bedeuteten durchschnittliche jährliche Wachstumsraten von 2,5 Prozent in den weiteren subsaharischen Staaten bzw. von 8,9 Prozent in den LIDC für den Zeitraum von 1982 - 1989 eine günstigere Entwicklung der realen Exporte dieser Ländergruppen im Vergleich zu den siebziger Jahren.

Wie in Kapitel D noch gezeigt wird, ist angesichts der Bedeutung des Außenwertes einer Währung für die internationale Wettbewerbsfähigkeit die obige Exportentwicklung in Zusammenhang mit der Ausgestaltung des Währungssystems zu sehen.

2.2.3   Öffentliche Haushaltsdefizite, Auslandsverschuldung
und die Notwendigkeit von Strukturreformen

Angesichts der potentiell wachstumshemmenden Wirkung einer defizitären Fiskalpolitik werden im folgenden für die verschiedenen Ländergruppen die Relationen zwischen öffentlichem Haushaltsdefizit und Bruttoinlandsprodukt gegenübergestellt.

Vergleicht man wiederum Durchschnittswerte der siebziger Jahre mit jenen der
achtziger Jahre, ist für alle drei Ländergruppen ein Anstieg der öffentlichen
Haushaltsdefizite in Relation zum Bruttoinlandsprodukt um mindestens einen
Prozentpunkt festzustellen. Während zwischen 1982 und 1989 diese Defizite in
der Gruppe der LIDC 4,5 Prozent des Bruttoinlandsproduktes entsprachen, betrug diese Relation in der CFA-Franc-Zone 6,2 Prozent und in den weiteren subsaharischen Staaten 6,9 Prozent. Dabei ist auffällig, daß in der westafrikanischen
Franc-Zone bereits in den siebziger Jahren hohe durchschnittliche Haushaltsdefizite von 8 Prozent in Relation zum Bruttoinlandsprodukt erreicht wurden und
auch in den achtziger Jahren nur ein um knapp einen Prozentpunkt niedrigerer
Durchschnittswert zu verzeichnen war. Eng verbunden mit der kontinuierlichen
Akkumulation von öffentlichen Haushaltsdefiziten ist die Frage nach deren Finanzierung, wobei die Schuldenaufnahme im Ausland eine wichtige direkte oder
indirekte Finanzierungsquelle darstellen kann[136].

Im Vergleich beider Jahrzehnte ist für alle drei Ländergruppen die steigende
Auslandsverschuldung und damit einhergehend die erhöhte Last des Schuldendienstes kennzeichnend. Dabei entsprachen die Auslandsschulden im Durchschnitt der Jahre 1973 bis 1981 in den LIDC sowie in der Gruppe der weiteren
SSA-Staaten noch ungefähr einem Sechstel und in der CFA-Franc-Zone bereits
gut einem Drittel des jeweiligen aggregierten Bruttoinlandsproduktes. Auch in
den achtziger Jahren verzeichnete die CFA-Franc-Zone mit 72 Prozent die höchste Auslandsverschuldung in Relation zum Bruttoinlandsprodukt, wobei sich
diesmal deutliche Abweichungen zwischen der west- und zentralafrikanischen
Franc-Zone (92 zu 52 Prozent) ergaben. Mit einem entsprechenden Durchschnittswert von 58 Prozent war für die weiteren subsaharischen Staaten im

---

[136]   Der enge Zusammenhang zwischen Auslandsverschuldung und staatlichen Aktivitäten spiegelt sich in der CFA-Franc-Zone darin wider, daß, je nach Mitgliedsstaat,
zwischen 80 Prozent (Elfenbeinküste) und 100 Prozent (10 Länder) der gesamten
Auslandsschulden aus Staatsschulden bzw. vom Staat verbürgten Schulden bestehen
[Statistisches Bundesamt (1997), S.169f].

Vergleich zu den siebziger Jahren ein fast vierfach höherer Schuldenstand zu verzeichnen, während sich dieser in den LIDC zumindest nur verdoppelte. Als mögliche Erklärung für die im Vergleich zu den beiden anderen Ländergruppen höhere Auslandsverschuldung in der CFA-Franc-Zone bietet sich das Regelwerk der franko-afrikanischen Währungskooperation an. Aufgrund der Limitierung der Zentralbankkredite an den öffentlichen Sektor konnten die Mitgliedstaaten der CFA-Franc-Zone zur Finanzierung der quantitativ im Bereich der übrigen subsaharischen Staaten liegenden Haushaltsdefizite nicht so leicht wie Länder mit abhängiger Zentralbank auf das Instrument der Inflationsbesteuerung zurückgreifen. Während die Möglichkeiten der inländischen Finanzierung öffentlicher Haushaltsdefizite beschränkt waren, sah das Regelwerk der franko-afrikanischen Währungskooperation hingegen keine Begrenzungen für die Verschuldung im Ausland vor. Den Konvergenzkriterien der Europäischen Währungsunion vergleichbare explizite Referenzwerte zur maximal zulässigen Höhe öffentlicher Haushaltsdefizite oder des gesamten öffentlichen Schuldenstandes existierten im betrachteten Zeitraum ebenfalls nicht.

Die relativ hohe Auslandsverschuldung in der CFA-Franc-Zone könnte außerdem dadurch begünstigt worden sein, daß sich im Vergleich zu den beiden anderen Ländergruppen der zunehmend höhere Schuldenstand weniger stark in einer entsprechend höheren Schuldendienstquote niederschlug. Wie in den weiteren subsaharischen Staaten Afrikas entsprach auch in der CFA-Franc-Zone der zu leistende Schuldendienst in den siebziger Jahren ungefähr einem Zehntel der Exporte, wohingegen die Schuldendienstquote in den LIDC 21 Prozent betrug. Auch in den achtziger Jahren ergab sich für die LIDC mit 34 Prozent die höchste Schuldendienstquote, bei entsprechenden Werten von 24 Prozent für die CFA-Franc-Zone und 30 Prozent für die weiteren SAA-Staaten. Angesichts des höheren Schuldenstandes und der schlechteren Exportperformance der CFA-Franc-Zone, insbesondere im Vergleich zu den LIDC, deutet die dennoch niedrigere Schuldendienstquote auf sehr günstige Konditionen bezüglich Zins, Tilgung und Fristigkeit für den zu leistenden Schuldendienst hin.

Aus theoretischer Sicht birgt das Anwachsen der Auslandsverschuldung in einer wachsenden Volkswirtschaft solange keine nachhaltige Gefahr, wie der Realzins nicht die Grenzproduktivität des Kapitals, und die Zuwachsrate der Auslandsverschuldung nicht die Wachstumsrate des Inlandsproduktes überschreiten[137]. Von entscheidender Bedeutung zur Vermeidung einer Schuldenkrise ist es dem-

---

[137]   Claassen (1996), S.312f.

nach, daß die im Ausland aufgenommenen Kredite im Inland in produktive Verwendungen fließen.

Als Indizien für eine anscheinend in der Praxis nicht hinreichende Beachtung dieser Bedingungen auf dem afrikanischen Kontinent sind die im Vergleich zur Gruppe der LIDC geringere Effizienz der Investitionstätigkeit sowie die schwachen Wachstumsraten beim Bruttoinlandsprodukt und den Exporten zu nennen. Hierfür bietet sich als Erklärung die staatliche Anmaßung zur massiven Lenkung des nationalen Entwicklungsprozesses an, in dessen Verlauf die Grenze zwischen investiven und konsumtiven Staatsausgaben mangels hinreichend limitierend wirkender Budgetrestriktionen scheinbar fließend verlief.

Bevor allerdings subsaharische Länder in den achtziger und schließlich auch die Franc-Zonen-Staaten in den neunziger Jahren mit finanziellen Hilfegesuchen an den Internationalen Währungsfonds das Bestehen von Schuldenkrisen formell eingestanden, wurden bis zur fast vollständigen Einschränkung des staatlichen Handlungsspielraumes Altschulden nicht mit Auszahlungen aus den getätigten Investitionen, sondern vielmehr durch Neuverschuldung bedient. Die Staaten der CFA-Franc-Zone konnten anscheinend aufgrund der aus dem System der *Comptes d'Opérations* ableitbaren französischen *Bail-out*-Klausel und der damit einhergehenden günstigeren Bonitätseinstufung dieses *Ponzi*-Spiel besonders lange aufrechterhalten und somit dringend erforderliche Strukturreformen aufschieben.

Der Zugriff auf das Finanzierungsinstrument der Verschuldung ermöglichte den mit einem kurz- bis mittelfristigen Planungshorizont versehenen Regierungen grundsätzlich eine relativ bequeme Aufrechterhaltung des Status quo. In Anbetracht des Umstandes, daß Regierungen primär auf die Unterstützung gegenwärtiger Generationen angewiesen sind, stellen beispielsweise über Steuern finanzierte investive Staatsausgaben, die einen Konsumverzicht gegenwärtiger zugunsten zukünftiger Generationen darstellen, eine vergleichsweise unattraktive Handlungsoption dar. Hingegen werden selbst über Verschuldung finanzierte komsumtive Staatsausgaben, die vor allem zukünftige Generationen belasten, von den gegenwärtigen Generationen kaum beanstandet, solange Belastungen des Schuldendienstes nicht in der Gegenwart nachhaltig spürbar sind.

148

2.2.4 Inflation

Während sich gerade in den siebziger und achtziger Jahren der weltweit verbreitete Irrglauben an einen Phillips-Kurven-Trade-off zwischen Inflationsrate und Beschäftigung in einer permissiven Geldpolitik niederschlug, ist nach heutigem Kenntnisstand davon auszugehen, daß zumindest langfristig keine zusätzliche Beschäftigung unter Inkaufnahme einer höheren Inflationsrate geschaffen werden kann. Vielmehr ist von einer negativen Korrelation zwischen Inflation und Bruttoinlandsprodukt auszugehen, wie dies auch die empirischen IMF-Studien zu den Wachstumsdeterminanten im Falle subsaharischer afrikanischer Staaten nahelegen[138].

Im Gegensatz zum zweifelhaften Nutzen sind die negativen Folgen einer inflationären Entwicklung um so deutlicher. Neben der allgemeinen Gefährdung der Funktionen des Geldes ist besonders in Entwicklungsländern hinsichtlich der Wertaufbewahrungsfunktion zu beachten, daß breite, in Armut lebende Bevölkerungsschichten nicht durch Vermögensumschichtungen oder Verlagerungen ins Ausland ihre geringen Ersparnisse vor einer inflationsbedingten Entwertung schützen können.

Der Vergleich der Mediane der jährlichen Inflationsraten zeichnet für die CFA-Franc-Zone im Ländergruppenvergleich ein erwartungsgemäß positives Bild. In Anbetracht eines hohen absoluten Wertes von 11,6 Prozent für die siebziger Jahre handelt es sich aber insofern nur um einen relativen Erfolg in einem allgemein inflationären Weltklima, als die Mediane für die LIDC und die weiteren subsaharischen Staaten mit 13,5 bzw. 14 Prozent noch etwas höher lagen. Während die jährlichen Inflationsraten dieser beiden Ländergruppen auch in den achtziger Jahren zweistellig waren, schnitt die CFA-Franc-Zone insgesamt mit einem Medianwert von 4,1 Prozent sowohl im globalen Vergleich als auch absolut gesehen deutlich besser ab.

Im Hinblick auf die Wachstumsschwäche beim realen Bruttoinlandsprodukt im gleichen Zeitraum konnte somit in der CFA-Franc-Zone zumindest das Phänomen der Stagflation grundsätzlich vermieden werden. Des weiteren waren in der CFA-Franc-Zone vergleichsweise hohe Haushaltsdefizite mit niedrigen Inflationsraten kompatibel.

---

[138]   Ghura/Hadjimichael (1996), S.608f und International Monetary Fund (1999b), S.6f.

2.2.5   Humankapitalbildung und Bevölkerungswachstum

Wenngleich die beiden weiteren empirisch ermittelten Wachstumsdeterminanten Humankapital und Bevölkerungswachstum nicht plausibel in unmittelbaren Zusammenhang mit dem herrschenden Währungssystem zu bringen sind, sei der Vollständigkeit halber auf zwei entsprechende Indikatoren verwiesen.

Vor dem Hintergrund einer positiven Korrelation zwischen Humankapital und Wirtschaftswachstum sind eklatante Defizite bei der Humankapitalbildung auf dem afrikanischen Kontinent schon im Hinblick auf den prozentualen Anteil der Analphabeten an der gesamten Bevölkerung ab 15 Jahren zu erkennen. Auch mehr als drei Jahrzehnte nach der politischen Unabhängigkeit afrikanischer Staaten zeigt ein Vergleich dieses Basisindikators im verfügbaren Referenzjahr 1995, daß in der Vergangenheit keine wesentlichen Fortschritte bei der elementaren Humankapitalbildung erzielt wurden[139]. Dabei schneidet die CFA-Franc-Zone insgesamt - bei allerdings günstigeren Werten für die zentralafrikanische Subzone - mit einem Durchschnittswert von 58 Prozent noch schlechter ab als die Gruppe der weiteren subsaharischen Staaten (42 Prozent) und die Gruppe der LIDC, in der immerhin noch gut ein Viertel der Bevölkerung ab 15 Jahren des Lesens und Schreibens unkundig waren[140].

Schließlich ist bei der Betrachtung des Bruttoinlandsproduktes pro Kopf auch die Entwicklung der Komponente "Bevölkerung" als mathematische Größe im Nenner zu berücksichtigen. Noch im Durchschnitt der Jahre 1990-1995 war das geschätzte jährliche Bevölkerungswachstum in allen drei Ländergruppen mit zwei Prozent in den LIDC, 2,7 Prozent in der Gruppe der weiteren SSA-Staaten und knapp drei Prozent in der CFA-Franc-Zone im Vergleich zu sogenannten Industrieländern relativ hoch. Unterstellt man in Afrika ähnlich hohe Zuwachsraten der Bevölkerung in den achtziger Jahren, impliziert dies angesichts des inflationsbereinigt schwachen Wirtschaftswachstums ein stagnierendes bis sinkendes reales Bruttoinlandsprodukt pro Kopf.

---

[139]   Ebenso wie im Gesundheitssektor offenbart sich auch im Bildungssektor das generelle Problem mangelnder Effizienz staatlicher Ausgaben auf dem afrikanischen Kontinent im Vergleich zu Ländern Asiens und der westlichen Hemisphäre. Mit Blick auf die Franc-Zonen-Staaten im afrikanischen Kontext wurden die Bildungsausgaben zwischen 1984 und 1995 in Togo relativ effizient, aber in Burkina Faso und der Elfenbeinküste relativ ineffizient eingesetzt [International Monetary Fund (1997c), S.1f].

[140]   *Statistical Yearbook 1995* der Vereinten Nationen.

150

3. Empirische Studien

Die bislang vorgenommene Gegenüberstellung der Durchschnittswerte ausgewählter Indikatoren verschiedener Ländergruppen ergab zusammenfassend, daß
die Gruppe der CFA-Franc-Zone in den siebziger Jahren (1973-1981) hinsichtlich der durchschnittlichen Entwicklung von Bruttoinlandsprodukt, Investitionen, Exporten und Inflation gegenüber den weiteren subsaharischen Staaten teils
klar, im Vergleich zur Gruppe der LIDC insgesamt leicht besser abschnitt. In
den achtziger Jahren (1982-1989) konnte die CFA-Franc-Zone die beiden anderen Ländergruppen hinsichtlich der Inflationsrate noch deutlicher distanzieren,
während die durchschnittliche Entwicklung von Bruttoinlandsprodukt, Investitionen und Exporten im gleichen Zeitraum gegenüber der Gruppe der LIDC eindeutig, im Vergleich zu den weiteren subsaharischen Staaten insgesamt
schlechter verlief.

Diese Ergebnisse des Ländergruppenvergleichs sind allerdings mit Vorsicht zu
interpretieren, da die lediglich auf Durchschnittswerten beruhende Datenaus-
wertung Werteschwankungen innerhalb der Ländergruppen unberücksichtigt
läßt. Diesem Mangel Rechnung tragend werden im folgenden die Ergebnisse
verschiedener Studien skizziert, die mit Hilfe statistischer Schätzmodelle unter
anderem die Frage signifikanter Unterschiede beim Wirtschaftswachstum zwischen Franc-Zonen- und Nicht-Franc-Zonen-Staaten zu beantworten versuchen
(Tabelle 9).

Basierend auf dem realen Wachstum des Pro-Kopf-Einkommens zwischen 1973
und 1988 gelangt Michelsen[141] zu dem Ergebnis, daß die durchschnittliche jährliche reale Zuwachsrate von 10 betrachteten Franc-Zonen-Staaten mit 0,4 Prozent im Vergleich zu 0,1 Prozent zwar höher als in 18 anderen afrikanischen
Ländern lag, aber die Signifikanz fehlt hierfür laut t-Test ebenso wie für die entsprechenden Wachstumsdifferenzen dreier Subperioden. Darüber hinaus läßt
sich für die 7 erdölimportierenden Mitgliedsländer der Franc-Zone im Vergleich
zu 17 entsprechenden Nicht-Franc-Zonen-Staaten weder die Hypothese eines
höheren Wirtschaftswachstums bis in die achtziger Jahre, noch die Hypothese
eines geringeren Wachstums gegen Ende der achtziger Jahre bestätigen[142].

---

[141]   Michelsen (1995), S.106f.

[142]   Auch unter Verwendung von aktuellen Wachstumsraten des realen Bruttoinlandsproduktes kann in analoger Weise über den längeren Zeitraum von 1973 bis 1998
mittels konservativem t-Test - angesichts einer Vertrauenswahrscheinlichkeit von lediglich gut 70 Prozent - die Hypothese gleicher Wachstumsraten erdölimportierender
Staaten innerhalb und außerhalb der Franc-Zone kaum verworfen werden.

Tab. 9 Differenzen beim Wirtschaftswachstum zwischen der CFA-Franc-Zone und anderen Entwicklungsländern

Ländergruppen (FZ-/NFZ-Staaten)	Wirtschaftswachstum in Zeiträumen			

A.

	1973 - 79	1980 - 84	1985 - 88	1973 - 88
CFA-Franc-Zone (10) vs. SSA-Staaten (18)	(ns+)	(ns+)	(ns-)	(ns+)
Ölimportierende Länder: CFA-Franc-Zone (7) vs. SSA-Staaten (17)	(ns-)	(ns-)	(nsò)	(ns-)
[reales Pro-Kopf-Einkommen]				

B.

	1960 - 1973	1973 - 1982	1960 - 1982
Gesamtsample (12/63)	s -	(ns-)	s -
Große Länder (1/18)	s -	(ns-)	(ns-)
Kleine Länder (11/45)	s -	(ns-)	s -
Erdölexporteure (3/10)	s -	(ns-)	(ns+)
Erdölimporteure (9/53)	s -	s -	s -
Niedriges Einkommen (11/44)	s -	(ns+)	s -
Hohes Einkommen (1/19)	(ns-)	s -	s +
Halbindustrialisiert (1/27)	s +	(ns+)	s +
Alle SSA-Staaten (12/19)	s -	(ns+)	s +
Reiche SSA-Staaten (3/4)	(ns+)	s +	s +
Arme SSA-Staaten (10/14)	s -	(ns+)	(ns-)
[reales BSP]			

C.

	1970 - 1989	1970 - 1979	1980 - 1989
CFA-Franc-Zone (10) vs. SSA-Staaten (23)	(ns+)	(ns+)	(ns-)
[reales BIP]			

D.

	1974 - 1980	1981 - 1987
CFA-Franc-Zone (12) vs. SSA-Staaten (21)	(ns+)	s +
	(ns+)	(ns+)
[alternativ reales BSP und BIP]		

E.

	1973 - 1981	1982 - 1989
CFA-Franc-Zone (11) vs. SSA-Staaten (20)	s +	(ns-)
Rohstoffexporteure (52)	s -	(ns-)
Niedriges Einkommen (41)	(ns-)	s -
[reales BIP]		

Quellen: A. Michelsen (1995); B. Devarajan/Melo (1986); C. Assane/Pourgerami (1994); D. Lane/Page (1991); E. Devarajan/Melo (1990);

Anmerkungen:
FZ/NFZ   CFA-Franc-Zone/Nicht-Franc-Zone;
+/-   Wachstumsdifferenzen zugunsten/zuungunsten der Franc-Zone;
s   signifikant (unter Zugrundelegung einer Vertrauenswahrscheinlichkeit von mindestens 95 Prozent);
ns   nicht signifikant.

152

Unter Verwendung eines zum Nachweis von Wachstumsdifferenzen angemesseneren Testverfahrens (*Variance-Component*-Modell) werden in einer den Zeitraum von 1960 bis 1982 zugrundelegenden Weltbank-Studie von Devarajan/Melo die Wachstumsraten des realen Bruttosozialproduktes von Franc-Zonen-Staaten und weiteren Entwicklungsländern verglichen[143]. Dabei werden alle betrachteten Länder zuvor hinsichtlich Größe, Bedeutung des Erdölsektors, Einkommensniveau, Industrialisierungsgrad und geographischer Lage in insgesamt 11 verschiedene Klassen eingeteilt.

Bezogen auf den Gesamtzeitraum ist unter den acht hinreichend signifikanten Ergebnissen hervorzuheben, daß bei Akzeptanz einer Irrtumswahrscheinlichkeit von einem Prozent (bzw. einer Vertrauenswahrscheinlichkeit von 99 Prozent) nicht die Hypothese zurückgewiesen werden kann, wonach das Wachstum des Bruttosozialproduktes in den 11 betrachteten Mitgliedstaaten der CFA-Franc-Zone um durchschnittlich 0,8 Prozentpunkte niedriger lag als in der Gesamtgruppe aller 63 weiteren Entwicklungsländer. Hingegen zeigen die Testergebnisse, daß die Wachstumsraten der Mitgliedsländer der CFA-Franc-Zone innerhalb der Klasse aller betrachteten "afrikanischen Staaten südlich der Sahara" um 0,4 Prozentpunkte und innerhalb der Klasse der "reichen subsaharischen Staaten" um 2,4 Prozentpunkte höher waren (bei einem Signifikanzniveau von fünf bzw. einem Prozent) als in den jeweiligen Nicht-Franc-Zonen-Staaten.

Angesichts des durch den endgültigen Zusammenbruch des Bretton-Woods-Systems sowie die einsetzende Hausse der Rohstoffpreise gekennzeichneten Jahres 1973 bietet sich gleichwohl eine entsprechende Aufspaltung des über zwei Jahrzehnte langen Betrachtungszeitraumes an. Demnach kann, bezogen auf den Zeitraum von 1960 bis 1973 und bei einer Irrtumswahrscheinlichkeit von einem Prozent, weder im Sample aller Entwicklungsländer noch in den Klassen der "kleinen", der "erdölimportierenden" oder "erdpölexportierenden", der "subsaharischen", der "armen subsaharischen" sowie der durch ein "niedriges Einkommensniveau" gekennzeichneten Staaten die Hypothese eines geringeren Wachstums des Bruttosozialproduktes in den Franc-Zonen-Mitgliedsländern im Vergleich zu Nicht-Franc-Zonen-Staaten verworfen werden. Bei einem höheren Signifikanzniveau von fünf Prozent trifft eine entsprechende Aussage ebenso innerhalb der Klasse der "großen Länder" zu. Lediglich im Rahmen der "halbindustrialisierten Länder" konnte die Elfenbeinküste - als einziger Repräsentant

---

[143]   Devarajan/Melo (1986), S.1f.

der CFA-Franc-Zone in dieser Klasse - eine signifikant höhere Wachstumsrate gegenüber insgesamt 27 Vergleichsstaaten erzielen.

Während somit für den Zeitraum von 1960 bis 1973 die Vermutung grundsätzlich schlechterer Wachstumsraten in den Franc-Zonen-Mitgliedsländern im Vergleich zu den Nicht-Franc-Zonen-Staaten statistisch untermauert ist, mangelt es in der Periode 1973 - 1982 angesichts der in acht von elf Klassen unzureichenden Signifikanz an der Aussagekraft ermittelter Differenzen bei den Wachstumsraten des Bruttosozialproduktes. Zumindest kann immerhin bei einer Irrtumswahrscheinlichkeit von fünf Prozent nicht die Hypothese zurückgewiesen werden, daß innerhalb der Klasse der "reichen subsaharischen Staaten" die Wachstumsraten der Franc-Zonen-Länder (Gabun, Kamerun, Kongo) im Vergleich zu Guinea, Simbabwe, Sambia und Zaire um 2,8 Prozentpunkte höher lagen.

Unbeschadet der generell unzureichenden Signifikanz für den global turbulenten Zeitraum von 1973 bis 1982 deutet ein Vergleich der Wachstumsdifferenzen beider Subperioden an, daß sich die Performance der Franc-Zonen-Staaten in der zweiten Periode in 9 von 11 Klassen zumindest relativ verbesserte, wenngleich lediglich in fünf von 11 Klassen positive Wachstumsdifferenzen zugunsten von Franc-Zonen-Mitgliedsländern bestanden. Der direkte Vergleich der aus Sicht der Franc-Zonen-Staaten errechneten Wachstumsdifferenzen der Subperioden 1960 - 1973 und 1973 - 1982 (bei Wertepaaren von (-1,3 ; -0,6) im Gesamtsample aller Entwicklungsländer, (-0,6 ; 1) in der Klasse der "subsaharischen Staaten", (0,1 ; 2,8) in der Klasse der "reichen subsaharischen Staaten" sowie von (-0,9 ; 0,4) in der Klasse der "armen subsaharischen Staaten") legt zumindest im afrikanischen Kontext eine absolut bessere Wachstumsperformance der CFA-Franc-Zone nahe.

Während somit selbst variierende Länderklassifizierungen grundsätzlich signifikante Wachstumsdifferenzen zuungunsten der Franc-Zonen-Staaten für den Zeitraum von der politischen Unabhängigkeit der frankoafrikanischen Staaten bis hin zum endgültigen Zusammenbruch des internationalen Währungsgefüges von Bretton-Woods ergeben, ist die Frage nach bestehenden Wachstumsdifferenzen in der durch währungssystemimmanente Unterschiede zwischen den Entwicklungsländern gekennzeichneten Folgezeit auch in anderen Studien nicht vorbehaltlos zu beantworten.

Beschränkt auf den afrikanischen Kontinent deutet ein das reale Bruttoinlandsprodukt von 10 Mitgliedsländern der CFA-Franc-Zone und 23 weiteren subsaharischen Staaten zugrundelegendes empirisches Modell von Assane/Pourgerami

154

gar auf ähnliche Wachstumsschemata afrikanischer Länder hin[144]. Die ermittelten geringen Wachstumsdifferenzen beider Ländergruppen von lediglich 0,06 Prozentpunkten im Gesamtzeitraum von 1970 bis 1989 sowie von 0,15 bzw. -0,08 Prozentpunkten in den Subperioden der siebziger und achtziger Jahre sind statistisch nicht hinreichend signifikant - im Gegensatz zu der für die betrachteten afrikanischen Ländern insgesamt geltenden Hypothese eines aufgetretenen Strukturbruchs zwischen beiden Jahrzehnten mit deutlich niedrigeren Wachstumsraten in den achtziger Jahren.

Ebenfalls auf den afrikanischen Kontinent fokussierend gelingt es auch Lane/Page mit ihrem *Least-Squares-Dummy-Variable*-Ansatz nicht, basierend auf Daten von 12 Franc-Zonen-Staaten und 21 weiteren subsaharischen Ländern, zwischen 1974 und 1987 einen stichhaltigen Nachweis divergierender innerafrikanischer Wachstumsraten zu ermitteln[145]. Zwar deutet der in allen vier Regressionsfunktionen bezüglich des Wachstums von realem Bruttoinlands- und Bruttosozialprodukt in den Perioden 1974 - 1980 und 1981 - 1987 jeweils mit einem positiven Vorzeichen versehene Franc-Zonen-Dummy auf einen entsprechend günstigen Einfluß der Franc-Zonen-Mitgliedschaft auf das Wirtschaftswachstum hin. Doch lediglich die Dummies im Zeitraum von 1981 bis 1987 unterscheiden sich bei einer Vertrauenswahrscheinlichkeit von 95 Prozent beim BSP und von 88 Prozent beim BIP signifikant von Null. Ex post wird die Aussagekraft dieses Ergebnisses vermutlich noch dadurch eingeschränkt, daß der gewählte, 1987 endende Zeitraum die negativen Auswirkungen der ab Mitte der achtziger Jahre auftretenden spezifischen exogenen Schocks für die CFA-Franc-Zone nur partiell berücksichtigt, und somit die scheinbar bessere Performance der CFA-Franc-Zone nicht auf die gesamten achtziger Jahre übertragen werden kann.

Eine über Afrika hinausgehende weitere Weltbankstudie von Devarajan/Melo[146] gelangt in einem *Error-Components-Framework* zu Testergebnissen, die anzeigen, daß zwischen 1973 und 1981 das Wachstum des realen Bruttoinlandsproduktes in 11 betrachteten Mitgliedsländern der CFA-Franc-Zone signifikant höher als in 20 weiteren subsaharischen Staaten (Differenz von 1,4 Prozentpunkten), aber gleichzeitig signifikant niedriger als in der Vergleichsgruppe von 52 Rohstoffexporteuren war (-0,6). Dagegen fehlt den ebenfalls ermittelten negativen Wachstumsdifferenzen zu 41 Staaten der niedrigen Einkommenskategorie

---

[144] Assane/Pourgerami (1994), S.423f.
[145] Lane/Page (1991), S1f.
[146] Devarajan/Melo (1990), S1f.

(-0,3) eine hinreichende Signifikanz (Niveau von über 5 Prozent). Hingegen deuten die Ergebnisse für die achtziger Jahre (1982 bis 1989) auf eine schlechtere Wachstumsperformance der CFA-Franc-Zone gegenüber allen drei Referenzgruppen hin (-0,2; -0,7; -0,9), wenngleich nur die negative Wachstumsdifferenz zu den Staaten der niedrigen Einkommenskategorie signifikant ist.

Während sich die bisherigen statistischen Modelle mit der prinzipiellen Frage beschäftigen, ob überhaupt signifikante Wachstumsdivergenzen zwischen Franc-Zonen-Staaten und anderen Entwicklungsländern bestehen, versucht eine Weltbank-Studie von Elbadawi/Majd mittels eines *Modified-Control-Group*-Ansatzes darüber hinaus den direkten Einfluß der Mitgliedschaft in der CFA-Franc-Zone von anderen, das Wirtschaftswachstum beeinflussenden Faktoren durch die ländergruppenspezifische Berücksichtigung divergierender Ausgangsbedingungen und politischer Faktoren sowie der eventuell unterschiedlichen Betroffenheit durch endogene und exogene Schocks zu separieren[147]. Unter Beachtung ihrer teils mangelnden Signifikanz ergeben die Testergebnisse des Modells, daß sich der direkte Einfluß der Franc-Zonen-Mitgliedschaft im langfristigen Vergleich (1982-1989 versus 1973-1981) in Relation zu anderen subsaharischen Staaten in einem um einen Prozentpunkt höheren jährlichen Anstieg des Bruttoinlandsproduktes, aber gegenüber der Gesamtgruppe anderer SSA-Staaten plus LIDC in einem jährlichen Sinken des BIP um -0,6 Prozentpunkte manifestierte. Hingegen trug die Mitgliedschaft in der CFA-Franc-Zone zu höheren Investitions- und Exportquoten in bezug auf das Bruttoinlandsprodukt bei, mit Differenzen von 7 bzw. 9,6 Prozentpunkten im Hinblick auf die weiteren subsaharischen Staaten und von 2,7 bzw. 4,5 Prozent Prozentpunkten - verglichen mit der Gesamtgruppe anderer SSA-Staaten plus LIDC.

Ein ungünstigeres Bild ergibt sich allerdings bei näherer Betrachtung der achtziger Jahre (1986-1989 versus 1982-1985), als die Entwicklung der Indikatoren Wirtschaftswachstum, Exporte und Investitionen sowohl in den weiteren subsa-

---

[147] Elbadawi/Majd (1992),S.1f; einleitend wird formal die Hypothese getestet, der zufolge die makroökonomische Performance der Staaten der CFA-Franc-Zone ohne die Existenz der franko-afrikanischen Währungskooperation ebenso wie in den anderen SSA-Staaten und den LIDC (Ländergruppenabgrenzung, vgl. Tabelle 7) verlaufen wäre. Angesichts jeweiliger Irrtumswahrscheinlichkeiten von 41, 35, 4 und 8 Prozent kann diese Hypothese im Falle der Entwicklung des Bruttoinlandsproduktes und der Inflation eigentlich nicht verworfen werden, während bei den Investitionen und bedingt bei den Exporten die Hypothese der Ziellosigkeit der Franc-Zonen-Mitgliedschaft abgelehnt werden kann.

harischen Staaten als auch in der Gesamtgruppe anderer SSA-Staaten plus LIDC günstiger verlief als in den frankoafrikanischen Ländern. Diese Testergebnisse stellen insbesondere die Wirksamkeit des bestehenden Arrangements der CFA-Franc-Zone zur Absorbierung exogener Schocks in Frage. So wirkte sich die Mitgliedschaft in der CFA-Franc-Zone in einem jährlichen Rückgang des Bruttoinlandsproduktes um -2,5 bzw. -2,2 Prozentpunkte in Relation zu den weiteren subsaharischen Ländern bzw. der Gesamtgruppe anderer SSA-Staaten plus LIDC aus. Lediglich bei der Entwicklung der Inflation schnitten die Franc-Zonen-Staaten sowohl im langfristigen Beobachtungszeitraum als auch unter Zugrundelegung der Subperioden der achtziger Jahre günstiger ab als die beiden anderen Referenzgruppen.

Eine IMF-Studie zu makroökonomischen Schwankungen im subsaharischen Afrika zwischen 1971 und 1993 legt bekräftigend nahe, daß sich Nicht-Franc-Zonen-Staaten zum Teil angesichts des möglichen Rückgriffs auf das Anpassungsinstrument des nominalen Wechselkurses zwar durch eine größere "Elastizität" beim Auftreten exogener Schocks auszeichneten, dies aber durch eine im Vergleich zur Franc-Zone schlechtere Inflationsperformance erkauft wurde[148].

Die Gegenüberstellung verschiedener Studien ergibt abschließend, daß deren Ergebnisse in Abhängigkeit der Spezifizierung der statistischen Modelle sowie der Abgrenzung der Ländergruppen und Zeiträume divergieren. Unter Beachtung der teils mangelnden statistischen Signifikanz läßt sich allerdings als kongruenter Trend festhalten, daß die Mitgliedsländer der CFA-Franc-Zone in Relation zu anderen afrikanischen Staaten südlich der Sahara in den siebziger Jahren ein höheres, aber in den achtziger Jahren ein niedrigeres Wirtschaftswachstum zu verzeichnen hatten. Was die Entwicklung beider Ländergruppen in den neunziger Jahren anbelangt, scheint - nach relativ schlechter Wachstumsperformance in der ersten Hälfte dieses Jahrzehnts - nunmehr wieder die CFA-Franc-Zone insgesamt höhere Wachstumsraten zu erzielen (vgl. Tabelle 7).

Im Hinblick auf die anhaltend kontroverse Diskussion über die Vorteilhaftigkeit fester oder flexibler Wechselkurse ist somit auch aus den monetären Erfahrungen im subsaharischen Afrika nicht axiomatisch ableitbar, ob das spezielle Festkurssystem der Franc-Zone ein im Vergleich zu flexibleren Arrangements dominantes Währungssystem auf dem Kontinent darstellt. Hinsichtlich der relativen Inflationsperformance erscheint das Franc-Zonen-System zwar eindeutig

---

[148] International Monetary Fund (1997d), S.24f.

überlegen, aber mit Blick auf die Wachstumsperformance ist keine eindeutige Überlegenheit zu konstatieren[149].

Nach dem Vergleich der nicht kontinuierlich verlaufenden ökonomischen Entwicklung der afrikanischen Franc-Zone mit der Performance anderer Entwicklungsländer richtet sich der Blickwinkel in Kapitel D wieder auf die CFA-Franc-Zone als solche, um deren Bewährung unter sich verändernden weltwirtschaftlichen Rahmenbedingungen und die besondere Rolle geld- und wirtschaftspolitischer Entscheidungsträger detaillierter zu thematisieren.

---

[149] Dies bekräftigen abschließend eigene t-Test-Berechnungen für den langen Zeitraum von 1973 bis 1998.

Basierend auf, allerdings lückenhaften, Daten über Verbraucherpreise (*International Financial Statistics* des IMF) ist die deutlich bessere Inflationsperformance der Franc-Zone (11 Länder) sowohl gegenüber dem bekannten Sample der weiteren SSA-Staaten (vgl. Tabelle 7; wegen zeitweise 4- bis 5-stelliger Inflationsraten ohne Demokratische Republik Kongo) als auch gegenüber einer mit 25 Ländern noch umfassenderen Gruppe subsaharischer Staaten insofern solide gestützt, als zu jedem beliebigen Signifikanzniveau die jeweilige Hypothese gleicher durchschnittlicher Inflationsraten verworfen werden kann.

Hinsichtlich der durchschnittlichen Wachstumsperformance sind hingegen signifikante Unterschiede auf dem afrikanischen Kontinent schwieriger nachzuweisen. Wenngleich dies zumindest beim Vergleich Franc-Zone insgesamt versus 18 weitere SSA-Staaten gelingt, fehlt die Signifikanz für Wachstumsunterschiede bereits beim Vergleich zwischen west- oder zentralafrikanischer Franc-Zone und der Gruppe der weiteren SSA-Staaten (vgl. Tabelle 7). Selbst die signifikanten Wachstumsdifferenzen zugunsten der Franc-Zone insgesamt schwinden bei einer Aufstockung der Referenzgruppe auf annähernd alle übrigen subsaharischen Staaten (29 Länder; ohne Republik Südafrika, Eritrea), da dann beide Ländergruppen eine durchschnittliche jährliche Wachstumsrate des realen Bruttoinlandsproduktes von 3,0 Prozent seit dem endgültigen Zusammenbruch des Bretton-Woods-Systems aufweisen.

Schließlich sollte in diesem Zusammenhang noch einmal darauf verwiesen werden, daß in anderen Weltregionen vergleichbare Länder mit niedrigem Einkommen eine deutlich bessere Wachstumsperformance als subsaharische Staaten erzielen konnten (vgl. Tabelle 7).

D   Flexibilität des Währungssystems der CFA-Franc-Zone bei exogenen Störungen

Nachdem die vorhergehenden Kapitel die Funktionsprinzipen der Währungskooperation behandelten, und ein Vergleich der ökonomischen Entwicklung in der CFA-Franc-Zone und anderen Entwicklungsländern vorgenommen wurde, steht in diesem Kapitel die Flexibilität des franko-afrikanischen Währungssystems nach dem Zusammenbruch des internationalen währungspolitischen Gefüges in den siebziger Jahren im Vordergrund. Dabei werden zwei, den gesamten afrikanischen Kontinent tangierende Perioden konträrer exogener Schocks und daraus resultierender unterschiedlicher Konjunkturphasen betrachtet. Es gilt aufzuzeigen, inwieweit das zuvor beschriebene Regelwerk des Wechselkurssystems der CFA-Franc-Zone tatsächlich über hinreichende *Built-in-Flexibility* verfügte, um zunächst die mit der Hochkonjunkturphase verbundene Inflationsgefahr zu bannen und in der darauffolgenden Rezessionsphase die Wettbewerbsfähigkeit der Mitgliedstaaten zu regenerieren.

1.   Rohstoffpreisinduzierte Boomphase in den siebziger Jahren

Bezeichnend für die Anfang der siebziger Jahre eingeleitete Hochkonjunkturphase waren überwiegend positive exogene Schocks für primär rohstoffexportierende Entwicklungsländer. Die im Vergleich zu den vorangegangenen beiden Jahrzehnten deutlich höheren Weltmarktpreise führten auch für die bezüglich ihrer Exportproduktpalette einseitig auf Rohstoffe festgelegten Staaten der CFA-Franc-Zone zu unerwarteten zusätzlichen Devisenzuflüssen. Nach einer kurzen Skizzierung der Entwicklung der jahresdurchschnittlichen Weltmarktnotierungen der für die frankophonen Länder besonders bedeutsamen Exportgüter wird anschließend untersucht, inwieweit das Währungssystem der CFA-Franc-Zone das den plötzlichen *Windfall Profits* immanente Inflationspotential zu neutralisieren und damit die internationale Wettbewerbsfähigkeit der Mitgliedstaaten zu bewahren vermochte.

1.1   Weltwirtschaftliche Rahmenbedingungen

Aufgrund der Charakteristika der Rohstoffproduktion unterliegen die realisierbaren Exporteinnahmen einerseits den relativ starken Schwankungen der Pro-
duktionsmengen, die im Falle mineralischer Rohstoffe infolge der Erschöpfung
und Erschließung neuer Vorkommen flukturieren, während bei agrarischen Rohstoffen witterungsbedingte Ernteschwankungen auftreten[150]. Andererseits ist die
Höhe der in nationaler Währung umgerechneten Exporteinnahmen von der Entwicklung der Weltmarktpreise sowie der zugrundeliegenden Fakturierungswährung abhängig.

In den fünfziger und sechziger Jahren waren die Exporteinnahmen der Staaten
der CFA-Franc-Zone in erster Linie von der Mengenkomponente abhängig.
Wenngleich kurz- und mittelfristige Preisschwankungen die Höhe der Exporteinnahmen beeinflußten, waren beide Jahrzehnte langfristig gesehen durch die
trendmäßige Stagnation der Weltmarktnotierungen für Rohstoffe gekennzeichnet[151]. Darüber hinaus spielte es eine untergeordnete Rolle, ob die Rohstoffexporte - wie zu jener Zeit üblich - in US-Dollar oder Pfund Sterling fakturiert
wurden, da beide Währungen grundsätzlich feste Wechselkurse zum Französischen bzw. CFA-Franc aufwiesen.

Mit Beginn der siebziger Jahre erhöhten sich dann die Fluktuationen der in
CFA-Franc ausgedrückten Exporteinnahmen der frankoafrikanischen Staaten
nachhaltig. Neben dem infolge des Zusammenbruchs des Bretton-Woods-
Systems einsetzenden Floaten des Französischen Franc und folglich auch des
CFA-Franc gegenüber dem zunehmend als Fakturierungswährung an Bedeutung
gewinnenden US-Dollar war insbesondere die dynamische Entwicklung der
Rohstoffnotierungen an den Weltmärkten ausschlaggebend.

Im Zuge des im Oktober 1973 im Nahen Osten ausgebrochenen Jom-Kippur-
Krieges vervierfachten sich die Weltmarktnotierungen für Rohöl bis Januar
1974 und erreichten damit ein nominales Niveau, das bis zur Jahrhundertwende

---

[150]   Im kleinsten Franc-Zonen-Staat Äquatorialguinea erhöhten sich beispielsweise
im Zuge der intensivierten Erdölproduktion die Gesamtexporteinnahmen zwischen
1995 und 1999 um fast das Zehnfache [Banque des Etats de l'Afrique Centrale
(2000)]. Weiterhin sind vorsätzliche Mengenvariationen zu berücksichtigen, die auf
eine Beeinflussung der Weltmarktpreise zielen - etwa im Falle der Elfenbeinküste als
einem der wichtigsten Produzenten von Kakao und Kaffee oder beim ehemaligen
OPEC-Mitglied Gabun.

[151]   *International Financial Statistics* des Internationalen Währungsfonds.

nicht mehr unterschritten wurde. Während dies aus Sicht der Industrienationen den ersten Ölpreisschock markierte, zählten in der CFA-Franc-Zone die erdöl-gewinnenden zentralafrikanischen Staaten Gabun, Kongo und schließlich Kamerun (Förderbeginn im November 1977)[152] zu den Nutznießern dieser Preisentwicklung (Abbildung 7).

Aber auch die übrigen Staaten der CFA-Franc-Zone profitierten von einem Anfang der siebziger Jahren einsetzenden allgemeinen Preisboom für mineralische und agrarische Rohstoffe. Die Abbildung 8 illustriert die Entwicklung der jahresdurchschnittlichen nominalen Weltmarktnotierungen der für die frankoafrikanischen Staaten allgemein charakteristischen Exportgüter Kaffee, Kakao und Baumwolle. Nach der trendmäßigen Stagnation der fünfziger und sechziger Jahren wiesen die Weltmarktpreise für Baumwolle in den folgenden drei Jahrzehnten eine mäßig steigende Grundrichtung mit mittleren Schwankungen auf, sofern man letzteres in Relation zur Preisentwicklung von Kaffee und Kakao setzt. Unter Zugrundelegung jahresdurchschnittlicher Werte verdoppelte sich zwar der nominale Weltmarktpreis für Baumwolle zwischen 1971 und 1977, für Kaffee und Kakao entsprach der jeweilige jahresdurchschnittliche Wert des Jahres 1977 hingegen dem Sechs- bzw. Siebenfachen des entsprechenden Wertes des Basisjahres. Bezogen auf den kürzeren Zeitraum von 1975 bis 1977 verdreifachten sich die nominalen Weltmarktpreise für Kaffee und Kakao und erreichten ein Niveau, das in den nächsten beiden Jahrzehnten nicht mehr erreicht wurde. Es folgte für beide Rohstoffe ein trendmäßiger Preisverfall, der durch starke Fluktuationen mit sowohl deutlichen Preiseinbrüchen als auch nachhaltigen Erholungsphasen gekennzeichnet war.

Die Entwicklung der Weltmarktpreise für Rohstoffe tangierte die einzelnen Mitgliedstaaten der CFA-Franc-Zone entsprechend ihrer natürlichen Ressourcenausstattung in unterschiedlichem Ausmaß. Allgemein läßt sich zur Exportgüterstruktur anmerken, daß für die Sahelstaaten Lebendvieh (primär im regionalen Handel) und Baumwolle, für die tropischen Küstenstaaten Kaffee, Kakao und Holz besonders charakteristisch sind, wenngleich die Bedeutung der einzelnen Exportgüter von Land zu Land sowie im Zeitablauf divergiert und darüber hinaus in einigen Mitgliedstaaten speziellen mineralischen Rohstoffen - wie Diamanten in der Zentralafrikanischen Republik, Uranerz im Niger oder Phosphat in Togo - ein hoher Stellenwert zukommt[153].

[152] Banque de France: *La Zone Franc - Rapport Annuel 1977*, S.366.
[153] Statistisches Bundesamt (1997), S.132f.

Abb. 7 Entwicklung der Weltmarktpreise für Rohöl

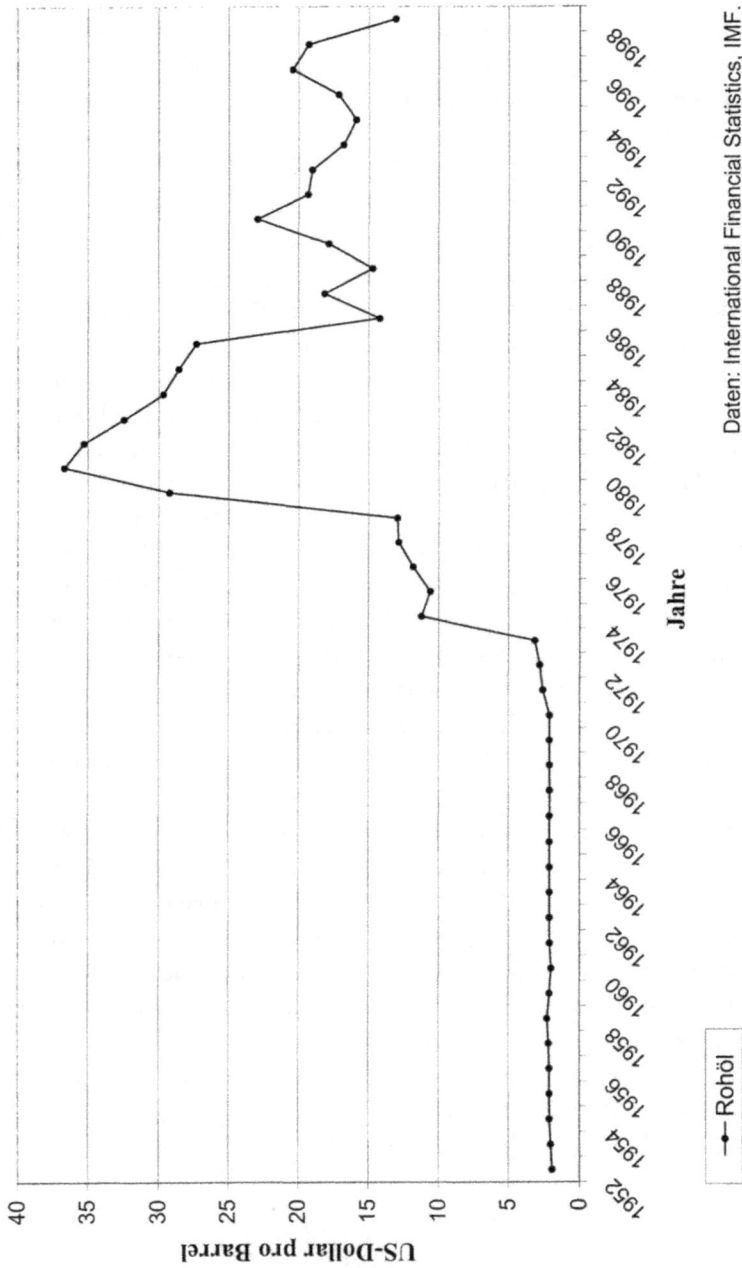

Daten: International Financial Statistics, IMF.

163

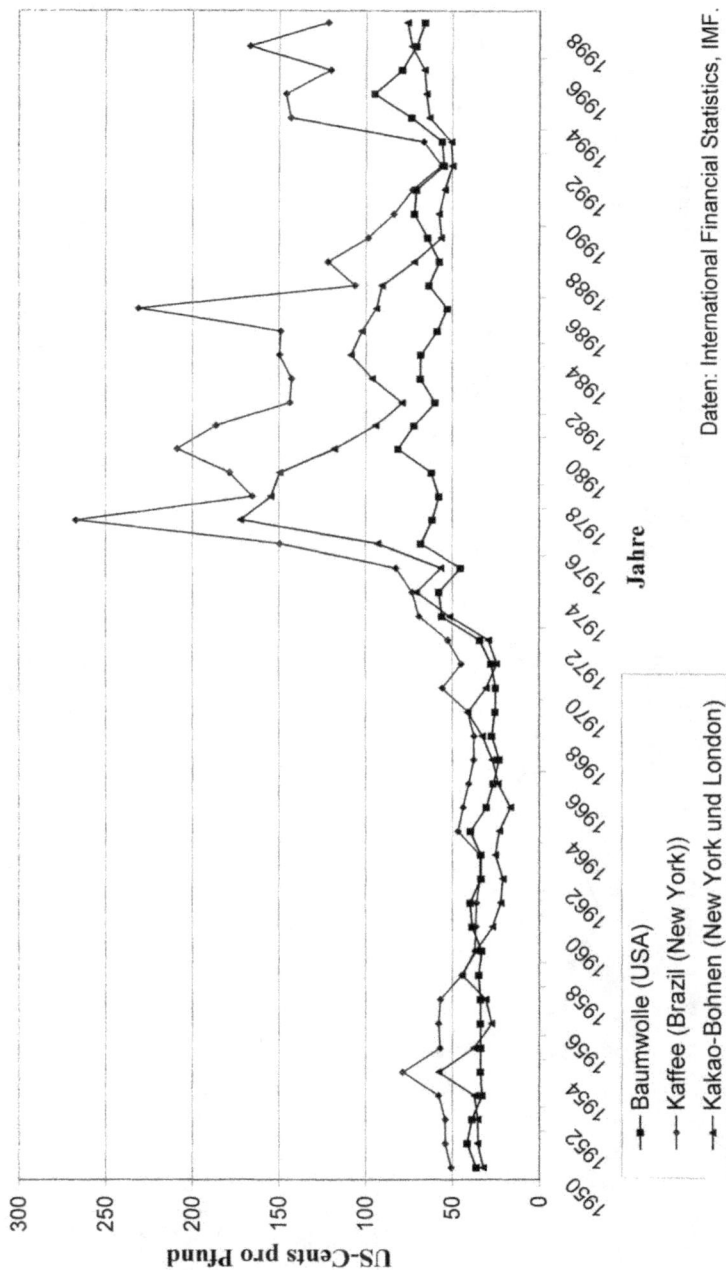

Abb. 8 Entwicklung der Weltmarktpreise für bedeutende agrarische Exportgüter der CFA-Franc-Zone

Daten: International Financial Statistics, IMF.

Abb. 9 Entwicklung von Einfuhr-, Ausfuhrpreisindex und Terms of Trade in der afrikanischen Franc-Zone

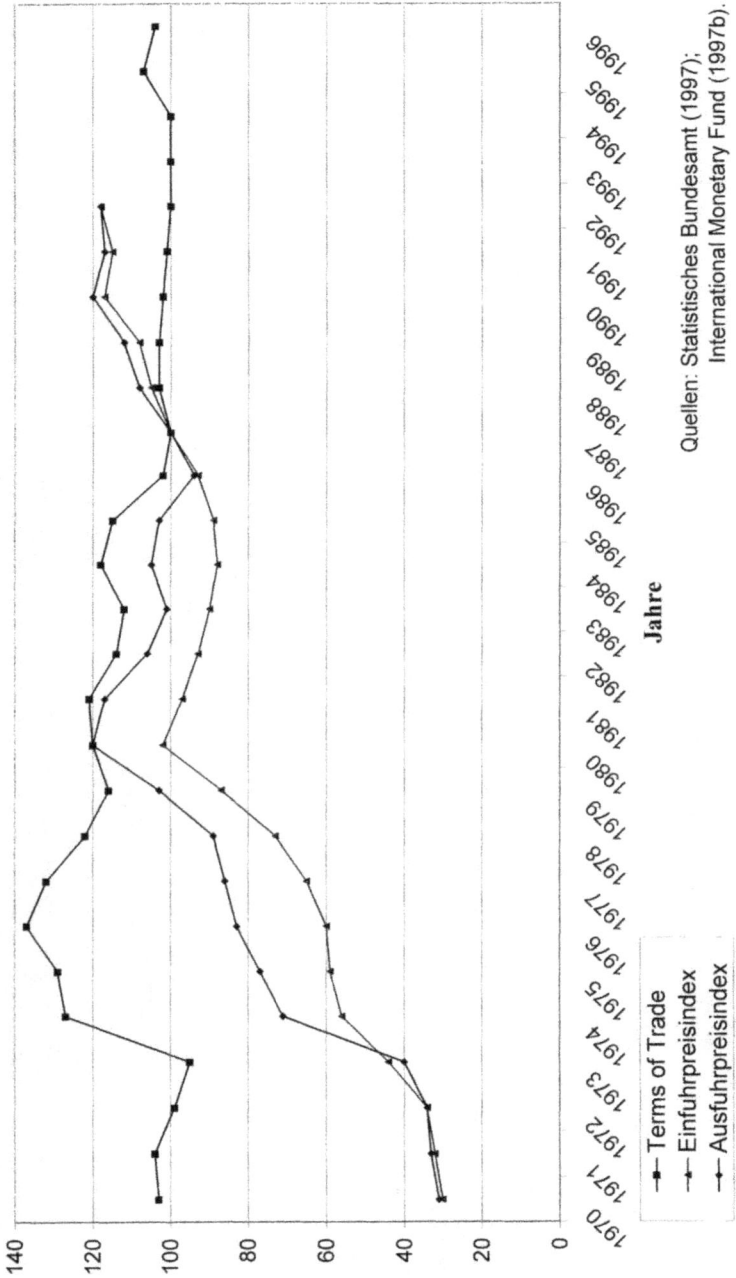

Jahre

Quellen: Statistisches Bundesamt (1997);
International Monetary Fund (1997b).

Terms of Trade
Einfuhrpreisindex
Ausfuhrpreisindex

Darüber hinaus ist zu beachten, daß die *Windfall Profits* in den erdölproduzierenden Staaten der zentralafrikanischen Subzone grundsätzlich höher ausfielen als in den überwiegend agrarische Rohstoffe exportierenden Ländern der westafrikanischen Subzone, in welcher mit der allgemeinen Erhöhung der Exportpreise eine durch die Verteuerung des Erdöls initiierte Steigerung der Importpreise einherging[154].

Unter Vernachlässigung der länderspezifischen Gegebenheiten stagnierten die *Terms of Trade* der gesamten afrikanischen Franc-Zone in den Perioden 1970 bis 1973 und 1986 bis 1994 um den Wert 100 des Basisjahres 1987 (Abbildung 9)[155]. Zwischen 1973 und 1976 verbesserten sich die Terms of Trade von 95 auf annähernd 140, d.h. infolge abweichender weltweiter Preisentwicklungen für Rohstoffe und Industrieerzeugnisse stiegen die Exporterlöse der Franc-Zonen-Staaten in jener Periode deutlich stärker als die Importkosten. Aufgrund einer inversen relativen Preisentwicklung zwischen Export- und Importgütern verschlechterten sich hingegen in den folgenden zehn Jahren die Terms of Trade sukzessive bis zurück auf das Ausgangsniveau von 100.

1.2 Problematik der "Holländischen Krankheit"

Im folgenden soll aufgezeigt werden, inwieweit sich Staaten der CFA-Franc-Zone in den siebziger Jahre durch das unvorhersehbar starke Ansteigen der Exporteinnahmen mit der sogenannten "Holländischen Krankheit" infiziert haben[156]. Ausgangspunkt dieses Phänomens ist ein Exportboom, der entweder

---

[154] So wurden noch Mitte der achtziger Jahre nicht nur die zur internationalen Entwicklungsländerkategorie der LLDCs (*Least Developed Countries*) zählenden Franc-Zonen-Staaten Benin, Burkina Faso, Mali, Niger, Tschad sowie die Zentralafrikanische Republik in die besonders von Erdölpreissteigerungen betroffene Staatengruppe der MSAC (*Most Seriously Affected Countries*) eingestuft, sondern auch die Elfenbeinküste, Senegal und sogar Kamerun.

[155] Statistisches Bundesamt (1997), S.131; International Monetary Fund (1997b), S.25.

[156] Die Erfahrungen einiger Exporteure mineralischer Rohstoffe haben nicht nur eine Diskussion über die Effekte einer in Boomphasen möglicherweise erwachsenen "Holländische Krankheit" entfacht, sondern zugleich auch die grundsätzliche Frage aufgeworfen, ob die Ausstattung mit Bodenschätzen nicht einen Fluch für die Entwicklung eines Landes darstellt. Ohne damit eine Kausalität zwischen der Ausbeutung mineralischer Rohstoffe und der Entwicklung eines Landes zu implizieren, kann allerdings festgestellt werden, daß die gesamte Gruppe stark auf mineralischen Rohstoffen

durch einen Mengeneffekt (Erschließung großer niederländischer Erdgasvor-
kommen in den sechziger Jahren) oder, wie im Falle der CFA-Franc-Zone,
durch einen Preiseffekt zu unerwartet hohen Devisenzuflüssen führt. Unter sonst
gleichbleibenden Umständen steigt im Inland somit das Einkommen, dessen
Verwendung schließlich die inländischen Preise erhöht[157]. In Anbetracht der
potentiellen Substituierbarkeit durch Importgüter orientieren sich dabei die Preise handelbarer Güter am Weltmarkt und steigen folglich gar nicht oder zumindest weniger stark als die Preise der von ausländischer Konkurrenz weniger
stark betroffenen nicht-handelbaren Güter.

Unterstellt man einen konstanten nominalen Wechselkurs, so impliziert das primär durch die Preisentwicklung der nicht-handelbaren Güter verursachte Ansteigen des allgemeinen inländischen Preisniveaus eine Verschlechterung der
internationalen Wettbewerbsfähigkeit, welche nun den von der boomenden Rohstoffbranche abzugrenzenden sonstigen Sektor handelbarer Güter tangiert. Im
Rahmen der im Inland stattfindenden Strukturveränderungen ist dieser Sektor
infolge sinkender Renditen von Ressourcenabwanderungen in Richtung des
Sektors nicht-handelbarer Güter und der boomenden Rohstoffbranche betroffen.
Hingegen wandern sowohl aus dem Sektor nicht-handelbarer Güter als auch
dem Sektor der übrigen handelbaren Güter Arbeitskräfte und Kapital in die
boomende Rohstoffbranche, welche aufgrund der gestiegenen Rendite insbesondere höhere Löhne konzedieren kann. Prinzipiell ist die preisinduzierte Änderung der Produktionsstruktur mit der klassischen Theorie komparativer Kostenvorteile konform. Allerdings können infolge der Ingangsetzung eines kumulati-
ven Inflationsprozesses unter Beibehaltung des nominalen Wechselkurses
suboptimale "Überanpassungen" auftreten. Dabei gehen das Wachstum des von
ausländischer Konkurrenz abgeschirmten Sektors nicht-handelbarer Güter, wie
auch das Ausmaß verstärkter Importe und verminderter Exporte über das jeweilige optimale Gleichgewicht hinaus[158].

Außerdem kann selbst eine gemäß dem Postulat der internationalen Arbeitsteilung optimale Modifizierung der inländischen Produktionsstruktur - verstärkte
Hinwendung zur Rohstoffproduktion und Vernachlässigung des Auf- oder Aus-
baus einer eigenen Industrie - zu Wohlfahrtsverlusten führen. Sofern die gegen-

---

basierender Volkswirtschaften langfristig hinsichtlich verschiedener Entwicklungsin-
dikatoren eher besser abgeschnitten hat als die Gruppe jener Länder ohne oder mit nur
geringer Ausstattung an Bodenschätzen [Davis (1995), S.1765f].

[157]   Claassen (1996), S.269f.

[158]   Coussy (1991), S.63f.

wärtige Verbesserung der *Terms of Trade* nur von kurzer Dauer ist, vermögen eventuell die mit der gemäß komparativer Kostenvorteile erfolgten Änderung und alsbaldigen Rückbildung der inländischen Produktionsstruktur verbundenen Transformationskosten die lediglich in einer kurzen Periode anfallenden Wohlstandsgewinne überzukompensieren. Des weiteren ist im Falle der Produktionsspezialisierung auf nicht-regenerierbare Rohstoffe wie der Erdölgewinnung in der zentralafrikanischen Franc-Zone zu beachten, daß die damit einhergehenden De-Industrialisierungseffekte eine nach der endgültigen Erschöpfung dieser mineralischen Rohstoffe erforderliche Neupositionierung des Landes im Rahmen der internationalen Arbeitsteilung zumindest erschweren. Schließlich erweisen sich Industriegüter im Vergleich zu Rohstoffen im allgemeinen als preisstabiler, so daß weniger Industriegüter und mehr Rohstoffe in der Exportpalette wohlfahrtsschädigende Konjunkturschwankungen verstärken können[159].

Zusammenfassend besteht das Hauptproblem der "Holländischen Krankheit" darin, im Falle plötzlich auftretender *Windfall Profits* bei der Rohstoffproduktion a priori eine richtige Prognose über die Dauerhaftigkeit der eingetretenen Verbesserung der *Terms of Trade* zu erstellen. Sofern diese *Windfall Profits* zutreffenderweise als kurzfristige Erscheinung identifiziert werden, kann im Idealfall der zur Überbewertung der nationalen Währung führende Strukturanpassungsprozeß rechtzeitig unterbunden werden. So vermag einerseits die Zentralbank die außergewöhnlich hohen Devisenzuflüsse zu sterilisieren, indem diese Erhöhung des Geldangebotes durch eine korrespondierende Reduzierung der inländischen Kreditvergabe ausgeglichen wird.

Andererseits können durch ein restriktives und selektives Ausgabeverhalten des öffentlichen Sektors die Preissteigerungstendenzen in einer boomenden Volkswirtschaft gemindert werden. Während staatliche Ausgaben für ausländische Investitionsgüter ohne heimische Substitute keinen Einfluß auf das inländische Preisniveau ausüben, wirken Ausgaben für nicht-handelbare Güter besonders preissteigernd.

Was die konkreten Erfahrungen der Franc-Zonen-Staaten mit dem zur Überbewertung des CFA-Franc führenden Mechanismus der "Holländischen Krankheit" anbelangt, läßt sich für die gesamte Gruppe festhalten, daß durch das Zulassen der Strukturverschiebungen in der Boomphase der Grundstock für den Verlust

---

[159] Claassen (1996), S.274f.

168

an internationaler Wettbewerbsfähigkeit nach dem baldigen Wegfall der *Windfall Profits* gelegt worden ist[160].

Zumindest a posteriori kann man festhalten, daß die meisten Mitgliedstaaten in inadäquater Weise auf die plötzlichen *Windfall Profits* reagierten. Ungeachtet der moderaten Entwicklung der Weltmarktnotierungen für Rohstoffe in den beiden vorangegangenen Jahrzehnten gingen nationale Regierungen der CFA-Franc-Zone fälschlicherweise davon aus, daß die Vervielfachung der Weltmarktpreise ab 1973 nicht eine vorübergehende Schwankung um einen langfristigen Preistrend, sondern eine dauerhafte Niveauerhöhung dieses Pfades sei. Folglich wurden die unerwartet hohen Devisenzuflüsse eben nicht im Sinne einer Konjunkturausgleichsrücklage für kommende Rezessionen thesauriert, dafür

---

[160]   Exemplarisch zeigt sich der Verlauf der "holländischen Krankheit" in der Elfenbeinküste, dem ökonomisch bedeutsamsten Staat der westafrikanischen Franc-Zone. Hauptsächlich infolge gestiegener Weltmarktpreise für die Hauptexportgüter Kaffee und Kakao verbesserten sich die *Terms of Trade* des Landes zwischen 1973 und 1977 um 50 Prozent, wohingegen ein entsprechender Preisverfall zu einer Verschlechterung der Terms of Trade um 40 Prozent zwischen 1977 und 1980 führte. Über den Stabilisierungsfonds CSSPPA - der eigentlich zur Verstetigung bäuerlicher Einkommen konzipiert wurde, aber in der Praxis zusehends über die administrative, vom *"Président-Paysan"* F. Houphouet-Boigny höchstpersönlich gelenkte Festlegung unter dem Weltmarktniveau liegender Ankaufspreise zur staatlichen Einnahmequelle degenerierte - floß ein erheblicher Teil der Devisen des Landes durch öffentliche Hände. Die *Windfall Profits* aus dem Rohstoffboom und der erleichterte Zugang zu ausländischen Krediten verleiteten den Staatssektor zu einer prozyklischen Ausgabenpolitik, welche Preise und Löhne der in einer Hochkonjunkturphase befindlichen Volkswirtschaft weiter steigen ließen. Mit dem Abschwung ab 1977 war die Elfenbeinküste schließlich zunehmend mit dem Verlust an internationaler Wettbewerbsfähigkeit konfrontiert, da der nominale Wechselkurs als Anpassungsmechanismus nicht zur Verfügung stand, und Produktivitätsfortschritte sowie Nominallohnsenkungen nicht ausreichten, um den eine Überbewertung anzeigenden realen effektiven Wechselkurs (ungefähr 25 Prozent im Jahre 1980, während 10 Jahre zuvor keine Abweichung bestand) zu korrigieren [Collange/Plane (1994), S.6f; Nowak (1994), S.53f].

Hingegen betrieb Kamerun als bedeutendstes Land der zentralafrikanischen Franc-Zone zumindest in den ersten Expansionsjahren eine vorsichtige Finanzpolitik und konnte somit zumindest in dieser Phase jene durch Preisrelationsänderungen hervorgerufenen neuen Produktionsstrukturen vermeiden, deren Rückbildung sich beim späteren Wegfall der *Windfall Profits* als schwierig erweist [Coussy (1991), S.72f; Benjamin (1994), S.235f].

aber für ehrgeizige, teils unrentable Investitionsvorhaben und soziale Wohltaten verwendet[161]. Unter Mißachtung jeglichen Vorsichtsprinzips wurde darüber hinaus mittels zu jener Zeit günstiger Auslandskredite die inländische Inflation durch die Realisierung zusätzlicher staatlicher Projekte angeheizt.

Dieses Verhaltensmuster einer prozyklischen Ausgabenpolitik mit seinen inflationären Effekten in einer boomenden Volkswirtschaft ist vor dem Hintergrund zu sehen, daß gut ein Jahrzehnt nach der politischen Unabhängigkeit der afrikanischen Staaten die unverhofften *Windfall Profits* eine Gelegenheit boten, den Entwicklungsprozeß, der - nicht zuletzt aufgrund wirtschaftspolitischer Fehlentscheidungen - hinter den im Jahre 1960 gesteckten Erwartungen zurückblieb, schlagartig voranzutreiben.

Unter Nutzung verbleibender Spielräume der limitierend auf die Geldemission wirkenden Regelungen der franko-afrikanischen Währungskooperation (vgl. Kapitel B 2.2) wurde die prozyklische Fiskalpolitik der Mitgliedstaaten von den Zentralbanken BCEAO und BEAC durch eine permissive Geldpolitik begleitet. Daß in der betrachteten Hochkonjunkturphase keine zur Eindämmung inflationärer Tendenzen angemessene restriktive Geldpolitik eingeleitet wurde, ist nicht zuletzt auf die statutengemäße Auslassung des Ziels der Preisniveaustabilität sowie auf die aus der traditionell bestehenden Personalunion zwischen Trägern der Geld- und Fiskalpolitik resultierende mangelnde Unabhängigkeit beider supranationalen Zentralbanken zurückzuführen. Schließlich legt in der westafrikanischen Franc-Zone der Ministerrat den Rahmen für die Geld- und Kreditpolitik fest - wobei darüber hinaus der Verwaltungsrat der BCEAO von Repräsentanten der nationalen Finanzministerien bzw. Schatzämter dominiert wird, während im Falle der zentralafrikanischen Franc-Zone der Verwaltungsrat der BEAC die Finanzminister der afrikanischen Mitgliedstaaten umfaßt.

Die CFA-Franc-Zone verzeichnete zwischen 1970 und 1985 eine massive nominale Geldmengenexpansion mit zumeist zweistelligen und zeitweise über 40prozentigen jährlichen Wachstumsraten (Abbildung 10)[162]. Angesichts der

---

[161]   Delage/Massiera (1994), S.61.

[162]   Die Entwicklung der Geldmenge (Banknoten und Münzen, Giralgeld, Quasigeld) sowie der Gegenwerte (Inländische Kreditvergabe, Netto-Auslandsguthaben) in der Franc-Zone ist den Jahresberichten *La Zone Franc - Rapport Annuel* der Banque de France zu entnehmen. Neben gewissen Inkonsistenzen in den Zahlenreihen ist zur obigen Abbildung anzumerken, daß das Geldmengenwachstum in der westafrikanischen Franc-Zone in den Jahren 1983 und 1984 durch den Wiederbeitritt Malis zur UMOA leicht überzeichnet ist. Des weiteren verzichtet die Abbildung auf den expliziten Ver-

sich in den siebziger Jahren tendenziell stagnierend entwickelnden Netto-Auslandsguthaben war die Verneun- bzw. Versechzehnfachung der west- und zentralafrikanischen Geldmenge zwischen 1970 und 1985 somit im wesentlichen auf die Entwicklung der inländischen Kreditvergabe als weiterem Gegenwert zur Geldmenge zurückzuführen. Wenngleich in der ersten Hälfte der achtziger Jahre in der zentralafrikanischen Franc-Zone auch die steigenden Netto-Auslandsguthaben zur Ausdehnung der Geldmenge beitrugen, war der Anteil der inländischen, sprich zoneninternen, Kreditvergabe in der westafrikanischen Franc-Zone im Hinblick auf die beträchtlichen Netto-Auslandsverbindlichkeiten in jener Zeit um so bedeutsamer. Daß sich in der westafrikanischen Franc-Zone über mehrere Jahre eine auf die inländische Kreditvergabe zurückzuführende Geldmengenexpansion bei gleichzeitig zunehmenden Netto-Auslandsverbindlichkeiten vollzog, offenbart die praktischen Funktionsmängel des franko-afrikanischen Währungssystems bei der Beseitigung außenwirtschaftlicher Ungleichgewichte.

So schlug sich die allgemeine Erschöpfung der westafrikanischen Auslandsguthaben in negativen Salden des Verrechnungskontos der BCEAO beim französischen Schatzamt zwischen 1980 und 1984 nieder, ohne daß die Zentralbank wirksame Gegenmaßnahmen ergriff. Im Hinblick auf die festgeschriebene Dispositionsregel einer mindestens 20prozentigen Relation zwischen durchschnittlichen Auslandsguthaben und sofort fälligen Verbindlichkeiten wäre die BCEAO angesichts nunmehr sogar negativer Devisenbestände verpflichtet gewesen, unverzüglich mit diskretionären Instrumenten - wie einer Erhöhung des Diskontsatzes, einer Reduzierung der Refinanzierungskontingente oder sonstiger Kreditfazilitäten - die inländische Kreditvergabe einzudämmen. Daß statt dessen die Geldmenge "inländischer Herkunft" in der westafrikanischen Franc-Zone in der ersten Hälfte der achtziger Jahre unvermindert anwuchs, ist als klarer Regelverstoß gegen die franko-afrikanischen Währungsvereinbarungen zu werten. Eher aus politischer Rücksichtnahme intervenierte Frankreich nicht, zumal die mehrjährigen Devisenabflüsse an die BCEAO durch Devisenhinterlegungen der BCEAO und BCC beim französischen Schatzamt annähernd kompensiert wurden.

---

lauf der inländischen Kreditvergabe, da in den älteren Jahresberichten nicht die aufschlußreiche Unterteilung zwischen privatem und staatlichem Sektor vorgenommen wird.

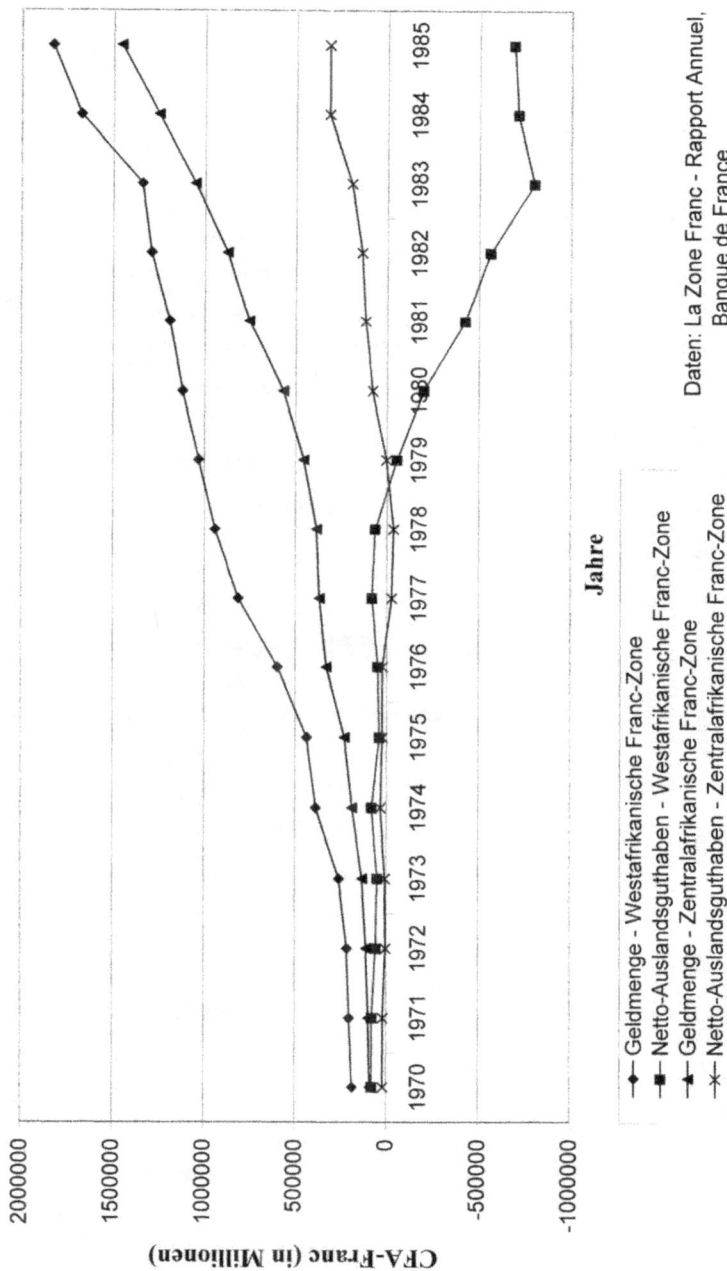

Abb. 10   Entwicklung der Geldmenge und Netto-Auslandsguthaben in der west- und zentralafrikanischen Franc-Zone,   1970 - 1985

Daten: La Zone Franc - Rapport Annuel, Banque de France

Jahre

CFA-Franc (in Millionen)

◆ Geldmenge - Westafrikanische Franc-Zone
■ Netto-Auslandsguthaben - Westafrikanische Franc-Zone
◀ Geldmenge - Zentralafrikanische Franc-Zone
✕ Netto-Auslandsguthaben - Zentralafrikanische Franc-Zone

172

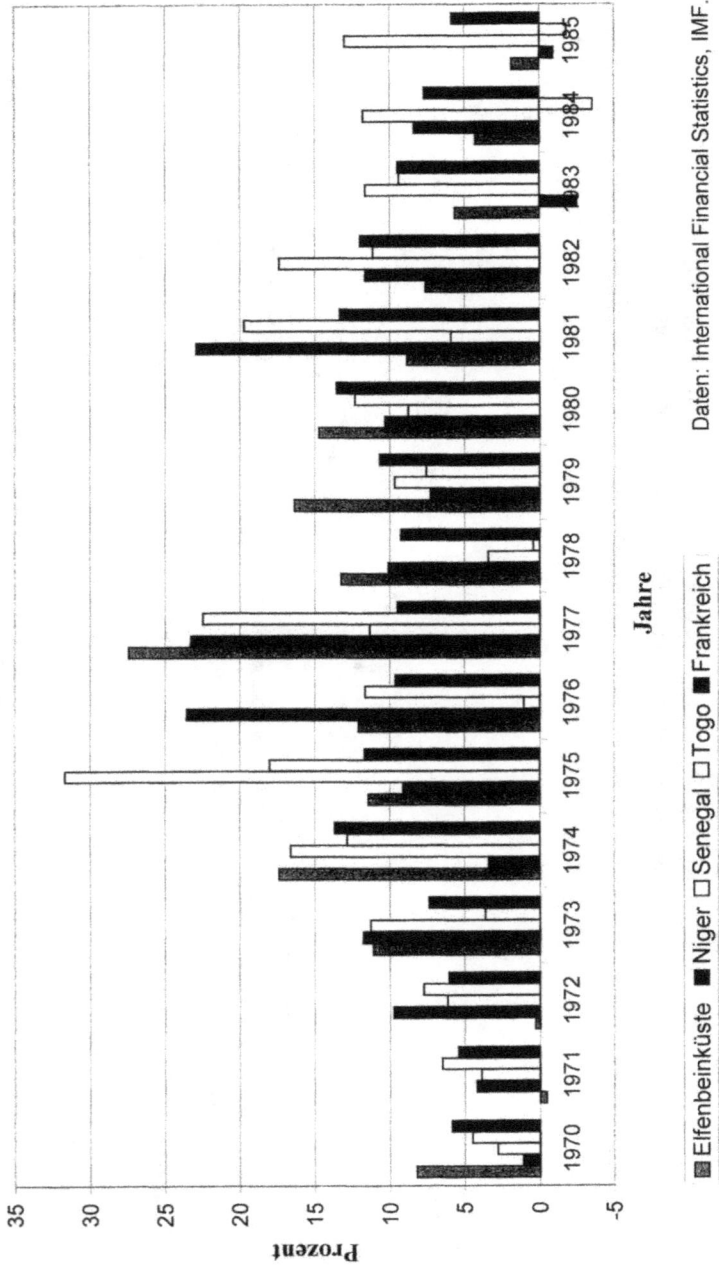

Abb. 11a Entwicklung der Verbraucherpreise in der westafrikanischen Franc-Zone, 1970 - 1985

Jahre

Prozent

Elfenbeinküste ■ Niger □ Senegal □ Togo ■ Frankreich

Daten: International Financial Statistics, IMF.

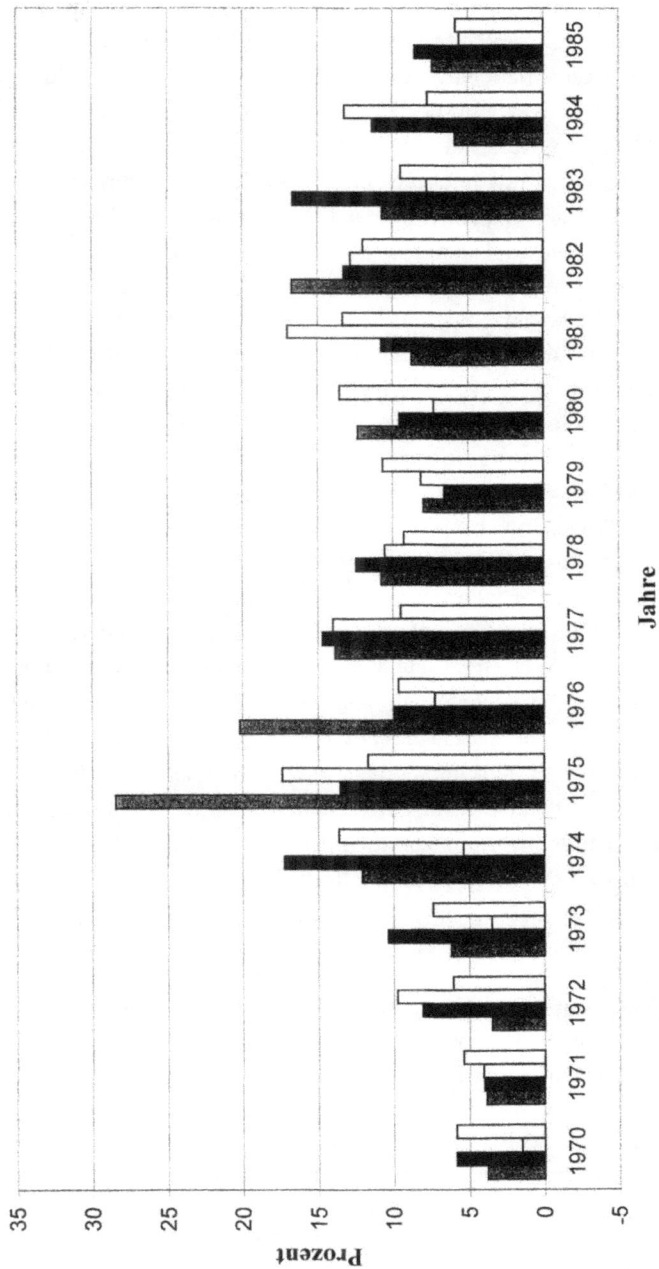

Abb. 11b Entwicklung der Verbraucherpreise in der zentralafrikanischen Franc-Zone, 1970 - 1985

Prozent

Jahre

Gabun ■ Kamerun ☐ Kongo ☐ Frankreich

Daten: International Financial Statistics, IMF.

174

Die monetäre Expansion in der CFA-Franc-Zone überstieg das zur Geldversorgung prosperierender Volkswirtschaften notwendige Ausmaß und schlug sich folglich in einer inflationären Entwicklung nieder. In den Abbildungen 11a und 11b wird die Entwicklung der Verbraucherpreise über den Zeitraum von 1970 bis 1985 für Mitgliedstaaten der CFA-Franc-Zone dargestellt[163]. Dabei ist zunächst festzustellen, daß ungeachtet der bestehenden Währungsunion die Preisentwicklung in den einzelnen frankoafrikanischen Mitgliedstaaten nicht kongruent verlief[164]. Dieses Phänomen tritt bei regional unterschiedlichen Preisentwicklungen für im Index enthaltene nicht-handelbare Güter auch in anderen einheitlichen Währungsräumen auf[165]. Die Divergenz der Verbraucherpreisindizes ist im Falle der damaligen CFA-Franc-Zone außerdem auf die Enge der nationalen Märkte bzw. das Fehlen eines einheitlichen Binnenmarktes zurückzuführen, wodurch die bei handelbaren Gütern prinzipiell gemäß dem "Gesetz des einheitlichen Preises" auftretende Konvergenz nationaler Preise - neben den transaktionskostenerhöhenden Mängeln der afrikanischen Infrastruktur - infolge staatlicher Reglementierungen der nationalen Güter- und Faktormärkte behindert oder verlangsamt wurde.

Unter Beachtung der zum einen 1975 zu verzeichneten Spitzenwerte von über 31 bzw. 28 Prozent im Senegal und in Gabun sowie zum anderen einzelner Jahre der Deflation in Westafrika läßt sich für den Zeitraum von 1970 bis 1985 festhalten, daß die durchschnittliche jährliche Erhöhung der Verbraucherpreise in den sieben aufgeführten Staaten der CFA-Franc-Zone insgesamt bei 9,9 Prozent lag. Demnach kann, absolut gesehen, nicht von einer Phase der Preisniveaustabilität in den frankoafrikanischen Staaten gesprochen werden. Andererseits herrschte nach dem Zusammenbruch des Bretton-Woods-Systems weltweit ein inflationäres Klima, welches durch die Rohstoffhausse und den Mißbrauch der Geldpolitik zu beschäftigungspolitischen Zwecken angeheizt wurde. Für die Ge-

---

[163] Infolge nicht ausreichend langer Datenreihen in den *International Financial Statistics* des Internationalen Währungsfonds und/oder aufgrund späterer Mitgliedschaft sind nicht alle aktuellen Staaten der CFA-Franc-Zone in beiden Abbildungen berücksichtigt.

[164] Siehe gleichfalls Boccara/Devarajan (1993).

[165] Auch im Euro-Raum oder selbst innerhalb von Nationalstaaten gleichen sich weder regionale Preisniveaus, noch Inflationsraten vollständig an, sofern sich aufgrund struktureller Unterschiede Angebot und Nachfrage nach nicht-handelbaren Gütern zwischen den einzelnen Regionen abweichend entwickeln [Gern (1999), S.335].

samtheit der afrikanischen Staaten war mit 13,5 Prozent eine noch höhere durchschnittliche jährliche Erhöhung der Verbraucherpreise zu verzeichnen.

Angesichts der festen Anbindung des CFA-Franc an den Französischen Franc ist
gemäß der Kaufkraftparitätentheorie die Inflationsentwicklung in Frankreich
von entscheidender Bedeutung für die glaubwürdige Aufrechterhaltung der offiziellen Parität zum nominalen Anker. Unter Vernachlässigung der Preisentwicklungen in den einzelnen afrikanischen Mitgliedstaaten und bei Zugrundelegung aggregierter Länderwerte scheint der CFA-Franc im betrachteten Zeitraum
angesichts der monetären Entwicklung im Leitwährungsland gegenüber dem
Französischen Franc eher mäßig überbewertet gewesen zu sein[166]. In Frankreich
lag die durchschnittliche jährliche Erhöhung der Verbraucherpreise zwischen
1970 und 1985 bei 9,4 Prozent und damit im Bereich des für die CFA-Franc-
Zone ermittelten Wertes von 9,9 Prozent. Die Abbildungen 11a und 11b veranschaulichen darüber hinaus, daß sich die ungewichteten durchschnittlichen Verbraucherpreise der west- und zentralafrikanischen Franc-Zone sowie Frankreichs zwischen 1970 und 1985 tendenziell gleichgerichtet entwickelten, wenngleich in der CFA-Franc-Zone in den Boomjahren 1975 bis 1977 deutlich höhere Preissteigerungen als im Leitwährungsland zu verzeichnen waren.

Die in Frankreich verfolgte expansive Geldpolitik ermöglichte den Trägern der
Geldpolitik in der CFA-Franc-Zone eine vergleichbare monetäre Expansion wie
im Leitwährungsland, ohne daß die Parität zwischen CFA-Franc und Französischen Franc nachhaltig gefährdet war. Dies wiederum begünstigte die aktive Finanzierung des staatlich gelenkten, sich alsbald als ineffizient erweisenden Entwicklungsprozesses der Mitgliedstaaten durch die Zentralbanken und förderte
die Kultur einer laxen Fiskalpolitik in der CFA-Franc-Zone. Infolge entsprechender Defizite im Leitwährungsland selbst konnte somit in der Periode zwischen 1970 und 1985 über die Anbindung des CFA-Franc an den Französischen
Franc weder monetäre Stabilität, noch fiskalische Disziplin importiert werden.
So stiegen in Frankreich die Verbraucherpreise jährlich um durchschnittlich
mehr als einen Prozentpunkt stärker als in der Gruppe der Industriestaaten insgesamt.

---

[166] Im Falle der Elfenbeinküste bekräftigt eine ökonometrische Studie unter Zugrundelegung des "Verbraucherpreisindizes europäischer Art" sowie des französischen
Verbraucherpreisindizes eine Unterbewertung des CFA-Franc gegenüber dem Französischen Franc in der gesamten Periode 1958 - 1976 sowie im Jahre 1985 und eine
Überbewertung zwischen 1977 und 1984 [Echimane (1990), S.46f].

Die in der CFA-Franc-Zone in jener Phase realisierte Geld- und Fiskalpolitik wäre bei einer hypothetischen Anbindung an ein deutlich preisstabilitätsorientierteres Leitwährungsland wie Deutschland, wo die jährliche Erhöhung des Verbraucherpreisindex im Durchschnitt der Jahre 1970 bis 1985 lediglich 4,6 Prozent betrug, nicht dauerhaft unter Beibehaltung der Parität zur Deutschen Mark aufrechtzuerhalten gewesen. Die in diesem fiktiven Falle infolge deutlicher Inflationsdivergenzen im Zeitablauf stetig zunehmende Überbewertung des CFA-Franc gegenüber der Deutschen Mark hätte vor dem Hintergrund des drohenden Glaubwürdigkeitverlustes bei einer Paritätenänderung zumindest den Druck auf die afrikanischen Entscheidungsträger zur Befolgung einer disziplinierteren Geld- und Fiskalpolitik erhöht.

Der Mangel an monetärer und fiskalischer Disziplin in der CFA-Franc-Zone wurde spätestens Mitte der achtziger Jahre durch die Verschlechterung der globalen Rahmenbedingungen offenkundig und erforderte eine Abkehr von bisherigen Verhaltensmustern, wobei sich der Umdenkungsprozeß bei den politischen Entscheidungsträgern in Afrika und Frankreich sehr langsam vollzog.

Als Fazit läßt sich somit festhalten, daß die inflationären und fiskalischen Fehlentwicklungen zwischen 1970 und 1985 eher und überwiegend auf der Bindung des CFA-Franc an einen vergleichsweise instabilen nominalen Anker beruhten. Die Inflation in der betrachteten Periode war somit nur begrenzt heimischen Ursprungs - es sei denn, man stelle auf den wohl fehlenden Willen der geldpolitischen Entscheidungsträger in Afrika zur Bekämpfung der importierten Inflation ab. Dies wäre mittels einer Aufwertung des CFA-Franc gegenüber dem Französischen Franc möglich gewesen.

2. Erosion der Wettbewerbsfähigkeit in den achtziger Jahren

Der Phase des durch den Rohstoffboom bedingten wirtschaftlichen Aufschwungs folgte in den achtziger Jahren die Zeit abnehmender internationaler Wettbewerbsfähigkeit der afrikanischen Staaten der Franc-Zone. Ursächlich wirkten ungünstige weltwirtschaftliche Rahmenbedingungen, auf welche die Staaten als im ökonomischen Sinne "kleine Länder" keinen Einfluß hatten und folglich als Mengenanpasser agieren mußten. Im folgenden wird aufgezeigt, inwieweit die *Built-in-Flexibility* des Währungssystems der CFA-Franc-Zone angemessen auf diese exogenen Schocks reagieren konnte.

2.1 Weltwirtschaftliche Rahmenbedingungen

Ab dem Jahre 1976 setzte eine trendmäßige Verschlechterung der *Terms of Trade* der afrikanischen Franc-Zone ein, wobei im Verlauf einer Dekade die vorausgegangene Verbesserung der *Terms of Trade* von einer annähernd gleich großen Verschlechterung kompensiert wurde[167]. Die *Terms of Trade* stagnierten schließlich zwischen 1986 und 1994 auf einem Niveau, das schon zu Beginn der siebziger Jahre vor dem Einsetzen des Rohstoffbooms erreicht wurde (vgl. Abbildung 9)[168]. Ein differenziertes Bild ergibt sich bei getrennter Betrachtung beider Subzonen. Die westafrikanischen Staaten waren in besonderer Weise von einem trendmäßigen, teils stark flukturierenden Rückgang der Rohstoffnotierungen im Verlauf der zweiten Hälfte der siebziger Jahre und bis in die neunziger Jahre hinein betroffen. So entsprachen die jahresdurchschnittlichen Weltmarktpreise für Kaffee und Kakao im Jahre 1992 weniger als einem Viertel bzw. Drittel der entsprechenden Werte des Jahres 1977 (vgl. Abbildung 8).

In der zentralafrikanischen Franc-Zone wurde die langfristig ungünstige Entwicklung der nominalen Rohstoffpreise zwischenzeitlich durch die - allerdings aus Sicht nicht-erdölproduzierender Staaten den zweiten Ölpreisschock markie-

---

[167] Zum detaillierten Verlauf der *Terms of Trade* der einzelnen Mitgliedstaaten im Zeitraum von 1960 bis 1996 siehe International Monetary Fund (2000c), S.13f. Diese Studie versucht die unterschiedliche Dauer von *Terms of Trade*-Schocks in 42 afrikanischen Staaten (inklusive Franc-Zone) zu schätzen und zu erklären. Während in gewöhnlich von kurzfristigen, negativen Schocks betroffenen Ländern (etwa Sahelstaaten) - mittels Rückgriff auf in- oder ausländische Ersparnisse - eventuell ein gewisser Spielraum zur Glättung des nationalen Konsumpfades besteht, ist im Falle von üblicherweise mit persistenten Schocks konfrontierten Staaten (etwa Gabun, Kongo) eine antizyklische Politik wenig erfolgversprechend, und daher die Anpassung an das neue Gleichgewicht ratsam.

[168] Bei der gängigen Verwendung des Konzepts der *Terms of Trade* zur Beurteilung der relativen Vorteilhaftigkeit des komplementären Handels zwischen Entwicklungs- und Industrieländern ist zu beachten, daß das Austausch- bzw. Preisverhältnis zwischen Rohstoffen und Industriegütern grundsätzlich einem *Quality Change Bias* unterliegt. Die gegenüber Rohstoffen deutlich höheren Qualitätsfortschritte bei Industriegütern erschweren eine Vergleichbarkeit beider Gütergruppen im Zeitablauf und führen per se zu einer Unterschätzung des Gegenwertes, den Entwicklungsländer im Austausch für ihre Rohstoffe erhalten.

rende - annähernde Verdreifachung der jahresdurchschnittlichen Weltmarktnotierungen für Rohöl zwischen 1978 und 1980 positiv überlagert. Die Mitgliedstaaten Gabun, Kamerun und Kongo profitierten aber nur temporär von außergewöhnlich hohen Devisenzuflüssen, denn binnen sechs Jahren fielen die nominalen Weltmarktpreise für Rohöl fast auf das Ausgangsniveau zurück und entwickelten sich seitdem uneinheitlich, deutlich unterhalb des historischen Höchststandes von 1980 (vgl. Abbildung 7).

Aufgrund ebenfalls rohstofflastiger und gering diversifizierter Exportstrukturen waren neben den Staaten der CFA-Franc-Zone auch andere afrikanische oder sonstige Entwicklungsländer vom langfristigen Trend rückläufiger Weltmarktpreise für bestimmte Rohstoffe bzw. einer Verschlechterung ihrer Terms of Trade betroffen. Zur Anpassung an die ungünstigeren globalen Rahmenbedingungen verfügten diese Staaten jedoch grundsätzlich über größeren währungspolitischen Spielraum als die Mitgliedsländer der CFA-Franc-Zone, in der aus institutionellen Gründen das Instrument der nominalen Abwertung aufgrund hoher Konsensfindungskosten faktisch nicht zur Verfügung stand. So wirkten sich schließlich Abwertungswettläufe in afrikanischen Nachbarländern und ein währungspolitischer Dogmenwechsel in Frankreich negativ auf die internationale Wettbewerbsfähigkeit der Staaten der CFA-Franc-Zone aus.

Betrachtet man die in Abbildung 12 dargestellte Entwicklung des nominalen Wechselkurses des CFA-Franc gegenüber dem als Fakturierungswährung für die Exporte der afrikanischen Franc-Zone bedeutsamen US-Dollar, so spiegelt sich hierin - mit Ausnahme des durch die Paritätenänderung zwischen CFA- und Französischem Franc gekennzeichneten Jahres 1994 - indirekt die nominale Wertentwicklung der französischen gegenüber der amerikanischen Währung wider.

Zwischen 1960 und 1968, d.h. von der politischen Unabhängigkeit der frankoafrikanischen Staaten bis hin zu den Mai-Unruhen in Frankreich, entsprach ein US-Dollar im jährlichen Durchschnitt geringfügig über 245 CFA-Franc bzw. 4,9 Französischen Franc. In der Folgezeit schwankte dieser Wert etwas stärker, zunächst wegen der politischen Ereignisse in Frankreich und anschließend aufgrund des Zusammenbruchs des internationalen Festkurssystems von Bretton-Woods. Eine deutliche nominale Abwertung des Französischen Franc gegenüber dem US-Dollar setzte zu Beginn der achtziger Jahre ein, so daß sich der Wechselkurs des CFA-Franc zwischen 1980 und 1985 von 211 auf 449 CFA-Franc pro US-Dollar mehr als verdoppelte. Beachtet man, daß der Wechselkurs der Deutschen Mark gegenüber der amerikanischen Währung im gleichen Zeitraum

Abb. 12 Entwicklung des nominalen Wechselkurses CFA-Franc / US-Dollar

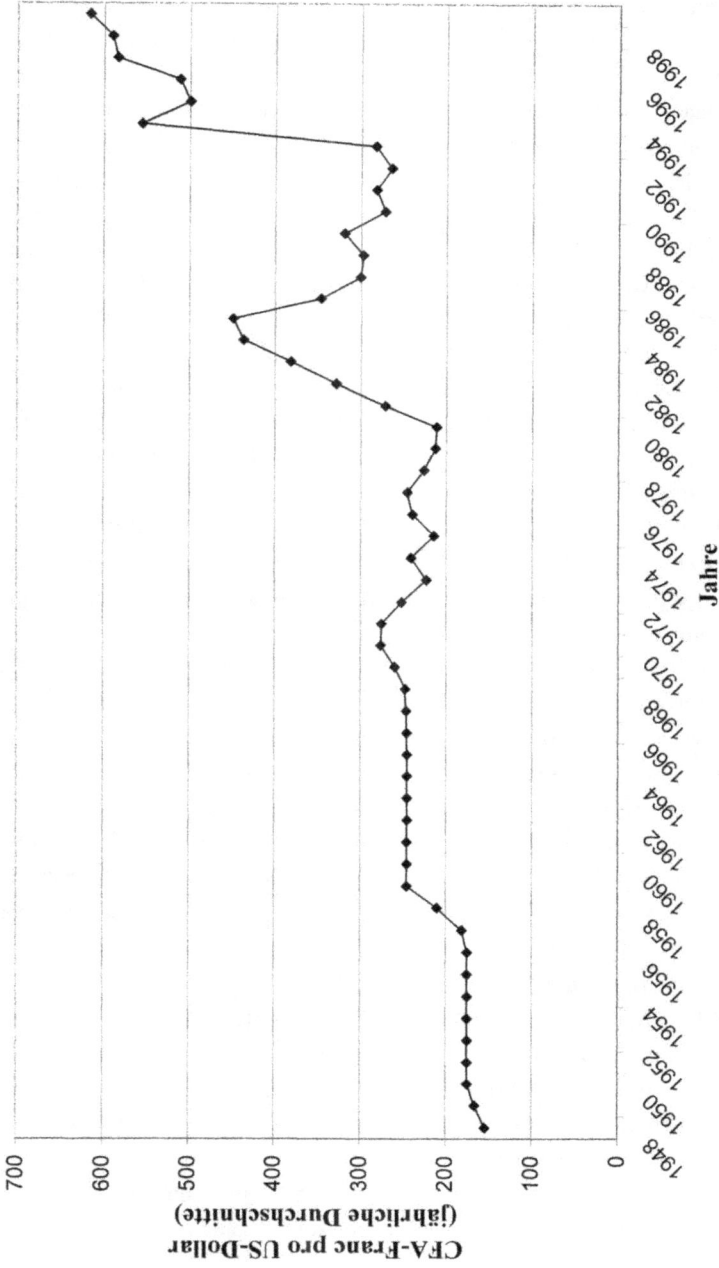

Daten: International Financial Statistics, IMF.

prozentual weniger stark als jener des Französischen Franc anstieg (+62 gegenüber +113), deutet dies, neben der allgemeinen Stärke des US-Dollar, auch auf
die relative Schwäche der französischen Währung hin.

Die Staaten der CFA-Franc-Zone wurden in jener Phase mit einem fortdauern-
den Nominaleffekt konfrontiert, wonach die in US-Dollar fakturierten Exporterlöse jährlich höheren Gegenwerten in CFA-Franc entsprachen. Vor dem Hintergrund einer uneinheitlichen Entwicklung der in US-Dollar notierten Weltmarktpreise für agrarische und mineralische Rohstoffe und unter Vernachlässigung der Mengenkomponente bedeutete dies, daß sich im Falle steigender
Weltmarktnotierungen die in CFA-Franc umgerechneten Gesamtexporteinnahmen zusätzlich erhöhten.

Hingegen wurde der negative Effekt sinkender Weltmarktpreise auf die in nationaler Währung ausgedrückten Exporteinnahmen der Franc-Zonen-Staaten durch
die nominale Aufwertung des US-Dollar gegenüber dem CFA-Franc zumeist
überkompensiert. Obwohl beispielsweise die jahresdurchschnittlichen Weltmarktpreise in US-Dollar für das in der zentralafrikanischen Franc-Zone bedeutsame Exportgut Erdöl zwischen 1980 und 1985 um insgesamt knapp 26 Prozent
sanken, erhöhte sich der Gegenwert für einen exportierten Barrel im gleichen
Zeitraum von ungefähr 7750 auf 12270 CFA-Franc.

Eine diametrale Wirkung entfaltete die Mitte der achtziger Jahre mit dem Plaza-
Abkommen der G 5-Konferenz begonnene "Politik des starken Franc" und die
damit verbundene nominale Aufwertung des Französischen Franc gegenüber
dem US-Dollar. Entsprechend fiel der jahresdurchschnittliche Wechselkurs des
CFA-Franc gegenüber dem US-Dollar von 449 im Jahre 1985 auf 346 im Folgejahr. Bis in die neunziger Jahre hielt die trendmäßige nominale Aufwertung
des CFA-Franc gegenüber dem US-Dollar an, der 1993 - dem Vorjahr der Paritätenänderungen in der afrikanischen Franc-Zone - im Durchschnitt knapp 283
CFA-Franc entsprach.

Unter exemplarischer Zugrundelegung des Rohölexports bedeutete dies, daß
durch den kombinierten Effekt einer Halbierung der US-Dollar-Notierungen für
Rohöl an den Weltmärkten und der merklichen Aufwertung des Französischen
Franc gegenüber der amerikanischen Währung der Gegenwert für einen Barrel
Rohöl allein zwischen 1985 und 1986 von ungefähr 12270 auf 4930 CFA-Franc
schrumpfte. Wenngleich die Weltmarktpreise im Jahre 1993 im Vergleich zu
1986 wieder um knapp 17 Prozent höher lagen, entsprach ein Barrel Rohöl aufgrund der anhaltenden Stärke des Französischen Franc nur noch gut 4760 CFA-
Franc.

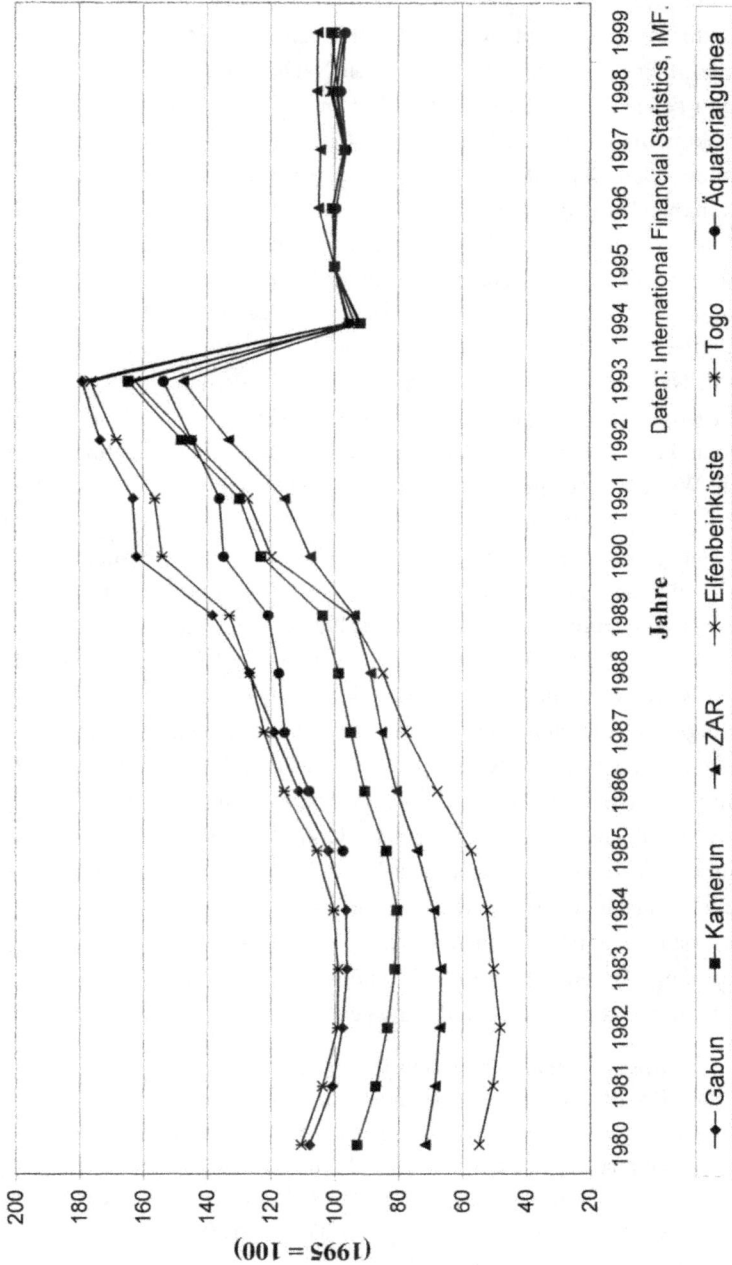

Abb. 13   Entwicklung des Nominal Effective Exchange Rate Index (NEER) in der CFA-Franc-Zone

Daten: International Financial Statistics, IMF.

Jahre

(1995 = 100)

Gabun — Kamerun — ZAR — Elfenbeinküste — Togo — Äquatorialguinea

In der zweiten Hälfte der achtziger Jahre verschlechterte sich die internationale Wettbewerbsfähigkeit der Franc-Zonen-Staaten zudem durch währungspolitische Maßnahmen in den anglophonen Nachbarländern Gambia, Ghana und Nigeria sowie im ehemals belgischen Kongo (Zaire). Diese, hinsichtlich Exportstruktur mit einzelnen Ländern der CFA-Franc-Zone konkurrierenden Staaten waren ebenfalls aufgrund des wirksamen Mechanismus der "Holländischen Krankheit" mit überbewerteten nationalen Währungen konfrontiert, reagierten hierauf allerdings, im Gegensatz zur CFA-Franc-Zone, Mitte der achtziger Jahre mit nominalen Wechselkursvariationen[169]. Wenngleich die durch diese Abwertungen erlangten Wettbewerbsvorteile infolge inadäquater begleitender Wirtschaftspolitik - insbesondere bei der Geld- und Lohnpolitik - zumeist nur temporärer Natur waren, führten wiederkehrende Abwertungen auch zu kurz- bis mittelfristigen Änderungen der Wettbewerbsposition der frankoafrikanischen Staaten und zur Umkehrung lokaler Handelsströme auf dem Kontinent[170].

Die Wertentwicklung des CFA-Franc spiegelt sich im Verlauf des vom IMF für sechs Mitgliedstaaten der CFA-Franc-Zone veröffentlichten *Nominal Effective Exchange Rate Index* (NEER) - der Darstellung des Verhältnisses der durchschnittlichen jährlichen Wechselkurse des CFA-Franc zu dem gewichteten geometrischen Durchschnitt der Wechselkurse ausgewählter Handelspartner oder Konkurrenten auf dem Weltmarkt - wider. Wenngleich gemäß Abbildung 13 der NEER der einzelnen Franc-Zonen-Staaten trotz gemeinsamer Währung, aber infolge divergierender Handelsstrukturen nicht identisch verlief, ergab sich dennoch ein gleichgerichteter Trend für die zwei west- und vier zentralafrikanischen Mitgliedstaaten. Während die NEER in der ersten Hälfte der achtziger Jahre tendenziell stagnierten, stiegen alle länderspezifischen Indizes ab Mitte des Jahrzehnts stetig an. Unbeschadet konzeptioneller und datenimmanenter Vorbehalte kennzeichnete dies eine kontinuierliche Überbewertung des CFA-Franc, die erst mit der nominalen Abwertung des Jahres 1994 korrigiert wurde.

Zusammenfassend wurden beide Subzonen der CFA-Franc-Zone spätestens ab Mitte der achtziger Jahre durch die generell ungünstige Entwicklung sowohl der

---

[169]   Devarajan/Melo (1990), S9f; vgl. auch NEER und REER gemäß *International Financial Statistics* des Internationalen Währungsfonds.

[170]   Besonders betroffen war beispielsweise der bedeutsame informelle Handel zwischen dem Franc-Zonen-Staat Benin und seinem anglophonen Nachbarn Nigeria. Dieser Warenaustausch basiert schon seit der Kolonialzeit auf phasenweise bestehenden monetären und handelspolitischen Disparitäten zwischen beiden Territorien [Caisse Française de Développement (1995), S.5f].

Rohstoffnotierungen als auch relevanter Wechselkurse mit strukturellen makroökonomischen Ungleichgewichten konfrontiert. Wenngleich die oben skizzierten Ursachen exogener Natur waren, verfügten die einzelnen Staaten der CFA-Franc-Zone prinzipiell über wirtschafts- und geldpolitischen Handlungsspielraum, um ihren für die internationale Wettbewerbsfähigkeit entscheidenden *Real Effective Exchange Rate Index* (REER), welcher den um relative Veränderungen der nationalen Preis- oder Kostenindikatoren zwischen dem betrachteten und ausgewählten Ländern angeglichenen *Nominal Effective Exchange Rate* Index darstellt, zu korrigieren.

2.2 Konzept der realen Anpassung

Der allgemeinen Verschlechterung des globalen Umfeldes bei gleichzeitigem breiten Konsens zur Beibehaltung der Parität von CFA- und Französischem Franc Rechnung tragend, ergriffen die Regierungen der CFA-Franc-Zone diverse Maßnahmen, um der Überbewertung der gemeinsamen Währung zu entgegnen. Unter dem Stichwort der "realen Anpassung" (*Ajustement réel*)[171] wurden neben Handelsinterventionen jene Maßnahmen im Bereich der Geld-, Fiskal- und Arbeitsmarktpolitik subsumiert, die als Ersatz einer nominalen Abwertung dienen sollten.

2.2.1 Geldpolitik

Selbst wenn bewußt auf das wirtschaftspolitische Instrument des nominalen Wechselkurses verzichtet wird, ist eine Verbesserung der internationalen Wettbewerbsfähigkeit grundsätzlich auch mit Hilfe der Geldpolitik möglich. Unter Zugrundelegung des Konzepts des realen effektiven Wechselkurses bedarf es zur Reduzierung der Überbewertung des CFA-Franc einer absoluten Senkung des inländischen Preisniveaus oder - realitätsnäher - einer hinter dem Anstieg der entsprechenden Indizes der Handelspartner und Konkurrenten auf dem Weltmarkt zurückbleibenden, weniger starken Erhöhung des inländischen Preisniveaus.

In Anbetracht der bestehenden festen Parität zwischen CFA-Franc und Französischem Franc ist die Geldpolitik in der CFA-Franc-Zone im Zusammenhang mit

---

[171]   Zerah (Bureau F 2 des französischen Schatzamtes) (1990), S.2f;
Plane (1994), S.207f; Krumm (1987), S.44f.

184

den monetären Entwicklungen im Leitwährungsland zu sehen. Jahrzehntelang zählte Frankreich aufgrund einer geringeren Gewichtung des wirtschaftspolitischen Ziels der Preisniveaustabilität im Bretton-Woods-System sowie im Europäischen Währungssystem zum Kreise der potentiellen Abwertungskandidaten[172] und ermöglichte den Zentralbanken der CFA-Franc-Zone somit eine expansivere Geldpolitik, als dies bei einer hypothetischen Anbindung des CFA-Franc an eine wiederkehrend Aufwertungstendenzen unterliegenden Leitwährung möglich gewesen wäre[173]. Die Mitte der achtziger Jahre von der *Banque de France* eingeleitete "Politik des starken Franc", deren konsequente Umsetzung sich am Ende des Jahrtausends mit der auf Preisniveaustabilität festgeschriebenen Europäischen Währungsunion kompatibel erweisen sollte, erforderte auch eine Revision der Geldpolitik der Zentralbanken der CFA-Franc-Zone.

Verglichen mit dem starken Geldmengenwachstum in der zuvor betrachteten Periode von 1970 bis 1985 verlief die Geldmengenentwicklung zwischen 1985 und 1993 deutlich restriktiver, während im Zuge der Abwertung 1994 wieder eine expansivere Tendenz zu verzeichnen war. Zwischen 1985 und 1993 stagnierte die Geldmenge in der westafrikanischen Franc-Zone, während diese in der zentralafrikanischen Subzone sogar tendenziell sank. Im Hinblick auf die in den Abbildungen 14a und 14b dargestellten Gegenwerte der Geldmenge wird ersichtlich, daß die negativen bzw. tendenziell um Null schwankenden Netto-Auslandsguthaben West- bzw. Zentralafrikas limitierend auf die Geldmengenexpansion wirkten. Hingegen ging ab 1994 mit der Erlangung - abwertungsbedingt - wieder nachhaltig positiver Netto-Auslandsguthaben ein Anstieg der Geldmenge einher, zumal die inländische, sprich zoneninterne Kreditvergabe, nicht sterilisierend reduziert wurde.

Speziell das Schwinden der Auslandsguthaben der BCEAO und BEAC stellte in den achtziger und zu Beginn der neunziger Jahre jene in beiden Zentralbankstatuten verankerte Dispositionsregel in den Vordergrund, wonach unverzüglich der jeweilige Verwaltungsrat einzuberufen ist, falls die Relation zwischen der Gesamtheit der Bruttoforderungen der Zentralbank gegenüber dem Ausland einerseits, und der Gesamtheit der im Umlauf befindlichen Banknoten und Münzen, sämtlicher Einlagen sowohl der Kreditinstitute, des staatlichen Sektors als

---

[172]   Vgl. Neurrisse (1987), S.105f.

[173]   In diesem Zusammenhang wäre die monetäre Entwicklung Togos im Falle der Realisierung des zu Beginn der sechziger Jahre intendierten Leitwährungswechsels vom Französischen Franc hin zur Deutschen Mark ein interessanter Vergleichsmaßstab gewesen.

auch der Privaten und Unternehmen bei der Zentralbank sowie kurz vor der Durchführung stehender Überweisungen andererseits, in drei aufeinanderfolgenden Monaten auf 20 Prozent oder darunter fällt. In Anbetracht der strukturellen Schwäche der Auslandsguthaben zählten zu den adäquaten Gegenmaßnahmen der Verwaltungsräte in erster Linie die Reduzierung der Refinanzierungskontingente oder sonstiger Kreditfazilitäten.

Eine Aufschlüsselung der tendenziell gesunkenen inländischen Kreditvergabe offenbart, daß in der zentralafrikanischen Franc-Zone in dieser Phase die Kreditvergabe an den staatlichen Sektor stark, und zwar zu Lasten des privaten Sektors, ausgeweitet wurde. Im Jahre 1986 betrugen die relativen Anteile noch 6,3 bzw. 93,7 Prozent, wohingegen 1993 die inländische Kreditvergabe an den staatlichen Sektor 46,6 Prozent, an den privaten Sektor 53,4 Prozent des Gesamtkreditvolumens umfaßte. Hingegen betrug die Relation in der westafrikanischen Franc-Zone in beiden Jahren ungefähr eins zu fünf, wobei zwischenzeitlich auf den privaten Sektor sogar ein noch größerer Anteil an der gesamten inländischen Kreditvergabe entfiel[174].

Die in der CFA-Franc-Zone verfolgte restriktive Geldpolitik spiegelt sich in der Entwicklung der Preisniveaus wider. Dem in den Abbildungen 15a und 15b dargestellten Verlauf der Verbraucherpreise zwischen 1986 und 1999 ist zu entnehmen, daß innerhalb der CFA-Franc-Zone weiterhin deutlich unterschiedliche jährliche Veränderungsraten zu verzeichnen waren, was auf die fortwährende mangelhafte intraregionale Integration der Märkte hindeutet. Im Vergleich zu der zuvor betrachteten Periode von 1970 bis 1985 entwickelten sich die Verbraucherpreise in der CFA-Franc-Zone auf einem deutlich moderateren Niveau, wenngleich dieses nach dem abwertungsbedingten starken Preisanstieg des Jahres 1994 erst allmählich wieder erreicht wurde.

Im Falle der westafrikanischen Franc-Zone kann angesichts einer ungewichteten, durchschnittlichen jährlichen Erhöhung der Verbraucherpreise in fünf Mitgliedstaaten[175] um lediglich 0,14 Prozent von einer generellen Situation der absoluten Preisniveaustabilität oder eher schon leichten Deflation zwischen 1986 und 1993 gesprochen werden. Allerdings ist zu beachten, daß in der Elfenbeinküste, dem ökonomisch bedeutendsten Land, die Verbraucherpreise jährlich

---

[174] Angesichts der Existenz halbstaatlicher Unternehmen ist die Abgrenzung zwischen privatem und staatlichem Sektor grundsätzlich unscharf.

[175] Eine Einbeziehung der drei übrigen aktuellen Staaten der westafrikanischen Franc-Zone ist nicht sinnvoll, da im Falle Benins und Malis die notwendigen Zahlenreihen Lücken aufweisen und Guinea-Bissau erst 1997 der Franc-Zone beitrat.

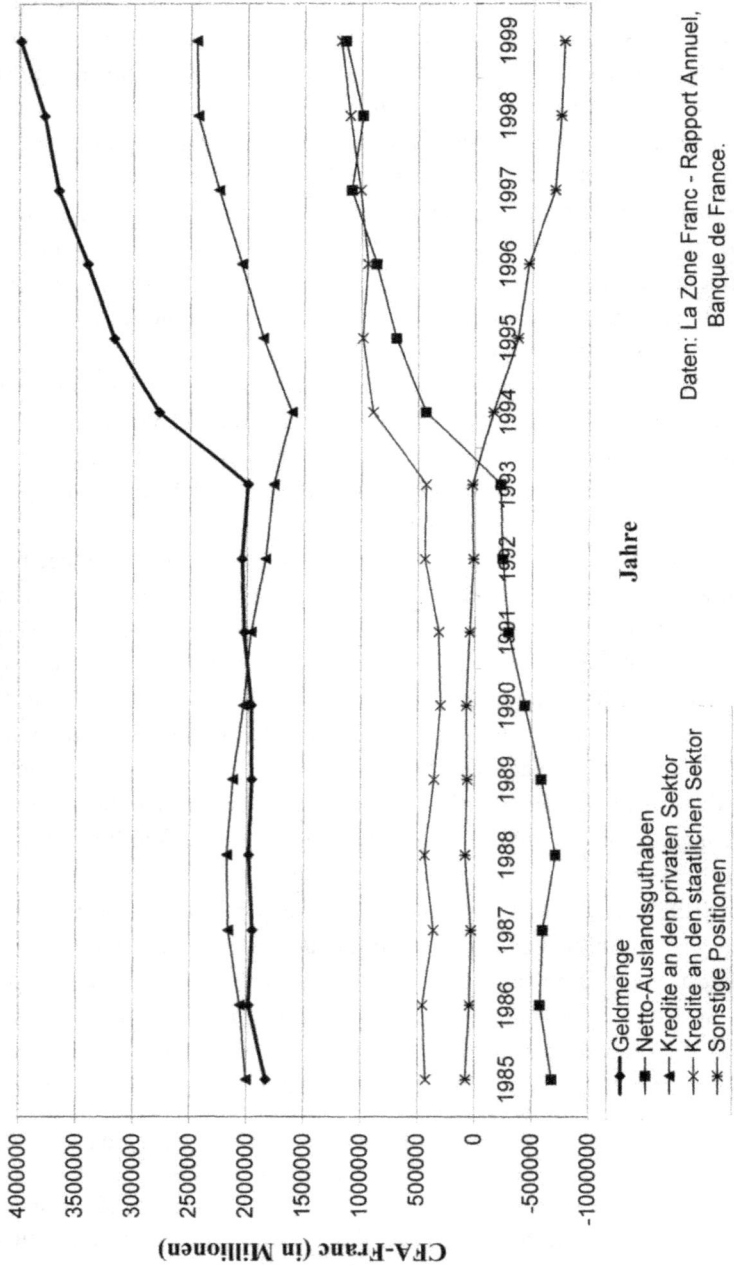

Abb. 14a   Entwicklung der Geldmenge und ihrer Gegenwerte in der
westafrikanischen Franc-Zone,   1985 - 1999

CFA-Franc (in Millionen)

Jahre

Daten: La Zone Franc - Rapport Annuel,
Banque de France.

— Geldmenge
— Netto-Auslandsguthaben
— Kredite an den privaten Sektor
— Kredite an den staatlichen Sektor
— Sonstige Positionen

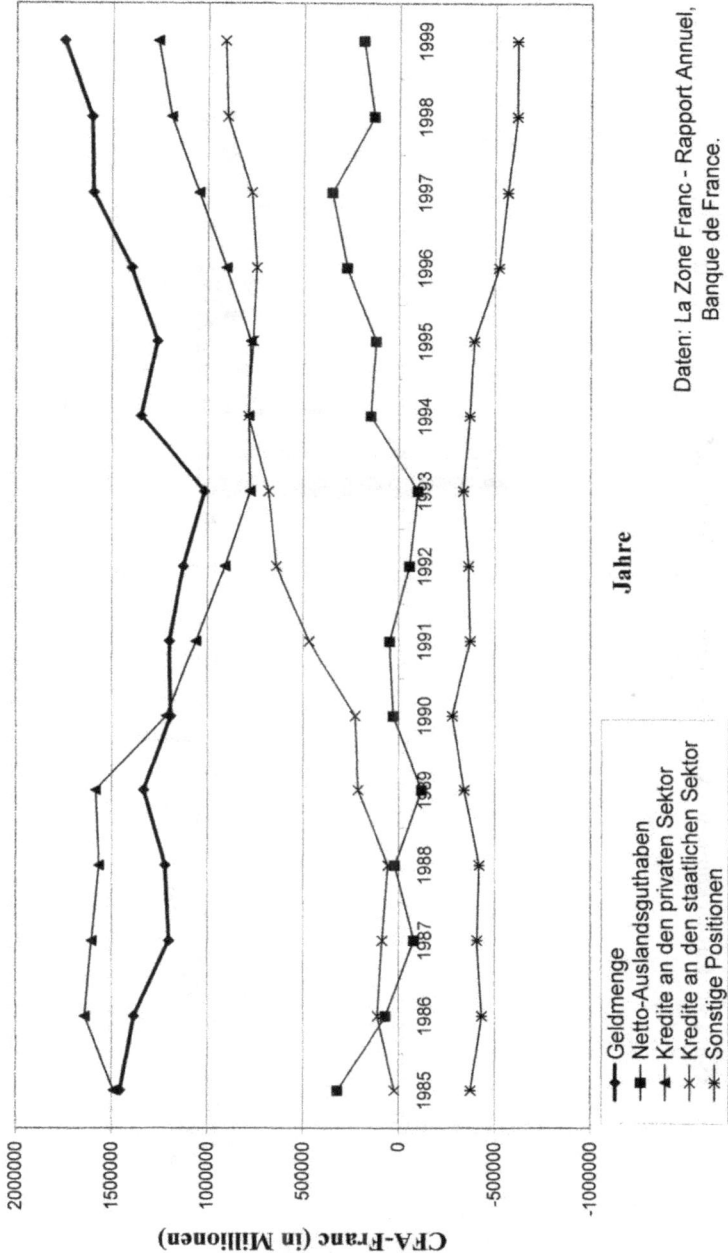

Abb. 14b Entwicklung der Geldmenge und ihrer Gegenwerte in der zentralafrikanischen Franc-Zone, 1985 - 1999

CFA-Franc (in Millionen)

Jahre

Daten: La Zone Franc - Rapport Annuel, Banque de France.

Geldmenge
Netto-Auslandsguthaben
Kredite an den privaten Sektor
Kredite an den staatlichen Sektor
Sonstige Positionen

188

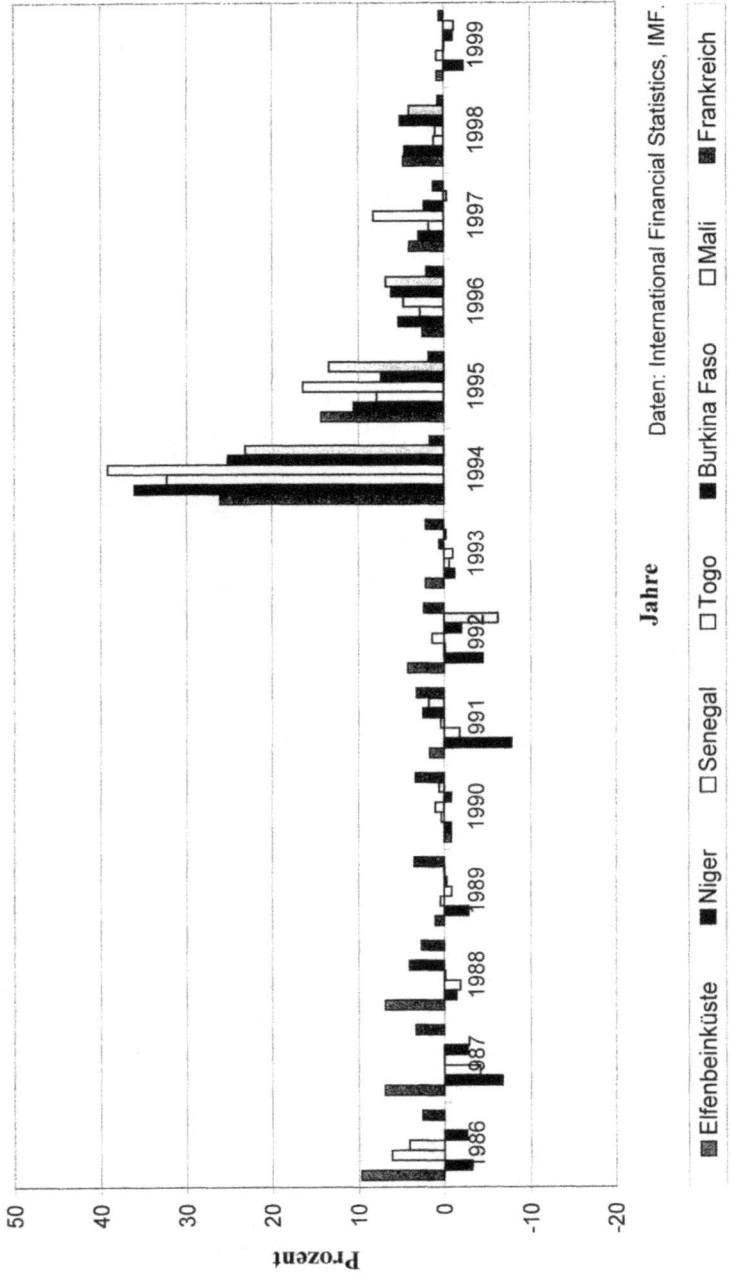

Abb. 15a Entwicklung der Verbraucherpreise in der westafrikanischen Franc-Zone, 1986 - 1999

Jahre

Prozent

Daten: International Financial Statistics, IMF.

Elfenbeinküste Niger Senegal Togo Burkina Faso Mali Frankreich

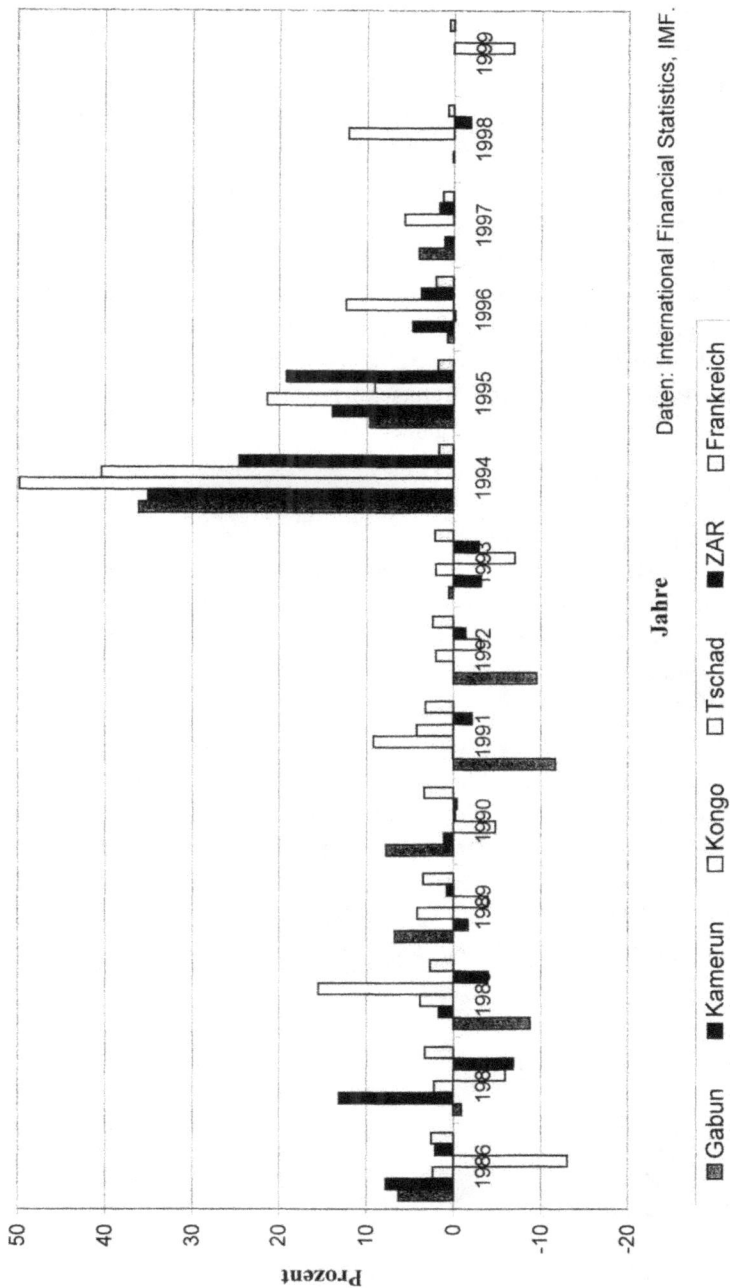

Abb. 15b Entwicklung der Verbraucherpreise in der zentralafrikanischen Franc-Zone, 1986 - 1999

Daten: International Financial Statistics, IMF.

190

durchschnittlich um vier Prozent anstiegen, während in dem Sahelstaat Niger eine jahresdurchschnittliche Deflationsrate von 3,55 Prozent zu verzeichnen war.

Ebenso herrschte in der zentralafrikanischen Franc-Zone zwischen 1986 und 1993 eine Phase allgemeiner Preisniveaustabilität. Während bei einer ungewichteten Berücksichtigung aller Mitgliedstaaten sogar ein jährliches Absinken der Verbraucherpreise um durchschnittlich 0,54 Prozent zu registrieren war, ergab sich alternativ ein minimaler Anstieg des Verbraucherpreisindizes um 0,04 Prozent, sofern man Äquatorialguinea in Anbetracht seines bislang geringen ökonomischen Gewichts und der hohen Deflationsraten im Zuge der Währungsumstellung 1985 aus der Länderreihe eliminiert. Unter Zugrundelegung der länderspezifischen Verbraucherpreisindizes stellten die Jahre 1986 bis 1993 im Durchschnitt für Äquatorialguinea, Gabun, Tschad sowie die Zentralafrikanische Republik deflationäre, für Kamerun und Kongo hingegen inflationäre Phasen dar.

Im Gegensatz zu der allgemeinen Preisstagnation in der CFA-Franc-Zone stiegen die Verbraucherpreise auf dem gesamten afrikanischen Kontinent zwischen 1986 und 1993 jährlich um durchschnittlich 20,2 Prozent an. In geringerem Umfang ergab sich ceteris paribus auch eine, auf unterschiedlichen Preisentwicklungen beruhende Verbesserung der Wettbewerbsposition der CFA-Franc-Zone gegenüber dem Leitwährungsland. Der französische Verbraucherpreisindex erhöhte sich in der Periode von 1986 bis 1993 jährlich um durchschnittlich 2,88 Prozent, während alle betrachteten Franc-Zonen-Staaten - außer der Elfenbeinküste - niedrigere Durchschnittswerte aufwiesen.

Vor dem Hintergrund einer relativ mäßigen inflationären Entwicklung im Leitwährungsland sowie der Gefahren einer deflationären Entwicklung in der CFA-Franc-Zone herrschte somit nur geringer Spielraum, um mit einer restriktiven Geldpolitik nachhaltig die bestehende Überbewertung des CFA-Franc zu reduzieren.

2.2.2 Fiskalpolitik

Prinzipiell kann auch über eine kontraktive Fiskalpolitik eine Senkung des nationalen Preisniveau(anstieg)s herbeigeführt werden, wobei die Wirksamkeit vom Konjunkturzyklus der betrachteten Volkswirtschaft abhängt. Eine Reduzierung der staatlichen Nachfrage übt in einer Hochkonjunkturphase einen nachhaltigeren Einfluß auf das inländische Preisniveau aus als in einer durch Kapazitätsunterauslastung gekennzeichneten Rezessionsphase, in der die Rücknahme der staatlichen Nachfrage lediglich die Preisentwicklung jener wenigen Branchen zu dämpfen vermag, in denen entgegen dem allgemeinen Trend Produktionsengpässe auftreten. Bedenkt man, daß seit Mitte der achtziger Jahre in der CFA-Franc-Zone rezessive Konjunkturphasen dominierten, so folgt daraus, daß der Einsatz der Geldpolitik per se das effektivere Instrument zur Senkung des Preisniveau(anstieg)s darstellte.

Dennoch darf der bedeutsame Beitrag einer konsolidierten Fiskalpolitik zur Verbesserung der internationalen Wettbewerbsfähigkeit nicht unterschätzt werden. Um nicht die mittel- bis langfristigen Entwicklungsperspektiven des Landes zu beeinträchtigen, gebieten vor allem strukturell bedingte Mindereinnahmen des öffentlichen Sektors eine quantitative wie qualitative Überprüfung der Ausgabenstruktur. Eine entsprechende Konsolidierungspolitik muß darauf gerichtet sein, die mit staatlichem Handeln verbundenen Bürden für den privaten Sektor zu minimieren, um die Leistungs- und Investitionsbereitschaft in- und ausländischer Wirtschaftssubjekte zu erhöhen.

In der CFA-Franc-Zone waren allerdings die durchgeführten Kürzungen und Umschichtungen auf der Ausgabenseite[176] insofern kontraproduktiv, als bevorzugt öffentliche Investitionen gestrichen oder aufgeschoben wurden, wodurch eine Quelle zukünftigen Wachstums und Wohlstands versiegte. Hingegen beschlossen die politischen Entscheidungsträger aus Gründen der kurzfristigen Machterhaltung große Ausgabenposten mit stark konsumtivem Charakter von den Sparmaßnahmen auszunehmen. Zum einen wurde zwecks Sicherung der Machtposition in der Bürokratie vorzugsweise von einer deutlichen Reduzierung der Personalkosten im öffentlichen Sektor abgesehen. Zum anderen ließ die Furcht vor Unruhen in der Bevölkerung die Regierungen von Einschränkungen sozialer Wohltaten Abstand nehmen, zumal die Anfang der neunziger Jahre einsetzende Demokratisierung in Afrika die Durchsetzung unpopulärer Sparmaßnahmen zusätzlich erschwerte.

Bevor jedoch die Mitgliedstaaten der CFA-Franc-Zone überhaupt mit einer Konsolidierungspolitik auf die dauerhafte Diskrepanz zwischen öffentlichen Einnahmen und Ausgaben reagierten, nutzten die einzelnen Regierungen mit der direkten und indirekten Kreditaufnahme bei der Zentralbank, der Akkumulation von Zahlungsrückständen und der Auslandsverschuldung vier verschiedene Fi-

---

[176] Delage/Massiera (1994), S.79.

nanzierungsquellen[177], um letztendlich doch unumgängliche Stabilisierungsprogramme aufzuschieben.

Bezüglich der erstgenannten Finanzierungsmöglichkeit gilt für die Mitgliedstaaten der CFA-Franc-Zone eine vertraglich verankerte Obergrenze, wonach die direkte Kreditaufnahme der nationalen öffentlichen Instanzen bei den Zentralbanken BCEAO bzw. BEAC derzeit 20 Prozent der ordentlichen Haushaltseinnahmen des abgelaufenen Fiskaljahres nicht überschreiten darf. Im Gegensatz zu anderen afrikanischen Staaten mit eigener Währung und einer weitgehend von der Regierung abhängigen Zentralbank ist das Betreiben einer *Print-to-Spend-Policy* - bei der eine Zentralbank unter Vernachlässigung inflationärer Wirkungen die hohe Ausgabenneigung eines Finanzministeriums durch eine entsprechende Erhöhung des Geldangebotes flankiert - in der CFA-Franc-Zone somit begrenzt[178].

Die Glaubwürdigkeit der 20-Prozent-Regel wird durch die personelle Präsenz der nationalen Finanzministerien in beiden supranationalen Zentralbanken beeinträchtigt. Im Falle eines länderübergreifenden Konsenses ist die 20-Prozent-Regel nicht vor Aufweichungen und Zuwiderhandlungen gefeit. Neben diskretionären, statt strikt regelgebundenen Ausnahmeregelungen für einzelne Mitgliedstaaten zur temporären Überschreitung der festgelegten Höchstgrenze ist insbesondere die Anhebung des Prozentsatzes für alle Zentralbanken der afrikanischen Franc-Zone (inklusive BCC) erwähnenswert. Statt der heutigen 20-Prozent-Regel galt Ende der sechziger Jahre noch ein Wert von 10 Prozent für die damalige BCEAEC (heute BEAC) bzw. von 15 Prozent für die BCEAO[179].

Insofern scheint das analog für die Europäische Währungsunion geltende absolute Kreditverbot (Artikel 101 (ex-Artikel 104) des EG-Vertrages) weniger stark unterminierbar zu sein, zumindest wenn man unterstellt, daß sich die Einschränkung eines klaren Verbotes nicht so geräuschlos politisch durchsetzen läßt wie die für die Öffentlichkeit weniger stark wahrnehmbare Aufweichung einer bereits bestehenden Limitierungsregel, welche die direkte Kreditaufnahme der nationalen Finanzämter bei den Zentralbanken BCEAO bzw. BEAC grundsätzlich gestattet.

---

[177]   Stasavage (1997), S.136f.

[178]   Dies bekräftigt eine vergleichende Studie zwischen drei Franc-Zonen-Staaten (Kamerun, Elfenbeinküste, Gabun) und drei ostafrikanischen Staaten (Kenia, Malawi, Tansania) [Murinde (1995), S.3f].

[179]   International Monetary Fund (1969), S.291.

Über die begrenzte direkte Kreditaufnahme hinaus vermochten die Regierungen der Mitgliedstaaten die BCEAO bzw. BEAC als indirekte Finanzierungsquelle heranzuziehen[180]. Auf Ersuchen der Regierung und damit im Rahmen großzügiger Rentabilitätsprüfungen gewährten nationale Geschäfts- und Entwicklungsbanken übermäßig viele Kredite an (halb)staatliche Unternehmen und Organisationen, wobei die Refinanzierung dieser Kredite dann meistens zu nicht marktgerechten Präferenzzinssätzen über die BCEAO bzw. BEAC erfolgte. Die zu Beginn der achtziger Jahre, nicht zuletzt infolge der politisch motivierten Kreditvergaben, in fast allen Franc-Zonen-Staaten auftretenden Krisen im Bankensektor wurden durch die Akkumulation von Zahlungsrückständen der öffentlichen Hand gegenüber inländischen Lieferanten und Gläubigern verstärkt[181]. Während sich die Regierungen somit kurzfristigen Finanzierungsspielraum verschafften, wurden durch die Zerrüttung des Finanzsektors die Durchführung rentabler Investitionen des privaten Sektors in Frage gestellt.

Schließlich stellte die Kreditaufnahme im Ausland eine bedeutsame Finanzierungsquelle mit aufschiebender Wirkung für die notwendige öffentliche Haushaltskonsolidierung dar. So erhöhte sich in der gesamten CFA-Franc-Zone die Auslandsverschuldung in Relation zum Bruttoinlandsprodukt von 36 Prozent im Durchschnitt der siebziger Jahre auf 72 Prozent im Durchschnitt der achtziger Jahre (vgl. Tabelle 8).

Zusammenfassend läßt sich zur Fiskalpolitik in der CFA-Franc-Zone anmerken, daß das Regelwerk des Währungssystems den einzelnen Mitgliedstaaten keine disziplinierte Haushaltsführung auferlegen konnte. Die durchaus begrüßenswerte, vertraglich fixierte Limitierung der direkten Zentralbankkredite an den öffentlichen Sektor der Mitgliedstaaten erwies sich als nur bedingt wirksam, da die Regierungen in kreativer Weise durch die Nutzung alternativer Finanzierungsquellen die Regel umgingen.

---

[180] Stasavage (1997), S.136f.

[181] Im Vergleich zu anderen, ebenfalls von einer Verschlechterung der internationalen Rahmenbedingungen betroffenen subsaharischen Staaten war das Ausmaß der Bankenkrisen in der CFA-Franc-Zone, in der sich im Jahre 1990 ungefähr 40 Prozent aller registrierten Banken in ernsthaften Schwierigkeiten befanden, besonders verheerend. Dies unterstreicht die Bedeutung der strukturellen Ursachen, zu denen neben der Überbewertung des CFA-Franc, die unzureichende Bankenaufsicht, das Mißmanagement der Banken, die Niedrigzinspolitik der Zentralbanken sowie die Verschuldung der Regierungen beim nationalen Bankensystem zählen [Winter (1994), S.165f].

194

Das wachstumshemmende staatliche Finanzgebaren wurde zumindest partiell zu Beginn der neunziger Jahre über die faktische Verteuerung der Schuldenaufnahme innerhalb der CFA-Franc-Zone erschwert. Zunächst dürften die in beiden Subzonen eingeführten bankenaufsichtsrechtlichen Regelungen mit dazu beitragen, daß die nationalen Geschäfts- und Entwicklungsbanken nicht mehr so leichtfertig wie in der Vergangenheit dem politischen Druck zur Finanzierung staatlicher Unternehmen und Organisationen nachkommen[182]. Ergänzend erhöht die neue, verstärkt auf Marktmechanismen setzende Kreditvergabepolitik der beiden supranationalen Zentralbanken die Refinanzierungskosten der nationalen Geschäfts- und Entwicklungsbanken.

Aus normativer Sicht bedarf es zur nachhaltigen Erhöhung der Haushaltsdisziplin in den Mitgliedstaaten zusätzlich institutioneller Modifikationen im Rahmen beider franko-afrikanischen Währungsunionen, um die bislang vernachlässigten Problematiken der Verschuldung im Ausland und der Sanktionierung einzelner Länder mit notorisch expansiver Fiskalpolitik explizit im Regelwerk zu verankern. Eine indirekte Berücksichtigung der Auslandsverschuldung, welche den Mitgliedstaaten die Wahl zwischen in- und ausländischen Gläubigern beläßt, besteht in der Festlegung eines Höchstsatzes für die - eindeutig zu definierenden - öffentlichen Haushaltsdefizite in Relation zum Bruttoinlandsprodukt. Ob, wie im Falle der Europäischen Währungsunion, ein Satz von drei Prozent festgeschrieben werden soll, ist nicht ohne weiteres begründbar, aber in Anbetracht der engen ökonomischen und monetären Verflechtungen der CFA-Franc-Zone mit Europa zumindest naheliegend.

Damit die beiden bislang als Regionen relativer Preisniveaustabilität bekannten CFA-Franc-Subzonen in Zukunft auch zu Sphären haushaltspolitischer Disziplin werden, wäre eine *No-Bail-Out*-Klausel gemäß Artikel 103 sowie eine Verpflichtung der Mitgliedstaaten zur Vermeidung wachstums- und damit entwicklungshemmender, übermäßiger öffentlicher Defizite in Verbindung mit einem supranationalen Sanktionsmechanismus gemäß Artikel 104 des EG-Vertrages sinnvoll. Demnach sollte prophylaktisch festgeschrieben werden, daß, unbeschadet der gegenseitigen finanziellen Garantien, für die gemeinsame Durchführung bestimmter Vorhaben eine Haftung der Gemeinschaft - und auch des finanzstarken Frankreichs - für die Verbindlichkeiten der Zentralregierungen, der

---

[182] Zu den Zielen und Instrumenten der in der west- und zentralafrikanischen Franc-Zone durchgeführten Reformen im Bankensektor siehe Ossie (1996), S.58f; Dévo (1992), S.15f; Zerah (1990), S.5f.

regionalen oder lokalen Gebietskörperschaften sowie sonstiger öffentlicher Organisationen und Unternehmen von Mitgliedstaaten ausgeschlossen ist. Sofern dies den Finanzmärkten glaubhaft erscheint, werden Länder mit undiszipliniertem Haushaltsgebaren mit einer höheren Risikoprämie und somit höheren Zinsen belegt, was wiederum die Kosten der Verschuldung und damit den Druck zur Haushaltskonsolidierung steigert.

Des weiteren sollte auf Gemeinschaftsebene ein transparenter, effektiver Sanktionsmechanismus für jene Mitgliedstaaten angewendet werden, die dauerhaft und eindeutig den fixierten Referenzwert für maximal zulässige öffentliche Defizite überschreiten. Allerdings wäre ein temporäres Überschreiten dieses Wertes und gegebenenfalls der finanzielle Beistand anderer Staaten gerechtfertigt, wenn ein Land - etwa aufgrund von Naturkatastrophen - unverschuldet außerordentliche Belastungen zu tragen hat.

Erst die im September 1992 in beiden Subzonen geschaffenen und gemeinsam vom französischen Schatzamt und der jeweiligen supranationalen Zentralbank geleiteten *Conseils de Convergence* bekundeten schließlich die Einsicht, daß die traditionellen Vertragswerke zur Währungskooperation - trotz festgeschriebener Limitierung der direkten Kreditaufnahme der nationalen Finanzämter bei den Zentralbanken[183] - übermäßige Haushaltsdefizite und unangemessene Ausgabenstrukturen in den einzelnen Mitgliedstaaten nicht zu vermeiden vermochten. Dem west- und zentralafrikanischen *Conseil de Convergence* oblagen als vorläufige Institutionen die regionale Überwachung der Fiskalpolitik in der CFA-Franc-Zone sowie die Ausarbeitung von fiskalischen Konvergenzkriterien[184].

Bemerkenswert konsequent wirkten die Bemühungen um fiskalische Disziplin in der westafrikanischen Franc-Zone, in der im Zuge der im Jahre 1994 geschaffenen UEMOA fünf fiskalische Konvergenzkriterien als Überwachungsindikatoren für die angestrebte graduelle Annäherung der ökonomischen Leistungen innerhalb der Union festgelegt wurden[185]. Dies war allerdings nur die Basis für

---

[183] In der Praxis waren nicht nur das Ausschöpfen, sondern auch Überschreitungen der festgesetzten 20-Prozent-Relation zwischen Zentralbankkreditaufnahme und den ordentlichen Haushaltseinnahmen eines Mitgliedstaates zu verzeichnen.

[184] Clément (1996), S.67f.

[185] Gemäß diesen vorläufigen Kriterien

- durften die Personalkosten des Staatsdienstes 50 Prozent bzw. seit Januar 1998 40 Prozent der Steuereinnahmen nicht überschreiten;

- sollte die Höhe der mit inländischen Mitteln finanzierten öffentlichen Investitionen mindestens 20 Prozent der Steuereinnahmen betragen;

den im Dezember 1999 von der Konferenz der Staats- und Regierungschefs beschlossenen Konvergenz-, Stabilitäts-, Wachstums- und Solidaritäts-Pakt, der die Mitgliedstaaten - unter Gewährung einer gemeinschaftlich überwachten Anpassungsphase bis zum 31. Dezember 2002 - zur Respektierung von insgesamt acht Konvergenzkriterien verpflichtet[186].

Dabei sind die vier primären Kriterien wie folgt definiert:
- Relation zwischen primärer fiskalischer Bilanz und nominalem Bruttoinlandsprodukt von mindestens 0 Prozent (als Schlüssel-Kriterium);
- Relation zwischen ausstehenden in- und ausländischen Schulden und nominalem Bruttoinlandsprodukt von höchstens 70 Prozent;
- durchschnittliche jährliche Inflationsrate von höchstens 3 Prozent;
- Vermeidung der Akkumulation von in- und ausländischen Zahlungsrückständen im laufenden Finanzjahr.

Im Hinblick auf die vier sekundären Kriterien
- dürfen die Personalkosten des Staatsdienstes nunmehr 35 Prozent der Steuereinnahmen nicht überschreiten;
- muß die Höhe der mit inländischen Mitteln finanzierten öffentlichen Investitionen mindestens 20 Prozent der Steuereinnahmen betragen;
- darf die Relation zwischen laufendem externen Defizit (ohne Zuschüsse) und Bruttoinlandsprodukt 5 Prozent nicht überschreiten;
- muß das Verhältnis Steuereinnahmen zu Bruttoinlandsprodukt mindestens 17 Prozent betragen.

- sollte der primäre fiskalische Überschuß
  (gesamte Staatseinnahmen minus Staatsausgaben und Netto-Kreditaufnahme, ausgenommen Zinszahlungen und auswärtig finanzierter Kapitalausgaben) mindestens 15 Prozent der Steuereinnahmen betragen;
- sollte die Höhe inländischer ebenso wie die der ausländischen Zahlungsrückstände sinken oder zumindest unverändert bleiben.
Wenngleich diese fiskalischen Konvergenzkriterien nach Konsultationen mit dem Internationalen Währungsfonds implementiert wurden, mahnte dieser eine flexiblere Fortentwicklung der Überwachungsindikatoren an, um verstärkt länderspezifischen Gegebenheiten bezüglich der Höhe der öffentlichen Verschuldung, der Tragfähigkeit öffentlicher Defizite, der Betroffenheit von exogenen Schocks sowie der Wahrscheinlichkeit divergierender Konjunkturzyklen innerhalb der Union Rechnung tragen zu können [Hernández-Catá (1998), S.11f.]
[186] International Monetary Fund (2000a), S.4.

In Verbindung mit obigen Konvergenzkriterien gilt der in Artikel 74 des UEMOA-Vertrages festgelegte Sanktionsmechanismus. Dessen Strafenkatalog reicht von Kommuniqués über Vergehen einzelner Mitgliedstaaten bis hin zu deren Ausschluß von der Kreditvergabe seitens der gemeinsamen Entwicklungsbank BOAD oder gar der Zentralbank. Angesichts des Zusammenspiels der formal unabhängigen Kommission und dem politischen Organ des Ministerrates bei der Überwachung und Durchsetzung der Konvergenzkriterien in der UEMOA wird sich erst zukünftig in der Praxis erweisen, inwieweit die Union tatsächlich, wie vorgesehen, disziplinarische Maßnahmen gegen einen Mitgliedstaat ergreift, der nach Konsultationen und Koordinierungsmaßnahmen bestehende Regelverstöße nicht korrigiert[187].

In Anbetracht der allgemein geringeren Kohäsion und der mangelnden Konsensbereitschaft zur Aufstellung gemeinschaftlicher Regelungen erscheint ein nachhaltiger Erfolg von präventiv wirkenden fiskalischen Konvergenzkriterien in der zentralafrikanischen CEMAC weiterhin ungewiß[188]. Immerhin sehen die neuen Statuten der BEAC zur nachträglichen Disziplinierung einzelner Mitgliedstaaten vor, daß der Verwaltungsrat über die Einleitung geeigneter Sanierungsmaßnahmen in dem betroffenen Staat selbst berät.

2.2.3 Produktionsfaktor Arbeit

Im Rahmen des Konzepts der realen Anpassung spielt ferner der Produktionsfaktor Arbeit eine zentrale Rolle. Gemäß neoklassischen Modellen zum optima-

---

[187] Unter Zugrundelegung der Entwicklung zwischen 1995 und 2000 [siehe Kommission der UEMOA (2000)] ist davon auszugehen, daß schon zum Stichtag 31. Dezember 2002 die wenigsten Mitgliedstaaten alle acht Konvergenzkriterien erfüllen werden. Dies scheint, was die beiden bedeutensten Länder der UEMOA anbelangt, im Falle Senegals zumindest noch möglich, hingegen für die Elfenbeinküste nahezu ausgeschlossen zu sein.

[188] Laut Auskunft des Internationalen Währungsfonds (Stand: September 2000) ist die UEMOA gegenüber der CEMAC weit voraus bezüglich Reformen zur Förderung fiskalischer Disziplin. Im Zuge der allgemeinen Harmonisierungsbemühungen innerhalb der Franc-Zone zeichnet sich nunmehr auch in der zentralafrikanischen Subzone verstärkte Bereitschaft zur Ersetzung der bislang eher provisorischen Konvergenzkriterien (primärer fiskalischer Überschuß; sinkende oder zumindest unveränderte in- und ausländische Zahlungsrückstände; keine Erhöhung des Verhältnisses Personalkosten des Staatsdienstes zu Steuereinnahmen) durch sachdienlichere Kriterien ab.

198

len Arbeitseinsatz der Unternehmen gilt für das Gewinnmaximum, daß das inländische Preisniveau, multipliziert mit der Arbeitsproduktivität, dem Nominallohn (oder anders formuliert, die Arbeitsproduktivität dem Reallohn) entsprechen muß[189]. Eine Marginalanalyse ergibt ceteris paribus, daß ein Anstieg des inländischen Preisniveaus oder der Arbeitsproduktivität sowie eine Senkung des Nominallohns jeweils die Arbeitsnachfrage der Unternehmen erhöhen können, was wiederum in gewünschter Weise das ökonomische Wachstum positiv beeinflußt. Dabei scheidet die Option eines geldpolitisch leicht herbeiführbaren Anstiegs des inländischen Preisniveaus angesichts der generell negativen Effekte inflationärer Entwicklungen und des zur Verbesserung der internationalen Wettbewerbsfähigkeit erforderlichen Zurückbleibens inländischer Preisniveausteigerungen hinter Erhöhungen entsprechender Indizes der Handelspartner faktisch aus. Somit konnte sich in der CFA-Franc-Zone das Augenmerk zur Ausweitung von Beschäftigung und Einkommen lediglich auf Fortschritte bei der Arbeitsproduktivität und insbesondere auf Nominallohnsenkungen richten. Theoretisch kann selbst eine durch Senkung des inländischen Preisniveaus herbeigeführte Verschlechterung der Erlössituation der Unternehmen durch Steigerungen der Arbeitsproduktivität und/oder ein Sinken des Nominallohnes überkompensiert werden.

In der Praxis konnte mit der kombinierten Strategie erhöhter Arbeitsproduktivität und sinkender Nominallöhne in der CFA-Franc-Zone keine nachhaltige Kostenreduzierung bzw. Verbesserung der Gewinnmargen der Unternehmen erzielt werden[190]. Die zur Steigerung der Arbeitsproduktivität notwendige Ausschöpfung bestehender und neuer Technologien scheiterte in erster Linie an der Abhängigkeit von der Technologieentwicklung im Ausland. Hingegen oblag die unzureichende Reduzierung der Lohnkosten dem Verantwortungsbereich der einzelnen Mitgliedstaaten. Dank relativ weicher Budgetrestriktionen wurde insbesondere bei den gewichtigen (halb)staatlichen Unternehmen die Notwendigkeit gemindert, auf innerbetriebliche Ineffizienzen mit der unpopulären Freisetzung von Arbeitskräften oder Lohnkürzungen zu reagieren.

Was die Arbeitsmärkte in der CFA-Franc-Zone anbelangt, so vermochten es die Mitgliedstaaten nicht, die in einzelnen Branchen vorherrschenden Lohnrigiditäten aufzubrechen. Während sich die Lohnbildung im flexiblen informellen Sektor prinzipiell unter Wettbewerbsbedingungen vollzog, erwiesen sich die Nomi-

---

[189]   Felderer/Homburg (1988), S.58f.
[190]   Plane (1994), S.211; Krumm (1987), S.45f.

nallöhne im formellen Sektor, besonders im modernen Industriesektor sowie im öffentlichen Sektor, als nach unten hin starr. Dies deutet darauf hin, daß die Arbeitnehmer im formellen Sektor ihre größere Organisationsfähigkeit zur Durchsetzung gesamtwirtschaftlich beschäftigungs- und wachstumshemmend wirkender Lohnabschlüsse nutzen konnten.

Eine Gegenüberstellung internationaler Löhne im industriellen Sektor offenbart, daß vergleichbare Löhne Anfang der neunziger Jahre in der CFA-Franc-Zone zweimal höher als in Thailand und Mauritius und sogar viermal höher als in Madagaskar und Indonesien lagen[191], was als ein Indiz für eine von der Produktivitätsentwicklung losgelöste Entlohnung in der CFA-Franc-Zone gewertet werden kann.

2.2.4 Handelsinterventionen

Eine weitere Alternative zur nominalen Abwertung besteht in der mittels Handelsinterventionen angestrebten Nachahmung jener positiven Effekte, die idealerweise mit einer entsprechenden Senkung des Außenwertes des CFA-Franc erzielt werden könnten[192]. Theoretisch kann die gewünschte Verbilligung der Exporte auch über entsprechende Subventionen an exportorientierte Unternehmen erreicht werden, während die mit einer Abwertung einhergehende Verteuerung der Importe ebenso über entsprechende Zölle oder Steuern bewirkt werden kann. Dieses System ähnelt einem multiplen Wechselkurssystem, wenn die interventionistischen Maßnahmen zur selektiven Preisbeeinflussung als imaginäre "Wechselkurse" für bestimmte handelbare Güter interpretiert werden, während insbesondere für Dienstleistungen und Kapitaltransaktionen weiterhin der offizielle, überbewertete Wechselkurs gilt.

In der Praxis ist ein solches System der simulierten Abwertung in Form von Handelsinterventionen mit immanenten Ineffizienzen verbunden und scheiterte entsprechend auch im Falle der CFA-Franc-Zone[193]. Grundsätzlich verzerren

---

[191]   Freud (1991), S.172; vgl. auch Delage/Massiera (1994), S.161.

[192]   Plane (1994), S.208f; Krumm (1987), S.49f.

[193]   Schon im Jahre 1980 wurde im Senegal ein System von Handelsinterventionen zur Verbesserung der internationalen Wettbewerbsfähigkeit senegalesischer Güter eingeführt. Das auf Exportsubventionen an fünf Industriebranchen in Höhe von 10 Prozent des fob-Warenwertes sowie auf einer Erhöhung des nominalen Zollsatzes von 10 auf 15 Prozent beruhende System wurde 1985 - wenngleich ebenfalls erfolglos - revidiert. Als Mißerfolg ist auch das in der Elfenbeinküste eingeführte kombinierte Zoll-

diese diskretionären staatlichen Maßnahmen die relativen Preise, wodurch deren Funktion als Knappheitsindikatoren eingeschränkt und somit Fehlallokationen von Ressourcen verursacht werden.

Im Gegensatz zu einer einmaligen Abwertung setzt ein die gleichen Effekte simulierendes System von Handelsinterventionen eine dauerhafte, speziell zu diesem Zweck geschaffene Verwaltung voraus, die zusätzliche Ressourcen der Volkswirtschaft im staatlichen Sektor bindet. Naturgemäß unterliegt solch eine Institution den Beeinflussungsversuchen staatlicher Organisationen und Unternehmen sowie Lobbies im allgemeinen, die bestimmte Ausnahmeregelungen oder Sondervergünstigungen für sich reklamieren. Im Widerspruch zum wirtschaftspolitischen Primat der Mehrung des gesamtwirtschaftlichen Wohlstands senkt die Berücksichtigung dieser Partikularinteressen das Gesamteinkommen und die Effizienz der Gesellschaft. Es kann ein dynamischer Prozeß des *Rent Seeking Behaviours* eingeleitet werden, in dessen Verlauf rivalisierende Interessengruppen zunehmend Ressourcen in Umverteilungskämpfe anstatt in produktive, das gesellschaftliche Gesamteinkommen erhöhende Verwendungen investieren. Dabei verfügen Mitglieder von "kleinen" Gruppen grundsätzlich über eine vergleichsweise große Organisationsmacht für kollektives Handeln[194], was im Falle der CFA-Franc-Zone insbesondere implizierte, daß der gesamtwirtschaftlich kleine moderne Sektor seine Protektions- und Subventionswünsche wesentlich besser realisieren konnte als die zahlenmäßig große, aber schlecht organisierte Gruppe der agrarische Exportgüter produzierenden Kleinbauern dies vermochte. So setzten die zumeist eine Monopolstellung innehabenden staatlichen Vermarktungsgesellschaften die Ankaufspreise für Exportgüter weniger im Hinblick auf die Einnahmeerhöhung der Landbevölkerung als vielmehr jener des Staates fest.

Aus der Verteuerung der Importe durch Zollerhöhungen folgte zwangsläufig, daß angesichts der langen, schwer kontrollierbaren Landgrenzen der ohnehin

---

und-Subventions-System einzuordnen, welches ab 1986 auf den Industriesektor angewendet und im Folgejahr auf den nicht-traditionellen Agrarsektor erweitert wurde [Plane (1994), S.208f; Krumm (1987), S.52f].

Das Scheitern des Systems komplexer Handelsinterventionen in diesen beiden relativ weit industrialisierten und entwickelten Staaten läßt erahnen, welche Umsetzungsschwierigkeiten mit dieser Option für die zur weltweiten Ländergruppe der *Least Developed Countries* (LDC) zählenden Mitgliedstaaten der CFA-Franc-Zone verbunden waren.

[194]   Olson (1991), S.98.

verbreitete illegale Güteraustausch mit Nicht-Franc-Zonen-Staaten gefördert wurde[195]. Des weiteren waren Zölle angesichts der stets zu beachtenden Konformität mit dem Allgemeinen Zoll- und Handelsabkommen GATT nicht beliebig anwendbar oder zu erhöhen. Innerhalb der CFA-Franc-Zone wirkten die national divergierenden Zollbestimmungen insofern integrationshemmend, als dadurch der für einen Binnenmarkt kennzeichnende Wegfall intraregionaler Grenzen nicht praktikabel war.

Wie die konkreten Erfahrungen Senegals und der Elfenbeinküste zeigten, sind die Zahlungsströme eines kombinierten Zoll-und-Subventions-Systems kaum zu synchronisieren. Infolge unzutreffender Einschätzungen über die zugrundeliegenden Preiselastizitäten können sich die Einnahmen aus den Importzöllen als unzureichend erweisen, um die staatlicherseits für notwendig befundenen Exportsubventionen zu finanzieren.

Schließlich nährt ein solches diskretionäres System der Handelsinterventionen - sowie seine bald sichtbaren Mängel - die Zweifel der Wirtschaftssubjekte an der dauerhaften Aufrechterhaltung der Parität des CFA-Franc zum Französischen Franc, was wiederum abwertungsantizipierende Kapitalexporte aus der CFA-Franc-Zone auslöst.

2.2.5   Fazit des Scheiterns

Zusammenfassend läßt sich konstatieren, daß die an Stelle einer nominalen Abwertung des CFA-Franc eingeleiteten wirtschafts- und geldpolitischen Maßnahmen nicht nachhaltig zur Reduzierung der bestehenden makroökonomischen Ungleichgewichte beizutragen vermochten, zumal von den exogenen weltwirtschaftlichen Rahmenbedingungen keine entscheidende Unterstützung ausging. Im Gegensatz zu den siebziger Jahren fehlten jene *Windfall Profits*, die strukturelle Defizite der Staaten der CFA-Franc-Zone überlagert hätten.

Wenngleich ab Mitte der achtziger Jahre in der CFA-Franc-Zone konsequent eine restriktivere Geldpolitik als im Leitwährungsland verfolgt wurde, konnte angesichts des geringen Spielraums zur Realisierung von Inflationsdivergenzen die Überbewertung des CFA-Franc nicht nachhaltig reduziert werden. Zum einen war eine noch restriktivere Geldpolitik von BCEAO und BEAC im Hinblick auf die schon auftretenden deflationären Entwicklungen innerhalb der CFA-Franc-Zone kaum praktikabel. Zum anderen verzeichneten auch Frankreich so-

[195]   Krumm (1987), S.49f.

wie die Gruppe der Industriestaaten relativ niedrige Inflationsraten, so daß auch nach einigen Jahren restriktiver Geldpolitik eine sukzessive Angleichung des überhöhten nationalen Preisniveaus in der CFA-Franc-Zone an entsprechende Preisniveaus von relevanten Drittstaaten nicht erreicht werden konnte.

Ferner waren die wirtschaftspolitischen Maßnahmen der nationalen Regierungen der CFA-Franc-Zone bei weitem unzureichend, um die fundamentale Krise zu bewältigen. Anstatt mit einer Haushaltskonsolidierung auf die persistenten staatlichen Mindereinnahmen zu reagieren, wurde über die wachstumsgefährdende Schuldenaufnahme der unausweichliche Anpassungsbedarf lediglich aufgeschoben. In diesem Kontext wirkte die aus Furcht vor machtgefährdenden sozialen Unruhen unterlassene Reduzierung der Personalkosten im öffentlichen Sektor nicht nur negativ auf die Höhe der nationalen Haushaltsdefizite. Reale Lohnkürzungen hätten auch den Spielraum für entsprechende Senkungen im übrigen formellen Sektor eröffnet und damit einen Beitrag zur Erhöhung der internationalen Wettbewerbsfähigkeit der Franc-Zonen-Staaten geleistet. Schließlich konnten auch die mit Finanzaufwand und Ineffizienzen verbundenen Handelsinterventionen nicht die idealtypischen Effekte einer Abwertung nachahmen.

Die unzureichende Wirksamkeit des Bündels an geld- und wirtschaftspolitischen Maßnahmen spiegelt sich in der Entwicklung des für die internationale Wettbewerbsfähigkeit entscheidenden *Real Effective Exchange Rate Index* (REER) wider, dem Verhältnis der durchschnittlichen jährlichen Wechselkurse des CFA-Franc zu dem gewichteten geometrischen Durchschnitt der Wechselkurse ausgewählter Handelspartner oder Konkurrenten auf dem Weltmarkt (NEER), angeglichen um relative Veränderungen der nationalen Preis- oder Kostenindikatoren zwischen dem betrachteten Mitgliedstaat der CFA-Franc-Zone und den ausgewählten Drittstaaten. In diesem Zusammenhang ist noch einmal darauf zu verweisen, daß der im REER enthaltene *Nominal Effective Exchange Rate Index* infolge der nominalen Wertentwicklung des Französischen Franc gegenüber Drittwährungen seit Mitte der achtziger Jahre stetig angestiegen ist (vgl. Abbildung 13). Hingegen führte diese, angesichts des Festhaltens an der historischen Parität zwischen der französischen Währung und dem CFA-Franc exogen vorgegebene nominale Aufwertung des CFA-Franc gegenüber Drittwährungen nicht in gleichem Umfang zu einer realen Aufwertung beider frankoafrikanischen Währungen. Dies unterstreicht zumindest die partielle Wirksamkeit der supranationalen Geldpolitik sowie der von den nationalen Regierungen durchgeführten wirtschaftspolitischen Maßnahmen zur Dämpfung der inländischen Preis- und Kostenentwicklung.

203

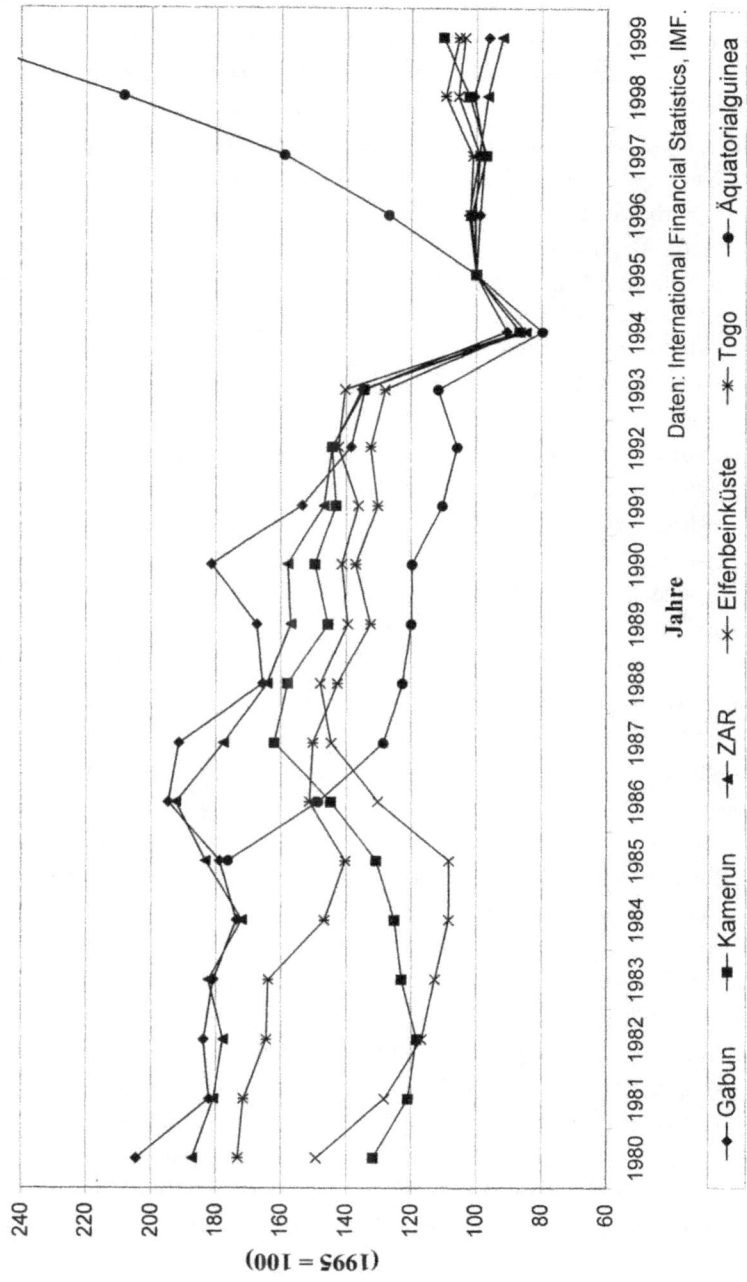

Abb. 16 Entwicklung des Real Effective Exchange Rate Index (REER) in der CFA-Franc-Zone

Daten: International Financial Statistics, IMF.

Jahre

(1995 = 100)

→ Gabun   → Kamerun   → ZAR   → Elfenbeinküste   → ZAR   →← Togo   → Äquatorialguinea

Abbildung 16 spiegelt die Entwicklung der für sechs Mitgliedstaaten der CFA-Franc-Zone verfügbaren *Real Effective Exchange Rate Indizes* zwischen 1980 und 1999 wider, wobei das Basisjahr 1995 einen leicht überbewerteten realen Wechselkurs repräsentiert. Schon in der ersten Hälfte der achtziger Jahre war der CFA-Franc für die Staaten Gabun, die Zentralafrikanische Republik, Togo und auf niedrigerem Niveau auch für Kamerun und die Elfenbeinküste deutlich real überbewertet.

Im Falle Äquatorialguineas ist zu beachten, daß dieser Kleinstaat zu jener Zeit noch kein Mitglied der CFA-Franc-Zone war, und sich nach dem Beitritt 1985 erst allmählich eine Konvergenz mit der Entwicklung des REER der übrigen Mitgliedstaaten anbahnte. So sank im Zuge der Währungsumstellung der reale effektive Wechselkurs Äquatorialguineas, während die entsprechenden Indizes der fünf traditionellen Franc-Zonen-Staaten ab 1985 zunächst anstiegen. Letzteres deutet auf einen *Time Lag* hin, wonach sich der Mitte der achtziger Jahre mit der "Politik des starken Französischen Franc" einsetzende Anstieg des NEER in der afrikanischen Franc-Zone zunächst auch in einer realen Aufwertung des CFA-Franc niederschlug, ehe mit einer Verzögerung von ein bis drei Jahren seitens der Geld- und Wirtschaftspolitik entgegengesteuert wurde bzw. entsprechende Maßnahmen ihre Wirkung entfalteten.

In der Folgezeit war bis 1993 in allen sechs betrachteten Staaten - trotz des weiteren stetigen Anstiegs des NEER - ein tendenzielles Sinken des REER zu verzeichnen. Die nicht zuletzt auf die Effektivität der restriktiven Geldpolitik zurückzuführende Annäherung an einen gleichgewichtigen realen Wechselkurs wäre bei unterstellter anhaltender Trendentwicklung des REER prinzipiell frühestens nach einem Jahrzehnt abzuschließen gewesen. Hingegen wäre zur Erlangung eines gleichgewichtigen realen Wechselkurses in den ökonomisch bedeutsamen Staaten Elfenbeinküste und Kamerun angesichts des relativ starken Anstiegs des REER seit 1985 ein längerer Anpassungszeitraum zu vermuten gewesen, wobei im Falle der Elfenbeinküste angesichts der anschließend mäßigen Rückführung des REER ein Erfolg überhaupt fraglich erschien.

In Anbetracht der langwierigen und unsicheren Aussichten der bisherigen Anpassungsstrategien geriet ein Realignment der Parität zwischen CFA-Franc und Französischem Franc zusehends in den Mittelpunkt. Schließlich wurde im Jahre 1994 eine entsprechende nominale Abwertung vorgenommen, nachdem Frankreich nicht mehr bereit war, die makroökonomischen Ungleichgewichte weiterhin mit unkonditionierten Finanzhilfen zu prolongieren.

3.   Von der Abwertung des CFA-Franc bis zur Gegenwart

In Anbetracht der Singularität dieses Ereignisses markiert die mit Wirkung zum
12. Januar 1994 erfolgte Paritätenänderung zwischen CFA- bzw. Komoren-
Franc und dem Französischen Franc sicherlich einen neuen Abschnitt in der
Entwicklung der afrikanischen Franc-Zone. Mit der nominalen Abwertung bot
sich den Mitgliedstaaten die Chance zur Beseitigung persistenter makroökonomischer Ungleichgewichte und damit zur Wiedererlangung eines langfristig
tragfähigen Wachstumspfades.
Zudem manifestierten die Staats- und Regierungschefs beider CFA-Franc-
Subzonen mit der ebenfalls Anfang 1994 verkündeten Schaffung der West- bzw.
Zentralafrikanischen Wirtschafts- und Währungsunion/gemeinschaft (UEMOA
bzw. CEMAC) ihre Bereitschaft, nicht nur die traditionelle monetäre Zusammenarbeit aufrechtzuerhalten, sondern diese nun auch energisch durch einen
realwirtschaftlichen Integrationsprozeß zu komplementieren. Während die Europäische Wirtschafts- und Währungsunion ihrerseits erst in jüngster Zeit zum
Grad monetärer Integration der CFA-Franc-Zone aufschloß, übernimmt das europäische Modell hingegen Vorbildcharakter bezüglich der Verschmelzung nationaler Volkswirtschaften. Durch die Errichtung eines auf freiem Waren-,
Dienstleistungs-, Kapital- und Personenverkehr beruhenden Binnenmarktes
können in West- und Zentralafrika sowohl ungenutzte Wohlstandspotentiale in
den bislang rudimentären intraregionalen Wirtschaftsverflechtungen ausge-
schöpft, als auch Grundlagen für darüber hinaus gehende politische Unionen
gelegt werden, die eine friedliche Revision der willkürlichen kolonialen Grenzziehungen in Afrika ermöglichen würden.
Die gegen Ende des Jahrtausends eingeleitete Anbindung der Währungen der
Franc-Zone an den Euro bildet schließlich einen weiteren Meilenstein in der Geschichte der franko-afrikanischen Währungskooperation. Die damit verbundenen Auswirkungen werden in Kapitel E ausführlicher behandelt.

3.1   Abwertung vom 12. Januar 1994 und begleitende Maßnahmen

3.1.1   Ziel- und Maßnahmenkatalog

Die von den Staats- und Regierungschefs der afrikanischen Franc-Zone - unter
Beteiligung Frankreichs und des Internationalen Währungsfonds - in Dakar beschlossene nominale Abwertung von CFA- bzw. Komoren-Franc zielte auf

- die Wiederherstellung der internationalen Wettbewerbsfähigkeit der Volkswirtschaften der afrikanischen Franc-Zone und die Verbesserung der nationalen Handelsbilanzen;
- die Verringerung der Haushaltsdefizite;
- das Wiederaufleben des ökonomischen Wachstums[196].

Der Erkenntnis Rechnung tragend, daß zur Realisierung dieser Ziele die bloße Verkündung einer Paritätenänderung unzureichend ist, wurde ein Katalog begleitender wirtschaftspolitischer Maßnahmen entworfen, deren konkrete Umsetzung und Ausgestaltung den einzelnen Mitgliedstaaten der Franc-Zone oblag. Im Mittelpunkt der Anstrengungen zur Stabilisierung der nationalen Volkswirtschaften sollte die Reduzierung der Haushaltsdefizite stehen, um simultan zu einer Begrenzung der abwertungsbedingten Inflationsgefahr beizutragen, die Wettbewerbsvorteile der Abwertung zu bewahren und die Handelsbilanzen über eine verringerte interne Absorption zu verbessern.

Zur Erhöhung der Haushaltseinnahmen der Mitgliedstaaten standen folgende Maßnahmen im Vordergrund:

- die Verbreiterung der Steuerbemessungsgrundlage durch die Abschaffung von Ausnahmeregelungen;
- die Verbesserung der Steuereintreibung;
- eine Erhöhung der Gebühren und Preise des staatlichen und halbstaatlichen Sektors, um eine stärkere Kostendeckung und eine Senkung des Subventionsbedarfs zu erreichen.

Auf der Ausgabenseite war eine strikte Kontrolle der Löhne und Gehälter im öffentlichen Sektor anvisiert, um eine reale Senkung der einen erheblichen Anteil der Staatsausgaben darstellenden Personalkosten zu erreichen. Die durch eine derartige Konsolidierungspolitik freigesetzten finanziellen Mittel sollten mit Priorität zur Rückzahlung eines Teils der in den vorherigen Jahren akkumulierten internen und externen Zahlungsrückstände sowie zur Finanzierung öffentlicher Investitions- und Sozialprogramme (Gesundheit, Erziehung, Ausbildung) dienen.

Um mittelfristig die Effizienz der Volkswirtschaften der afrikanischen Franc-Zone zu erhöhen und eine Rückkehr zu einem dauerhaften ökonomischen

---

[196] Ziel- und Maßnahmenkatalog gemäß Banque de France: *La Zone Franc - Rapport Annuel 1994*, S.38f.

Wachstum zu begünstigen, waren folgende strukturelle Reformen im Zuge der Abwertung geplant:

- die Verbesserung der Wirkungsweise der Finanz- und Zollverwaltungen;
- die Umstrukturierung der Unternehmen des öffentlichen Sektors;
- die Förderung der Entwicklung des privaten Sektors durch Privatisierungsprogramme, Preisfreigaben, die Liberalisierung des Außenhandels und von Exportsektoren sowie die Reform des Arbeitsmarktes;
- die Verbesserung des institutionellen Umfeldes, insbesondere die Erhöhung der Rechtssicherheit.

Das Bündel der abwertungsbegleitenden Maßnahmen umfaßte neben einer konjunkturellen und strukturellen auch eine soziale Komponente. Zur Milderung der ungünstigen Konsequenzen der Abwertung für die Bevölkerung beabsichtigten die Mitgliedstaaten der Franc-Zone

- Preiskontrollen und Importsubventionen zur Dämpfung des Preisanstiegs für Güter des dringlichen Bedarfs;
- die Förderung der Beschäftigung durch Berufsausbildungsprogramme und die Ingangsetzung arbeitsintensiver Projekte;
- die Verstärkung der Anstrengungen der öffentlichen Hand in den Bereichen Gesundheit, Erziehung und Ausbildung.

Betrachtet man den abwertungsbegleitenden und von der Weltgemeinschaft unterstützten Maßnahmenkatalog, so enthält dieser jene strukturellen Anpassungsinstrumente, deren Einsatz schon ab Mitte der achtziger Jahre zur Wiederherstellung der internationalen Wettbewerbsfähigkeit der Volkswirtschaften der afrikanischen Franc-Zone erforderlich gewesen wäre. Es verstrich aber fast ein Jahrzehnt, in dem sich die Strukturkrise aufgrund des Ausbleibens nachhaltiger exogener *Windfall Profits* sukzessive verschärfte, so daß die Bevölkerung schließlich im Zuge der Abwertung auf einen Schlag mit den aufgestauten Anpassungskosten konfrontiert wurde.

Welche makroökonomischen Erfolge mit der nominalen Abwertung in der Praxis verbunden waren, wird im folgenden sowohl im Hinblick auf die kurz- wie längerfristigen Effekte näher analysiert.

208

3.1.2 Problem der Glaubwürdigkeit einer *ein*maligen Abwertung

Um eine Reversion der massiven abwertungsantizipierenden und rezessionsbedingten Kapitalabflüsse aus der CFA-Franc-Zone einzuleiten, war die Wirkung der im Januar 1994 verkündeten Abwertung auf die Erwartungsbildung der in- und ausländischen Wirtschaftssubjekte von entscheidender Bedeutung. Nachdem gut vier Jahrzehnte lang bewußt auf Paritätenänderungen zwischen dem Französischem Franc und den beiden CFA-Franc verzichtet wurde, stellte die einem politischen Tabubruch gleichkommende nominale Wechselkursanpassung die Wirtschaftssubjekte inner- und außerhalb der CFA-Franc-Zone vor die Frage, ob es bei einer auf absehbare Zeit einmaligen Abwertung bleiben oder eine Abwertungsspirale - wie beispielsweise in den Nachbarländern Nigeria und Demokratische Republik Kongo (Zaire)[197] - in Gang gesetzt würde.

Im Falle der beiden CFA-Franc wurde die Glaubwürdigkeit der Singularität der durchgeführten Abwertung allein schon aus institutionellen Gründen untermauert. Wenngleich nicht regelgebunden, sondern auf politischer Ebene diskretionär über Paritätenänderungen zwischen CFA-Franc und Französischem Franc/Euro entschieden wird, ist aufgrund des hierfür erforderlichen einstimmigen Konsenses der acht bzw. sechs von länderspezifischen Interessen geleiteten Entscheidungsträger ein solcher Beschluß in einer Währungsunion weitaus schwieriger durchzusetzen als im Falle der afrikanischen Nachbarländer mit nationaler Währung. Wenn man weiterhin unterstellt, daß bei einer hypothetischen zukünftigen Abwertung zur Betonung der Kohäsion innerhalb der gesamten CFA-Franc-Zone wieder eine uniform für die west- *und* zentralafrikanische Subzone geltende Abwertungsrate gesucht würde, kann man in Anbetracht der hohen Konsensfindungskosten bei vierzehn Ländern plus Frankreich vermuten, daß eine solche Abwertung nur im Falle einer ähnlich gravierenden und beide Subzonen umfassenden Krise realisiert werden könnte.

Des weiteren steigerte die im Januar 1994 gewählte Höhe der nominalen Abwertung des CFA-Franc die Glaubwürdigkeit einer auf absehbare Zeit einmaligen Paritätenänderung zum nominalen Anker. Mit der 50prozentigen Abwertungsrate wurde ein mittlerer Wert hinsichtlich der die einzelnen Mitgliedstaaten zwischen 20 und 60 Prozent betragenden Überbewertungen festgelegt[198].

---

[197]   Delage/Massiera (1994), S.133.
[198]   Wago (1995), S.65.

Unter Ausnutzung eines gewissen Grades an Geldwertillusion wäre es psychologisch gesehen sicherlich günstig gewesen, die unabwendbare Abwertung des CFA-Franc mit dem Leitwährungswechsel vom Französischen Franc zum Euro zu verknüpfen. Allerdings war in Anbetracht des Ausmaßes der makroökonomischen Ungleichgewichte ein weiterer Aufschub der Abwertung nicht vertretbar, zumal die Schaffung der Europäischen Währungsunion Anfang der neunziger Jahre zwar schon absehbar, die Realisierung der dritten Stufe hingegen noch keineswegs sicher war.

3.1.3   Entwicklung ausgewählter makroökonomischer Indikatoren

Von den Opponenten gegen eine Abwertung in der afrikanischen Franc-Zone wurde jahrelang auf die damit verbundenen hohen Kosten und den vermeintlich geringen Nutzen im spezifischen afrikanischen Kontext verwiesen[199].

Elastizitätspessismus unterstellend wurde vermutet, daß sich eine Handelsbilanzverbesserung der primär rohstoffexportierenden Staaten der Franc-Zone kaum über eine Abwertung erreichen ließe. Mangels einer Belebung der ökonomischen Gesamtaktivität würden sich auch die Einnahmen des Staates nicht erhöhen, zugleich stiegen aber automatisch die Auslandsschulden - in CFA-Franc umgerechnet. Andererseits berge eine Abwertung sowohl die Gefahr der Ingangsetzung eines inflationären Prozesses im Inland, als auch von Abwertungswettläufen mit den Nachbarländern. Zudem wäre neben den psychologischen Auswirkungen eines solchen, seit Generationen einmaligen monetären Ereignisses auch die preisinduzierte Verschlechterung der sozialen Situation breiter Bevölkerungsschichten zu beachten[200].

Betrachtet man hingegen im Rückblick die ökonomischen und sozialen Erfahrungen der Franc-Zonen-Staaten mit der Abwertung des Jahres 1994, so läßt sich pauschal ein positives Resümee für die Gesamtheit der CFA-Franc-Zone ziehen. Wenngleich durch die abwertungsbedingten Änderungen inländischer Preisrelationen einige Bevölkerungsgruppen per saldo zu den Gewinnern und

---

[199]   In Anbetracht des Risikos eines abwertungsbedingten Zusammenbruchs der Franc-Zone bzw. zu erwartender sozialer Spannungen präferierten diverse Gruppen in Frankreich und Afrika offenkundig eine Prolongierung des Status quo, zumal das französische Engagement in Afrika lediglich eine marginale Größe im französischen Staatshaushalt darstellt.

[200]   Zu den theoretischen Voraussetzungen für eine erfolgreiche Abwertung siehe Biao (1994), S.76f; Delage/Massiera (1994), S.106f; Sandretto (1994), S.249f.

210

andere zu den Verlierern dieser naturgemäß nicht pareto-optimalen währungs-politischen Maßnahme zählten, spricht die Entwicklung makroökonomischer Indikatoren für einen Erfolg der überfälligen Paritätenänderung zwischen CFA-Franc und Französischem Franc.

Während zwischen 1990 und 1993 in der CFA-Franc-Zone insgesamt ein durchschnittliches jährliches Wachstum des Bruttoinlandsproduktes von lediglich 0,8 Prozent zu verzeichnen war, betrug schon im Jahre 1994 die durchschnittliche Zuwachsrate 4,2 Prozent - bei entsprechenden Werten von 4,6 und 3,5 Prozent für die west- und zentralafrikanische Subzone. Das Spektrum der Wachstumsraten der einzelnen Mitgliedstaaten reichte von einem negativen Wert (-5,5 Prozent) für die Republik Kongo bis zu zweistelligen Zuwachsraten von 12,3 bzw. 16,3 Prozent im Tschad und in Togo[201]. Durchschnittliche jährliche Wachstumsraten des realen Bruttoinlandsproduktes von 4,7 und 3,4 Prozent in der west- bzw. zentralafrikanischen Franc-Zone zwischen 1994 und 1998 deuten darauf hin, daß die CFA-Franc-Zone insgesamt zu einem langfristigen Wachstumspfad zurückgefunden hat (vgl. Tabelle 7).

Was die für die CFA-Franc-Zone relevanten Indizes effektiver Wechselkurse anbelangt, konnte die mit der Abwertung einhergehende deutliche Niveauabsenkung der Überbewertung des NEER durch eine Seitwärtsbewegung dieses Indizes in der Folgezeit beibehalten werden (vgl. Abbildung 13). Eine entsprechende Aussage läßt sich hinsichtlich des für die internationale Wettbewerbsfähigkeit maßgeblichen REER nicht uneingeschränkt formulieren. Zwar sanken auch die sechs verfügbaren realen effektiven Wechselkurse ausgewählter Mitgliedstaaten im Zuge der nominalen Abwertung, doch insbesondere im Jahre 1995 unterlagen alle REER deutlichen Aufwertungstendenzen (vgl. Abbildung 16).

Die 1999 erreichten Werte liegen im Bereich des vom IMF standardisierten Wertes 100 des Basisjahres 1995, welcher keinen gleichgewichtigen realen effektiven Wechselkurs, sondern einen überbewerteten CFA-Franc repräsentiert. Dennoch hat sich die internationale Wettbewerbsfähigkeit der CFA-Franc-Zone nach der Abwertung - außer für Äquatorialguinea - insgesamt deutlich erhöht. Verglichen mit den Index-Werten 1993, des Jahres vor der Abwertung, konnte die Überbewertung des CFA-Franc im Falle Gabuns, der Elfenbeinküste und der Zentralafrikanischen Republik um etwa vierzig Punkte sowie im Falle Kameruns und Togos immerhin um gut 20 Punkte reduziert werden. Hingegen signalisiert der Verlauf des äquatorialguineischen REER eine massiv zunehmende

---

[201] Vereinte Nationen (www.un.org/depts/unsd bzw. *Statistical Yearbook*).

Überbewertung zwischen 1994 und 1999[202]. Diese Entwicklung ist im Zusammenhang mit der 1992 in Äquatorialguinea begonnenen Erdölproduktion zu sehen, welche einen gravierenden Strukturwandel und einen Boom in diesem knapp 500.000 Einwohner zählenden Kleinstaat einleitete.

Zur Analyse des abweichenden Verlaufes der Indizes NEER und REER ist eine nähere Betrachtung der inflationären Entwicklung sowie der geld- und wirtschaftspolitischen Maßnahmen im Zuge der Abwertung 1994 erforderlich (vgl. Abbildung 15a und 15b). Unter Zugrundelegung der Entwicklung der Verbraucherpreise ist zunächst festzustellen, daß im Abwertungsjahr 1994 die Preissteigerungen in der westafrikanischen Franc-Zone zwischen 23,2 und 39,2 Prozent (Mali bzw. Togo) und in Zentralafrika zwischen 24,6 und 49,8 Prozent (ZAR bzw. Kongo) lagen. Im Folgejahr konnte die Inflation zwar eingedämpft, aber nicht beseitigt werden. Die Werte von 1995 erreichten 7,4 bis 16,4 Prozent (Burkina Faso bzw. Togo) in West- und 9,1 bis 21,4 (Tschad bzw. Kongo) Prozent in Zentralafrika.

Erst in den folgenden vier Jahren stabilisierte sich der Anstieg der Verbraucherpreise in der CFA-Franc-Zone auf deutlich niedrigerem Niveau, welches allerdings tendenziell oberhalb der jährlichen Steigerung der französischen Verbraucherpreise lag. In Westafrika gilt besonderes Augenmerk dem Staat Togo, in dem die im Vergleich zu anderen Mitgliedsländern geringere Verbesserung des REER auf den relativ stärkeren Anstieg der Verbraucherpreise seit 1994 zurückzuführen ist. Im Falle Kongos ist angesichts der sichtlich höchsten Inflationsraten in der gesamten CFA-Franc-Zone in den Jahren 1994 und 1995 zweifelhaft, ob dieses Land überhaupt durch die Abwertung des CFA-Franc an internationaler Wettbewerbsfähigkeit gewinnen konnte.

In bezug auf die Geldpolitik ist anzumerken, daß seit 1994 mit dem Wiederaufleben der ökonomischen Aktivitäten in der CFA-Franc-Zone und der Wiedererlangung positiver Netto-Auslandsguthaben die Geldmenge in beiden Subzonen nach fast einem Jahrzehnt der Stagnation bzw. Reduzierung wieder deutlich angestiegen ist. Dahinter verbirgt sich neben der Zunahme der Netto-Auslandsguthaben auch eine Erhöhung der intraregionalen Kreditvergabe, bei der der private gegenüber dem staatlichen Sektor relativ an Bedeutung gewonnen hat.

---

[202] In seinen *International Financial Statistics 2000* revidierte der Internationale Währungsfonds - entgegen vorherigen Jahresausgaben - die letztjährigen Werte des äquatorialguineischen REER drastisch nach oben.

3.1.4   Begleitende Maßnahmen auf nationaler Ebene

Zu den wirtschaftspolitischen Maßnahmen, die in einigen Ländern der CFA-Franc-Zone in Ergänzung zur Abwertung der gemeinsamen Währung eingeleitet wurden, zählten staatliche Versuche zur Beeinflussung der durch die Abwertung des CFA-Franc in Bewegung geratenen nationalen Preisniveaus. Preiskontrollen und Subventionen für ausgewählte Güter des sogenannten dringlichen Bedarfs richteten sich primär an die städtische Bevölkerung, welche bislang über den exzessiven Konsum relativ günstiger Importgüter von der Überbewertung des CFA-Franc profitiert hatte[203].

Die mit der erfolgten Abwertung gestiegenen Importgüterpreise implizierten eine sinkende Kaufkraft für die städtische Bevölkerung und eine Änderung bisheriger Konsumgewohnheiten. Grundsätzlich sollte dieser marktkonforme Korrekturprozeß inländischer Preise nicht staatlicherseits unterbunden werden. Es sind lediglich dann temporäre Eingriffe aus sozialen Gründen gerechtfertigt, wenn aus objektiv nachvollziehbaren Gründen sofortige Anpassungsreaktionen der Bevölkerung nicht möglich sind. Aus polit-ökonomischen Gründen waren Regierungen aber auch darüber hinaus zu Konzessionen an die Stadtbevölkerung bereit, die zwar mit einem zonenweiten Anteil von 30 Prozent zahlenmäßig der Landbevölkerung unterlegen ist, sich aber wirkungsvoller als diese zu organisieren vermag und somit eher die Macht der Regierung durch Protestaktionen in Frage stellen kann.

Bezüglich der Wirksamkeit der Maßnahmen zur selektiven Preiseindämmung ist anzumerken, daß die nationalen Regierungen mit Preiskontrollen für ausgewählte Güter wie Reis, Brot, Mehl, Zucker, Milch, Öl, aber auch Arzneimittel, Benzin und Zement zu einem marktinkonformen Instrument griffen. Preisvorschriften lassen sich zwar medienwirksam verkünden und sind, bis auf die Bekanntmachungs- und Kontrollkosten, grundsätzlich mit keinen sonstigen finanziellen Belastungen für den Staat verbunden, führen aber bei unterhalb des ungewissen Gleichgewichtspreises angesetzten Höchstpreisen zu einem Nachfrageüberhang und den damit verbundenen Ineffizienzen. Die abwertungsbedingten Steigerungen und möglichen *Overshootings* von inländischen Güterpreisen rückten das strukturelle Problem monopolistischer oder oligopolistischer Handelsstrukturen in den frankoafrikanischen Staaten in den Vordergrund. Eine Erhöhung der Effizienz des Handels und damit der Preisbildung erforderte den

---

[203]   Baudelet/Gulstad (1994), S.10f.

Abbau von handelsbezogenen Reglementierungen und die Öffnung der engen nationalen Märkte. Zur Verbilligung von Produkten des dringlichen Bedarfs wurde andererseits auf das marktkonforme Instrument der Subvention zurückgegriffen. Dies ist allerdings, neben den Verwaltungs- und Kontrollkosten, zusätzlich mit einer finanziellen Belastung des staatlichen Budgets in Höhe der den Produzenten oder Händlern ausgewählter Güter gewährten Subventionen verbunden. Selbst wenn man unterstellt, daß die Verbilligung von Produkten an den Endverbraucher weitergegeben wird, darf nicht vernachlässigt werden, daß durch den subventionsbedingten Verzehr knapper Ressourcen Opportunitätskosten infolge des Verzichts auf alternative Verwendungen entstehen. Folglich sollten von den subventionierten Gütern hohe positive Effekte für die Gesellschaft ausgehen, um den über die letztendlich erhöhte Steuerlast bedingten Konsumverzicht der Gesellschaft zu rechtfertigen[204]. Schließlich ist zu berücksichtigen, daß Subventionen, die nicht von vornherein klar zeitlich terminiert und degressiv gestaltet sind, angesichts ansonsten zu erwartender massiver politischer Widerstände besonders schwierig abzuschaffen sind.

Im Gegensatz zu den Stadtbewohnern war das Gros der Landbevölkerung infolge der geringeren Importneigung weniger stark von den steigenden Preisen für ausländische Güter betroffen und zählte darüber hinaus prinzipiell zu den „Gewinnern" der Abwertung. Wenngleich eine Verteuerung importierter Inputfaktoren zu berücksichtigen ist, verbesserte sich grundsätzlich die Einnahmesituation der in der Landwirtschaft tätigen Bevölkerung. Da die zumeist in US-Dollar fakturierten Exporteinnahmen seit dem 12. Januar 1994 höheren nominalen Gegenwerten in CFA-Franc entsprachen, konnten die inländischen Vermarktungsorganisationen den Produzenten agrarischer Exportgüter höhere Preise konzedieren[205]. Des weiteren verteuerte sich durch die Abwertung des CFA-Franc der

---

[204] Beispielsweise galt es, aus humanitären Gründen sowie im Hinblick auf die Aufrechterhaltung der Arbeitsproduktivität zu verhindern, daß die abwertungsbedingte Verteuerung importierter Medikamente den Zugang der Bevölkerung zu Grundarzneimitteln einschränkte. In diesem Fall entlastete die EU-Kommission die afrikanischen Staaten der Franc-Zone im Rahmen einer Strukturanpassungshilfe, indem Beihilfen zur Subventionierung des Verkaufspreises für Arzneimittel gewährt wurden [Marin (1994), S.56f].
[205] Beispielsweise stiegen die offiziellen Produzentenpreise für Kakao und Kaffee in den weltweit bedeutsamen Erzeugerländern Kamerun und Elfenbeinküste im Zuge des Abwertungsjahres im Falle des zentralafrikanischen Franc-Zonen-Staates um jeweils

214

Import von Nahrungsmitteln, so daß preisliche Anreize zur Wiederaufnahme bzw. Ausweitung der heimischen Nahrungsmittelproduktion bestanden und somit der ländlichen Bevölkerung alternative Einkommensquellen eröffnet wurden. Im Hinblick auf die für inländische Migrationsbewegungen relevanten *Push-and-Pull*-Faktoren läßt sich allgemein festhalten, daß im Zuge der Abwertung des CFA-Franc die Attraktivität ländlicher Regionen wieder erhöht und jene urbaner Regionen vermindert wurde.

Von entscheidender Bedeutung für den Erfolg der Abwertung des CFA-Franc war insbesondere die im formellen Sektor notwendige reale Verminderung der Löhne, welche sich in der Vergangenheit von der Produktivitätsentwicklung abgekoppelt hatten. Dabei gelang es in den meisten Staaten der CFA-Franc-Zone, die Entlohnung im öffentlichen Sektor gemäß den speziellen Zielvorgaben des IMF einzudämmen[206]. Im Jahre 1994 reichte das Spektrum der Nominallohnsteigerungen von Null Prozent in Kamerun, Kongo und Togo bis zu 25 Prozent im Niger und Senegal, während in den meisten übrigen Mitgliedstaaten zehn- bis fünfzehnprozentige Erhöhungen der Nominallöhne zu verzeichnen waren. Im Jahre 1995 verharrten in der CFA-Franc-Zone die Nominallöhne im öffentlichen Sektor auf dem Vorjahresniveau - mit Ausnahme der Lohnerhöhungen von 5,5 bzw. 10 Prozent in der Elfenbeinküste und im Tschad sowie der Lohnsenkungen von 12,5 Prozent im Kongo. Des weiteren sank in den Jahren 1994 und 1995 die Zahl der Beschäftigten im öffentlichen Sektor per saldo in den westafrikanischen Staaten Benin, Elfenbeinküste, Mali und Senegal sowie in allen zentralafrikanischen Staaten außer Gabun.

Im Hinblick auf die Veränderungen der gesamten Personalkosten im öffentlichen Sektor reichte die Bandbreite im Jahre 1994 von einer Reduzierung um 27 Prozent in Kamerun bis hin zu einer Erhöhung der Personalkosten um 28 Prozent in Togo, während in sieben weiteren Staaten der CFA-Franc-Zone dieser Kostenblock um 10 bis 15 Prozent anstieg. Für die beiden folgenden Jahre war für die gesamte CFA-Franc-Zone ein durchschnittliches Ansteigen der Personalkosten im öffentlichen Sektor von jeweils 2,3 Prozent geplant.

In den Jahren 1995 und 1996 lagen die Personalkosten zonenweit bei etwa 6 Prozent in Relation zum Bruttoinlandsprodukt, während im Durchschnitt der

---

100 Prozent gegenüber dem Vorjahr, während in der Elfenbeinküste stufenweise die Produzentenpreise für Kakao 1994 zunächst um 36 Prozent und 1995 nochmals um 27 Prozent sowie für Kaffee um 68 Prozent und im Folgejahr um 47 Prozent angehoben wurden [Clément (1996), Anhang, S.62].

[206] Clément (1996), S.13f.

Jahre 1990-1993 noch ein Wert von 9,3 Prozent erreicht wurde und diese Relation im Abwertungsjahr bereits auf 6,8 Prozent sank. Somit wurden bis zum Jahre 1996, abgesehen von fortbestehenden Unterschieden zwischen den Mitgliedstaaten, die auf das BIP bezogenen Personalkosten im öffentlichen Sektor der CFA-Franc-Zone wieder auf das ungewichtete Durchschnittsniveau von 32 subsaharischen Staaten korrigiert[207]. Nachdem in der CFA-Franc-Zone über sinkende Reallöhne und Personalabbau quantitative Erfolge bei der Kostenreduzierung im öffentlichen Sektor erzielt werden konnten, sollten die Mitgliedsländer nunmehr verstärkt Reformanstrengungen unternehmen, um die Qualität der staatlichen Verwaltung zu verbessern.

Die angesichts der inflationären Entwicklung in der CFA-Franc-Zone moderaten nominalen Lohnabschlüsse im öffentlichen Sektor erwiesen sich auch für den privaten Sektor und die staatlichen Unternehmen insofern als richtungsweisend, als die dortige Lohnkostenentwicklung nur geringfügig ungünstiger als im öffentlichen Sektor verlief[208]. Daß nachhaltige Reallohnsenkungen in den Jahren vor 1994 über entsprechende absolute Nominallohnsenkungen kaum durchsetzbar waren, während dies nun über ein Zurückbleiben der Nominallohnentwicklung hinter dem abwertungsbedingten Anstieg des inländischen Preisniveaus leichter erreichbar war, deutet auf die partielle Wirksamkeit einer gewissen Geldwertillusion hin. Anders als in Ländern mit hohen Inflationsraten und wiederkehrenden Abwertungen verfügten die Lohnempfänger und ihre Interessenvertreter in der CFA-Franc-Zone über keine entsprechenden historischen Erfahrungswerte, die in ihre Nominallohnforderungen hätten einfließen können.

Des weiteren trug die im formellen Sektor begonnene Deregulierung der Arbeitsmärkte hinsichtlich Anstellungs- und Entlassungsvorschriften sowie Mindestlöhnen mit zu einer marktgerechteren Lohnbildung bei, wie diese im definitionsgemäß keinen staatlichen Reglementierungen unterworfenen informellen Sektor bislang schon galt.

Schließlich erforderte die abwertungsbedingte Verbesserung der internationalen Wettbewerbsfähigkeit von den einzelnen Mitgliedstaaten der CFA-Franc-Zone ein Überdenken der bisherigen länderspezifischen Außenwirtschaftssysteme der staatlichen Importverteuerung und Exportsubventionierung. Wie nachfolgend noch zu zeigen ist, zielte man mit der intendierten Schaffung eines Binnen-

[207] International Monetary Fund (1997a), S.4f.
[208] Clément (1996), S.13f.

marktes auf eine Harmonisierung der Außenwirtschaftssysteme innerhalb der west- und zentralafrikanischen Subzone hin.

3.1.5   Finanzielle Hilfen des Auslandes

Der mit der 50prozentigen Abwertung des CFA-Franc gegenüber dem Französischen Franc verbundene Effekt, wonach sich die bestehenden Auslandschulden der afrikanischen Mitgliedstaaten der Franc-Zone, in CFA-Franc umgerechnet, automatisch verdoppelten, wurde durch finanzielle Hilfen der internationalen Weltgemeinschaft in Höhe von insgesamt 19,9 Mrd. US-Dollar abgemildert[209]. Neben den geringfügigen Beiträgen der Europäischen Union (0,7 Mrd. US-Dollar) und der *African Bank of Development* (0,3 Mrd. US-Dollar), einer Reduzierung der öffentlichen Schulden um 2,7 Mrd. US-Dollar im Rahmen des Pariser Clubs (außer Frankreich) gewährten die Weltbank und der Internationale Währungsfonds 2,75 bzw. 2 Mrd. US-Dollar an finanziellem Beistand. Mit zu jener Zeit umgerechnet 11,46 Mrd. US-Dollar leistete Frankreich den überwiegenden Teil der finanziellen Hilfe für die Franc-Zonen-Staaten. Die globale Unterstützung der CFA-Franc-Zone stand in Übereinstimmung mit der im Jahre 1993 verkündeten Balladur-Doktrin[210], der zufolge weitere finanzielle Hilfen Frankreichs an die Bereitschaft der frankoafrikanischen Staaten zu Kreditverhandlungen mit dem Internationalen Währungsfonds und damit zur Auferlegung von Strukturanpassungsprogrammen gekoppelt sein sollten.

Nachdem zuvor die Regierungen der CFA-Franc-Zone aus populistischen Gründen das Konzept der realen Anpassung nur unzureichend umsetzten, und französische Regierungen zur Bewahrung ihres Einflußgebietes in Afrika daraus resultierende, zunächst überschaubare finanzielle Belastungen in Kauf nahmen, wurde nunmehr der Internationale Währungsfonds in den überfälligen Strukturanpassungsprozeß eingebunden. Aus polit-ökonomischen Gründen erleichterte dies den nationalen Regierungen der CFA-Franc-Zone insofern die Durchführung von Austerity-Programmen, als dem Protest der Netto-Verlierer mit dem Verweis auf äußere Zwänge seitens des Internationalen Währungsfonds entgegnet werden konnte, wenngleich diesem zu jener Zeit mit Michel Camdessus ein Franzose vorstand.

---

[209]   Baudelet/Gulstad (1994), S.19f; Banque de France: *La Zone Franc - Rapport Annuel 1994*, S.265f.
[210]   Balladur (1993).

Die französische Finanzhilfe bestand fast zur Hälfte aus einer unilateralen Schuldenreduzierung mit der damit verbundenen Entlastung der afrikanischen Staaten von Zins- und Tilgungszahlungen. Demnach wurden die aus der Entwicklungshilfe resultierenden öffentlichen Schulden der ärmsten Staaten der CFA-Franc-Zone (insgesamt 6,6 Mrd. FRF) vollständig annulliert, wohingegen die entsprechenden Verbindlichkeiten von vier Ländern mittleren Einkommens lediglich halbiert wurden (Streichung von insgesamt 18,4 Mrd. FRF). Im Hinblick auf die absolute Höhe der bilateralen Verbindlichkeiten und die damit verbundene französische Budgetbelastung ist es naheliegend, daß die Elfenbeinküste, Gabun, Kamerun und Kongo gesondert behandelt wurden. Durch die von Frankreich gewährte Halbierung seiner bilateralen Forderungen, die sich aus frankoafrikanischer Sicht abwertungsbedingt - in CFA-Franc ausgedrückt - verdoppelt hatten, standen diese vier Mitgliedstaaten somit in bezug auf den Schuldenstand nicht schlechter oder besser da als vor dem 12. Januar 1994.

Unbeschadet der allgemeinen Überlegung, daß Schuldennachlässe nicht gerade ein vorsichtiges zukünftiges Verschuldungsverhalten von Entwicklungsländern fördern, wäre der französische Finanzplan jedoch durch eine stärkere Berücksichtigung der länderspezifischen Relationen zwischen Schuldenstand und Sozialprodukt anreizkompatibler zu gestalten gewesen. Durch die generelle Annullierung bzw. Halbierung öffentlicher Schulden wurden faktisch jene Staaten bestraft, die sich in der Vergangenheit durch ein vergleichsweise diszipliniertes Verschuldungsgebaren auszeichneten. Es wäre durchaus sinnvoll gewesen, nach Festlegung der Gesamthöhe des von Frankreich gewährten Schuldenerlasses eine länderspezifische Zuteilung vorzunehmen, die gegebenenfalls den relativ hoch verschuldeten Staaten eine Restschuld beläßt und den relativ niedrig verschuldeten Ländern eine zusätzliche Finanzhilfe als Prämie einräumt.

Betrachtet man die Belastungen der von den Staaten der CFA-Franc-Zone für die gesamten Auslandsschulden zu leistenden Zins- und Tilgungszahlungen, so entsprach der Schuldendienst zonenweit im Durchschnitt der Jahre 1990-1993 34 Prozent der Exporteinnahmen und konnte in den Folgejahren sogar reduziert werden[211]. Dabei sank in der UEMOA die Relation zwischen Schuldendienst und Exporteinnahmen deutlich von 39,3 Prozent im Durchschnitt der Jahre 1990-1993 auf 29,9 Prozent im Jahre 1995. In der CEMAC nahm hingegen, ausgehend von einem niedrigeren durchschnittlichen Niveau von 28,7 Prozent Anfang der neunziger Jahre, die Belastung durch den Schuldendienst nach der

---

[211] Clément (1996), Anhang, Tabellen 29 und 30.

218

Abwertung leicht zu. Die inverse Entwicklung in beiden Subzonen ist nicht zuletzt darauf zurückzuführen, daß von der französischen Streichung bilateraler
Schulden nur die Hälfte der zentralafrikanischen Staaten, aber mit Ausnahme
der Elfenbeinküste alle westafrikanischen Länder profitierten.

Angesichts der divergierenden Entwicklung zwischen Exporteinnahmen und
gesamten Staatseinnahmen stellte sich die finanzielle Belastung der Staaten der
CFA-Franc-Zone durch Zins- und Tilgungszahlungen für ihre Auslandsschulden
unter Zugrundelegung der Relation "gesamter externer Schuldendienst in Prozent der gesamten Staatseinnahmen" ungünstiger dar. Ausgehend von einem zonenweiten Wert von 54,2 Prozent im Durchschnitt der Jahre 1990 - 1993 stieg
die Relation im Abwertungsjahr auf 78,1 Prozent, bevor in der Folgezeit wieder
eine Entlastung eintrat. Während der Schuldendienst in Relation zu den gesamten Staatseinnahmen Anfang der neunziger Jahre in Zentralafrika durchschnittlich 49,8 und in Westafrika 57,9 Prozent entsprach, war die finanzielle Belastung zur Bedienung der Auslandsschulden nach der Abwertung in der CEMAC
höher als in der UEMOA.

Insgesamt konnte, dank der internationalen finanziellen Unterstützung, einer
drastischen abwertungsbedingten Verschlechterung der Verschuldungssituation
in der CFA-Franc-Zone entgegengesteuert werden, wenngleich die aggregierte
Auslandsverschuldung immerhin noch 40,5 Mrd. US-Dollar betrug.

3.1.6   Mittel- und langfristige Perspektiven

Sofern man davon ausgeht, daß angesichts der konträren Erfahrungen in Südost-
asien und Südamerika eine Entwicklungsstrategie des exportgetragenen
Wachstums im Vergleich zu einer auf den Binnenmarkt ausgerichteten Strategie
generell überlegen ist, stellt dies die Exportperspektiven in der afrikanischen
Franc-Zone in den Vordergrund[212]. Die Abwertung des CFA-Franc beflügelte
nicht nur die Ausfuhr traditioneller Güter, sondern bot zugleich eine günstige
Gelegenheit zum Aufbau neuer Exportgüterbranchen sowie zur Ausschöpfung

---

[212]   Was die Bedeutung des Außenhandels für Entwicklungsländer verschiedener
Weltregionen anbelangt, konnten laut *International Financial Statistics Yearbook*
1999 des IMF alle Regionen (Afrika, Asien, Europa, Mittlerer Osten, Westliche Hemisphäre) in den letzten drei Jahrzehnten des 20. Jahrzehnts einen trendmäßigen Anstieg
der Exporte und Importe (in US-Dollar bewertet) verzeichnen. Bemerkenswert ist allerdings, daß im Vergleich zu den jeweils übrigen Regionen die Erhöhungen der Exporte und Importe in Afrika geringer und in Asien deutlich überproportional ausfielen.

des touristischen Potentials[213]. Die damit verbundenen Beschäftigungsmöglichkeiten sind angesichts der jungen afrikanischen Bevölkerungsstruktur dringend erforderlich, zumal die traditionellen Exportgüterbranchen nur bedingt zusätzliche Arbeitssuchende aufnehmen können.

Wenngleich die Spezialisierung einzelner Länder in einer arbeitsteiligen Welt grundsätzlich vorteilhaft ist, führte in den Staaten der CFA-Franc-Zone die sehr einseitige Ausrichtung auf die Ausfuhr weniger mineralischer und agrarischer Rohstoffe zu stark ausgeprägten Konjunkturzyklen. Zur Verstetigung der zukünftigen Entwicklung bedarf es folglich einer Diversifizierung der Exportpalette gemäß den sonstigen länderspezifischen komparativen Kostenvorteilen. Deregulierte Arbeitsmärkte vorausgesetzt, welche das reichliche Angebot des Faktors Arbeit durch vergleichsweise niedrige Löhne widerspiegeln, sowie angesichts des derzeit relativ geringen Humankapitalniveaus sollte in der CFA-Franc-Zone die Produktion einfacher, arbeitsintensiver Güter sowie die zunehmende Rohstoffveredelung im Mittelpunkt der gegenwärtigen Diversifizierungsbemühungen stehen.

Daß die Aufnahme von industriellen Gütern in die Exportpalette keineswegs mit einer Aufgabe der Rohstoffproduktion einhergehen muß, zeigen die nennenswerten Weltmarktanteile südostasiatischer Staaten bei ausgewählten tropischen Agrarprodukten.

Der Erfolg einer innovativen, exportgetragenen Entwicklungsstrategie setzt zunächst einmal die - in der Vergangenheit nicht vorhandene - Bereitschaft der Regierungen der CFA-Franc-Zone zur Schaffung adäquater Rahmenbedingungen voraus. Bemerkenswert ist die Persistenz der von wenigen Rohstoffen dominierten, einseitigen Exportstrukturen, die - abgesehen von der sich später abzeichnenden Bedeutung des Erdöls in Zentralafrika - schon zur französischen Kolonialzeit begründet wurden.

Daß eine Diversifizierung der Exportpaletten auch nach der politischen Unabhängigkeit der Staaten der CFA-Franc-Zone faktisch unterblieb, ist zum einen auf die protektionistische Handelspolitik der sogenannten Industriestaaten, einschließlich Frankreichs und der Europäischen Union, zurückzuführen. Zum Schutz der eigenen Industrie wurde mittels französischer und später europäischer Präferenzsysteme, wie den Lomé-Abkommen, zwar der Import von Rohstoffen aus der CFA-Franc-Zone begünstigt, den afrikanischen Staaten aber gleichzeitig der Anreiz zur Veredelung dieser Rohstoffe durch in Abhängigkeit

---

[213] Baudelet/Gulstad (1994), S.8f.

220

vom Verarbeitungsgrad steigende Zollsätze vermindert. Wenngleich der Spielraum für eine derartige Zollpolitik im Zuge der GATT-Runden generell abnahm, behindert dennoch die weiterhin protektionistische Agrarpolitik der Europäischen Union eine Ausweitung der frankoafrikanischen Exportpalette um jene Agrarprodukte, die nicht komplementär zur landwirtschaftlichen Erzeugung in Europa sind, vielmehr - wie etwa die Rindfleischproduktion in den Sahelstaaten - in direkter Konkurrenz stehen.

Neben den widrigen globalen Rahmenbedingungen lag allerdings auch den in der Vergangenheit vorherrschenden Einparteien- oder Militärregimen offenkundig wenig an einer Diversifizierung der einseitigen Exportstrukturen ihrer Länder. Den im westlichen Sinne nicht demokratisch legitimierten Regierungen bot die Konzentration auf wenige, staatlicherseits vermarktete oder kontrollierte Hauptexportgüter die Möglichkeit des fast vollständigen und intransparenten Zugriffs auf die nationalen Deviseneinnahmen. Solange diese den herrschenden Eliten zur Verwirklichung ihrer staatspolitischen Ziele - oder schlicht zur Deckung machterhaltender Ausgaben[214] sowie zur persönlichen Bereicherung - ausreichten, bestand wenig Anreiz zur Erschließung alternativer Devisenquellen.

Eine besonders problematische Konstellation ergab sich in den erdölproduzierenden Staaten Zentralafrikas, wo Regierungen ohne besondere Anstrengungen hohe Zuflüsse an US-Dollar von ausländischen Erdölgesellschaften erhielten. Das Hauptaugenmerk dieser Regierungen richtete sich weniger auf die anspruchsvolle Aufgabe der Schaffung zukunftsträchtiger Wirtschaftsstrukturen für das Zeitalter nach dem Versiegen des Erdöls als vielmehr auf Verteilungs-

---

[214] In Demokratien ist in diesem Zusammenhang an staatliche Ausgaben zur Bindung von Wählerschichten zwecks Sicherung der Wiederwahl der Regierung zu denken. In Diktaturen beziehen sich machterhaltende Ausgaben hingegen auf die Vermeidung eines Putsches. Aus Sicht des Diktators kommt es dabei vor allem auf die Gewährung von Vergünstigungen für die oberen und mittleren Chargen des Regimes an, um deren eigenen Anreiz zur Übernahme der Rolle des Diktators zu mindern. Besonderes Augenmerk auf die breite Bevölkerung ist bis zum Erreichen einer "kritischen Masse" nicht zu nehmen, da sich beim öffentlichen Gut "Sturz eines Diktators" eine *Free-Rider*-Problematik ergibt. Demnach würde zwar die überwiegende Mehrheit der Bevölkerung vom Ende der Diktatur profitieren, aber angesichts der hohen persönlichen Kosten des Einzelnen zur Beseitigung der Willkürherrschaft (einschließlich Lebensgefahr) hofft jeder auf das Engagement der Anderen, zumal nachträglich niemand von den positiven Folgen einer erfolgreichen Beendigung der Diktatur ausgeschlossen werden kann [Kirsch (1993), S.312f].

fragen, die zumeist populistisch zugunsten konsumtiver anstelle investiver Staatsausgaben gelöst wurden.

Selbst wenn man unterstellt, daß die frankoafrikanischen Regierungen die Notwendigkeit zum Aufbau neuer Exportgüterbranchen akzeptieren, hängt der Erfolg angesichts des hierfür größtenteils notwendigen Kapital- und *Know-How*-Transfers in erster Linie davon ab, inwieweit es gelingt, ausländische Direktinvestitionen für die CFA-Franc-Zone zu gewinnen.

Die traditionell von französischen Firmen getätigten beschaffungs- und absatzmarktorientierten Direktinvestitionen, die auf die Sicherung afrikanischer Rohstoffquellen bzw. den Verkauf von Industrieprodukten und Dienstleistungen abzielen, bieten bei statischer Sichtweise aufgrund des gegenwärtig nahezu ausgeschöpften Marktvolumens kaum nennenswerte Wachstumspotentiale, wenn man einmal von der Erschließung neuer Vorkommen mineralischer Rohstoffe und neuer Erdölfelder absieht. Allerdings wären beschaffungs- und absatzmarktorientierte Direktinvestitionen nicht-französischer Unternehmen in der CFA-Franc-Zone unter dem Effizienzgesichtspunkt erforderlich, um die Vorherrschaft von Firmen aus dem ehemaligen Mutterland in ihrem sogenannten "*Chasse gardée*" zu brechen und verstärkten Wettbewerb auf den frankoafrikanischen Märkten zu schaffen.

Hingegen sind binnenmarkt- und vor allem kostenorientierte ausländische Direktinvestitionen entscheidend für die Schaffung neuer Arbeitsplätze und damit die Einleitung eines dauerhaften wirtschaftlichen Aufschwungs. Mit dem in den neunziger Jahren neu gewonnenen Schub für eine verstärkte innerafrikanische Integration nach europäischem Vorbild gewinnt die gut 100 Millionen Einwohner umfassende CFA-Franc-Zone an Attraktivität für ausländische Investoren. Im Zuge der Globalisierung und der damit einhergehenden großen Auswahl an Standortalternativen ist die in den Händen der einzelnen Mitgliedstaaten liegende Schaffung eines investitionsfreundlichen, ordnungspolitischen Rahmens entscheidender denn je, um die länderspezifischen komparativen Kostenvorteile zu nutzen und im globalen Standordwettbewerb Anschluß zu gewinnen. Was nützt der investitionsförderliche Vorteil einer relativ stabilen Währung, wenn dieser durch andere, staatlicherseits zu verantwortende Standortnachteile – wie allgemeine politische Instabilität, Rechtsunsicherheit, Korruption[215] oder ein hoher

---

[215]   Korruption ist eine Begleiterscheinung staatlicher Aktivitäten, wobei staatliche Regulierungen und Genehmigungen, die Besteuerung, die Bereitstellung von subventionierten Gütern, Ausgabenentscheidungen sowie sonstige diskretionäre Entscheidun-

Regulierungsgrad für ökonomische Betätigungen - negativ überkompensiert wird. Insofern herrscht derzeit noch großer nationaler und gemeinschaftlicher Handlungsbedarf zur Beseitigung bestehender Mißstände.

3.2 Impulse durch intraregionale Integrationsprojekte

Zeitgleich mit der Abwertung im Januar 1994 wurde in Dakar die Schaffung der Westafrikanischen Wirtschafts- und Währungsunion (UEMOA) verkündet und zwei Monate später in N'Djamena die Zentralafrikanische Wirtschafts- und Währungsgemeinschaft (CEMAC) ins Leben gerufen. Im Gegensatz zum sukzessiven Prozeß der europäischen Integration - seinerseits gekennzeichnet durch gemeinsame sektorale Wirtschaftspolitik, die Schaffung eines Binnenmarktes sowie die abschließende Krönung durch eine Währungsunion – verband die Mitgliedstaaten der CFA-Franc-Zone bis dahin neben dem französischen Kolonialerbe im wesentlichen nur die monetäre Kooperation. Dies ist um so bemerkenswerter, als am Vorabend der politischen Unabhängigkeit die Territorien der ehemaligen Kolonialgebiete *Afrique Occidentale Française* (AOF) bzw. *Afrique Equatoriale Française* (AEF) einen hohen Integrationsgrad - gekennzeichnet durch intraregionalen Freihandel, gemeinsame Außenzölle, einen solidarisch

---

gen einen idealen Nährboden bereiten. Neben den grundsätzlich allokationsverzerrenden und damit wachstumshemmenden Wirkungen der Korruption sind insbesondere die negativen Effekte auf das Volumen ausländischer Direktinvestitionen zu sehen. So werden ausländische Direktinvestitionen dadurch gehemmt, daß Korruption wie eine zusätzliche Steuer wirkt, über deren Höhe darüber hinaus teils große Unsicherheit herrscht [Tanzi (1998), S.565f.].

Gemäß dem *Corruption Perceptions Index* (CPI) [Transparency International (1999)] mit seiner Skala von 10 (hochgradig tadellos) bis 0 (hochgradig korrupt) Punkten schneiden die drei untersuchten bedeutenden Staaten der afrikanischen Franc-Zone schlecht ab. Angesichts der unfreien oder nur teilweise freien politischen Systeme und der dominanten Stellung des Staates im Entwicklungsprozeß ist es nicht verwunderlich, daß Senegal mit 3,4 (58. Rang), die Elfenbeinküste mit 2,6 (75. Rang) und Kamerun gar mit 1,5 Punkten (letzter Platz unter allen 99 erfaßten Staaten) im Jahre 1999 bewertet wurden. Auch der Grad an Korruption in der ehemaligen Kolonialmacht Frankreich ist im Hinblick auf 6,6 CPI-Punkte für ein westliches Industrieland relativ hoch (Dänemark 10,0; Deutschland 8,0).

geprägten Bundeshaushalt sowie diverse gemeinsame Verwaltungen - aufwiesen[216].

Trotz ideologischer Bekundungen zur afrikanischen Einheit standen allerdings die Staats- und Regierungschefs der 1960 politisch unabhängig gewordenen frankophonen Staaten in der Praxis der Einschränkung ihrer erlangten nationalen Souveränität zugunsten übergeordneter gemeinschaftlicher Regelungen oder Institutionen skeptisch gegenüber, was schließlich zur Revision des bereits erreichten ökonomischen Integrationsgrades führte. Die beiden bestehenden Zollunionen *Union Douanière de l'Afrique Occidentale* (UDAO) und *Union Douanière Equatoriale (UDE)* degenerierten unbeschadet der Umbenennung in *Union Douanière des Etats d'Afrique Occidentale* (UDEAO) bzw. *Union Douanière et Economique des Etats d'Afrique Centrale* (UDEAC) in den Jahren 1966 bzw. 1964 faktisch zu sogenannten "Zonen präferierten Handels" ohne intraregionalen Freihandel sowie ohne effektiven gemeinsamen Außenzoll. Solange die Beibehaltung der aus der Kolonialzeit stammenden Wirtschaftsstrukturen und der Austausch komplementärer Güter mit den Industrieländern den einzelnen Ländern die Umsetzung ihrer spezifischen Entwicklungsstrategien ermöglichte, war die Bereitschaft der frankophonen Staaten zur Ausschöpfung der mit der Verschmelzung ihrer kleinen isolierten Güter- und Faktormärkte realisierbaren Wohlstandspotentiale gering.

Gemessen am Anteil des intraregionalen Warenaustausches (knapp unter 10 Prozent Mitte der achtziger Jahre) und der handelsschaffenden Wirkung stellte die 1972 gegründete Westafrikanische Wirtschaftsgemeinschaft, die sogenannte *Communauté Economique de l'Afrique de l'Ouest* (CEAO), noch den erfolgreichsten Wirtschaftszusammenschluß im subsaharischen Afrika der postkolonialen Vergangenheit dar[217]. Erwähnenswert ist die bedeutsame Arbeitskräftemobilität innerhalb dieser Region, wobei insbesondere Menschen aus Mali und Burkina Faso in der Elfenbeinküste arbeiten, was wiederum den beiden Sahelstaaten die Finanzierung ihrer strukturellen Handelsbilanzdefizite ermöglicht. Ein weiteres charakteristisches Merkmal der CEAO ist ein sogenannter Solidaritätsfonds, welcher netto von den wohlhabenderen Staaten Elfenbeinküste und

---

[216]   Samen (1993), S.132f.

[217]   Zu den einzelnen Projekten und Erfahrungen der ökonomischen Integration im südlichen Afrika, einschließlich der Franc-Zone, siehe Mansoor (1990/91), S.420f und Foroutan (1992), S.1f sowie speziell zur hundertjährigen Entwicklung von der AOF zur UEMOA Benoist (1995), S.1181f.

Senegal finanziert wird und der Förderung unterentwickelter Regionen der Gemeinschaft dient.

Hingegen limitierte das in der zentralafrikanischen UDEAC traditionell schwächer ausgeprägte Zusammengehörigkeitsgefühl den ökonomischen Kooperationsgrad dieser Region. Verglichen mit der westafrikanischen CEAO blieb die Arbeitskräftemobilität in der UDEAC ebenso rudimentär wie der intraregionale Handel, der im Schnitt nicht mehr als zwei Prozent des Gesamtaußenhandels dieser zentralafrikanischen Länder erreichte.

Eine Besonderheit der Kooperation im subsaharischen Afrika stellt die auf eine etappenweise Schaffung eines Binnenmarktes abzielende und im Jahre 1975 gegründete Wirtschaftsgemeinschaft Westafrikanischer Staaten (*Communauté Economique des Etats de l'Afrique de l'Ouest* (CEDEAO) oder *Economic Community of West African States* (ECOWAS) dar. Der insgesamt 16 Teilnehmer zählende Kreis umfaßt neben franko- auch anglo- und lusophone Staaten und wurde primär von Nigeria, dem bevölkerungsreichsten und ökonomisch bedeutsamsten Land Westafrikas, zwecks Einflußnahme auf die CFA-Franc-Zone initiiert. In der Praxis gingen von diesem heterogenen Staatenbündnis jedoch kaum Impulse für eine ökonomische Integration aus, zumal die interne Handelsliberalisierung nicht verwirklicht wurde, und auch die verkündete Freizügigkeit für Personen innerhalb der Gemeinschaft durch die Massenausweisungen von Gastarbeitern aus Nigeria in den Jahren 1983 und 1985 ad absurdum geführt wurde[218].

Nach der mangelhaften Umsetzung von intraregionalen afrikanischen Integrationsvorhaben in der Vergangenheit wird man sich erwartungsvoll gedulden müssen, bis zu welchem Grad und in welchem Zeitraum das für UEMOA und CEMAC verankerte Ziel eines auf freiem Waren-, Dienstleistungs-, Kapital- und Personenverkehr beruhenden Binnenmarktes tatsächlich seine Verwirklichung findet[219]. Zwar sollte im Zeitalter der Globalisierung und angesichts der ernüch-

---

[218] Foroutan (1992), S.5.

[219] So wurden beispielsweise in der UEMOA ab 1994 Fortschritte bei der geplanten Eliminierung aller tarifären und nicht-tarifären Handelshemmnisse zwischen den Mitgliedstaaten und der intendierten Harmonisierung der Handelspolitik gegenüber Drittstaaten (einschließlich gemeinsamer Außenzölle) erzielt. Dennoch fällt den Mitgliedstaaten die Abschaffung länderspezifischer Importzölle insofern schwer, als Zölle abgesehen von der protektionistischen Wirkung zugunsten einzelner Wirtschaftssektoren traditionell eine wichtige staatliche Einnahmequelle angesichts unterentwickelter Steuersysteme darstellen [Hernández-Catá (1998), S.9f].

ternden postkolonialen Erfahrungen mit "Nationalstaaterei" die Einsicht in die Notwendigkeit verstärkter weltweiter und regionaler Integration gestiegen sein. Doch dürfte die reziproke Marktöffnung für Waren und Dienstleistungen aus anderen Mitgliedstaaten der gleichen CFA-Franc-Subzone aufgrund politischer Widerstände im Inland auf praktische Umsetzungsschwierigkeiten stoßen. Schließlich gefährdet die potentielle Konkurrenz aus den Staaten der Gemeinschaft staatliche wie private Monopole oder marktbeherrschende Stellungen, die bislang aufgrund der relativen Enge der inländischen Märkte bestehen konnten und gewissen Gruppen Renten zu Lasten des nationalen Gemeinwohls sicherten. Sollten sich Partikularinteressen einzelner Mitgliedstaaten zur Sicherung des bisherigen Status quo von Verteilungskoalitionen auf der Gemeinschaftsebene durchsetzen, würden entsprechende Ausnahme- und Übergangsregelungen die durch den geplanten Binnenmarkt realisierbaren Gewinne merklich beeinträchtigen[220].

Hinsichtlich der anderen beiden Säulen des Binnenmarktes ist anzumerken, daß die zonenweite Integration der nationalen Kapitalmärkte trotz des Grundsatzes des freien Kapitalverkehrs innerhalb der Franc-Zone in der Vergangenheit durch länderspezifische Regelungen beeinträchtigt wurde.

Ebenso besteht Handlungsbedarf bei der Verwirklichung intraregionaler Arbeitskräftemobilität, die ein weiteres, bislang vernachlässigtes Instrument zur Verbesserung der Funktionsweise des Währungssystems der CFA-Franc-Zone darstellt. Bezugnehmend auf das Mundell-Kriterium zum optimalen Währungsraum[221] ist das Niederlassungsrecht für Arbeitnehmer und Selbständige innerhalb einer CFA-Franc-Zone infolge der einheitlichen Währung und der herrschenden Lohnstarrheit im formellen Sektor notwendig. Sofern die Mitgliedstaaten einer CFA-Franc-Zone in unterschiedlichem Ausmaß von exogenen Schocks betroffen werden, könnten daraus resultierende makroökonomische Ungleichgewichte durch die Wanderung von Arbeitskräften aus Ländern mit Unterbeschäftigung in prosperierende Regionen der Gemeinschaft nivelliert werden. Die stabilisierende Funktion der Arbeitskräftemobilität ist besonders für

---

[220] Zur Vorteilhaftigkeit offener Märkte läßt sich neben den klassischen Argumenten auch der Ansatz Olsons (1991) heranziehen. Demnach vermindern Sonderinteressengruppen und Kollusionen (Kartelle im weitesten Sinne) die Effizienz und das Gesamteinkommen der Gesellschaften, in denen sie wirken. Durch freien Handel und freie Faktormobilität können entsprechende Verteilungskoalitionen aufgeweicht und unterlaufen werden.

[221] Mundell (1961), S.657f.

die westafrikanische Franc-Zone bedeutsam, in der beispielsweise die Elfenbeinküste schon seit langer Zeit Arbeitskräfte aus den Sahelstaaten absorbiert. Angesichts heterogener Exportproduktpaletten ist die Wahrscheinlichkeit dafür, daß einzelne Mitgliedstaaten von exogen Schocks in unterschiedlichem Ausmaß betroffen sind, höher als in der zentralafrikanischen Franc-Zone, in der alle Mitgliedstaaten - außer der Zentralafrikanischen Republik und in Zukunft der Tschad - infolge der Dominanz des Erdölsektors in erster Linie von der Entwicklung der Rohölnotierungen abhängig sind.

Wenngleich die Vertragswerke von UEMOA und CEMAC keine entsprechenden Passagen enthalten, wäre die Überwindung der historischen Einteilung in eine west- und eine zentralafrikanische Franc-Zone (ehemals AOF und AEF) und die Schaffung eines umfassenden Binnenmarktes insofern konsequent, als auch im Jahre 1994 mit der Festlegung einer einheitlichen Abwertungsrate für beide CFA-Franc die Kohäsion beider Subzonen nach außen demonstriert wurde. Wenngleich eine monetäre und realwirtschaftliche Fusion von UEMOA und CEMAC aufgrund der allgemein effizienzsteigernden Wirkung erstrebenswert wäre, stehen diesem Zukunftsentwurf in der Praxis politische Widerstände vor allem der bislang in ihrer Subzone einflußreichen Mitgliedstaaten gegenüber, deren Bedeutung in einem größeren Teilnehmerkreis sinken würde.

Abschließend ist zu beachten, daß die intensivierte intraregionale Integration nicht nur eine handelsschaffende, sondern auch handelsumlenkende Wirkung entfalten kann. Die bislang relativ offenen Volkswirtschaften der CFA-Franc-Zone sollten sich folglich nicht zu protektionistischen Maßnahmen gegenüber der restlichen Welt verleiten lassen.

E   Die Franc-Zone unter der Ägide der
Europäischen Wirtschafts- und Währungsunion (EWWU)

Dieses Kapitel thematisiert den mit der Ersetzung des Französischen Franc durch den Euro im Zuge der dritten Stufe der Europäischen Wirtschafts- und Währungsunion (EWWU) notwendig gewordenen Leitwährungswechsel für die fest an den Französischen Franc gebundenen Währungen der Franc-Zone. Dabei werden zunächst die rechtlichen Rahmenbedingungen für die Integration der noch auf die französische Kolonialzeit zurückgehenden Währungskooperation in das übergeordnete europäische Gefüge aufgezeigt.

Unter dem Aspekt möglicher Auswirkungen auf die Funktionsweise der EWWU wird anschließend der vorgegebene rechtliche Rahmen einer ökonomischen Überprüfung unterzogen. Im Vordergrund steht dabei die afrikanische Franc-Zone mit ihren drei Subzonen UEMOA, CEMAC und Komoren, wenngleich in Abschnitt 2. der Vollständigkeit halber auch die unterschiedlichen Folgen der Euro-Einführung in Europa auf die politisch zu Frankreich gehörenden Über-seegebiete skizziert werden.

Schließlich zeigt Abschnitt 3. noch denkbare Szenarios für die künftige Ent-wicklung der afrikanischen Franc-Zone auf, wenngleich in Anbetracht unsiche-rer politischer und ökonomischer Veränderungen sowohl des globalen Umfeldes als auch innerhalb der einzelnen Subzonen nur schwer absehbar ist, ob zentrifu-gale oder zentripetale Kräfte in voraussehbarer Zukunft die Oberhand gewinnen werden. Im Extremfall könnte die afrikanische Franc-Zone als letzte Währungs-zone kolonialer Prägung auseinanderbrechen oder auch den Ausgangspunkt für eine ausgedehnte europäisch-afrikanische Währungskooperation darstellen.

1.   Die afrikanische Franc-Zone im Zeichen
der Europäischen Wirtschafts- und Währungsunion

1.1   Rechtlicher Rahmen

Während der unter zunehmenden Zeitdruck geratenen Verhandlungen zur Schaf-fung der Europäischen Wirtschafts- und Währungsunion (EWWU) wurde der afrikanischen Franc-Zone offensichtlich keine besondere Bedeutung beigemes-sen. Für Außenstehende ist nicht ersichtlich, ob die Problematik potentieller Auswirkungen der franko-afrikanischen Währungskooperation auf die Funkti-

228

onsweise der EWWU zu jener Zeit nicht erkannt oder zunächst bewußt ausgeklammert wurde. Die schließlich am 7. Februar 1992 von den zuständigen Außen- und Finanzministern unterzeichneten Vertragstexte von Maastricht enthalten zumindest keine expliziten Regelungen für die afrikanische Franc-Zone. Andererseits wurde aber ein separates "Protokoll betreffend Frankreich" verfaßt, wonach Frankreich im Hinblick auf seine pazifischen TOM Französisch-Polynesien, Neukaledonien und Wallis et Futuna das Recht behält, "nach Maßgabe seiner innerstaatlichen Rechtsvorschriften in seinen Übersee-Territorien Geldzeichen auszugeben" und allein befugt ist, "die Parität des CFP-Franc festzusetzen"[222].

In der Folgezeit trat aber zwischen den europäischen Gemeinschaftsstaaten ein Dissens bezüglich der künftigen Zuständigkeit für die afrikanische Franc-Zone zutage[223]. Frankreich ging ursprünglich davon aus, die Franc-Zone ohne Absprachen mit den europäischen Partnerländern wie bisher fortführen zu können[224]. Laut französischer Argumentation würden zwar mit der Schaffung des Euro die bis dato der *Banque de France* obliegenden monetären Aufgaben zu einer Gemeinschaftsangelegenheit, da aber die französische Zentralbank kein unmittelbarer Akteur im Rahmen der franko-afrikanischen Währungskooperation sei, könne die Franc-Zone auch nicht in die Zuständigkeit der europäischen Ebene fallen. Vielmehr handele es sich bei den franko-afrikanischen Währungsvereinbarungen um "*Accords budgétaires*", und die Haushaltspolitik verbleibe schließlich grundsätzlich in der nationalen Souveränität der Teilnehmerländer des Euro-Raumes[225].

Zur juristischen Untermauerung könnte aus französischer Sicht im Hinblick auf das Maastrichter Vertragswerk der allgemein formulierte Artikel 234 herangezogen werden, wonach "die Rechte und Pflichten aus Übereinkünften, die vor Inkrafttreten dieses Vertrags zwischen einem oder mehreren Mitgliedstaaten einerseits und einem oder mehreren dritten Ländern andererseits geschlossen wur-

---

[222] Vertragstexte von Maastricht bzw. Aufnahme im Vertrag von Amsterdam [Presse- und Informationsamt der Bundesregierung (1997 bzw. 1999)].
[223] Für die diesbezüglichen Auskünfte danke ich der Hauptabteilung J (Internationale Beziehungen) der Deutschen Bundesbank.
[224] Trésor (1997), S.103.
[225] Cour (1998), S.9f.

den, [...] durch diesen Vertrag nicht berührt" werden[226]. Des weiteren sieht der unter dem Titel VI zur Wirschafts- und Währungspolitik verfaßte Artikel 109 (5) vor, daß die Mitgliedstaaten das Recht haben, "unbeschadet der Gemeinschaftszuständigkeit und der Gemeinschaftsvereinbarungen über die Wirtschafts- und Währungsunion in internationalen Gremien Verhandlungen zu führen und internationale Vereinbarungen zu treffen".

Der französischen Interpretationsweise, der zufolge die afrikanische Franc-Zone überhaupt nicht dem Regelungsbedarf der europäischen Währungsunion unterliege, wollte im Kreise der übrigen EU-Länder in erster Linie Deutschland nicht folgen. Dabei wurde seitens der Bundesbank und Bundesregierung auf Artikel 109 (3) verwiesen, wonach dem Rat der Europäischen Union das Beschlußrecht bei Vereinbarungen im Zusammenhang mit Währungsfragen oder Devisenregelungen mit einem oder mehreren Staaten oder internationalen Organisationen zustehe.

Zur Beilegung des bestehenden Dissenses erfolgten auf hoher Beamtenebene informelle deutsch-französische Beratungen, die von einem gewissen Attentismus der übrigen EU-Staaten begleitet wurden. Anläßlich einer Kleinen Anfrage im Deutschen Bundestag betreffend der Franc-Zone als ein in der deutschen Öffentlichkeit kaum diskutierter Nebenaspekt bei der Einführung des Euro unterstrich die damalige Bundesregierung Kohl im März 1998, daß sie die traditionell enge Zusammenarbeit Frankreichs mit den afrikanischen Staaten auch nach Beginn der Währungsunion prinzipiell nicht in Frage stellen wolle. Allerdings gelte es unter dem Gesichtspunkt der Gemeinschaftskompetenz zu prüfen, in welcher rechtlichen Form Frankreich eine Weiterführung der bestehenden Vereinbarungen zugestanden werden könne[227].

Erst einige Monate vor dem Beginn der dritten Stufe der Europäischen Wirtschafts- und Währungsunion, das heißt kurz vor der Ablösung des Französischen Franc durch den Euro und der einsetzenden Zuständigkeit der Gemeinschaft für Währungs- und Wechselkursfragen in jenen Mitgliedstaaten, die den Euro einführten, wurde der Thematik der afrikanischen Franc-Zone auf höchster Ebene der Europäischen Union gemäß dem in Artikel 109 (3) beschriebenen Procedere offiziell Rechnung getragen. Die hierzu erforderliche Empfehlung der

---

[226] Im Amsterdamer Vertrag tritt Artikel 307 im wesentlichen inhaltsgleich an die Stelle von Artikel 234 des EG-Vertrages in der Maastrichter Fassung; ebenso ersetzt Artikel 111 den ex-Artikel 109.
[227] Deutscher Bundestag (1998), S.1f.

230

Kommission sowie die notwendige Anhörung der Europäischen Zentralbank (EZB) führten schließlich zu der an Frankreich gerichteten und ab dem 1. Januar 1999 geltenden "Entscheidung des Rates vom 23. November 1998 über Wechselkursfragen in Zusammenhang mit dem CFA-Franc und dem Komoren-Franc"[228]. Mit dieser Ratsentscheidung - die den deutschen Vorstellungen in wesentlichen Punkten entsprach - wurde der Status quo der franko-afrikanischen Währungskooperation auf europäischer Ebene akzeptiert.

Betrachtet man die einzelnen Artikel und Vorbemerkungen der Entscheidung des Rates der Europäischen Union sowie der vorangegangenen Empfehlung der Kommission, so ist unter den einleitenden Bemerkungen zunächst Punkt (8) hervorzuheben, der betont, daß sowohl Frankreich als auch die afrikanischen Mitgliedstaaten der Franc-Zone ihre gegenwärtigen Währungsvereinbarungen nach der Ablösung des Französischen Franc durch den Euro fortführen möchten. Dazu bemerkt die Kommission in ihrer Empfehlung, daß die ab dem 1. Januar 1999 zugunsten europäischer Institutionen geltende neue Kompetenzzuweisung in Währungsfragen bei allen Vereinbarungen mit Drittstaaten zum Ausdruck kommen muß. Andererseits wird die franko-afrikanische Währungskooperation als "wesentliche Ergänzung der Entwicklungspolitik der Gemeinschaft" ausdrücklich begrüßt und folglich als erhaltenswert eingestuft. Wenngleich der afrikanischen Franc-Zone formal attestiert wird, daß sie die Effizienz der Gemeinschaftsunterstützung für Entwicklungsländer steigert, wird das System selbst nicht als Modell einer zukünftigen institutionalisierten europäisch-afrikanischen Währungskooperation betrachtet. Unter den Vorbemerkungen der Ratsentscheidung wird in Punkt (12) festgehalten, daß diese Entscheidung "keinen Präzedenzfall hinsichtlich etwaiger künftiger Regelungen betreffend die Aushandlung und den Abschluß ähnlicher Vereinbarungen über Währungsfragen oder Wechselkursangelegenheiten, die die Gemeinschaft mit anderen Staaten oder internationalen Organisationen eingeht", darstellt.

Die bei der Ratsentscheidung in Erwägung gezogenen Punkte (6) und (7) unterstreichen bezüglich der Kompatibilität der bestehenden Funktionsweise der afrikanischen Franc-Zone mit der Europäischen Wirtschafts- und Währungsunion, daß "die Konvertierbarkeit des [genauer gesagt, der beiden] CFA-Franc und des Komoren-Franc [...] durch eine Haushaltsverpflichtung der französischen Be-

---

[228]   Rat der Europäischen Union (1998b), S.58f;

Kommission der Europäischen Gemeinschaften (1998), S.6f;

Europäische Zentralbank (1999b), S.6f.

hörden [Schatzamt] garantiert" wird. Dabei haben die französischen Behörden versichert, daß die Vereinbarungen mit den drei afrikanischen Subzonen "keine wesentlichen finanziellen Auswirkungen für Frankreich haben werden". Gemäß Punkt (7) wären die bestehenden franko-afrikanischen Vereinbarungen somit nicht imstande, materiellen Einfluß auf die Geld- und Währungspolitik des Euro-Raumes auszuüben und würden folglich auch nicht die reibungslose Funktionsweise der Europäischen Wirtschafts- und Währungsunion behindern. Kein Element dieser Vereinbarungen könne dahingehend ausgelegt werden, "daß sie eine Verpflichtung der Europäischen Zentralbank oder einer nationalen Zentralbank beinhaltet, die Konvertierbarkeit des CFA- Franc oder des Komoren-Franc zu stützen".

Nach der Erörterung des Ist-Zustandes der afrikanischen Franc-Zone und der Anerkennung ihrer prinzipiellen Vereinbarkeit mit der EWWU definiert die Entscheidung des Rates schließlich die zukünftigen Beziehungen zwischen der afrikanischen Franc-Zone und den europäischen Institutionen.

Gemäß seiner mit Beginn der dritten Stufe der EWWU einhergehenden Kompetenz in Währungsfragen billigt der Rat zunächst in Artikel 1, daß nach der Ersetzung des Französischen Franc durch den Euro Frankreich die Währungskooperation mit der UEMOA, der CEMAC sowie den Komoren aufrechterhalten kann. Die formale Zuständigkeit der europäischen Gemeinschaft für die Franc-Zone wird sogleich mit Artikel 2 de facto relativiert, wonach Frankreich und die afrikanischen Partnerländer die alleinige Verantwortung für die Umsetzung ihrer getroffenen Währungsvereinbarungen behalten[229].

Anstelle einer aktiven europäischen Beteiligung an der bestehenden franko-afrikanischen Währungskooperation schreibt Artikel 3 lediglich eine Mitteilungspflicht seitens Frankreichs fest. So sind die zuständigen französischen Behörden angehalten, die Kommission, die Europäische Zentralbank und den Wirtschafts- und Finanzausschuß regelmäßig über die Umsetzung der franko-afrikanischen Währungsvereinbarungen zu informieren. Ferner müssen die zuständigen französischen Behörden den Wirtschafts- und Finanzausschuß vorhergehend über jede beabsichtigte Paritätenänderung zwischen Euro und CFA-Franc bzw. Komoren-Franc unterrichten.

---

[229] Hierbei wird auf die in den siebziger Jahren von Frankreich mit den drei Subzonen geschlossenen Kooperationsvereinbarungen und Abkommen über die *Comptes d'Opérations* verwiesen (vgl. Kapitel B).

Ebenfalls ganz im Sinne des reibungslosen Funktionierens der einheitlichen europäischen Geld- und Währungspolitik legen die Artikel 4 und 5 der Ratsentscheidung fest, wie im Falle intendierter Statuten- und Regeländerungen im Rahmen der franko-afrikanischen Währungskooperation zu verfahren ist. Gemäß Artikel 4 kann Frankreich Änderungen der bestehenden Vereinbarungen mit der UEMOA, der CEMAC und den Komoren in dem Maße verhandeln und abschließen, wie Wesen und Geltungsbereich dieser Vereinbarungen nicht verändert werden. Die Erläuterungen der Kommissionsempfehlung bekräftigen bezüglich Artikel 4 nochmals die seit dem 1. Januar 1999 herrschende neue Kompetenzverteilung, wonach der Rat im Falle der Übertragung seiner Zuständigkeit für die Aushandlung und Vereinbarung solcher Abänderungen an Frankreich von seiner Befugnis Gebrauch macht, "die Modalitäten für die Aushandlung und den Abschluß von Vereinbarungen im Zusammenhang mit Währungsfragen oder Devisenregelungen zu beschließen". Nachdem Frankreich im Rahmen des internationalen Währungsgefüges bisher autonom seine Währungsbeziehungen mit den afrikanischen Partnerländern gestalten konnte, finden entsprechende Verhandlungen nunmehr formal im Auftrag des Europäischen Rates statt. Um dem aus dieser *Principal-Agent*-Beziehung möglicherweise resultierenden opportunistischen Verhalten Frankreichs zu begegnen, sieht Artikel 4 vor, daß selbst bei Statuten- und Regeländerungen eher technischer Art, die das Wesen und den Geltungsbereich der franko-afrikanischen Währungsvereinbarungen nicht verändern, Frankreich vorher die Kommission, die Europäische Zentralbank und den Wirtschafts- und Finanzausschuß zu informieren hat. Damit kann schon im Vorfeld geprüft werden, ob Frankreich im Rahmen der von der Gemeinschaft übertragenen Befugnisse operiert, und dies, insbesondere unbeschadet des "vorrangigen Ziels der Wechselkurspolitik der Gemeinschaft, die Preisstabilität zu wahren", geschieht (Punkt (10) der Vorbemerkungen der Ratsentscheidung).

Darüber hinaus sieht Artikel 5 vor, daß Frankreich der Kommission, der Europäischen Zentralbank und dem Wirtschafts- und Finanzausschuß alle Entwürfe vorlegt, die eine Abänderung des Wesens und des Geltungsbereichs der französischen Währungsvereinbarungen mit der UEMOA, der CEMAC und den Komoren beinhalten. Diese Vorhaben - zu denen in der Kommissionsempfehlung explizit etwaige Modifikationen des Grundsatzes der Konvertierbarkeit sowie Änderungen des Kreises der Mitgliedstaaten gezählt werden - müssen durch den Rat, auf Anraten der Kommission und nach Anhörung der Europäischen Zentralbank gebilligt werden.

Insgesamt ist mit der Entscheidung des Rates ein klarer rechtlicher Rahmen für die Behandlung der franko-afrikanischen Währungskooperation unter der Ägide der Europäischen Wirtschafts- und Währungsunion abgesteckt worden. Während das historisch gewachsene System der Franc-Zone aufgrund seiner Kompatibilität mit der EWWU de facto ohne Modifikationen von Frankreich und seinen afrikanischen Partnerländern fortgeführt werden kann, bedürfen fundamentale Änderungen dieser Währungsvereinbarungen der Zustimmung der europäischen Institutionen.

Was die Parität von CFA- und Komoren-Franc anbelangt, so wurde der Leitwährungswechsel vom Französischen Franc zum Euro entgegen den in Afrika verbreiteten Befürchtungen nicht zum Anlaß für eine neuerliche Abwertung in den neunziger Jahren genommen[230]. Seit dem 1. Januar 1999 weisen CFA- und Komoren-Franc zum Euro eine feste Parität auf, die automatisch auf der Grundlage des Umrechnungskurses des Französischen Franc in Euro sowie der Parität von Französischem Franc zu CFA- bzw. Komoren-Franc bestimmt wurde. In Anbetracht des fixierten Umrechnungskurses von 6,55957 Französischen Franc für einen Euro entsprechen demnach 655,957 CFA-Franc (XOF und XAF) bzw. 491,96775 Komoren-Franc (KMF) einem Euro (vgl. Tabelle 6). Wie für die Euro-Teilnehmerstaaten entfällt auch schon vor Einzug des Euro-Bargeldes jegliches Wechselkursrisiko für die Länder der afrikanischen Franc-Zone, so daß während der Übergangsperiode von 1999 bis 2002 Zahlungsaufträge in oder aus Richtung des Euro-Raumes in gleicher Weise beliebig auf Euro oder eine nationale Währung eines Euro-Teilnehmerstaates lauten können[231].

---

[230] Derartige Erwartungen in der afrikanischen Bevölkerung basierten zum einen auf der seit 1994 gewonnenen Erkenntnis, daß Abwertungen von CFA- und Komoren-Franc nicht faktisch tabu sind. Zum anderen wurden entsprechende Ängste von afrikanischen Printmedien und Äußerungen gewisser Ökonomen und Politiker derart geschürt, daß sich beispielsweise der Gouverneur der BCEAO am 20. November 1998 zu einen Statement unter dem Titel *"L'arithmétique du Franc CFA et de l'EURO: Un kilogramme de fer pèse-t-il plus lourd qu'un kilogramme de coton?"* veranlaßt sah, wonach im Hinblick auf die ökonomischen Fundamentaldaten eine Abwertung nicht gerechtfertigt wäre, und somit der CFA-Franc durch die Anbindung an den Euro auch nicht an Wert verlieren werde [Banque Centrale des Etats de l'Afrique de l'Ouest (1998)].

[231] Banque Centrale des Etats de l'Afrique de l'Ouest (1999).

1.2   **Ökonomische Bewertung der juristischen Vorgaben**
          aus europäischer Sicht

Die mit der Ratsentscheidung bekundete Unbedenklichkeit des bestehenden Systems der afrikanischen Franc-Zone im Hinblick auf das reibungslose Funktionieren der Europäischen Wirtschafts- und Währungsunion kann aus ökonomischer Sicht sowohl mit theoretischen Überlegungen, als auch unter Berücksichtigung der wirtschaftlichen Größenordnung der drei afrikanischen Subzonen bekräftigt werden.

Betrachtet man mögliche Auswirkungen auf die europäische Geldpolitik, so ist zunächst zu prüfen, ob die bestehende Funktionsweise der afrikanischen Franc-Zone das gemäß Artikel 105 des EG-Vertrages vorrangige Ziel der Europäischen Zentralbank, die Gewährleistung der Preisstabilität im Euro-Raum, zu beeinträchtigen vermag. Rein gedanklich könnte insbesondere die von einem Euro-Teilnehmerstaat gewährte Konvertibilitätsgarantie für Drittwährungen durchaus monetäre Folgen für die Europäische Währungsunion beinhalten. Im Falle der von Frankreich verbürgten Konvertierbarkeit der beiden CFA-Franc und des Komoren-Franc in ehemals Französische Franc und nunmehr Euro sprechen jedoch gewichtige Gründe dagegen.

Seit vielen Jahrzehnten - sogar schon vor der offiziellen Gründung der Franc-Zone im Jahre 1939 - wird die Konvertierbarkeit zwischen dem Franc der Metropole und jenen der afrikanischen Territorien traditionell über - auf Französische Franc lautende - Verrechnungskonten (*Comptes d'Opérations*) in den Büchern des französischen Schatzamtes (*Trésor*) und nicht etwa bei der *Banque de France* gewährleistet.

Lediglich im hypothetischen Fall von in den Bilanzen der *Banque de France* bzw. der Europäischen Zentralbank geführten *Comptes d'Opérations* und gleichzeitiger Annahme, daß diese Verrechnungskonten der BCEAO, BEAC und BCC insgesamt überzogen sind, würde diese Bereitstellung von Französischen Franc bzw. Euro ceteris paribus automatisch zu einer entsprechenden Geldmengenerhöhung in Frankreich bzw. im Euro-Raum führen - mit den damit verbundenen Tendenzen zu Preisniveausteigerungen. In Anbetracht der dem *Trésor* obliegenden und eben nicht die Europäische Zentralbank involvierenden Konvertibilitätsgarantie bleibt die franko-afrikanische Währungskooperation somit ohne direkte Wirkung auf die Geldmenge im Euro-Raum. Weiterhin kann nicht ernsthaft angenommen werden, daß die zu einer stabilitätsorientierten Geldpolitik verpflichtete und von politischen Weisungen unabhängige supranationale Europäische Zentralbank unter Mißachtung von Artikel 101 (ex-Artikel 104) des EG-Vertrages einem hypothetischen Sonderwunsch Frankreichs zur Finanzierung negativer *Comptes d'Opérations* per Geldschöpfung nachgeben würde.

Man könnte aber die Frage stellen, ob Frankreich im Falle dauerhaft im Soll befindlicher Verrechnungskonten der afrikanischen Zentralbanken BCEAO, BEAC oder BCC die entstehenden budgetären Lasten auf andere Mitgliedsländer im Euro-Raum überwälzen kann. Ein direktes finanzielles Partizipieren anderer europäischer Staaten ist im Hinblick auf die Entscheidung des Rates bezüglich der Franc-Zone, wonach Frankreich und die afrikanischen Mitgliedstaaten die alleinige Verantwortung für die Umsetzung ihrer getroffenen Währungsvereinbarungen behalten, von vornherein de jure ausgeschlossen. Außerdem dürfte kein Euro-Teilnehmerstaat bereit sein, freiwillig derartige finanzielle Belastungen im Zusammenhang mit dem kolonialen Erbe Frankreichs zu übernehmen, erst recht nicht, solange kein konsensfähiges europäisches Gemeinschaftskonzept zur grundsätzlichen Gestaltung von Währungsbeziehungen mit Entwicklungsländern existiert.

Des weiteren ist zu überlegen, ob Frankreich die eventuell in Verbindung mit seiner gewährten Konvertibilitätsgarantie für CFA- und Komoren-Franc entstehenden Budgetbelastungen indirekt oder zumindest teilweise auf andere Staaten im Euro-Raum überwälzen kann. Im Falle vollständig steuerfinanzierter Defizite von per saldo negativen *Comptes d'Opérations* der frankoafrikanischen Zentralbanken würde dies einem direkten Konsumverzicht der gegenwärtigen französischen Steuerzahler zugunsten des staatlichen Franc-Zonen-Engagements in Afrika entsprechen, wobei nennenswerte Auswirkungen auf andere EU-Staaten nicht erkennbar wären.

Ein differenzierteres Bild ergibt sich im Falle der vollständigen Finanzierung möglicher, aus den franko-afrikanischen Währungsvereinbarungen resultierender französischer Budgetbelastungen über den Weg der Neuverschuldung. Grundsätzlich kann für eine Währungsunion angenommen werden, daß eine übermäßig expansive Fiskalpolitik eines einzelnen Landes - angesichts des Wegfalls unterschiedlicher Risikoprämien für die jeweilige Höhe des Budgetdefizits - weniger wirksam im Vergleich zu segmentierten, nationalen Finanzmärkten diszipliniert werden kann. Ein steigendes Haushaltsdefizit impliziert zwar ein Ansteigen des einheitlichen Zinssatzes für Staatspapiere in der gesam-

236

ten Währungsunion, doch wird dieser durch einen einzelnen Mitgliedstaat hervorgerufene Zinseffekt auf alle beteiligten Länder verteilt[232].

Im konkreten Fall einer möglichen französischen Neuverschuldung im Zuge der Konvertibilitätsgarantie für CFA- und Komoren-Franc ist allerdings ein derartiges partielles Überwälzen von Finanzierungslasten auf die übrigen Euro-Teilnehmerstaaten sowohl im Hinblick auf die europäische Regelbindung zur Neuverschuldung, als auch aufgrund der ökonomischen Bedeutung der afrikanischen Franc-Zone stark zu relativieren.

Allgemein sieht der EG-Vertrag in der Amsterdamer und Maastrichter Fassung in Artikel 104 (ex-Artikel 104c) Absatz (1) vor, daß die EU-Mitgliedstaaten übermäßige öffentliche Defizite zu vermeiden haben. Konkretisiert wird diese Vorgabe zur Gewährleistung von Haushaltsdisziplin durch den für die dritte Stufe der EWWU ausgehandelten Stabilitäts- und Wachstumspakt. Danach dürfen die öffentlichen Defizite der Euro-Teilnehmerländer die Obergrenze von drei Prozent ihres Bruttoinlandsproduktes nicht überschreiten, wobei ein Frühwarnsystem und gegebenenfalls pekuniäre Sanktionen die Einhaltung dieser Zielvorgabe sicherstellen sollen (Artikel 1 des Protokolls des Vertrages von Amsterdam).

Im Rahmen dieser quantitativen Begrenzung der Haushaltsdefizite obliegt es der nationalen Souveränität jedes einzelnen Mitgliedslandes des Euro-Raumes, die Zusammensetzung der Staatsausgaben festzulegen, zumal die von den politischen Entscheidungsträgern bestimmten Budgets indirekt bei Wahlen durch die Bevölkerung legitimiert werden. Im speziellen ist es, unbeschadet europäischer Gemeinschaftsanstrengungen, eine französische Angelegenheit, eine an den nationalen Präferenzen orientierte Entwicklungshilfepolitik zu formulieren, zu der eben traditionell die franko-afrikanische Währungskooperation zählt.

Schließlich ist bei den bisherigen Überlegungen bezüglich möglicher Auswirkungen der franko-afrikanischen Währungskooperation auf die Funktionsweise der Europäischen Wirtschafts- und Währungsunion stets von *Worst-Case*-Szenarios ausgegangen worden. So ist die Unterstellung negativer Verrechnungskonten der afrikanischen Zentralbanken BEAC, BCEAO und BCC beim französischen *Trésor* zumindest rückblickend nicht per se gerechtfertigt (vgl. Abbildungen 5a und 5b). Für die seit 1975 souveräne Islamische Bundesrepublik Komoren ist festzuhalten, daß in den Jahresbilanzen der *Banque Centrale des Comores* bzw. ihres Vorläufers (*Institut d'Emission des Comores*) für das

---

[232]   Issing (1993), S.186f.

Compte d'Opérations beim französischen Schatzamt bislang stets positive Salden ausgewiesen wurden. Im Hinblick auf die gewichtigere west- und zentralafrikanische Franc-Zone und bezogen auf fast drei Jahrzehnte seit der "Afrikanisierung" der Währungssysteme implizierte die Konvertibilitätsgarantie für die beiden CFA-Franc zwar eine temporäre finanzielle Belastung des Schatzamtes, aber per saldo vielmehr eine Mehrung der französischen Devisenreserven.

Des weiteren sollte bei der Beurteilung potentieller Wechselwirkungen im monetären Bereich stets die Größenordnung der afrikanischen Franc-Zone und des Euro-Raumes bzw. der Europäischen Union beachtet werden. Im Vergleich zu den drei afrikanischen Franc-Zonen wiesen beispielsweise im Jahre 1997 der Euro-Raum eine zirka dreimal und die gesamte Europäische Union eine fast viermal höhere Einwohnerzahl auf, während das aggregierte Bruttoinlandsprodukt in Europa sogar 105- bzw. 132-mal höher war[233]. Wählt man alternativ einen einzelnen EU-Staat als Bezugsgröße, so lag das Bruttoinlandsprodukt der gesamten afrikanischen Franc-Zone etwas unterhalb des BIP der Republik Irland. Des weiteren kann in Analogie zum Vergleich der Wirtschaftsleistung festgehalten werden, daß unabhängig vom gewählten Geldmengenkonzept die aggregierte Geldmenge in der afrikanischen Franc-Zone weniger als einem Prozent jener des Euro-Raumes entspricht.

Der Position des französischen Schatzamtes, wonach eine stabile Währung für die afrikanischen Staaten weitaus besser sei als eine Reihe punktueller Förderungsprojekte mit fragwürdiger Effizienz[234], ist prinzipiell zuzustimmen. Schließlich ist es vor allem in sogenannten Entwicklungsländern unverzichtbar, einen investitionsfreundlichen, ordnungspolitischen Rahmen (inklusive relativer Geldwertstabilität) zu kreieren, der eine unabdingbare Voraussetzung für Wirtschaftswachstum und somit zur Linderung der Armut breiter Bevölkerungsschichten darstellt. Allerdings ist auch Entwicklungshilfe in Form einer Währungsstützung bei Nichtbeachtung der zugrundeliegenden Regeln oder gar Zuwiderhandeln gegen den Geist währungspolitischer Vereinbarungen nicht vor Ineffizienzen gefeit, wie die dauerhafte französische Unterstützung gerade bei afrikanischen Staatsausgaben mit starkem konsumtiven Charakter wie Löhnen und Gehältern im öffentlichen Sektor in der Vergangenheit gezeigt haben.

---

[233]   Unter Zugrundelegung der dem *Statistical Yearbook* 1997 der Vereinten Nationen entnehmbaren BIP-Werte in US-Dollar und zu konstanten Preisen von 1990.
[234]   Kurm-Engels (1997).

238

1.3 Auswirkungen der Europäischen Wirtschafts- und Währungsunion aus afrikanischer Sicht

Nach der vorausgegangenen Betrachtung der franko-afrikanischen Währungs-kooperation aus einem eurozentrischen Blickwinkel werden nachfolgend die potentiellen Auswirkungen der Europäischen Wirtschafts- und Währungsunion auf die afrikanische Franc-Zone skizziert. Dabei stehen der vom Euro-Raum ausgehende Einfluß auf das ökonomische Wachstum und die Preisstabilität in den Franc-Zonen-Staaten sowie deren verbesserter Zugang zu außerfranzösi-schen Kapitalmärkten im Vordergrund[235].

Von der Schaffung des Euro ist insofern eine Stimulierung des Zuflusses von ausländischen Direktinvestitionen aus Euro-Teilnehmerstaaten und eine Bele-bung des Handels zwischen der afrikanischen Franc-Zone und den Euro-Staaten zu erwarten, als die Transaktionskosten der mit der Investitionstätigkeit und dem Güteraustausch korrespondierenden Zahlungen sinken werden. Allerdings dürfte der französische Nutzen aufgrund der von den übrigen Euro-Teilnehmerstaaten divergierenden Ausgangslage indifferent sein. Betrachtet man die Intensität der europäisch-afrikanischen Handelsverflechtungen und die damit verbundenen Auswirkungen auf das Wachstum der relativ offenen Volkswirtschaften der Franc-Zone, so läßt sich feststellen, daß die notwendig gewordene währungspo-litische Abkehr vom Französischen Franc und die Hinwendung zum Euro als neuem nominalen Anker mit den Veränderungen der Handelsstrukturen der letzten Jahrzehnte konsistent sind. Bezogen auf den Zeitraum von Anfang der sechziger bis Anfang der neunziger Jahre steht dem sinkenden Anteil Frank-reichs an den Gesamteinfuhren der afrikanischen Franc-Zone (von 58 auf 36 Prozent) und an den Ausfuhren (von 53 auf 22 Prozent) ein gleichzeitig steigen-der Anteil der übrigen EU- bzw. früheren EG-Staaten an den Gesamteinfuhren der afrikanischen Franc-Zone (von 15 auf 23 Prozent) und bei den Ausfuhren (von 22 auf 34 Prozent) gegenüber[236]. Zwar hat die relative Bedeutung Europas in Anbetracht verstärkter Handelsbeziehungen insbesondere mit den Vereinigten Staaten, Japan und den asiatischen Schwellenländern abgenommen, doch wurde zum Zeitpunkt der Schaffung des Euro knapp über die Hälfte des Außenhandels der afrikanischen Franc-Zone mit der Europäischen Union abgewickelt. Aus eu-ropäischer und selbst aus französischer Sicht ist der Außenhandel mit der afri-

---

[235] International Monetary Fund (1997b), S.19f.
[236] Statistisches Bundesamt (1997), S.127f.

kanischen Franc-Zone hingegen von marginaler Bedeutung. Im Durchschnitt der Jahre 1981 bis 1995 entsprach der Anteil der Importe der CFA-Franc-Zone aus Frankreich lediglich 1,8 Prozent der gesamten französischen Exporte, während nur 1,2 Prozent der gesamten französischen Importe aus der CFA-Franc-Zone stammten[237].

Der Einfluß außenwirtschaftlicher Faktoren auf die gesamtwirtschaftliche Entwicklung der Franc-Zonen-Staaten ist im Hinblick auf das Verhältnis der Summe von Ein- und Ausfuhren zum Bruttoinlandsprodukt (*Trade Penetration Ratio*) - mit Spitzenwerten in den Jahren 1976-1985 von durchschnittlich 51 Prozent - als verhältnismäßig hoch einzustufen. Gemäß Berechnungen des Internationalen Währungsfonds führt ein Anstieg des Bruttoinlandsproduktes im Euro-Raum um 1 Prozent in der afrikanischen Franc-Zone zu einer Steigerung der Exporte um 0,6 und einer Erhöhung des Bruttoinlandsproduktes um 0,2 Prozent[238].

Formal gesehen wirkt die Wahl des Euro als neue Leitwährung stabilisierend auf den nominalen effektiven Wechselkurs der afrikanischen Franc-Zonen-Staaten. Definiert als Index für die Entwicklung des CFA-Franc gegenüber den Währungen der wichtigsten Handelspartner impliziert die Wahl des Euro als neuem nominalen Anker feste, margenfreie, aber möglichen Realignments unterworfene Wechselkurse gegenüber derzeit elf europäischen Handelspartnern des Euro-Raumes. Es sollte allerdings nicht übersehen werden, daß die afrikanische Franc-Zone schon zuvor zwei Jahrzehnte lang über die feste Bindung an den Französischen Franc zumindest informell in die Wirkungsweise des Europäischen Währungssystems eingebunden war und somit trotz Realignments und systemkonformer Schwankungen der französischen Währung relativ stabile nominale Wechselkurse gegenüber den am EWS teilnehmenden europäischen Staaten aufwies[239].

---

[237] Dabei ist der Handel zwischen Frankreich und den afrikanischen Staaten der Franc-Zone schon schätzungsweise um 210 Prozent intensiver als zwischen Ländern ohne enge kulturelle und sprachliche Bindungen [International Monetary Fund (1998b), S.20f].

[238] Padoa-Schioppa (1998), S.1f.

[239] Diese Form der nominalen Wechselkursstabilität gilt derzeit weiterhin in bezug auf die zwei EU-Staaten, die dem EWS, aber noch nicht dem Euro-Raum angehören. Stärkere Wechselkursschwankungen ergeben sich allerdings gegenüber Großbritannien, dessen Anteil am Außenhandel der afrikanischen Franc-Zone seit Jahrzehnten zwischen zwei und drei Prozent liegt.

Einen bedeutsamen Unsicherheitsfaktor für den Außenhandel der afrikanischen Franc-Zone stellt weiterhin die ungewisse Entwicklung des US-Dollar gegenüber Euro und somit auch CFA- bzw. Komoren-Franc dar. Die Preise für eine Reihe von Exportgütern - wie das für Zentralafrika bedeutsame Erdöl oder die für Westafrika wichtigen Rohstoffe Baumwolle, Kaffee, Kakao, Gold, Mangan - werden an den Weltmärkten traditionell in US-Dollar notiert, wodurch für die frankoafrikanischen Anbieter nicht nur die Höhe der Notierungen selbst, sondern auch der in Inlandswährung umgerechnete Gegenwert der in US-Dollar ausgedrückten Exporterlöse unsichere Größen darstellen.

Wechselkursschwankungen zwischen US-Dollar und Euro werden auch in absehbarer Zukunft zu beobachten sein, zumal die Europäische Zentralbank bei einem möglicherweise auftretenden Zielkonflikt zwischen Innen- und Außenwert des Euro statutengemäß dem Ziel der Preisstabilität Priorität einräumen muß. Überdies ist es hinsichtlich der relativ geringen ökonomischen Bedeutung der afrikanischen Franc-Zone plausibel, anzunehmen, daß bei Überlegungen der Europäischen Zentralbank bezüglich des Euro/US-Dollar-Wechselkurses die jeweilige makroökonomische Situation der Franc-Zonen-Staaten nicht in Betracht gezogen wird. Selbst unter der vorhergehenden französischen Ägide waren Paritätenänderungen zwischen dem Französischen Franc und anderen Weltwährungen de facto nicht Gegenstand von Beratungen zwischen Frankreich und den ebenfalls davon betroffenen Franc-Zonen-Staaten, wenngleich seit Anfang der siebziger Jahre die Verträge zur franko-afrikanischen Währungskooperation dies zumindest formal „im Rahmen des Möglichen" vorsahen.

Unter Berücksichtigung der mit Veränderungen der Verhaltensgewohnheiten von Wirtschaftssubjekten verbundenen Trägheitseffekte könnte zumindest auf längere Sicht ein erfolgreicher Euro im internationalen Handel zunehmende Verwendung als Fakturierungs- und Zahlungswährung finden und somit zumindest partiell die weltweit dominierende Bedeutung des US-Dollar zurückdrängen[240]. Für die realwirtschaftlich und monetär stark mit Europa verbundenen Franc-Zonen-Staaten würde vor allem die Notierung von Rohstoffpreisen in Euro die Planungssicherheit dieser Länder erhöhen.

Des weiteren ist aus Sicht der afrikanischen Franc-Zone bedeutsam, inwieweit mit der Hinwendung zum Euro als neuem nominalen Anker für CFA- und Komoren-Franc der Grad an importierter monetärer Stabilität im Vergleich zu der Periode des Französischen Franc als Leitwährung variieren wird. Neben den po-

---

[240] Europäische Union (1998), S.138f.

sitiven Effekten des öffentlichen Gutes Preisniveaustabilität - insbesondere für die armen Bevölkerungsschichten - wirkt eine im Hinblick auf Drittstaaten vergleichsweise niedrige Inflationsrate günstig auf die internationale Wettbewerbsfähigkeit der Franc-Zonen-Staaten, so daß auch diese in Anbetracht der Anbindung von CFA- und Komoren-Franc an den Euro an einer erfolgreichen Entwicklung der Europäischen Währungsunion interessiert sein müßten.

Sowohl die institutionelle Verankerung der Preisstabilität als oberstes Ziel der Europäischen Währungsunion, als auch die schon vor dem Eintritt in die dritte Stufe der EWWU zu beobachtende Konvergenz der Inflationsraten in Europa sind deutliche Indizien für die Annahme, daß die monetäre Stabilität des Euro nicht merklich von jener des Französischen Franc der neunziger Jahre divergieren wird. Im Gegensatz zu der vorhergegangenen langen Periode der relativen Schwäche des Französischen Franc gegenüber anderen Weltwährungen wurden mit der seit Mitte der achtziger Jahre in Frankreich eingeleiteten Politik des "starken Franc" neben der *Banque de France* auch die afrikanischen Zentralbanken der Franc-Zone zu einer restriktiveren Geldpolitik angehalten. Daß deren konsequente Umsetzung in der Franc-Zone nicht ausreichend war, um die starke Abwertung von CFA- und Komoren-Franc des Jahres 1994 zu vermeiden, ist primär auf die inadäquate Wirtschaftspolitik der Mitgliedstaaten zurückzuführen.

Neben den zu erwartenden positiven Wachstums- und Preiseffekten der EWWU auf die afrikanische Franc-Zone sollte mit der Schaffung des Euro auch der Zugang der Franc-Zonen-Staaten zu den europäischen Finanzmärkten verbessert werden. Schließlich dürfte mit der zunehmenden Überwindung der Segmentierung der europäischen Finanzmärkte über den traditionell freien Kapitalverkehr zwischen Frankreich und der afrikanischen Franc-Zone hinausgehend der gesamte Euro-Raum in Zukunft an Bedeutung gewinnen. Es wäre in diesem Zusammenhang wünschenswert, wenn insbesondere die Kreditvergabe an die Franc-Zonen-Staaten auf dem gesamteuropäischen Kapitalmarkt - losgelöst von den besonderen franko-afrikanischen Beziehungen - verstärkt unter Effizienzgesichtspunkten erfolgen würde, d.h. daß vermehrt darauf geachtet werden sollte, daß finanzielle Mittel produktiven Verwendungen zugeführt werden, anstatt, wie in der Vergangenheit, direkt oder indirekt einen Beitrag zur Aufrechterhaltung dauerhaft untragbarer makroökonomischer Ungleichgewichte zu leisten.

242

2. Die französischen Überseegebiete im Zeichen der Europäischen Wirtschafts- und Währungsunion

Im Hinblick auf die dritte Stufe der Europäischen Wirtschafts- und Währungsunion ist auf die unterschiedlichen währungspolitischen Konsequenzen für die französischen Überseegebiete - die Überseedepartements (DOM), Überseeterritorien (TOM) und territorialen Gemeinschaften - hinzuweisen.

Der französischen Metropole prinzipiell gleichgestellt sind die integralen Bestandteil der Französischen Republik als auch der Europäischen Union darstellenden Überseedepartements Französisch-Guayana, Guadeloupe, Martinique und Réunion. Dort wird die europäische Gesetzgebung direkt und ohne spezifische Vorschriften angewendet, so daß folglich auch in den Überseedepartements am 1. Januar 1999 der Euro als neue Währung Einzug hielt. Die Einführung von Euro-Bargeld als Ersatz für den Französischen Franc ab dem 1. Januar 2002 ist insofern konsequent, als in den DOM traditionell die vom Erscheinungsbild her gleichen Banknoten und Münzen wie in den Departements der französischen Metropole zirkulieren.

Seit dem 1. Januar 1999 ist der Euro ebenfalls Währung in den mit einem besonderen politischen Status versehenen territorialen Gemeinschaften Mayotte und Saint-Pierre-et-Miquelon, in denen gleichermaßen der zuletzt verwendete Französische Franc den Status eines gesetzlichen Zahlungsmittels längstens bis zum 30. Juni 2002 beibehält. In Anbetracht des Umstandes, daß die Inseln Mayotte und Saint-Pierre-et-Miquelon nicht zur Europäischen Union gehören, ging der Regelung zur Einführung des Euro eine Entscheidung des Rates der Europäischen Union voraus[241].

In ähnlicher Weise berechtigte der Rat auch die völkerrechtlich souveränen und bislang besonders enge Währungsbeziehungen zu Frankreich bzw. Italien unterhaltenden Staaten Monaco bzw. San Marino und Vatikanstadt, unter der Voraussetzung der gemeinschaftskompatiblen Änderung der bisherigen bilateralen Vereinbarungen und unter Beachtung monetärer Gemeinschaftsregeln, Euro-Banknoten und Münzen den Status eines gesetzlichen Zahlungsmittels zuzuerkennen[242].

Auf institutioneller Ebene ist bezüglich der territorialen Gemeinschaften Mayotte und Saint-Pierre-et-Miquelon anzumerken, daß seit dem 1. Januar 1999

---

[241] Rat der Europäischen Union (1999a), S.29f.

[242] Rat der Europäischen Union (1999b,c,d), S.31f.

und bis zur endgültigen Abschaffung des Französischen Franc das *Institut d'Emission des Départements d'Outre-Mer* (IEDOM) nunmehr für beide Überseegebiete auf Französische Franc lautende Banknoten und Münzen in Umlauf bringt, während zuletzt das *Institut d'Emission d'Outre-Mer* (IEOM) für Mayotte zuständig war. In einer der Entscheidung des Rates vorangegangenen Stellungnahme der Europäischen Zentralbank moniert diese berechtigterweise, daß sich der Rat, ohne genaue Kenntnis über den künftigen Status und die künftige Rolle des IEDOM, mit der lediglichen Reformabsicht Frankreichs begnügt, rechtzeitig die Vereinbarkeit des IEDOM mit den Zielen und Operationen der EZB zu gewährleisten[243].

Unbeschadet der Gemeinschaftszuständigkeit für Währungs- und Wechselkursfragen in den Euro-Teilnehmerstaaten konnte sich Frankreich monetären Handlungsspielraum in seinen ebenso wie Mayotte und Saint-Pierre-et-Miquelon zur Französischen Republik, aber nicht zur Europäischen Union gehörenden pazifischen Überseeterritorien Französisch-Polynesien, Neukaledonien und Wallis et Futuna bewahren. Dank der formalen Billigung durch die anderen EU-Staaten schon im Vorfeld des Euro-Projektes wird gemäß einem speziellen Protokoll des Maastrichter Vertragswerks (N° 13) weiterhin nach Maßgabe französischer Rechtsvorschriften der CFP-Franc mit schuldbefreiender Wirkung verwendet, wobei Frankreich autonom die Parität des CFP-Franc gegenüber dem Euro festsetzt. Diese explizite und frühzeitige monetäre Regelung für den CFP-Franc läßt sich auch dahingehend interpretieren, daß möglichen Kompetenzschwierigkeiten vorgebeugt werden sollte, die sich aus dem Umstand ergeben könnten, daß die französischen TOM in die Kategorie jener mit der Europäischen Union assoziierten überseeischen Länder und Hoheitsgebiete fallen, die mit Frankreich, Dänemark, den Niederlanden oder dem Vereinigten Königreich besondere Beziehungen unterhalten[244].

---

[243] Europäische Zentralbank (1999a), S.5.

[244] Die Artikel 182 - 188 im Vierten Teil des EG-Vertrages (ex-Artikel 131 - 136a) konkretisieren Zwecke und Formen dieser Assoziierung der überseeischen Länder und Hoheitsgebiete von EU-Mitgliedstaaten mit der Europäischen Union. Erklärung Nr.36 der Regierungskonferenz von Amsterdam im Jahre 1997 fordert eine Überprüfung des bestehenden Assoziierungssystems, welches 1957 und damit noch kurz vor der Entkolonialisierungswelle für eine Vielzahl großflächiger, bevölkerungsreicher, von EG-Mitgliedstaaten abhängiger Gebiete konzipiert wurde. Ende des Jahrtausends umfaßt die EU-Kategorie der überseeischen Länder und Hoheitsgebiete, deren wirtschaftliche und soziale Entwicklung in Zukunft wirksamer gefördert werden soll, lediglich 20 weit

244

Von diesem währungspolitischen Zugeständnis an Frankreich sind insofern keine nennenswerten Auswirkungen auf das reibungslose Funktionieren der Europäischen Wirtschafts- und Währungsunion und insbesondere keine Beeinträchtigungen des primären Ziels der Geldwertstabilität zu erwarten, als das aggregierte Bruttoinlandsprodukt dieser Überseeterritorien - mit ihren insgesamt weniger als 500.000 Einwohnern - kaum einem Promille des BIP des gegenwärtigen Euro-Raumes entspricht[245]. Angesichts der Bedeutung als möglichem Präzedenzfall für andere überseeische Währungsarrangements von Euro-Staaten empfiehlt sich allerdings ein kurzer Blick auf die institutionellen Eigenarten und Funktionsprinzipien des Systems der pazifischen CFP-Franc-Zone.

Hinsichtlich der festen Parität zwischen dem CFP-Franc und Französischem Franc bzw. Euro ist hervorzuheben, daß der CFP-Franc seit dem 20. September 1949 ein unverändertes Austauschverhältnis zur Währung der Metropole aufweist, sofern man von der Einführung des "neuen" Franc in Frankreich im Jahre 1960 absieht. Das besonders enge Verhältnis beider Währungen und deren beliebige Substituierbarkeit wird auch außerhalb des Bankensektors sichtbar. Traditionell verpflichtet das zuständige *Institut d'Emission d'Outre-Mer* die Geschäftsbanken zum provisionsfreien An- und Verkauf von Französischen Franc gegen CFP-Franc zum offiziellen Kurs, so daß den Bankkunden keine Umtauschkosten berechnet werden. Hingegen wird für den Bargeldumtausch von CFP-Franc in andere Währungen neben dem bestehenden Spread zwischen An- und Verkaufskurs zusätzlich eine Provision seitens der Geschäftsbanken erhoben[246].

Die seit 1948 bzw. 1980 permanent bestehenden Handelsbilanzdefizite Französisch-Polynesiens und Neukaledoniens[247] deuten darauf hin, daß die historisch determinierte Parität zwischen CFP-Franc und Französischem Franc die Wettbewerbsposition der Überseeterritorien im internationalen Warenaustausch beeinträchtigt hat. Dieses, unter Vernachlässigung der Dienstleistungs- und Übertragungsbilanz, ein Realignment nahelegende externe Ungleichgewicht kann insoweit relativiert werden, als die absolute Höhe des Handelsbilanzdefizits der TOM die französische Metropole finanziell äußerst marginal belastet und somit nicht unmittelbar ins Bewußtsein der Öffentlichkeit rückt. Des weiteren kann die

verstreute Inselgruppen mit insgesamt rund 900.000 Einwohnern (darunter etwa die Hälfte in den französischen TOM).

[245] *Statistical Yearbook 1997* der Vereinten Nationen.
[246] Laut Auskunft des IEOM in Nouméa (Oktober 1998).
[247] *International Financial Statistics* des Internationalen Währungsfonds.

militärstrategische Präsenz Frankreichs im Pazifik als nicht in offiziellen Zahlungsbilanzen erfaßter Dienstleistungsimport seitens der Metropole interpretiert werden, dessen Gegenleistung in der Tolerierung des ausgewiesenen Handelsbilanzdefizits besteht.

Sofern das französische Engagement im Pazifik finanzielle Belastungen mit sich bringt, tangiert dies allenfalls die französischen Steuerzahler, ist aber faktisch bedeutungslos für das reibungslose Funktionieren der Europäischen Wirtschafts- und Währungsunion. So impliziert die Konvertibilitätsgarantie des CFP-Franc in Französische Franc bzw. Euro keine Verpflichtungen für die Europäische Zentralbank, sondern vielmehr für das französische Schatzamt. Im Gegenzug obliegt dem *Trésor* traditionell die Verwaltung der Devisenreserven des für die Ausgabe des CFP-Franc zuständigen *Institut d'Emission d'Outre-Mer*, wobei im Unterschied zu den politisch unabhängigen afrikanischen Staaten der Franc-Zone keine expliziten Regelungen im Sinne einer festgelegten Hinterlegungsquote oder einer Wertabsicherung der Devisenreserven über die Sonderziehungsrechte des IMF bestehen.

Der freie Kapitalverkehr zwischen den französischen Überseeterritorien und dem Euro-Raum läßt sich aus dem seinerseits freien Kapitalverkehr innerhalb der Franc-Zone im weitesten Sinne und deren gemeinsamen Währungsbestimmungen gegenüber Drittstaaten ableiten. Für die TOM als integralem Bestandteil Frankreichs gelten die gleichen Regelungen wie in der Metropole, ohne daß etwa länderspezifische Ausnahmetatbestände wie in der afrikanischen Franc-Zone bestehen würden.

Aus institutioneller Sicht stellen die fehlende Verankerung eines Stabilitätszieles für den CFP-Franc und die enge Verzahnung zwischen Geld- und Fiskalpolitik wesentliche Mängel des Währungssystems der pazifischen Franc-Zone dar[248]. Während Frankreich im Falle seiner den Euro einführenden Überseedepartements und territorialen Gemeinschaften per EU-Ratsentscheidung zumindest indirekt zur Reformierung des *Institut d'Emission des Départements d'Outre-Mer* (IEDOM) aufgefordert wurde, liegt eine zeitgemäße Umgestaltung des *Institut d'Emission d'Outre-Mer* (IEOM) im Hinblick auf das Protokoll des Maastrichter Vertrages im ausschließlichen Ermessen Frankreichs.

Was die Zielsetzung des IEOM anbelangt, ist in den Statuten bislang nicht das Primat der Geldwertstabilität verankert, wie es für die Europäische Zentralbank

---

[248]   Statuten des Institut d'Emission d'Outre-Mer (IEOM), Décret N° 85-403 du 3 avril 1985, Décret N° 86-892 du 28 juillet 1986.

246

und seit 1993 auch für die *Banque de France* festgeschrieben wurde. Vielmehr stehen entwicklungspolitische Ziele im Vordergrund, wobei insbesondere auf Artikel 14 der Statuten bezüglich der Verwendung des *Produit de l'Emission* zu verweisen ist. Demnach werden der an das Schatzamt zu überweisende Gegenwert der im Umlauf befindlichen Banknoten und Münzen sowie die Gewinnausschüttung des IEOM vom *Trésor* aus an öffentliche Organisationen des landwirtschaftlichen und sozialen Bereichs weitergeleitet.

Entsprechend zeichnet sich auch der Kreis der Entscheidungsträger des *Institut d'Emission d'Outre-Mer* nicht durch unabhängige Persönlichkeiten, sondern durch Vertreter verschiedener Institutionen aus. Gemäß Artikel 12 der Statuten des IEOM übt der Generaldirektor der französischen *Caisse Centrale de Coopération Economique* gleichzeitig die Funktionen des Generaldirektors des IEOM unter der Kontrolle eines Aufsichtsrates aus. Dieser *Conseil de Surveillance*, der vom Gouverneur der *Banque de France* geleitet wird, setzt sich aus Interessenvertretern der Metropole und der pazifischen Überseeterritorien zusammen[249]. So dürften die Vertreter der *Banque de France*, des Schatzamtes und des Finanzministeriums vor allem daran interessiert sein, daß aus der Konvertibilitätsgarantie für den CFP-Franc keine spürbare finanzielle Belastung für die Metropole erwächst, während für die Vertreter der Überseeterritorien und des mit den TOM beauftragten Ministeriums primär die aktive finanzielle Unterstützung des Entwicklungsprozesses im pazifischen Raum im Vordergrund stehen dürfte.

---

[249] Der Aufsichtsrat (*Conseil de Surveillance*) des IEOM umfaßt den Gouverneur der Banque de France oder seinen Stellvertreter (Vorsitzender des Aufsichtsrates), den Direktor des Schatzamtes oder seinen Stellvertreter, einen Vertreter des Finanzministers, zwei Vertreter des mit den TOM betrauten Ministeriums, einen weiteren Vertreter der Banque de France, einen in geheimer Wahl bestimmten Vertreter des Personals der IEOM sowie drei, die TOM repräsentierende Experten für Wirtschafts- und Währungsfragen (darunter ist jeweils einer von Neukaledonien und Französisch-Polynesien bestimmt, während der Dritte auf gemeinsamen Beschluß des Finanzministers und des mit den TOM betrauten Ministers ernannt wird). Die Treffen des Aufsichtsrates finden mindestens zweimal im Jahr statt. Rechtsverbindliche Beratungen setzen die Anwesenheit von mindestens 5 Mitgliedern des *Conseil de Surveillance* voraus, wobei Entscheidungen der Mehrheit der Stimmen der anwesenden oder vertretenen Mitglieder bedürfen. Im Falle einer Stimmengleichheit ist die Stimme des Vorsitzenden ausschlaggebend (Artikel 9 der Statuten des IEOM).

3. Szenarios für die zukünftige Entwicklung der afrikanischen Franc-Zone

In Abhängigkeit von den politischen und ökonomischen Entwicklungen der globalen und internen Rahmenbedingungen sind diverse Perspektiven für die afrikanische Franc-Zone denkbar[250]. Beginnend mit der zumindest für das erste Jahrzehnt des 21. Jahrhunderts wahrscheinlichsten Entwicklungstendenz für die Franc-Zone, der Beibehaltung des Status quo und der selektiven Integration weiterer afrikanischer Staaten, werden anschließend zwei diametrale Szenarios gegenübergestellt. Neben der Betrachtung möglicher Auflösungs- bzw. Aufweichungstendenzen im franko-afrikanischen Währungssystem wird das gegenteilige Szenario einer möglichen Erweiterung der Franc-Zone im Sinne einer Erhöhung der Anzahl der teilnehmenden afrikanischen Staaten einerseits, als auch der Übertragung der Konvertibilitätsgarantie auf die Ebene der Europäischen Union andererseits skizziert.

3.1 Regional begrenzte Erweiterung der afrikanischen Franc-Zone

Unterstellt man für die absehbare Zukunft, daß die Franc-Zonen-Staaten sowohl von gravierenden politischen Instabilitäten, als auch von extremen exogenen Schocks verschont bleiben, kann ein unverändertes Fortbestehen des franko-afrikanischen Währungssystems als wahrscheinlichstes Szenario angesehen werden. Neben den bisherigen Mitgliedstaaten bewerten auch andere afrikanische Regierungen der Region die aus der Zugehörigkeit zur Franc-Zone resultierenden Vorteile offenkundig höher ein als die sich infolge des Verzichts auf das wirtschaftspolitische Instrument des nominalen Wechselkurses ergebenden Nachteile. Abgesehen von inoffiziellen Bekundungen ist allerdings der Kreis der potentiellen neuen Mitgliedstaaten schwer einzugrenzen. Im Gegensatz zur Europäischen Union, in der Beitrittsgesuche und Zeitpläne zur Aufnahme neuer Mitgliedstaaten in der Öffentlichkeit thematisiert werden, scheinen Beitrittsverhandlungen zur afrikanischen Franc-Zone von offizieller Seite her einer gewissen Geheimhaltung zu unterliegen, so daß nach außen hin nicht erkennbar wird, welche Positionen Frankreich und die bisherigen Mitgliedstaaten im einzelnen vertreten.

---

[250] Gehle (1998), S.77f; Michelsen (1995), S.199f; Kappel (1993), S.20f; Guillaumont/Guillaumont (1989), S.139f; Ondo Ossa (1984), S22f.

Nach den eher politisch motivierten Austritten einiger Mitglieder aus der Franc-Zone in der Folgezeit der von Frankreich erlangten staatlichen Souveränität setzte Mitte der achtziger Jahre eine Trendwende ein. Beginnend mit Mali, das nach gut zwei Jahrzehnten ernüchternder Erfahrung mit einer eigenen Währung wieder der Franc-Zone beitrat, gefolgt von der Integration der zwei iberoafrikanischen Kleinstaaten Äquatorialguinea und Guinea-Bissau in die frankophone Gemeinschaft, übt die Franc-Zone eine fortwährende Attraktivität auf die afrikanischen Staaten der Region aus. Abgesehen von den ehemaligen Franc-Zonen-Mitgliedern Guinea und Mauretanien kämen - wie im Falle von Äquatorialguinea und Guinea-Bissau - als potentielle afrikanische Beitrittsländer nur noch Staaten ohne nachhaltige französische Kolonialvergangenheit in Frage. Zur Förderung der Integration im Rahmen eines übergeordneten westafrikanischen Wirtschaftsraumes wie der CEDEAO/ECOWAS wäre insbesondere der Beitritt der anglophonen Staaten Gambia, Ghana und Nigeria denkbar. Hiermit würden für die BCEAO und BEAC auch jene Probleme der Geldmengensteuerung dauerhaft gelöst, die sich in der Vergangenheit durch die Verwendung von CFA-Franc-Bargeld durch Wirtschaftssubjekte dieser Nachbarländer ergaben, als deren nationale Währungen nicht oder nur eingeschränkt konvertibel waren. Aus französischer Sicht würde der Beitritt weiterer Staaten zur Franc-Zone zwar in Einklang mit der in den letzten Jahrzehnten zu beobachtenden Intensivierung der bilateralen Handelsbeziehungen zu nicht-frankophonen Staaten auf dem afrikanischen Kontinent stehen, aber auch gewisse Risiken bergen. Anders als die erfolgte Aufnahme der Kleinstaaten Äquatorialguinea und Guinea-Bissau könnte etwa der Beitritt der ökonomisch relativ bedeutsamen Staaten Ghana und vor allem Nigeria zu einer spürbaren budgetären Belastung Frankreichs im Zuge der Konvertibilitätsgarantie für den CFA-Franc führen, sofern man unterstellt, daß hohe Zahlungsbilanzdefizite dieser Staaten zu einem negativen Saldo des Verrechnungskontos der BCEAO beim französischen *Trésor* führen, und die Selbstregulierungsmechanismen des Regelwerks der Franc-Zone nicht mittelfristig eine Umkehrung der Situation herbeizuführen vermögen.

Im Hinblick auf die Wirtschaftskraft dieser beiden anglophonen Staaten ist zu berücksichtigen, daß das Bruttoinlandsprodukt der gut 18 Millionen Ghanaer einem Siebtel, das BIP der fast 120 Millionen Nigerianer zwei Dritteln des BIP der gesamten afrikanischen Franc-Zone entsprechen[251]. Eine noch gewichtigere Hegemonialstellung von Ghana und besonders Nigeria legen die BIP-Relationen

---

[251] *Statistical Yearbook 1997* der Vereinten Nationen.

von etwa einem Viertel bzw. sechs Fünfteln bezogen auf die gegenwärtige westafrikanische Franc-Zone nahe, die ihrerseits 55,9 Prozent des Bruttoinlandsproduktes der gesamten afrikanischen Franc-Zone erwirtschaftet (bei entsprechenden Werten von 43,6 Prozent für die zentralafrikanische Franc-Zone und knapp
0,5 Prozent für die Komoren). Folglich dürften sowohl die bisherigen Mitgliedstaaten der westafrikanischen Franc-Zone angesichts ihrer damit schwindenden
eigenen Bedeutung, als auch Frankreich wegen möglicher finanzieller Belastungen nicht sonderlich an der monetären Integration dieser beiden gewichtigen
anglophonen Staaten interessiert sein.

Des weiteren stellt sich im Hinblick auf die permanente politische Instabilität
Nigerias und die derzeitigen Auflösungserscheinungen der Demokratischen Republik Kongo - einem weiteren, ehemals bedeutsamen Nachbarland der Franc-
Zone - die Frage, inwieweit solche potentiellen Mitgliedsländer im Rahmen der
franko-afrikanischen Währungskooperation überhaupt wirksam diszipliniert
werden könnten.

3.2   Verstärkte Autonomie im monetären Bereich

Ein weiteres zukünftiges Szenario für die afrikanische Franc-Zone wäre die Gewährung verstärkter nationaler Souveränität im monetären Bereich, sei es nun,
um ein vollständiges Zusammenbrechen der Währungskooperation zu verhindern, oder der Abschluß eines Prozesses, im Zuge dessen die Franc-Zonen-
Staaten aus Sicht der nationalen und internationalen Wirtschaftssubjekte ausreichend an Glaubwürdigkeit im monetären Bereich gewonnen hätten, um eine
verstärkt an den individuellen Bedürfnissen der einzelnen Mitgliedstaaten orientierte Geld- und Währungspolitik zu betreiben.

Die Leitidee einer auf Initiative des französischen Kooperations- und Entwicklungsministeriums im Jahre 1982 einberufenen Arbeitsgruppe war die Gewährung verstärkter nationaler Autonomie im monetären Bereich unter gleichzeitiger Beibehaltung der Vorteile des bestehenden Währungssystems der afrikanischen Franc-Zone (Abbildung 17)[252]. Der ausgearbeitete Vorschlag sah vor, daß
jeder afrikanische Mitgliedstaat über eine nationale Zentralbank eine eigene
Währung mit schuldbefreiender Wirkung im Inland emittiert. Die nationalen
Währungen sollten feste, aber kollektiv vereinbarten Realignments unterworfene
Paritäten zu der gemeinsamen Währung aufweisen.

---

[252]   Sandretto (1994), S.267f.

**Abb. 17 Zweistufiges Modell zur
Reformierung der CFA-Franc-Zone (1982)**

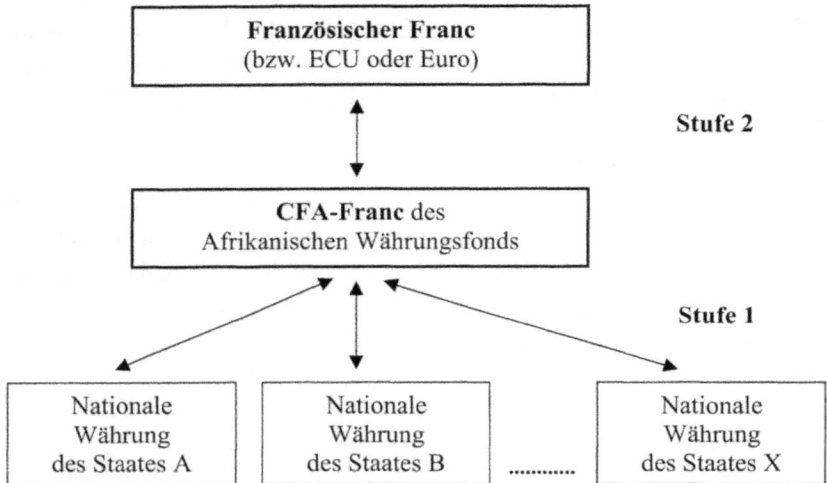

```
         ┌─────────────────────────┐
         │   Französischer Franc   │
         │    (bzw. ECU oder Euro) │
         └─────────────────────────┘              Stufe 2
                     ↕
         ┌─────────────────────────┐
         │      CFA-Franc des      │
         │ Afrikanischen Währungsfonds│
         └─────────────────────────┘              Stufe 1
         ↙           ↕           ↘
┌──────────┐  ┌──────────┐       ┌──────────┐
│ Nationale│  │ Nationale│       │ Nationale│
│  Währung │  │  Währung │       │  Währung │
│des Staates A│ │des Staates B│  ......  │des Staates X│
└──────────┘  └──────────┘       └──────────┘
```

Anmerkungen:

Stufe 2   Feste, anpassungsfähige Paritäten mit Margen und
           durch Frankreich gewährleistete externe Konvertibilität

Stufe 1   Feste, anpassungsfähige Paritäten ohne Margen und
           durch den Afrikanischen Währungsfonds gewährleistete
           interne Konvertibilität

Quelle: Sandretto (1994), S.268.

Kennzeichnend für diesen neuen CFA-Franc - dem die Funktion als gesetzliches
Zahlungsmittel entzogen und der somit primär zu einer Recheneinheit degradiert
worden wäre - sollte auf übergeordneter Ebene eine feste, anpassungsfähige und
zusätzlich mit einer Marge versehene Parität zum Französischen Franc bzw. der
entsprechenden europäischen Währungseinheit sein.

Gemäß diesem Vorschlag wären die Mitgliedstaaten verpflichtet gewesen, einen Teil ihrer Devisenreserven zugunsten des neu zu gründenden "Afrikanischen Währungsfonds" zu hinterlegen, wodurch die Länder im Gegenzug plafonierte Ziehungsrechte zum Ausgleich temporärer Zahlungsbilanzdefizite erhalten hätten. Dem Modell der ehemaligen Europäischen Zahlungsunion folgend sollte der "Afrikanische Währungsfonds" außerdem über die Kompensation von Forderungen und entsprechenden Schulden innerhalb der afrikanischen Franc-Zone eine interne Konvertibilität gewährleisten.

Zweifellos hätte die Realisierung dieses Vorschlags zur Reformierung der afrikanischen Franc-Zone den einzelnen Mitgliedstaaten zumindest formal mehr Spielraum im monetären Bereich eingeräumt. Durch die Möglichkeit der Änderung der Währungsparitäten zwischen den einzelnen afrikanischen Mitgliedstaaten sollten den divergierenden nationalen Wirtschaftsstrukturen und der daraus resultierenden unterschiedlichen Betroffenheit von exogenen Schocks verstärkt Rechnung getragen werden. Diesem vermeintlichen Vorteil eines zweistufigen Modells sind aber neben den einmaligen organisatorischen Kosten der Umstrukturierung der afrikanischen Franc-Zone grundsätzlich weitere potentielle Kosten der Währungsdesintegration entgegenzusetzen.

Im Falle der Umsetzung dieses Vorschlages des französischen Kooperations- und Entwicklungsministeriums hätte dieses neue Währungssystem im Vergleich zum bestehenden System angesichts des Übergangs von einer supranationalen zu mehreren einzelstaatlichen Zentralbanken und der damit verbundenen Möglichkeit der nationalen Gestaltung der Geldpolitik im Endergebnis zu einer insgesamt weniger restriktiven Geldpolitik führen können - wie dies in den Nachbarländern der Franc-Zone zu beobachten war. Wenn selbst in Westeuropa vor der Schaffung der Europäischen Währungsunion einige Zentralbanken in den Mitgliedstaaten neben dem Ziel der Geldwertstabilität auch aktiv andere wirtschaftspolitische Ziele verfolgten, ist es naheliegend, anzunehmen, daß bei Schaffung nationaler Zentralbanken in unfreien oder nur teilweise freien politischen Systemen der Grad an faktischer Unabhängigkeit der Zentralbank von der jeweiligen nationalen Regierung vergleichsweise gering sein würde. Insbesondere dürfte der Druck zur Monetisierung von staatlichen Haushaltsdefiziten viel stärker ausgeprägt sein als bei einer - trotz bestehender Funktionsmängel - unabhängigeren, supranationalen afrikanischen Zentralbank. Im Falle des Nachgebens der Zentralbank gegenüber den Ersuchen der Regierung und eines damit einhergehenden Anstiegs der Inflation könnte dem daraus resultierenden Abwertungsdruck auf die nationale Währung mit der Zuflucht zu einer Paritätenänderung gegenüber den Währungen der anderen afrikanischen Mitgliedstaaten begegnet werden. Somit bestünde die Gefahr des Mißbrauchs des eigentlich als Anpassungsinstrument - im Falle unterschiedlich auf die einzelnen Mitgliedstaaten wirkender exogener Schocks - vorgesehenen nominalen Wechselkurses als Ventil für eine unsolide Fiskalpolitik bedingt demokratisch legitimierter Regierungen. Bezogen auf die gesamte afrikanische Franc-Zone könnte eine entsprechende Politisierung des Geldangebotes in den Mitgliedstaaten zentrifugale Kräfte auslösen, wenn eine Reihe von Ländern aufgrund unsolider Fiskalpolitik ihre nationale Währung in Relation zum CFA-Franc abzuwerten gedenken. Dies würde wiederum auf der nachfolgenden Ebene die Parität zwischen dem CFA-Franc und dem nominalen Anker FRF/Euro und damit schließlich auch die Glaubwürdigkeit des CFA-Franc in Frage stellen.

Gemäß dem einer Währungsdesintegration gleichkommenden Vorschlag des französischen Kooperations- und Entwicklungsministeriums wurde in den neunziger Jahren - dem Vorbild der Europäischen Wirtschafts- und Währungsunion folgend - ein diametraler Prozeß in Richtung einer stärkeren monetären und vor allem realwirtschaftlichen Integration eingeleitet. Dies stellt nicht nur den Königsweg zur Verbesserung der Funktionsweise der bestehenden CFA-Franc-Zone beim Auftreten exogener Schocks dar, sondern bildet zugleich eine Basis für politische Unionen, die angesichts offenerer Gesellschaften demokratischer als die bisherigen Nationalstaaten strukturiert wären und zudem friedlich willkürliche Kolonialgrenzen auf dem afrikanischen Kontinent überwinden würden.

3.3 Währungskooperation zwischen der Europäischen Union und Afrika

Im Hinblick auf die bis dato durch die Duldung der Franc-Zone lediglich formal existierende europäisch-afrikanische Währungskooperation sollen abschließend Möglichkeiten umfassenderer Formen der monetären Zusammenarbeit aufgezeigt werden. Dabei ist die effektive Beteiligung weiterer Mitgliedstaaten der Europäischen Union bzw. des Euro-Raumes sowie die Einbeziehung weiterer afrikanischer Staaten denkbar[253].

---

[253] Gehle (1998), S.77f; Michelsen (1995), S.210f; Kappel (1993), S.23f; Guillaumont/Guillaumont (1989), S.146f; Ondo Ossa (1984), S22f.

Im Hinblick auf den EG-Vertrag sieht Artikel 3 r zunächst allgemein vor, daß die Tätigkeit der Gemeinschaft auch eine Politik auf dem Gebiet der Entwicklungszusammenarbeit umfaßt. Die juristische Basis für eine effektive europäisch-afrikanische Währungskooperation könnte speziell in einer im Maastrichter Vertragswerk verankerten Erklärung zur Zusammenarbeit mit dritten Ländern im Währungsbereich gesehen werden. Darin heißt es, "... daß die Gemeinschaft zu stabilen internationalen Währungsbeziehungen beitragen will. Zu diesem Zweck ist die Gemeinschaft bereit, mit anderen europäischen Ländern und mit denjenigen außereuropäischen Ländern, zu denen sie enge wirtschaftliche Bindungen hat, zusammenzuarbeiten." Wenngleich aus europäischer Sicht der afrikanische Kontinent von untergeordneter Bedeutung ist, stellen umgekehrt für die Franc-Zone und weitere afrikanische Länder die Mitgliedstaaten der Europäischen Union die wichtigsten Handelspartner dar[254].

Hinsichtlich der aufgrund des makroökonomischen Charakters gegebenen Vereinbarkeit mit dem Subsidiaritätsprinzip wäre eine weitreichende europäisch-afrikanische Währungskooperation prinzipiell auch mit den in Artikel 177 (ex-Artikel 130u) des EG-Vertrages umschriebenen Zielsetzungen der als Ergänzung für die entsprechende Politik der Mitgliedstaaten vorgesehenen Gemeinschaftspolitik auf dem Gebiet der Entwicklungszusammenarbeit kompatibel. Wie die Zusammenarbeit der Europäischen Union mit derzeit insgesamt 71 Ländern Afrikas, des Karibischen Raumes und des Pazifischen Raumes im Rahmen des AKP-EG-Abkommens überdies zeigt, ist die entwicklungspolitische Zusammenarbeit mit einer größeren Anzahl von Staaten grundsätzlich praktikabel.

Allerdings dürfte ein solch ambitioniertes Projekt wie eine umfassende europäisch-afrikanische Währungskooperation nur für den bisher nicht absehbaren Fall zur Diskussion gestellt werden, daß sich die Europäische Union dazu durchringt, ihre eigene Entwicklungshilfepolitik und jene ihrer Mitgliedstaaten fundamental auf den Prüfstand zu stellen, um somit die bestehende Divergenz zwischen eige-

---

[254] Afrikas Anteil an den weltweiten Exporten sank von 3,1 Prozent Mitte der fünfziger Jahre auf weniger als 1,2 Prozent im Jahre 1990. Das niedrige Niveau des Nord-Süd-Handels im besonderen ist hauptsächlich auf die relativ geringe Durchschnittsgröße afrikanischer Volkswirtschaften und die relativ geringen Wirtschaftswachstumsraten Afrikas zurückzuführen. Des weiteren werden die Nord-Süd-Handelsbeziehungen durch die Faktoren Bevölkerungsanzahl, geographische Distanz, gemeinsame Sprache und Handelspolitik beeinflußt [International Monetary Fund (1998b), S.4f].

254

nem Anspruch und der realen Wirkung dieser Hilfe zu nivellieren. Betrachtet man die in Artikel 177 des EG-Vertrages postulierten Ziele der Entwicklungszusammenarbeit der Europäischen Union im einzelnen - die Förderung einer nachhaltigen wirtschaftlichen und sozialen Entwicklung und die Bekämpfung der Armut in den sogenannten Entwicklungsländern sowie deren harmonische und schrittweise Integration in die Weltwirtschaft -, so liegt aus ökonomischer Sicht in der Verwirklichung des letzten Punktes im Sinne der Maxime *Aid by Trade* der Schlüssel zur Realisierung der ersten beiden Punkte. Doch gerade bezüglich der Öffnung des europäischen Marktes für Produkte aus Entwicklungsländern handelt die Europäische Union in der Praxis derart protektionistisch, daß der Passus "harmonische und schrittweise Eingliederung in die Weltwirtschaft" nur dahingehend gedeutet werden kann, daß nicht etwa die Entwicklungsländer "zu ihrem eigenen Schutz" behutsam an den Weltmarkt herangeführt werden sollen, sondern im Gegenteil Rücksicht auf die Befindlichkeiten jener Lobbies in den Mitgliedstaaten der Europäischen Union zu nehmen ist, die zu den Verlierern einer solchen Marktöffnung zählen könnten[255].

So förderten die Lomé-Abkommen zwischen der Europäischen Union und den AKP-Staaten die Konservierung der seit der Kolonialzeit bestehenden europäisch-afrikanischen Handelsstrukturen, die durch den Austausch komplementärer Güter - dies bedeutet vereinfacht, Rohstoffe gegen Industriegüter - gekennzeichnet sind. Allerdings waren zumindest auch lange Zeit die demokratisch unzurei-

---

[255] Bezeichnend ist Artikel 177 Absatz 1 des geänderten Vierten AKP-EG-Abkommens, wonach der Gemeinschaft das Recht zu Schutzmaßnahmen eingeräumt wird, sofern die Öffnung der EU-Märkte für Waren aus AKP-Staaten "... ernste Störungen für einen Wirtschaftsbereich der Gemeinschaft oder eines oder mehrerer Mitgliedstaaten mit sich bringt oder deren äußere finanzielle Stabilität gefährdet oder wenn Schwierigkeiten auftreten, die die Beeinträchtigung eines Wirtschaftsbereichs der Gemeinschaft oder einer ihrer Regionen nach sich ziehen können ..." [Rat der Europäischen Union (1998c), S.20].
Des weiteren ist im Hinblick auf die Amtsblätter der EG bemerkenswert, mit welcher Akribie einzelnen Entwicklungsländern Einfuhrkontingente für genau definierte Gütergruppen gewährt werden. Abgesehen von dem bürokratischen Aufwand und der Frage nach den Festlegungskriterien ist die Kontingentierung der EU nicht nur ein offenkundiges Eingeständnis mangelnder Wettbewerbsfähigkeit bei diesen kontingentierten Gütern, sondern zeigt zugleich auch, daß Entwicklungsländer neben traditionellen Rohstoffen, die ohnehin nicht in der EU produziert werden, durchaus auch bei anderen Gütern komparative Kostenvorteile aufweisen.

chend legitimierten Machteliten in Afrika nicht unbedingt an einer Diversifizierung der Exportpalette ihrer Länder interessiert, da die Konzentration auf wenige, zumeist über staatliche Monopolorganisationen vermarktete Hauptexportgüter den fast vollständigen Zugriff auf die nationalen Deviseneinnahmen sicherte.

Gesamtwirtschaftlich gesehen wurden damit sowohl in der sogenannten Dritten als auch in der Ersten Welt Wohlstandspotentiale vernichtet, die sich aus einer an den jeweiligen komparativen Kostenvorteilen orientierten Handelsintensivierung ergeben. Dabei sind angesichts des relativ reichlich vorhandenen Faktors Arbeit bei gleichzeitig bestehenden Mängeln beim Humankapital die Chancen Afrikas im Rahmen der internationalen Arbeitsteilung derzeit vor allem in der industriellen Fertigung einfacher Güter zu sehen. Daß ehemalige Kolonien nicht dauerhaft und ausschließlich auf die Rolle des Rohstofflieferanten für Industriestaaten festgeschrieben sind, zeigen insbesondere die Entwicklungserfolge heutiger asiatischer Schwellenländer, die durch die Ausfuhr von Industriegütern und Dienstleistungen ihre Exportproduktpalette stark diversifizierten.

Verglichen mit der wünschenswerten Gestaltung wechselseitig vorteilhafter europäisch-afrikanischer Handelsbeziehungen nach Maßgabe komparativer Kostenvorteile stellt eine entsprechende Währungskooperation beider Kontinente lediglich einen untergeordneten Gesichtspunkt im Rahmen der Stärkung eines ordnungspolitischen Rahmens in den Entwicklungsländern dar. Allerdings könnte eine umfassendere europäisch-afrikanische Währungskooperation, die sich hinsichtlich der Funktionsweise an der bestehenden Franc-Zone orientiert, und deren Regeln noch stärker dem *Moral-Hazard*-Verhalten einzelner Mitgliedstaaten vorbeugen, einen Beitrag zu einer berechenbareren Geld- und Währungspolitik auf dem afrikanischen Kontinent leisten.

Bezüglich der Realisierbarkeit eines solchen Projektes scheint die Erzielung eines erforderlichen Konsenses der EU-Mitgliedstaaten über eine neue Aufgabenverteilung bei einer denkbaren gemeinschaftsumfassenden Währungskooperation mit Afrika oder gar dem gesamten AKP-Raum zum gegenwärtigen Zeitpunkt eher unwahrscheinlich zu sein. Bezugnehmend auf das Procedere der formalen Einbindung der afrikanischen Franc-Zone in die Europäische Wirtschafts- und Währungsunion zeigte sich, daß die übrigen EU-Mitgliedstaaten zwar Frankreich die Beibehaltung des Status quo zubilligten, aber andererseits nicht die Idee einer eventuell finanziell belastenden Währungskooperationen als Form einer gemeinschaftlichen Entwicklungshilfe aufgreifen wollten, wobei hierbei sicherlich auch historische Gegebenheiten nicht ohne Belang sind. Auf dem

256

afrikanischen Kontinent blicken lediglich Frankreich, Großbritannien, Belgien und Portugal auf eine nachhaltige, bis weit ins 20. Jahrhundert reichende Kolonisationsvergangenheit zurück, die auch spezifische Erfahrungen mit Währungssystemen zwischen Metropole und abhängigen Territorien umfaßt. Hingegen war der entsprechende wirtschaftliche und kulturelle Einfluß Spaniens, Italiens und Deutschlands in Afrika rudimentärer bzw. zeitlich begrenzter, während die restlichen EU-Staaten keine historisch gewachsenen Beziehungen zu afrikanischen Entwicklungsländern aufweisen.

Vergegenwärtigt man sich noch einmal den deutsch-französischen Dissens bei der Übertragung der afrikanischen Franc-Zone auf die europäische Ebene, so werden hier zwei unterschiedliche Ansätze bei der möglichen Gestaltung der Währungsbeziehungen zu Staaten deutlich, die den Französischen Franc bzw. die Deutsche Mark als nominalen Anker zum Import relativer monetärer Stabilität verwenden. Während Frankreich über die Franc-Zone in einem regelgebundenen, wechselseitige Verpflichtungen beinhaltenden Währungssystem eingebunden ist, hat die Bundesrepublik Deutschland zumindest mit Entwicklungsländern keine derartigen Währungsvereinbarungen getroffen. Darüber hinaus wurden unter der Ägide der Deutschen Bundesbank freiwillige Wechselkursfixierungen von Drittstaaten in bezug auf die Deutsche Mark als unilaterale Angelegenheit betrachtet, aus der keinerlei Verpflichtungen für die Deutsche Bundesbank resultierten[256].

Wenngleich die Europäische Union insgesamt eine gemeinschaftsumfassende, europäisch-afrikanische Währungskooperation und damit die Übernahme der eventuell mit finanziellen Belastungen verbundenen Konvertibilitätsgarantie für afrikanische Währungen derzeit nicht anstrebt, so wurde in Analogie zur Behandlung der Franc-Zone die Renaissance der monetären Beziehungen zwischen einem weiteren EU-Mitgliedstaat und einer seiner ehemaligen afrikanischen Kolonien von der Gemeinschaft gebilligt. Mit der bilateralen Währungsvereinbarung zwischen Portugal und den Kapverdischen Inseln vom 15. Juli 1998, wodurch der Kap-Verde-Escudo zu einer festen Parität an den portugiesischen Escudo bzw. ab dem 1. Januar 1999 an den Euro gebunden wurde, wird die Konvertierbarkeit des Kap-Verde-Escudo - in Analogie zur französischen Kon-

---

[256] Im Falle der Wahl der Deutschen Mark als nominalem Anker beschränkte sich die Deutsche Bundesbank höchstens auf technische Hilfestellungen zur Strukturierung der Zentralbank, wie dies beispielsweise bei der Errichtung von Currency-Board-Systemen in den Transformationsländern Estland und Bulgarien geschehen ist (laut Auskunft der Deutschen Bundesbank).

vertibilitätsgarantie für den CFA-Franc - durch einen Mittelansatz im portugiesischen Staatshaushalt garantiert[257]. Der portugiesische Staat stellt der kapverdischen Zentralbank zur Verstärkung ihrer Devisenreserven eine beschränkte Kreditfazilität zur Verfügung, deren Bereitstellung an die Umsetzung eines stabilitätsorientierten, makroökonomischen Programmes für Kap Verde gekoppelt ist. Die Entscheidung des Rates der Europäischen Union bezüglich der portugiesisch-kapverdischen Währungskooperation umfaßt die inhaltsgleichen Regelungen der entsprechenden Entscheidung zur afrikanischen Franc-Zone. Aufgrund der klaren Zuordnung eventueller budgetärer Belastungen aus der Konvertibilitätsgarantie und des marginalen ökonomischen Gewichts (etwa 0,005 Prozent des BIP der EU) der lediglich 406.000 Einwohner umfassenden Inselgruppe[258] sind keine ernsthaften Gefahren für das reibungslose Funktionieren der Europäischen Wirtschafts- und Währungsunion zu erwarten. Darüber hinaus bedürfen Natur und Geltungsbereich betreffende Abänderungen der portugiesisch-kapverdischen Währungsvereinbarungen der Zustimmung des Rates, einer Empfehlung der Kommission und der Anhörung der Europäischen Zentralbank.

---

[257]   Rat der Europäischen Union (1998a), S.11f.
Zu den Kapverdischen Inseln ist anzumerken, daß diese zeitweise, über die gegen die portugiesische Kolonialmacht opponierende *Partido Africano da Independência da Guiné e Cabo Verde* (PAIGC), eng mit Guinea-Bissau - das im Jahre 1997 der Franc-Zone beitrat - verbunden waren.

[258]   *Statistical Yearbook 1997* der Vereinten Nationen.

F Zusammenfassung und Ausblick

Das franko-afrikanische Währungssystem wurde ursprünglich im Interesse Frankreichs konzipiert, zu einer Zeit, als die zur Franc-Zone gehörenden afrikanischen Territorien politisch und ökonomisch in starkem Maße vom Mutterland abhängig waren. Während die Festkurssysteme anderer europäischer Kolonialmächte in Afrika allmählich mit der politischen Souveränität der überseeischen Territorien zusammenbrachen, gelang es Frankreich, multilaterale Währungskooperationen mit den meisten ehemaligen Kolonien südlich der Sahara bis in die Gegenwart aufrechtzuerhalten und sogar nicht-frankophone Länder in die afrikanische Franc-Zone zu integrieren. Unabhängig von der offenkundigen Attraktivität der Franc-Zonen-Mitgliedschaft aus Sicht der Regierungen der beteiligten Länder besteht der wesentliche Vorzug dieses speziellen Währungsarrangements im Import monetärer Stabilität aus Frankreich bzw. neuerdings dem Euro-Raum, wodurch wiederum positive Auswirkungen auf das langfristige Wirtschaftswachstum in der Franc-Zone zu erwarten sind.

Mit Blick auf die überragende Bedeutung eines angemessenen wirtschaftlichen Wachstums zur Verringerung des Entwicklungsrückstandes Afrikas gegenüber anderen Kontinenten führen zwar verschiedene empirische Studien zu keinen eindeutigen und widerspruchsfreien Ergebnissen bezüglich Wachstumsdifferenzen zwischen Franc-Zonen-Staaten und anderen Entwicklungsländern oder gar eines spezifischen Einflusses des Währungssystems auf das Wirtschaftswachstum. Dennoch legen pauschale Ländervergleiche zumindest nahe, daß das Wirtschaftswachstum der CFA-Franc-Zone insgesamt in den siebziger Jahren zwischen den entsprechenden Zuwachsraten von Entwicklungsländern weltweit und jenen weiterer subsaharischer Staaten lag. Im Verlauf der achtziger Jahre und bis zu der sich schließlich als erfolgreich erweisenden Abwertung des CFA-Franc im Jahre 1994 fiel die afrikanische Franc-Zone allerdings zwischenzeitlich bei den Wirtschaftswachstumsraten hinter obige Ländergruppen zurück.

Ein aus Sicht der CFA-Franc-Zone deutlich positiveres Gesamtbild ergibt sich im Hinblick auf den Realisierungsgrad des öffentlichen Gutes Preisniveaustabilität, wobei die Ausgestaltung des Währungssystems einen bedeutsamen Einfluß nahelegt. So verzeichnete die CFA-Franc-Zone insgesamt in den letzten 30 Jahren nicht nur in Afrika, sondern auch verglichen mit anderen Entwicklungsländern durchschnittlich niedrigere Inflationsraten. Infolge einer sehr restriktiven Geldpolitik der supranationalen Zentralbanken BCEAO und BEAC bestanden besonders deutliche Inflationsdifferenzen zwischen 1985 und 1993.

Die im Vergleich zu anderen Entwicklungsländern zwar ambivalente Wachstumsperformance, aber zumindest erfolgreichere Inflationsbekämpfung der frankoafrikanischen Staaten bieten wenig Anhaltspunkte, um für eine Auflösung der Franc-Zone zu plädieren. Wenngleich unbestreitbar ist, daß sich zwischenzeitlich die *Built-in-Flexibility* des Währungssystems zur Absorption exogener Schocks als unzureichend erwies, kann angesichts richtungsweisender Ereignisse in den neunziger Jahren mit Zuversicht der weiteren Entwicklung der afrikanischen Franc-Zone entgegengesehen werden. So ist von der im Jahre 1994 initiierten Schaffung zweier Binnenmärkte im Rahmen der UEMOA und CEMAC eine Verbesserung der Funktionsweise beider Währungssysteme zu erwarten. Bei der geplanten Verschmelzung der kleinen nationalen Güter- und Faktormärkte ist dabei von besonderer Bedeutung, die Mobilität von Kapital und Arbeitskräften als wichtige Anpassungsinstrumente zur Kompensation zoneninterner makroökonomischer Ungleichgewichte zu erhöhen.

In einem stark regelgebundenen Festkurssystem wie der Franc-Zone, in welcher der etwa für den klassischen Goldstandard kennzeichnende Selbstregulierungsmechanismus der Zahlungsbilanz mittels Regeln simuliert wird und der CFA-Franc keiner unmittelbaren Marktbewertung unterliegt, ist die Funktionsfähigkeit des Währungssystems in erheblichem Maße sowohl von der Ausgestaltung der Regeln als auch von deren Einhaltung abhängig. Wenngleich angesichts diesbezüglicher Mängel und der engen personellen Verflechtung von Geld- und Fiskalpolitik das franko-afrikanische Währungssystem in der Vergangenheit insbesondere nicht vor dem *Moral-Hazard*-Verhalten beteiligter Akteure gefeit war, wurde in den neunziger Jahren diesen negativen Erfahrungen zumindest partiell durch die Einengung bestehender diskretionärer Spielräume der geldpolitischen Entscheidungsträger begegnet.

Unter den Modifikationen des Regelwerks ist die im Jahre 1998 erfolgte Verankerung eines Stabilitätsziels für den CFA-Franc in den Statuten der zentralafrikanischen Zentralbank hervorzuheben - eine Zielsetzung, die alsbald auch in den Statuten der westafrikanischen BCEAO ihren Niederschlag finden sollte, um die traditionelle Funktion beider Zentralbanken als Finanziers des staatlich gelenkten Entwicklungsprozesses zurückzudrängen. In der Praxis wurde in beiden CFA-Franc-Subzonen eine Abwendung von der diskretionären Zentralbankkreditvergabe über Kontingente hin zum Einsatz marktmäßiger geldpolitischer Instrumente eingeleitet, wenngleich bislang lediglich das geldpolitische Instrumentarium in der zentralafrikanischen Franc-Zone als in hohem Maße ausgereift klassifiziert werden kann. Ebenfalls begrüßenswert ist die in beiden CFA-Franc-

Subzonen geplante Implementierung fiskalischer Konvergenzkriterien, die in Verbindung mit Sanktionsmaßnahmen zur Begrenzung der Verschuldungsmöglichkeiten der einzelnen Mitgliedstaaten beitragen können.

Neben den bereits vollzogenen Änderungen sollte das Regelwerk des Währungssystems darüber hinaus modifiziert werden, um beide CFA-Franc zu Währungen weiterzuentwickeln, deren Vertrauen nicht ausschließlich auf der französischen Konvertibilitätsgarantie beruht. Zur Verbesserung der Funktionsweise des bestehenden Währungssystems und zur Eröffnung zukünftiger Optionen für alternative Festkurssysteme - die etwa wie ein Currency-Board-System nicht den finanziellen Beistand des Leitwährungslandes erfordern - sollte neben der Schaffung funktionsfähiger Finanzsysteme in der CFA-Franc-Zone die Unabhängigkeit der supranationalen Zentralbanken BCEAO und BEAC glaubwürdig institutionell abgesichert werden. Zur Gewährleistung einer weitreichenden Entpolitisierung des Geldangebotes dürfen auch in einer Währungsunion, angesichts der aus einer entsprechenden Personalunion resultierenden Interessenkonflikte, Minister bzw. ranghohe Repräsentanten nationaler Finanzministerien nicht gleichzeitig an der Formulierung der Geldpolitik der Gemeinschaft beteiligt sein.

Des weiteren sollte die Glaubwürdigkeit der im Regelwerk der frankoafrikanischen Währungskooperation verankerten Konditionalität der Konvertibilitätsgarantie nicht dadurch untergraben werden, daß es bei persistenten Mißachtungen der Spielregeln letztlich im diskretionären Ermessen der jeweiligen französischen Regierung liegt, ob ein jahrelanges Überziehen des Verrechnungskontos einer afrikanischen Zentralbank beim französischen Schatzamt als tolerierbar einzustufen ist. Denn schließlich sollte vergleichbar dem finanziellen Beistand des Internationalen Währungsfonds bei weltweiten Zahlungsbilanzkrisen, die finanzielle Unterstützung Frankreichs im Zuge der Konvertibilitätsgarantie nicht dahinterstehende außenwirtschaftliche Ungleichgewichte in der CFA-Franc-Zone prolongieren, sondern lediglich temporär den notwendigen Anpassungsprozeß abmildern.

Der im Zuge der Europäischen Wirtschafts- und Währungsunion notwendig gewordene Leitwährungswechsel vom Französischen Franc zum Euro stellt die afrikanische Franc-Zone hingegen vor keine gravierenden neuen Herausforderungen. Der Grad an importierter monetärer Stabilität wird voraussichtlich nicht merklich variieren, da die Europäische Zentralbank zu einer auf Preisniveaustabilität zielenden Geldpolitik verpflichtet ist - ebenso wie dies auch für die *Banque de France* im letzten Jahrzehnt galt. Vielmehr steht der Euro als neuer nominaler Anker für den CFA-Franc im Einklang mit dem Euro-Raum als bedeutendstem Handelspartner der afrikanischen Franc-Zone. Die noch verbleibende Wechselkursunsicherheit für die Mitgliedstaaten der Franc-Zone könnte langfristig weiter reduziert werden, falls in Zukunft der Euro vom US-Dollar dessen bisherige Rolle als Fakturierungswährung für internationale Rohstoffe übernehmen könnte.

Abschließend bleibt anzumerken, daß die zur Überwindung des Entwicklungsrückstandes und zur Diversifizierung der afrikanischen Volkswirtschaften der Franc-Zone notwendige Gewinnung ausländischer Direktinvestitionen zur Schaffung neuer Arbeitsplätze und damit mehr Wachstum sicherlich durch eine glaubwürdige Währung gefördert wird. Allerdings schränkten zumindest in der Vergangenheit gewichtige, im Verantwortungsbereich der nationalen Regierungen stehende Standortnachteile, wie gesellschaftliche, politische und ökonomische Instabilitäten, die Attraktivität der afrikanischen Franc-Zone im globalen Standortwettbewerb entscheidend ein. Rückblickend auf die letzten 40 Jahre seit der politischen Unabhängigkeit der Staaten der Franc-Zone ist festzuhalten, daß die afrikanische Bevölkerung in hohem Maße von einer klassischen Prinzipal-Agent-Problematik betroffen war. Während zur Kolonialzeit Frankreich seine Politik weniger zum Wohle der abhängigen Gebiete, als vielmehr im Interesse der Metropole gestaltete, nutzten nach der Unabhängigkeit die afrikanischen Regierungen und Bürokratien ihrerseits das übertragene staatliche Gewaltmonopol im Rahmen nicht oder nur bedingt demokratischer politischer Systeme weniger zur Verfolgung einer am Gemeinwohl orientierten Politik, als vielmehr zur Durchsetzung eigener Ziele wie der Erlangung von Einkommen, Macht und Prestige. Für die Zukunft ist zu hoffen, daß im Zuge der - derzeit allerdings nur schleppend verlaufenden - Demokratisierungsbemühungen in Afrika staatliches Handeln verstärkt durch demokratische Grundprinzipien wie freie Meinungsäußerung und freie Wahlen kontrolliert und sanktioniert wird.

Nicht nur angesichts der durch unsolide Fiskalpolitik der Mitgliedstaaten mitverursachten Funktionsstörungen des Währungssystems der afrikanischen Franc-Zone sollten darüber hinaus die staatlichen Aktivitäten generell neu überdacht werden. Im Hinblick auf den im Vergleich zu anderen Entwicklungsländern teilweise desolaten Zustand frankoafrikanischer Volkswirtschaften können die in der Vergangenheit durchgeführten wirtschaftspolitischen Strategien und Experimente schwerlich als erfolgreich eingestuft werden. Folglich sollte sich auch auf dem afrikanischen Kontinent der Staat auf seine Kernaufgaben wie die Schaffung einer anreizkompatiblen Wirtschaftsordnung, die Bereitstellung von

Infrastruktur und den Bildungssektor beschränken und ansonsten zur Erzielung gesellschaftlich optimaler Ergebnisse im Entwicklungsprozeß vielmehr auf die Kreativität in- und ausländischer Wirtschaftssubjekte und die Spielregeln des Marktes vertrauen. Wenngleich infolge spezifischer struktureller Gegebenheiten in Afrika auch Fälle von Marktversagen denkbar sind, ist zu beachten, daß die Funktionsfähigkeit der Märkte in der Vergangenheit gerade durch staatliche Reglementierungen und Interventionen eingeschränkt wurde, aber in Zukunft durch die Realisierung der Binnenmärkte im Rahmen der CEMAC und UEMOA deutlich erhöht werden dürfte.

Literaturverzeichnis

Allechi, M'Bet and Niamkey, Madeleine A. (1994): Evaluating the Net Gains from the CFA Franc Zone Membership: A Different Perspective, in: World Development, Vol. 22, No. 8, 1994 .

Assane, Djeto and Pourgerami, Abbas (1994): Monetary Co-operation and Economic Growth in Africa: Comparative Evidence from the CFA-Zone Countries, in: The Journal of Development Studies, Vol.30, No.2, 1994 .

Balladur, Edouard (1993): La France et l'Afrique - Une solidarité exigeante, in: Le Monde, 23. September 1993, www.lemonde.fr .

Banque Centrale des Etats de l'Afrique de l'Ouest:

(2000) Pratiques de la BCEAO en matière de transparence de la politique monétaire, in: Banque Centrale des Etats de l'Afrique de l'Ouest / Missions et objectifs / La politique monétaire, www.bceao.int ;

(1999) Avènement de la monnaie unique européenne: l'Euro: Informations générales, in: Banque Centrale des Etats de l'Afrique de l'Ouest / Actualité de l'UMOA, März 1999, www.bceao.int ;

(1998) L'arithmétique du Franc CFA et de l'EURO: Un kilogramme de fer pèse-t-il plus lourd qu'un kilogramme de coton ? , in: Banque Centrale des Etats de l'Afrique de l'Ouest / Actualités / Discours et communications, www.bceao.int ;

(1996) Lexique des définitions et conventions, in: Notes d'Information et Statistiques / Banque Centrale des Etats de l'Afrique de l'Ouest, N° 461, Juli 1996 ;

(1977) Le marché monétaire de l'Union Monétaire Ouest Africaine, in: Notes d'Information et Statistiques / Banque Centrale des Etats de l'Afrique de l'Ouest, N° 248, März 1977 ;

(1976a) La distribution qualitative du crédit et les nouvelles règles
d'intervention de la banque centrale,
in: Notes d'Information et Statistiques / Banque Centrale des Etats
de l'Afrique de l'Ouest, N° 237, März 1976 ;

(1976b) La nouvelle politique de la monnaie et du crédit de la Banque
Centrale des Etats de l'Afrique de l'Ouest,
in: Notes d'Information et Statistiques / Banque Centrale des Etats
de l'Afrique de l'Ouest, N° 236, Februar 1976 .

Banque de France:

(1997) La Zone Franc, in: Notes d'Information, N° 106, Paris, März 1997 ;

(div.) La Zone Franc, Rapport Annuel, publié par le Secrétariat du Comité
Monétaire de la Zone Franc, Paris, Berichte von 1970 bis 1999 .

Banque des Etats de l'Afrique Centrale:

(2000) La Guinée Equatoriale - Principaux indicateurs économiques et
financiers, Extraits du Rapport du Gouverneur de la BEAC présenté
à la Conférence des Chefs d'Etat de la CEMAC, N'Djamena,
14. Dezember 2000,
in: Investir en Zone Franc, www.izf.net ;

(1996) Evolution de la mise en place de la Communauté Economique et
Monétaire de l'Afrique Centrale C.E.M.A.C - Elaboration et
adoption des textes de la CEMAC,
in: Etudes et Statistiques / Banque des Etats de l'Afrique Centrale,
No. 231, 1996 .

(1994) Textes réglementaires régissant le fonctionnement du Marché
Monétaire de la Zone BEAC depuis le 1er juillet 1994, Direction de
la Recherche et de la Prévision (DRP),
in: Etudes et Statistiques / Banque des Etats de l'Afrique Centrale,
No. 210, Mai - Juli 1994 ;

Barrin, Jacques de (1990): Le sommet franco-africain de La Baule -
M. Mitterand lie l'octroi de l'aide française aux efforts de démocratisation,
in: Le Monde, 22. Juni 1990, www.lemonde.fr .

Barro, Robert J. (1999): Determinants of Democracy, in: Journal of Political
Economy, Volume 107, Number 6, Part 2, December 1999 .

Baudelet, Olivier P. and Gulstad, Einar S. (1994): The Devaluation of the CFA
Franc - 12th January 1994, Kiel Advanced Studies Working Papers, No. 270,
Kiel, November 1994 .

Benjamin, Nancy (1994): Investment, Expectations, and Dutch Disease:
A Comparative Study (Bolivia, Cameroon, Indonesia),
in: Applied General Equilibrium and Economic Development - Present
Achievements and Future Trends, Michigan, 1994 .

Benoist, Joseph Roger de (1995): Dossier: de l'A.O.F. à l'U.E.M.O.A.,
in: Marchés Tropicaux, n° 2586, 2. Juni 1995 .

Biao, Barthélémy (1994): La dévaluation du Franc CFA :
Portée et limite dans les pays africains de la Zone Franc,
in: Etudes et Statistiques / Banque des Etats de l'Afrique Centrale,
No. 209, Februar/März 1994 .

Blackburn, Keith and Christensen, Michael (1989): Monetary
Policy and Policy Credibility: Theories and Evidence,
in: Journal of Economic Literature, Vol. XXVII, März 1989 .

Boccara, Bruno und Devarajan, Shantayanan (1993): Determinants of Inflation
among Franc Zone Countries in Africa,
in: Policy Research Working Papers, WPS 1197, World Bank, Washington
D.C., September 1993 .

Bofinger, Peter und Ketterer, Karl-Heinz (1996): Neuere Entwicklungen in der
Geldtheorie und Geldpolitik: Implikationen für die europäische Währungsunion, Festschrift für Nobert Kloten, Tübingen, 1996 .

Bomsdorf, Eckart (1991): Sitzverteilungen und Machtstrukturen in den östlichen Landesparlamenten und im 12. Deutschen Bundestag nach den Wahlen vom 14. Oktober 1990 sowie 2. Dezember 1990,
in: Zeitschrift für Parlamentsfragen, Heft 01/1991 .

Caisse Française de Développement (1995): Commerce informel et dévaluation du F CFA - Les échanges frontaliers de produits manufacturés Bénin/Nigeria (décembre 1993 - avril 1995), Les Notes & Etudes de la Caisse Française de Développement, N° 56, Dezember 1995 .

CIA - Central Intelligence Agency (2000):
CIA Factbook World Fact Book 2000, www.cia.gov .

Claassen, Emil-Maria (1996): Monetäre Außenwirtschaftslehre - Industrieländer, Währungsunionen und die Dritte Welt, München, 1996 .

Clément, Jean A.P. (1996): Aftermath of the CFA Franc Devaluation, in: Occasional Paper, No. 138, International Monetary Fund, Washington, 1996 .

Collange, Gerald und Plane, Patrick (1994): Dévaluation des Francs CFA: Le cas de la Côte d'Ivoire, in: Economie Internationale, No. 58, Paris, 1994 .

Cour, Marjolaine (1998): La Zone Franc va-t-elle survivre à l'Euro ? ,
in: Problèmes Economiques, N° 2564, 15. April 1998 .

Coussy, Jean (1991): Formes spécifiques du Dutch Disease en Afrique de l'Ouest: Le cas du Nigeria et du Cameroun,
in: Revue Tiers Monde, N°1245, Januar-März 1991 .

Davis, Graham A. (1995): Learning to Love the Dutch Disease: Evidence from the Mineral Economies,
in: World Development, Vol.23, No. 10, 1995 .

Delage, Alain und Massiera, Alain (1994): Le Franc CFA -
Bilan et perspectives, Paris, 1994 .

Deutscher Bundestag (1998): Antwort der Bundesregierung auf eine Kleine Anfrage zum Thema "Die Einführung des Euro und die west- und zentralafrikanische Franc-Zone" (Drucksache 13/10101), 13. Wahlperiode, Drucksache 13/10275, 26. März 1998 .

Devarajan, Shantayanan and Melo, Jaime de:

(1990)   Membership in the CFA Zone : Odyssean Journey or Trojan Horse?, in: Policy, Research, and External Affairs Working Papers, WPS 482, World Bank, Washington D.C., August 1990 ;

(1986)   Evaluating Participation in African Monetary Unions: A Statistical Analysis of the CFA Zones, in: Discussion Paper / Development Research Department, Economics and Research Staff, World Bank, Report No. 188; Washington D.C., October 1986 .

Dévo, Vilévo Biova (1992): Umstrukturierung des Finanzsektors - Erfahrungen in der UMOA-Zone, in: Sparkassen International, Nr. 1, 1992 .

Echimane, Mozou Vincent (1990): Le Franc Français et le Franc CFA sont-ils dans le rapport de parité de pouvoir d'achat ? , in: CEDRES-Etudes, No. 33, 4/1990 .

Elbadawi, Ibrahim A. and Majd, Nader (1992): Fixed Parity of the Exchange Rate and Economic Performance in the CFA Zone - A Comparative Study, in: Policy Research Working Papers, WPS 830, World Bank, Washington D.C., January 1992 .

Eucken, Walter (1990): Grundsätze der Wirtschaftspolitik, hrsg. von Eucken, Edith und Hensel, K. Paul, 6. Auflage, (1. Auflage 1952), Tübingen, 1990 .

Europäische Union (1998): Auswirkungen der Euro-Einführung auf Drittländer, in: Informationsblätter zum Euro, hrsg. von Ravasio, Giovanni, Generaldirektor Wirtschaft und Finanzen, Februar 1998 .

Europäische Zentralbank:

(1999a) Stellungnahme der Europäischen Zentralbank auf Ersuchen des
Rates der Europäischen Union gemäß Artikel 109 Absatz 4 des
Vertrags zur Gründung der Europäischen Gemeinschaft zu einem
Vorschlag für eine Entscheidung des Rates über die Währungsrege-
lung in den französischen Gebieten Saint-Pierre-et-Miquelon und
Mayotte,
in: Amtsblatt der Europäischen Gemeinschaften,
(1999/C127/06), Brüssel, 7. Mai 1999 ;

(1999b) Stellungnahme der Europäischen Zentralbank auf Ersuchen des
Rates der Europäischen Union zu einer Empfehlung für eine Entscheidung des Rates über Wechselkursfragen in Zusammenhang mit
dem CFA-Franc und dem Komoren-Franc,
in: Amtsblatt der Europäischen Gemeinschaften,
(CON/98/37)(1999/C200/05), Brüssel, 15. Juli 1999 .

Felderer, Bernhard und Homburg, Stefan (1988): Makroökonomik und neue
Makroökonomik, 4. Auflage, Springer Verlag, Berlin, 1988 .

Feldsieper, Manfred und Yaar, M. Daud (1983): Wechselkurssysteme für
Entwicklungsländer: Optionen und Probleme,
in: A.Woll, K. Glaubitt und B.B. Schäfer (Hrsg.): Nationale Entwicklung und
Internationale Zusammenarbeit, Springer Verlag, Berlin, 1983 .

Fischer, Malte (2000): Eine Frage der Zeit - Eine empirische Studie belegt:
Ohne wirtschaftlichen Wohlstand hat Demokratie keine Chance,
in: Wirtschaftswoche, Nr. 33, 10. August 2000 .

Foroutan, Faezeh (1992): Regional Integration in Sub-Saharan Africa -
Experience and Prospects,
in: World Bank Working Papers, Country Economics Department,
The World Bank, WPS 992, Oktober 1992 .

Freedom House (2000): Country Ratings, Freedom House: Nonprofit, Non
partisan Organization dedicated to the Promotion of Democracy, Political

Rights, and Civil Liberties worldwide, Washington D.C. / New York, April 2000, www.freedomhouse.org .

Freud, Claude (1991): La Zone Franc est-elle le bouc-émissaire de l'échec du développement ? , in: Cahiers d'Etudes Africaines, 121/122, 31/1991 .

Gehle, Silke (1998): Die Franc Zone als inhomogener Währungsraum - Zur Optimalität der Währungskooperation der Franc Zone für ihre afrikanischen Mitgliedsländer, 1. Auflage, Baden-Baden, 1998 .

Géradin, Hubert (1994): La Zone Franc face à son histoire et aux autres zones monétaires: Rapports de domination et dynamique d'intégration, in: Sandretto, René: Zone Franc - Du Franc CFA à la monnaie unique européenne, Paris, 1994 .

Gern, Klaus-Jürgen (1999): Euroland: Geldpolitik regt Konjunktur an, in: Die Weltwirtschaft, Institut für Weltwirtschaft, Kiel, Heft 3, 1999 .

Ghura, Dhaneshwar and Hadjimichael, Michael T. (1996): Growth in Sub-Saharan Africa, in: Staff Papers, Vol. 43, No.3, International Monetary Fund, Washington D.C., September 1996 .

Godeau, Rémi (1995): Le Franc CFA – Pourquoi la dévaluation de 1994 a tout changé, Saint-Maur, 1995 .

Guillaumont, Patrick and Guillaumont, Sylviane (1989): The Implications of European Monetary Union for African Countries, in: Journal of Common Market Studies, Vol. XXVIII, No. 2, Dezember 1989.

Gutmann, Gernot: Volkswirtschaftslehre, 2. Auflage, 1990 .

Hernández-Catá, Ernesto (1998): The West African Economic and Monetary Union - Recent Developments and Policy Issues, Occasional Paper, No. 170, International Monetary Fund, Washington D.C., 1998 .

Herrera, Javier (1994): Sur l'inconvertibilité du F CFA au Cameroun, in: Devaluation (Politique Africaine; 54), Paris, 1994 .

Hinshaw, Randall (1977): Stagflation - An International Problem,
   Business Economics and Finance, Vol. 10, New York/Basel, 1977 .

International Monetary Fund:

   (2000a) Budgetary Convergence in the WAEMU: Adjustment Through
            Revenue or Expenditure ? ,
            in: IMF Working Paper, WP/00/109, International Monetary Fund,
            African Department, prepared by Ousmane Doré and Jean-Claude
            Nachega, Washington D.C., Juni 2000 ;

   (2000b) Raising Growth and Investment in Sub-Saharan Africa:
            What Can Be Done ? ,
            in: IMF Policy Discussion Paper, PDP/00/4, International Monetary
            Fund, prepared by Ernesto Hernández-Catá, Washington D.C.,
            Mai 2000 ;

   (2000c) Terms of Trade Shocks in Africa: Are They Short-Lived or Long-
            Lived ? ,
            in: IMF Working Paper, WP/00/72, International Monetary Fund,
            Research Department, prepared by Paul Cashin and Catherine
            Pattillo, Washington D.C., April 2000 ;

   (1999a) Measuring Financial Development in Sub-Saharan Africa,
            in: IMF Working Paper, WP/99/105,
            International Monetary Fund, African Department,
            prepared by Enrique A. Gelbard and Sérgio Pereira Leite,
            Washington D.C., August 1999 ;

   (1999b) Adjustment and Growth in Sub-Saharan Africa,
            in: IMF Working Paper, WP/99/51, International Monetary Fund,
            African Department, prepared by Evangelos A. Calamitsis, Anupam
            Basu, and Dhaneshwar Ghura, Washington D.C., April 1999 ;

   (1998a) Explaining Investment in the WAEMU,
            in: IMF Working Paper, WP/98/99, International Monetary Fund,
            Research Department, prepared by Athanasios Vamvakidis,
            Washington D.C., Juli 1998 ;

(1998b) North-South Trade: Is Africa Unusual ? ,
         in: IMF Working Paper, WP/98/94, International Monetary Fund,
         African and Research Department, prepared by David T. Coe and
         Alexander W. Hoffmaister, Washington D.C., Juni 1998 ;

(1998c) Money Demand and Regional Monetary Policy in the West African
         Economic and Monetary Union,
         in: WP/98/57, International Monetary Fund, African Department,
         prepared by Philipp C. Rother, Washington D.C., April 1998 ;

(1997a) A Decade of Civil Service Reform in Sub-Saharan Africa,
         in: IMF Working Paper, WP/97/179, International Monetary Fund,
         Fiscal Affairs Department, prepared by Ian Lienert and Jitendra
         Modi, Washington D.C., Dezember 1997 ;

(1997b) The CFA Franc Zone and the EMU,
         in: IMF Working Paper, WP/97/156, International Monetary Fund,
         African Department, prepared by Michael T. Hadjimichael and
         Michel Galy, Washington D.C., November 1997 ;

(1997c) The Efficiency of Government Expenditure: Experiences from
         Africa, in: IMF Working Paper, WP/97/153, International Monetary
         Fund, Fiscal Affairs Department, prepared by Sanjeev Gupta, Keiko
         Honjo and Marijn Verhoeven, Washington D.C., November 1997 ;

(1997d) Macroecomomic Fluctuations in Sub-Saharan Africa,
         in: IMF Working Paper, WP/97/82, International Monetary Fund,
         Research Department, prepared by Alexander W. Hoffmaister,
         Jorge E. Roldós and Peter Wickham, Washington D.C., July 1997 ;

(1997e) Guinea-Bissau Accepts Article VIII Obligations,
         International Monetary Fund, Press Release Number 97/26,
         Washington D.C., 29. Mai 1997 ;

(1996a) Comoros Accepts Article VIII Obligations,
         International Monetary Fund, Press Release Number 96/44,
         Washington D.C., 29. Juli 1996 ;

274

(1996b) Central African Republic Accepts Article VIII Obligations,
International Monetary Fund, Press Release Number 96/43,
Washington D.C., 29. Juli 1996 ;

(1996c) CFA Franc Countries: Article VIII,
in: IMF Survey, Washington D.C., 15. Juli 1996 ;

(1994) Monetary Policy in Unified Currency Areas: The Cases of the
CAMA and ECCA during 1976 - 90,
in: IMF Working Paper, WP/94/11, International Monetary Fund,
prepared by Jean-Claude Nascimento, Washington D.C.,
Januar 1994 ;

(1969) Financial Arrangements of Countries Using the CFA Franc,
in: Staff Papers, Vol. 16, International Monetary Fund,
African Department Study Group, Washington D.C., 1969 ;

(1963) The CFA Franc System, in: Staff Papers, Vol. 10,
International Monetary Fund, Washington D.C., November 1963 ;

(div.) International Financial Statistics (IFS), International Monetary Fund,
Washington D.C., ab 1948 .

Issing, Otmar (1993): Disziplinierung der Finanzpolitik in der Europäischen
Währungsunion ? , in: Europa vor dem Eintritt in die Wirtschafts- und Wäh-
rungsunion, hrsg. von Dieter Duwendag und Jürgen Siebke,
Schriften des Vereins für Sozialpolitik, Band 220, Berlin, 1993 .

Julienne, Robert (1988): Vingt ans d'institutions monétaires ouest-africaines,
1955 - 1975, mémoires, Paris, 1988 .

Kappel, Robert (1993): Währungsunion Afrika-Europa ? - Die Zukunftsper-
spektiven der Franc CFA-Zone in Afrika, Berichte und Analysen Dritte Welt
Nr. 5, Interdisziplinäres Aufbaustudium 3. Welt an der Universität Bremen,
Nord-Süd-Forum, Bremen, 1993 .

Kirsch, Guy (1993): Neue Politische Ökonomie, 3. Auflage, Düsseldorf, 1993 .

Kommission der Europäischen Gemeinschaften (1998): Empfehlung für eine
Entscheidung des Rates über Wechselkursfragen in Zusammenhang mit dem
CFA-Franc und dem Komoren-Franc, Brüssel, 01. Juli 1998 .

Kommission der UEMOA (2000): Rapport d'Exécution de la Surveillance
Multilatérale, Dezember 2000, (Extrakt unter: La situation économique,
financière et monétaire, in: Investir en Zone Franc, www.izf.net) .

Kommission der UEMOA/Exekutivsekretariat der CEMAC:

(2000a) L'intégration économique / Pour l'ensemble de la Zone Franc
CFA, in: Investir en Zone Franc, www.izf.net ;

(2000b) L'intégration économique / En Afrique Centrale / Objectifs et fonctionnement de la CEMAC / Le cadre institutionnel de la CEMAC
(UDEAC-CEMAC, Februar 1999),
in: Investir en Zone Franc, www.izf.net ;

(2000c) Les institutions monétaires / En Afrique Centrale / L'organisation
institutionnelle / BEAC / Mécanismes et objectifs de sa politique
monétaire, in: Investir en Zone Franc, www.izf.net ;

(2000d) Les institutions monétaires / Réglementation des changes,
in: Investir en Zone Franc, www.izf.net .

Kurm-Engels, Marietta (1997): EWWU - Paris steht zu seinem Abkommen mit
der Franc-Zone - Euro schlägt Wellen bis Afrika,
in: Handelsblatt, 16. Oktober 1997 .

Krumm, Kathie (1987): Adjustment in the Franc Zone: Focus on the Real
Exchange Rate, in: CPD Discussion Paper, No. 1987-7, Februar 1987 .

Labazée, Pascal (1996): La fixation du taux de change sur le marché parallèle de
la monnaie entre le Niger et le Nigeria, in: Economies et Sociétés, Relations
Economiques Internationales, Série P.n°33, 1/1996 .

Lane, Christopher E. and Page, Sheila (1991): Differences in Economic Performance between Franc Zone and Other Sub-Saharan African Countries, in: ODI Working Paper, 43, Overseas Development Institute, March 1991 .

Loef, Hans-E. (1988): Diskretionäre Geldpolitik, rationale Erwartungen und Politikglaubwürdigkeit, in: Jahrbuch für Sozialwissenschaften, 39, 1988 .

Lootvoet, Benoît (1996): Le Franc Guinéen: Une monnaie forte ? , in: Economies et Sociétés, Relations Economiques Internationales, Série P., N°33, 1/1996 .

Mackscheidt, Klaus und Steinhausen, Jörg (1977): Finanzpolitik II: Grundfragen versorgungspolitischer Eingriffe, Tübingen, 1977 .

Mann, Irwin und Shapley, L.S. (1965): Die a-priori-Abstimmungsstärke im Wahlmännerkollegium, in: Spieltheorie und Sozialwissenschaft, Herausgeber: Martin Shubik, Hamburg, 1965 .

Mansoor, Ali (1990/91): Experiences of Economic Integration in Sub-Saharan Africa: Lessons for a fresh start, in: African Development Perspectives Yearbook 2, 1990/91 .

Marin (1994): Antwort von Herrn Marin im Namen der Kommission (26. April 1994) auf die schriftliche Anfrage E-752/94 von Gérad Deprez an die Kommission (22. März 1994), in: Amtsblatt der Europäischen Gemeinschaften, C 332, 37. Jahrgang, 28. November 1994 .

Michelsen, Heike (1995): Auswirkungen der Währungsunion auf den Strukturanpassungsprozeß der Länder der afrikanischen Franc-Zone, Development Economics and Policy, edited by Franz Heidhues, Frankfurt am Main, 1995 .

Ministère de la Coopération et du Développement (1995): Atlas de la Zone Franc en Afrique subsaharienne – Monnaie, économie, société, Paris, 1995 .

Ministère de l'Economie, des Finances et de la Privatisation (1988): La Zone Franc, in: Les Notes Bleues, N°381, 25. April - 1. Mai 1988 .

Mundell, R. A. (1961): A Theory of Optimum Currency Areas,
    in: The American Economic Review, Vol. LI, 1961 .

Murinde, Victor (1995): Central Bank Financing of the Budget Deficit:
    The CFA Franc Zone versus Eastern Africa,
    in: International Journal of Development Banking, Volume 13, Number 2,
    1995 .

Neurrisse, André (1987): Le Franc C.F.A., Paris, 1987 .

Nowak, Jean-Jacques (1994): Le boom du café et du cacao en Côte-d'Ivoire:
    Une étude de cas du syndrome néerlandais,
    in: Revue d'Economie du Développement, Paris, 4/1994 .

Ntang, Gilbert (1995): La politique des changes dans les pays de la Zone BEAC,
    in: Etudes et Statistiques / Banque des Etats de l'Afrique Centrale, No. 220,
    Oktober 1995 .

Nuscheler, Franz und Ziemer, Klaus (1980): Politische Herrschaft in
    Schwarzafrika - Geschichte und Gegenwart, München, 1980 .

Olson, Mancur (1991): Aufstieg und Niedergang von Nationen: Ökonomisches
    Wachstum, Stagflation und soziale Starrheit, 2. Auflage, Tübingen, 1991 .

Ondo Ossa, Albert (1984): Faut-il réformer la Zone Franc ? ,
    in: Problèmes Economiques, N° 1864, 7. März 1984 .

Ossie, Wilfrid-Albert:

    (1996) Pour une restructuration en profondeur du système bancaire en Zone
            BEAC,
            in: Etudes et Statistiques / Banque des Etats de l'Afrique Centrale,
            No. 225, März 1996 ;

    (1995) La question des transferts bancaires à l'interieur de la Zone BEAC,
            in: Etudes et Statistiques / Banque des Etats de l'Afrique Centrale,
            No. 217, Mai 1995 ;

278

(1994)   Les objectifs intermédiaires de la politique monétaire de la Banque
des Etats de l'Afrique Centrale: Essai d'analyse,
in: Etudes et Statistiques / Banque des Etats de l'Afrique Centrale,
No. 210, Mai - Juli 1994 .

Padoa-Schioppa, Tommaso (1998): The Impact of the Introduction of the Euro
on ACP Countries and particularly on the CFA Franc Zone, Public Hearing,
Committee on Development and Cooperation, European Parliament,
Brussels, 27. Oktober 1998 .

Parmentier, J.M. und Tenconi, R. (1996): Zone Franc en Afrique - Fin d'une ère
ou renaissance ? , Collection "Logiques Economiques", Paris, 1996 .

Pick, Franz and Sédillot, René (1971): All the monies of the world -
A chronicle of currency values, New York, 1971 .

Polak, J.J. (1957): Monetary Analysis of Income Formation and Payments
Problems, in: IMF Staff Papers, Vol. 6, Washington D.C., 1957 .

Plane, Patrick (1994): La Zone Franc sous le choc de la dévaluation monétaire:
Faits et arguments,
in: Reflets et Perspectives de la Vie Economique, n° 1/2, Brüssel, Mai 1994 .

Presse- und Informationsamt der Bundesregierung:

(1997)   Europäische Union - Europäische Gemeinschaft - Die Vertragstexte
von Maastricht mit deutschen Begleitgesetzen, 7. Auflage, 1997 ;

(1999)   Vertrag von Amsterdam - Texte des EU-Vertrages und des EG-
Vertrages mit deutschen Begleitgesetzen, 2. Auflage, 1999 .

Rat der Europäischen Union:

(1999a) Entscheidung des Rates vom 31. Dezember 1998 über die
Währungsregelungen in den französischen Gebieten St. Pierre und
Miquelon und Mayotte,
in: Amtsblatt der Europäischen Gemeinschaften,
(1999/95/EG), Brüssel, 4. Februar 1999 ;

(1999b) Entscheidung des Rates vom 31. Dezember 1998 über den von der Gemeinschaft zu vertretenden Standpunkt bezüglich einer Vereinbarung über die Währungsbeziehungen zum Fürstentum Monaco, in: Amtsblatt der Europäischen Gemeinschaften, (1999/96/EG), Brüssel, 4. Februar 1999 ;

(1999c) Entscheidung des Rates vom 31. Dezember 1998 über den von der Gemeinschaft zu vertretenden Standpunkt bezüglich einer Vereinbarung über die Währungsbeziehungen zur Republik San Marino, in: Amtsblatt der Europäischen Gemeinschaften, (1999/97/EG), Brüssel, 4. Februar 1999 ;

(1999d) Entscheidung des Rates vom 31. Dezember 1998 über den von der Gemeinschaft zu vertretenden Standpunkt bezüglich einer Vereinbarung über die Währungsbeziehungen zur Vatikanstadt, in: Amtsblatt der Europäischen Gemeinschaften, (1999/98/EG), Brüssel, 4. Februar 1999 ;

(1998a) Entscheidung des Rates vom 21. Dezember 1998 über Wechselkursfragen in Zusammenhang mit dem Kap-Verde-Escudo, in: Amtsblatt der Europäischen Gemeinschaften, (98/744/EG) Brüssel, 31. Dezember 1998 ;

(1998b) Entscheidung des Rates vom 23. November 1998 über Wechselkursfragen in Zusammenhang mit dem CFA-Franc und dem Komoren-Franc, in: Amtsblatt der Europäischen Gemeinschaften, (98/683/EG), Brüssel, 28. November 1998 ;

(1998c) Beschluß des Rates vom 27. April 1998 über den Abschluß des am 4. November 1995 in Mauritius unterzeichneten Abkommens zur Änderung des Vierten AKP-EG-Abkommens, in: Amtsblatt der Europäischen Gemeinschaften, (98/344/EG), Brüssel, 29. Mai 1998 .

Richard, Cécile (1995): La suspension partielle de la convertibilité du Franc CFA est-elle susceptible de combattre les sorties de capitaux ? , in: Revue Tiers Monde, No. 143, Juli - September 1995 .

Samen, Salomon (1993): Intégration économique dans les pays de l'UDEAC et de l'UMOA: Leçons de l'histoire, fondements théoriques et perspectives pour les annees 90,
in: Etudes et Statistiques / Banque des Etats de l'Afrique Centrale, No. 201, 1993 .

Sandretto, René:

(1994)   Zone Franc - Du Franc CFA à la monnaie unique européenne, Paris, 1994 ;

(1988)   Rôle et place de la Zone Franc et du SME dans le système monétaire international,
in: Problèmes Economiques, N° 2065, 9. März 1988 .

Servet, Jean-Michel (1996): La mémoire monétaire de l'Afrique ... et d'ailleurs,
in: Economies et Sociétés, Relations Economiques Internationales, Série P., N°33, 1/1996 .

Shapley, L.S. und Shubik, Martin (1965): Eine Methode zur Berechnung der Machtverteilung in einem Komiteesystem, in: Spieltheorie und Sozialwissenschaft, Herausgeber: Martin Shubik, Hamburg, 1965 .

Spiegel:

(1997a) Frankreich: Alte Sitten - Staatspräsident Jacques Chirac will mit der Frankophonie Weltpolitik machen, Der Spiegel, Nr. 48, 1997 ;

(1997b) Komoren: Frankreich für alle, Der Spiegel, Nr. 33, 1997 .

Stasavage, David (1997): The CFA Franc Zone and Fiscal Discipline,
in: Journal of African Economies, Volume 6, Number 1, 1997 .

Statistisches Bundesamt (1997): Statistik des Auslandes, Länderbericht: Afrikanische Staaten der Franc-Zone 1995, Statistisches Bundesamt/Eurostat, Wiesbaden, Februar 1997 .

Tanzi, Vito (1998): Corruption Around the World - Causes, Consequences,
   Scope, and Cures,
   in: IMF Staff Papers, Vol. 45, No.4, International Monetary Fund,
   Washington D.C., Dezember 1998 .

Transparency International (1999): Corruption Perceptions Index / Bribe Payers
   Index, University of Göttingen's Internet Center for Corruption Research,
   1999, www.transparency.de .

Trésor, Direction du (1997): Les relations entre le Franc CFA et l'Euro,
   in: Les Notes Bleues de Bercy, Paris, 16 - 31. Januar 1997 .

Vereinte Nationen (div.): Statistical Yearbook, Department of Economic and
   Social Affairs, Statistics Division, United Nations, Print-Ausgaben bzw.
   im Internet unter www.un.org/depts/unsd .

Vallée, Olivier (1989): Le prix de l'argent CFA - Heurs et malheurs de la Zone
   Franc, Paris, 1989 .

Vinay, Bernard (1988): Zone Franc et coopération monétaire,
   Ministère de la Coopération et du Developpement, 2. Auflage, Paris, 1988 .

Wago, Jean-Baptiste N. (1995): Zone Franc: Outil de développement ou de
   domination ? - Le cas des Etats Africains, Paris, 1995 .

Willms, Manfred (1995): Internationale Währungspolitik, 2. Auflage, München,
   1995 .

Winter, Martin (1994): Ursachen und Folgen der Krise des Bankensektors in den
   CFA-Ländern, in: Afrika-Spectrum, 29, 1994 .

Zerah, Dov Michel (1990). Les restructurations bancaires en Zone Franc,
   Bureau F 2 des französischen Schatzamtes, Paris, 1990 .

Sonstige Quellen:

An dieser Stelle möchte ich auch Repräsentanten

- des französischen Schatzamtes

- der *Banque de France*

- der *Banque Centrale des Etats de l'Afrique de l'Ouest* in Dakar

- der *Banque Centrale des Comores* in Moroni

- des *Institut d'Emission d'Outre-Mer* in Nouméa

- des *Institut d'Emission d'Outre-Mer* in Papeete

- der Deutschen Bundesbank

- der Europäischen Zentralbank

- des Internationalen Währungsfonds

- der Statistikabteilung der Vereinten Nationen

- des Rechenzentrums der Universität zu Köln

für ihre Informationsbereitschaft danken.

Mein besonderer Dank gilt dem Herausgeber dieser Schriftenreihe, Herrn Univ.-Prof. Dr. Manfred FELDSIEPER. Ihm möchte ich sehr herzlich dafür danken, daß er die vorliegende Dissertation fachlich betreut hat und mir stets mit wertvollen Anregungen, Kommentaren und Kritiken zur Seite stand.

In der Schriftenreihe *Wirtschaftspolitische Forschungsarbeiten der Universität zu Köln* sind bisher erschienen:

Terres, Paul:
Der Weg zur Internationalisierung der D-Mark
(Wirtschaftspol. Forschungsarbeiten, Bd. 1)
2 Mikrofiches, 135 S., 68 DM, 1996
ISBN 3-89608-221-3

Schaffer, Thomas:
Privatisierungskonzepte im Transforma-
tionsprozeß sozialistischer Planwirtschaften
(Wirtschaftspol. Forschungsarbeiten, Bd. 2)
2 Mikrofiches, 141 S., 68 DM, 1996
ISBN 3-89608-222-1

Prokop, Marc:
Finanzwirtschaftliche und finanzwissen-
schaftliche Aspekte eines Europäischen
Finanzausgleichs
(Wirtschaftspol. Forschungsarbeiten, Bd. 3)
2 Mikrofiches, 135 S., 48 DM, 1996
ISBN 3-89608-223-X

Merten, Iris:
Geldpolitik in Spanien. Von den frühen 70er
Jahren bis zur Gegenwart.
(Wirtschaftspol. Forschungsarbeiten, Bd. 4)
2 Mikrofiches, 152 S., 68 DM, 1996
ISBN 3-89608-224-8

Mikoleizik, Andreas:
Geldverfassung und Geldwertstabilität
(Wirtschaftspol. Forschungsarbeiten, Bd. 5)
1 Mikrofiche, 87 S., 48 DM, 1996
ISBN 3-89608-225-6 (inzwischen auch als
Buchausgabe lieferbar unter der ISBN 3-8288-
9019-9 zum Preis von 49,80 DM)

Scharrenbroch, Christiane:
Die Konvergenzkriterien des Vertrages von
Maastricht und ihre ökonomische Begründung
(Wirtschaftspol. Forschungsarbeiten, Bd. 6)
2 Mikrofiches, 125 S., 68 DM, 1996
ISBN 3-89608-226-4

Böhlich, Susanne:
Die Verschuldung als Finanzierungsinstrument
der Europäischen Union
(Wirtschaftspol. Forschungsarbeiten, Bd. 7)
1 Mikrofiche, 93 S., 48 DM, 1996
ISBN 3-89608-227-2

Seiche, Florian:
Die Savings und Loan Industrie in den Ver-
einigten Staaten von Amerika. Anatomie einer
Krise
(Wirtschaftspol. Forschungsarbeiten, Bd. 8)
1 Mikrofiche, 87 S., 48 DM, 1996
ISBN 3-89608-228-0

Borgis, Oliver:
Internationale Währungskooperation am
Beispiel des Weltgeldmengenkonzeptes von
McKinnon
(Wirtschaftspol. Forschungsarbeiten, Bd. 9)
2 Mikrofiches, 105 S., 68 DM, 1996
ISBN 3-89608-229-9

Ditzer, Roman:
Die japanische Entwicklungshilfe
(Wirtschaftspol. Forschungsarbeiten, Bd. 10)
2 Mikrofiches, 99 S., 68 DM, 1996
ISBN 3-89608-230-2

Klein, Thilo:
Die peruanische Währungsreform von 1990
(Wirtschaftspol. Forschungsarbeiten, Bd. 11)
2 Mikrofiches, 106 S., 68 DM, 1997
ISBN 3-89608-594-8

Hagenkort, Susanne:
Der Geldschöpfungsgewinn bei staatlichem
Geldangebot
(Wirtschaftspol. Forschungsarbeiten, Bd. 12)
1 Mikrofiche, 83 S., 48 DM, 1997
ISBN 3-89608-595-6

Zängerle, Robert:
Medienkonzentration im Fernsehen. Ursachen
und Möglichkeiten ihrer Begrenzung am
Beispiel Brasilien
(Wirtschaftspol. Forschungsarbeiten, Bd. 13)
2 Mikrofiches, 108 S., 68 DM, 1997
ISBN 3-89608-596-4

Seiche, Florian:
Währungskonkurrenz und Notenbankfreiheit.
Möglichkeiten einer wettbewerblich
organisierten Geldverfassung ?
(Wirtschaftspol. Forschungsarbeiten, Bd. 14)
als Buch lieferbar, 232 S., 49,80 DM, 1997
ISBN 3-89608-764-9

Stapf, Jelena:
Zur Theorie der Währungskonkurrenz. Beseitigung des staatlichen Geldangebotsmonopols und der Geldnachfrageschranken
(Wirtschaftspol. Forschungsarbeiten, Bd. 15)
1 Mikrofiche, 82 S., 48 DM, 1997
ISBN 3-8288-0031-9

Brochhagen, Thomas:
Die westdeutsche Währungsreform von 1948 und die Währungsreform 1990 in der DDR: eine vergleichende Betrachtung
(Wirtschaftspol. Forschungsarbeiten, Bd. 16)
2 Mikrofiches, 186 S., 68 DM, 1997
ISBN 3-8288-0103-X

Wacker, Heiko:
Das brasilianische Wechselkurssystem
(Wirtschaftspol. Forschungsarbeiten; Bd. 17)
als Buch lieferbar, 114 S., 39,80 DM, 1997
ISBN 3-89608-812-2

Ute Eckhardt:
Dezentralisierung in Kolumbien. Eine Analyse der Reorganisation von Aufgaben, Finanzbeziehungen und Kontrollmechanismen zwischen Gebieteskörperschaften,
(Wirtschaftspol. Forschungsarbeiten; Bd. 18)
als Buch lieferbar, 290 S., 49,80 DM, 1998
ISBN 3-8288-9013-X

Fritsche, Michael:
Der aktive Finanzausgleich in Brasilien auf der Grundlage der Verfassung von 1988
(Wirtschaftspol. Forschungsarbeiten; Bd. 19)
als Buch lieferbar, 174 S., 49,80 DM, 1997
ISBN 3-89608-815-7

Schmücker, Julia:
Erfolgreiche Stabilisierungspolitik nach einer großen offenen Inflation. Der Plan Cavallo in Argentinien
(Wirtschaftspol. Forschungsarbeiten; Bd. 20)
als Buch lieferbar, 114 S., 49,80 DM, 1998
ISBN 3-8288-9008-3

Kellner, Gundula:
Die chilenische Rentenreform und ihre Bedeutung für die inländische Kapitalbildung
(Wirtschaftspol. Forschungsarbeiten; Bd. 21)
als Buch lieferbar, 140 S., 49,80 DM, 1998
ISBN 3-8288-9016-4

Mann, Thomas:
Fundamentale Zahlungsbilanzkrisenmodelle und Bankenkrise am Fallbeispiel Mexiko
(Wirtschaftspol. Forschungsarbeiten; Bd. 22)
als Buch lieferbar, 204 S., 49,80 DM, 1998
ISBN 3-8288-9017-2

Thiel, Ingo:
Der dörfliche Bodenübernahmevertrag (nongcun tudi chengbao hetong) in der VR China
(Wirtschaftspol. Forschungsarbeiten; Bd. 23)
als Buch lieferbar, 118 S., 49,80 DM
ISBN 3-8288-9018-0

Sachon, Julia:
Das Currency-Board-System der Währungspolitik als Stabilisierungsinstrument am Beispiel Argentiniens
(Wirtschaftspol. Forschungsarbeiten; Bd. 24)
als Buch lieferbar, 140 S., 49,80 DM, 1998
ISBN 3-8288-9023-7

Forati Kashani, Vahid:
Das iranische Finanzsystem
(Wirtschaftspol. Forschungsarbeiten; Bd. 25)
als Buch lieferbar, 336 S., 49,80 DM, 1998
ISBN 3-8288-9024-5

Schumacher Xavier, Cordula:
Stabilisierungspolitik in Brasilien.
Der Plano Real
(Wirtschaftspol. Forschungsarbeiten; Bd. 26)
als Buch lieferbar, 116 S., 49,80 DM, 1998
ISBN 3-8288-9026-1

Ditzer, Roman:
Der Instrumenteneinsatz in der japanischen Regionalpolitik mit einer Fallstudie zur Präfektur Okinawa
(Wirtschaftspol. Forschungsarbeiten; Bd. 27)
als Buch lieferbar, 214 S., 49,80 DM, 1998
ISBN 3-8288-9028-8

Rumker-Yazbek, Dorothee:
Die Indexierung in der Wirtschaft Brasiliens
(Wirtschaftspol. Forschungsarbeiten; Bd. 28)
als Buch lieferbar, 92 S., 44,80 DM, 1999
ISBN 3-8288-9032-6

Prokop, Marc:
Finanzausgleich und europäische Integration.
Ein regionaler Ansatz
(Wirtschaftspol. Forschungsarbeiten; Bd. 29)
als Buch lieferbar, 302 S., 49,80 DM, 1999
ISBN 3-8288-9030-X

Homann, Simone:
Reformen des Finanzsystems im
Transformationsprozeß zentral geplanter
Volkswirtschaften. Das Beispiel der
Volksrepublik China
(Wirtschaftspol. Forschungsarbeiten; Bd. 30)
als Buch lieferbar, 174 S., 49,80 DM, 1999
ISBN 3-8288-9036-9

Mohr, Matthias:
Der Einfluß der Kommunalverfassung auf die
Kommunalverschuldung
(Wirtschaftspol. Forschungsarbeiten; Bd. 31)
als Buch lieferbar, 200 S., 49,80 DM, 1999
ISBN 3-8288-9031-8

**Feldsieper, Manfred; Wessels, Wolfgang
(Hrsg.):**
Die Beziehungen zwischen der Europäischen
Union und Lateinamerika. Ein Materialband
zum Lehrprojekt "Simulationsseminare EU-
Lateinamerika" an der Universität zu Köln
(Wirtschaftspol. Forschungsarbeiten; Bd. 32)
als Buch lieferbar, 120 S., 49,80 DM, 1999
ISBN 3-8288-9034-2

Hartmann, Philipp:
Agrarreform im brasilianischen Bundesstaat
Ceará. Ökonomische Analyse und Bewertung
(Wirtschaftspol. Forschungsarbeiten; Bd. 33)
als Buch lieferbar, 118 S., 49,80 DM, 1999
ISBN 3-8288-9037-7

Bürfent, Peter:
Rentenreformen in Lateinamerika
(Wirtschaftspol. Forschungsarbeiten; Bd. 34)
als Buch lieferbar, 366 S., 49,80 DM, 2000
ISBN 3-8288-9038-5

Conrad, Heinz Harald:
Reformen und Problembereiche der
öffentlichen Rentenversicherung in Japan
(Wirtschaftspol. Forschungsarbeiten; Bd. 35)
als Buch lieferbar, 331 S., 49,80 DM, 2000
ISBN 3-8288-8159-9

Gerstenberger, Björn:
Die Stellung der Zentralbank im
wirtschaftspolitischen System Brasiliens
(Wirtschaftspol. Forschungsarbeiten; Bd. 36)
als Buch lieferbar, 105 S., 49,80 DM, 2000
ISBN 3-8288-8164-5

Botzenhardt, Philipp:
Konzepte zur Messung der Unabhängigkeit
von Zentralbanken
(Wirtschaftspol. Forschungsarbeiten; Bd. 37)
als Buch lieferbar, 105 S., 49,80 DM, 2000
ISBN 3-8288-8214-5

Murwanashyaka, Ignace:
Untersuchungen über die Geldnachfrage in
Südafrika
(Wirtschaftspol. Forschungsarbeiten; Bd. 38)
als Buch lieferbar, 203 S., 49,80 DM, 2001
ISBN 3-8288-8232-3

Hügle, Wolfgang J.:
Finanzsysteme, wirtschaftliches Wachstum und
die Rolle des Staates. Ein funktionaler Ansatz
unter Berücksichtigung der Reformerfahrung
lateinamerikanischer Länder
(Wirtschaftspol. Forschungsarbeiten; Bd. 39)
als Buch lieferbar, 301 S., 49,80 DM, 2001
ISBN 3-8288-8234-X

www.ingramcontent.com/pod-product-compliance
Lightning Source LLC
Chambersburg PA
CBHW020831210326
41598CB00019B/1867